总主编 胡代光 高鸿业

21世纪高等院校经济学系列教材

国家级一流本科专业建设点

国家重点学科

Industrial Economics

5th Edition

产业经济学

（第五版）

李　悦　主　编

钟云华　副主编

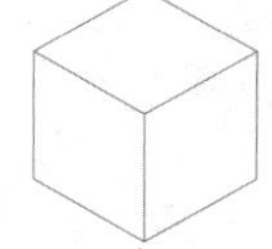

东北财经大学出版社 Dongbei University of Finance & Economics Press | 大连

图书在版编目（CIP）数据

产业经济学 / 李悦主编．—5版．—大连：东北财经大学出版社，2022.1
（21世纪高等院校经济学系列教材）
ISBN 978-7-5654-4389-3

Ⅰ．产…　Ⅱ．李…　Ⅲ．产业经济学-高等学校-教材　Ⅳ．F062.9

中国版本图书馆CIP数据核字（2021）第258137号

东北财经大学出版社出版
（大连市黑石礁尖山街217号　邮政编码　116025）
网　　址：http://www.dufep.cn
读者信箱：dufep@dufe.edu.cn
大连天骄彩色印刷有限公司印刷　东北财经大学出版社发行

幅面尺寸：185mm×260mm　字数：550千字　印张：24.75
2022年1月第5版　2022年1月第1次印刷

责任编辑：蔡　丽　责任校对：蓝　海
封面设计：冀贵收　版式设计：冀贵收

定价：62.00元

教学支持　售后服务　联系电话：（0411）84710309

如有印装质量问题，请联系营销部：（0411）84710711

Forewords

总　序

编写一套适合全国高等院校财经类专业教学需要、反映当前理论研究成果的经济学类课程教材，是一项意义深远、任务艰巨的工程。

教育部高等教育司曾组织全国专家学者，对高等教育的教学内容和课程体系改革计划“经济学类专业课程结构、共同核心课程及主要教学内容改革研究与实践”进行了调研，在此基础上经经济学教学指导委员会讨论通过、教育部批准，制定出了高等学校经济类核心课程各门课的教学基本要求。为适应高等院校经济学类专业教学需要，我们与长期从事经济学课程教学的同仁组成“21世纪高等院校经济学系列教材”编审委员会，经过反复讨论与研究以及多次修改与完善，陆续完成了系列教材的编写，并交付出版社出版。这套教材的编者分别来自北京大学、清华大学、中国人民大学、北京交通大学、复旦大学、南开大学、华中科技大学、上海财经大学等高校。

在编写过程中，我们强调了五点要求：第一，要按照教育部规定的经济学类核心课程教学基本要求编写教材；第二，要注意吸收经济学领域已公认的最新研究成果；第三，要将经济理论与我国社会主义市场经济建设的实践紧密结合，努力解释和解决现实问题；第四，理论讲解要深入浅出，避免晦涩冗长和平淡无味；第五，篇章结构要科学合理，内容形式生动活泼。

这套经济学教材考虑了不同层次读者的情况，读者可根据需要学习其中的内容。其既适合全国高等院校财经类专业教学使用，也适合各类管理人员及其他读者学习或研究使用。

我们希望这套教材能够给使用者带来方便，并成为广大读者的良师益友。书中难免有不妥及疏漏之处，欢迎读者批评指正和提出宝贵意见。

胡代光

北京大学

高鸿业

中国人民大学

5 Preface

第五版前言

一、产业经济学面临的新形势和新任务

产业经济学必须准确全面地学习贯彻党的十九大精神。受产业经济学的研究对象所限，我们修订本书的重点应该是坚持“八新、一改、一健、一美”，即新时代、新矛盾、新思想、新征程、新发展理念、新经济体系、新产业体系、创新型国家，供给侧结构性改革，健康中国，美丽中国。

二、产业经济学的学科性质

涵盖工、农、商、运等七个学科的产业经济学[①]是一门具有鲜明中国特色的主要实体经济学，是重要的学科，是培养复合型人才的必修课。

实体经济是一国经济的立身之本，是财富创造的根本源泉，是国家强盛的重要支柱。一个国家一定要有正确的战略选择。我国是个大国，必须发展实体经济，不断推进工业现代化、提高制造业水平，不能脱实向虚。建设现代化经济体系，必须把发展经济的着力点放在实体经济上，把提高供给体系质量作为主攻方向，显著增强我国经济质量优势。其中，制造业是实体经济的基础，装备制造业是国之重器，是实体经济的重要组成部分。总之，实体兴，国家强。国家增强竞争力，要靠实体经济。如果说改革开放的实践背景是我国产业经济学学科孕育和成长的重要土壤，发展实体经济的国家战略选择就是促进我国产业经济学理论研究和实践探索的强大推力。

三、产业经济学的研究对象

产业经济学的研究对象是产业生产力发展的客观规律性。其研究课题有很多，包括产业技术现代化、转变产业发展方式、推动产业结构优化升级和产业组织合理化。进入新时代，我国经济已走上高质量发展阶段，产业经济学在贯彻新发展理念、建设新产业体系和新经济体系、建设健康中国和美丽中国方面，也必须作出应有的贡献。

四、产业经济学的指导思想

中国特色产业经济学必须以马克思主义为指导思想，特别要以习近平新时代中国特色社会主义思想，即马克思主义中国化的最新成果为指导思想。以揭示矛盾、分析矛盾和探

① 国务院学位办编制的国家学科目录规定，产业经济学涵盖七个领域：工业经济、农业经济、商业经济、运输经济、企业经济、消费经济和信息经济。

索解决矛盾的对策为基本思路，在科学地总结中国产业经济增长经验并吸取外国有益经验的基础上，运用定性与定量相结合的方法，全面、系统地分析和阐述与产业经济发展有关的众多重要课题，以揭示产业生产力发展的客观规律性。

五、本书的编写特点

按照本书编写的指导思想，编者在编写本书第五版时注意以下几个方面：

（一）思想引领

这是指进一步突出习近平新时代中国特色社会主义经济思想的引领。大国经济发展需要思想引领。习近平新时代中国特色社会主义经济思想，是推动我国经济发展实践的理论结晶，是中国特色社会主义政治经济学的最新成果，是党和国家十分宝贵的精神财富。在习近平新时代中国特色社会主义经济思想的引领下，中国经济发展进入了新时代，由高速增长阶段转向高质量发展阶段。

（二）国家规划

这是指进一步紧扣国家发展规划的战略意图和中长期发展目标。《中华人民共和国国民经济和社会发展第十四个五年规划和2035年远景目标纲要》及相关专项规划、区域规划，阐明国家战略意图，明确政府工作重点，引导规范市场主体行为，是我国开启全面建设社会主义现代化国家新征程的宏伟蓝图，是我们加快发展现代产业体系、巩固壮大实体经济根基的行动指南。

（三）问题导向

这是指进一步强化坚持问题导向的科学研究的方法论。坚持问题导向是习近平新时代中国特色社会主义思想极为鲜明的特征。要把问题作为产业经济学科学研究的起点，把研究的着力点放在解决最突出的矛盾和问题上。重要观点、判断、举措，都要围绕破解难题、攻克难关、解决产业经济发展深层次矛盾和问题来展开。

（四）创新思维

这是指进一步凸显产业经济学科研实践，坚持创新思维。关键要处理好继承和创新之间的辩证关系。我国产业经济学的学科内涵与西方产业经济学不同。西方产业经济学学者的核心观点集中在产业组织领域。其中，日本产业经济学方面的学者的研究范围比较宽泛，产业结构、产业政策等也作为重点研究领域。我国产业经济学的学科体系则更为广泛，还包括产业结构、产业关联、产业政策、产业规制等重点内容。本书按照“用中国理论阐释中国实践，用中国实践升华中国理论”的要求，致力于探索构建中国特色产业经济学，以“博采众长，以我为主，融合提炼，自成一家”为编写的基本原则，融合作者多年教学与科研成果，坚持实践第一的观点，突出对策研究和产业结构问题研究，同时借鉴并

Preface

吸收了国内外同行学者的具有学科前沿水平的科研成果。

六、本教材的编写过程

（一）第一版

2001年年末，为了全面系统地阐明产业经济发展规律，我们编写了《产业经济学》本科生适用教材。

本书的第一版除前言外，共分4篇17章。第1篇是产业发展，包括产业形成与分类、产业发展趋势、三次产业发展趋势、高新技术产业发展与传统产业改造4章；第2篇是产业结构，包括产业结构理论、产业结构演变、投入产出、产业关联和产业结构政策5章；第3篇是产业组织，包括产业组织理论、市场结构、产品差别化与进入障碍、规模经济与范围经济和产业组织政策5章；第4篇是产业布局，包括产业分布、产业布局理论和产业布局政策3章。本书第一版的框架、结构与篇章由李悦、李平两位教授设计，并由两位主编对全书进行总纂与定稿。孔令丞和钟勇也参与了该书的编写工作。

（二）第二版

2008年6月，为了贯彻党的十七大精神，本书进行了第二版修订工作，具体内容如下：

（1）增加了4章：第5、6、7、10章，删减了原书第4篇“产业布局”的3章内容。

（2）增添了“学人观点”“经济视窗”栏目。

（3）全面更正了错漏之处。

（4）更新了部分资料和数据。

本书第二版的框架、结构与篇章由李悦教授设计，并由李悦、李平与孔令丞3位教授共同编著。第二版各章的作者分工如下：李悦（前言，第1～7章，参考文献，中英文名词对照），孔令丞（第8～13章），李平（第14～18章）。最后，全书文稿由李悦审定统编成书。在本书的第二版修订过程中，责任编辑在设计和编辑“学人观点”“经济视窗”两个栏目，更正错漏之处，更新资料、数据中均付出了大量辛勤劳动，我们在此表示衷心感谢。

（三）第三版

2013年6月，为了贯彻党的十八大精神，落实国家“十二五”规划，及时反映国内外产业经济发展的新成果，跟上时代步伐，满足广大读者的要求，我们对本书进行了第二版修订工作，具体内容如下：

（1）新增加12章内容，即交通运输业、战略性新兴产业、创意产业、第三次工业革命、互联网产业、文化产业、旅游产业、海洋产业、老龄产业、企业国际化与跨国公司、

Preface

企业文化以及城乡良性互动战略。

（2）删掉“产业结构政策”“市场结构”“产品差别化与进入障碍”“产业组织政策”等内容。

（3）调整篇章结构，更新资料和数据。

（4）压缩部分章的篇幅，以减轻读者学习负担。

本书第三版分3篇共27章，作者分工以本书篇章顺序为序：李悦负责全书篇章结构设计和书稿修改及定稿，并执笔编著第1至7章，第10至12章，第17、18、21和27章；李立编著第8和13章；胡红梅编著第9章；孔令丞编著第14、15、16、22和23章；赵勇编著第19和20章；李平编著第24、25和26章。

（四）第四版

2018年4月，为了贯彻党的十九大精神，本书第四版的修订内容有如下几个方面：

（1）新增了5章内容：第4章“机器人暨人工智能产业”、第5章“生态文明与可持续发展”、第12章“健康产业”、第17章“应急产业”和第20章“供给侧结构性改革”。

（2）新增了部分节的内容：第3章新增了“迎接第四次工业革命”的内容，第21章增加了“绿色产业”“环保产业”“生物产业”的内容。

（3）补充和更新了第11章“互联网产业”的内容。

（4）更新了资料和数据。

（5）“经济视窗”“学人观点”小栏目以二维码的互联网阅读方式提供给读者。

本书第四版分3篇29章，作者分工如下：李悦负责全书篇章结构设计、书稿修改及定稿，并执笔编著第1和2章，第5至7章，第9和10章，第13至15章，第22和23章；李立编著第3和16章；虞月君编著第4和20章；赵勇编著第8和24章；胡红梅编著第11章；施宇箭编著第12章；李雪峰编著第17章；孔令丞编著第18、19、21、25和26章；李平编著第27至29章。

（五）第五版

2021年10月，根据党的十九大和十九届二中、三中、四中、五中全会精神，本书第五版的修订内容主要有如下几个方面：

（1）新增了第4章“数字经济”。

（2）新增了部分节的内容：第2章“产业经济发展规律”新增了“六化”的内容，第17章“老龄产业”增加了“老龄产业发展现状与问题”“老龄产业的发展对策”的内容。

（3）补充和更新了第5章“机器人暨人工智能产业”、第7章“新型工业化道路”、第11章“文化产业与文化创意产业”、第13章“健康产业”、第19章“产业结构理论”、第

21章“供给侧结构性改革”部分的内容。

（4）更新了相关资料。

（5）在大多数篇章末尾增加“思政园地”栏目。产业经济学专业课程具有鲜明的理论性、实践性和应用性。为帮助读者了解加快发展现代产业体系的国家战略、法律法规和相关政策，本书在大多数篇章安排了“思政园地”栏目。本书通过“思政园地”中的国家发展规划、重要会议精神、领导重要讲话和指示等，向读者宣介推进中国产业经济高质量发展的“中国主张、中国智慧、中国方案”，传播“中国精神、中国价值、中国力量”。

本书第五版分3篇30章，作者分工如下：李悦负责全书篇章结构设计、书稿修改及定稿，并执笔编写第1、2、6、7、11、15、16、23和24章；钟云华协助李悦负责全书修订，并编写第4章；李立编写第3和17章；虞月君编写第5和21章；路迹编写第8章；赵勇编写第9和25章；王大海编写第10章；胡红梅编写第12章；施宇箭编写第13章；徐丽艳编写第14章；李雪峰编写第18章；孔令丞编写第19、20、22、26和27章；李平编写第28至30章。

在写作过程中，我们充分考虑了我国高等院校的教学需要，本书可以作为高等院校相关专业的教学用书。

本书在写作过程中参考了诸多国内外教材，谨在此对有关作者表示真诚的谢意。对于本书的不足之处，我们真诚地欢迎读者提出宝贵意见。

李悦

2021年10月

Preface

Contents
目录

目　录

Contents

目录

目录

Contents

目录

Contents

目录

Contents

目录

Contents

Contents

目 录

Contents

目录

Contents

第1篇　产业发展

党的十九大报告指出："中国特色社会主义进入新时代，我国社会主要矛盾已经转化为人民日益增长的美好生活需要和不平衡不充分的发展之间的矛盾。"

产业发展是产业经济学的主题，无论是产业结构还是产业组织的调整与优化升级，其直接目的都是求得产业的更好发展。而要使产业结构和产业组织的调整与优化升级取得最佳效果，就必须按产业发展的客观规律办事。本篇主要讨论产业形成与分类、产业经济发展规律、第三次工业革命与第四次工业革命、数字经济、机器人暨人工智能产业、生态文明与可持续发展、新型工业化道路、战略性新兴产业、农业与乡村振兴战略、交通运输业、文化产业与文化创意产业、互联网产业、健康产业、流通产业、旅游产业、海洋产业、老龄产业、应急产业18个专题。

第1章
产业形成与分类

1.1　产业形成

产业是同类企业、事业的总和。这样的产业部门在人类生产发展的历史上并不是一开始就存在的，而是在生产发展的过程中，在社会分工发展的基础上逐步形成和发展起来的，是分工协作发展的结果。因此，研究产业的形成应当首先从研究社会分工开始。

马克思在考察社会分工时，曾把它分为三种形式：单就劳动本身来说，可以把社会生产分为农业、工业等大类，叫作一般的分工；把这些生产大类分为种和亚种，叫作特殊的分工；把工厂内部的分工，叫作个别的分工。①马克思在这里深刻地揭示了产业部门的形成过程。

一般的分工就是把社会生产分为农业、工业、交通运输业、商业等国民经济部门。特殊的分工就是在每个国民经济部门中进一步分出许多独立的部门，如在工业中分为能源工业、原材料工业、机械制造业、纺织工业等部门。个别的分工就是企业内部的分工，如机械企业中的车、铣、刨、钻、磨、钳等。

在这三种分工中，一般的分工和特殊的分工属于社会内部的分工，社会内部的分工与企业内部的分工是相互区别而又相互联系的。企业内部分工的产生和发展是以社会内部分工的发展为前提的；反过来，企业内部分工的发展又会促使社会内部分工的进一步发展。从历史上看，第一批产业部门是通过一般的分工形成的，也就是说，工业部门曾经是从国民经济其他部门中分离出来的，如纺织、酿酒等工业部门就是从农业中分离出来的。还有通过这种方式产生的新工业部门，如渔业加工部门。不过，现在新工业部门的形成主要是通过特殊的分工形成的。

1.1.1　社会分工发展的必然产物

一切分工都是社会生产力发展的结果，而分工的发展促进了社会生产力的提高和新产业部门的形成。随着社会生产力的发展，人类社会已经发生了几次大规模的社会分工：①原始社会畜牧业和农业的分工；②原始社会瓦解时期手工业和农业的分工；③奴隶社会商业活动和生产活动的分工以及体力劳动和脑力劳动的分工。发展到资本主义社会，这种体力劳动和脑力劳动的分工就更加显著。潘博认为，人类社会现在已经发生了第四次社会分工，即在物质生产过程内部的脑力劳动阶段和实物生产阶段的分工，也就是对物质的创造性构思，把这种构思变成物质，即实现物质的分工。

通过对人类社会分工和物质生产发展史的考察，我们看到，工业成为一个独立的物质生产部门，并不是一开始就有的，而是开始于资本主义时代。只有发展到机器大工业时代，采用了机器体系生产，这时工业和农业才最终分离。资本主义工业的形成过程经历了几百年。工业部门的形成特别是新的工业部门建立，正是在资本主义大工业基础上的社会分工进一步发展的产物。

① 马克思．相对剩余价值的生产［M］//马克思，恩格斯．马克思恩格斯全集（第23卷）．中共中央马克思恩格斯列宁斯大林著作编译局，译．北京：人民出版社，1972：389.

学人观点 1-1

社会分工虽然开始于原始社会，但分工的高度发展还是在资本主义机器大工业时代。机器大工业实行更精密的厂内分工，有力地扩大了社会分工，劳动生产率空前提高，同时造成了社会分工的无政府状态。机器大工业的分工侵吞了工人身体和精神上的一切自由，迫使人们奴隶般地服从分工。分工也变成了人剥削人的手段，变成了资产阶级奴役劳动人民的制度。这就是生产资料资本主义私有制条件下社会分工的社会性质。

社会主义公有制使劳动人民成为生产资料的主人，社会分工的社会性质也就随之发生了变化。在公有制内部，分工已不是统治和被统治、奴役和被奴役的关系，而是同志间的互助合作关系；劳动者不再成为机器的附属物，而是机器的主人；分工不是服从追逐最大限度的资本主义利润，而是服从于节约社会劳动、提高经济效益，最大限度地满足人民日益增长的美好生活需要。

1.1.2 商品经济的客观要求

商品经济是在社会分工的基础上发展起来的；反过来，商品经济的发展必然促进社会分工的进一步深化，促进新的产业部门的形成。许多新的产业部门将随着商品经济的发展而日益增加。

这里的道理是十分明显的。因为商品经济是自然经济的对立物，它是一种为了他人的需要、以交换为目的的“交换经济”。商品生产者自身的多方面需求也是通过交换由别的商品生产者来满足的。在这里通行的是等价交换原则。这种商品经济的充分发展是社会经济发展的不可逾越的阶段。这种商品经济越发展，就越要求有能够满足社会多种需求的产业部门的产生和发展；商品生产者要在竞争中得到生存和发展，也必须努力去创办和建立社会上还没有的企业和产业部门。

应当提出的是，在我国这样的社会主义市场经济条件下，更有可能在党和国家的宏观调控下，更好地创办和建立更多的能够适应人民生活和满足国家建设所需要的一系列新的产业部门。

1.1.3 科学技术进步的结果

由于不断出现新技术、新材料、新工艺、新产品，从而为生产和社会分工的发展开辟了新的领域，为新兴产业部门的形成创造了条件。原子能工业、电子工业、合成纤维工业和塑料工业等部门的形成，正是原子能技术、电子技术和化学合成技术应用于工业生产和建设的成果。

实践还证明，科学技术越进步，现代化水平越高，新的产业部门形成得也就越多。比如，自动控制和计算机制造技术的发明和广泛应用，促使专门生产电子自动控制和计算机的部门形成。半导体材料的出现，使硅、锗的生产和以它们为原料的电子元件、电子机械的生产都成了专门化的生产部门。又比如，要生产拥有几百万个零部件的宇航产品，只靠原有的工业部门是不够的，还必须形成一批崭新的产业部门。

1.2　产业分类

为了正确认识产业的本质，从多角度探索产业发展的规律性，根据产业研究的目的不同，产业分类方法也是多样化的。产业分类方法举其要者有两大部类分类法，物质生产与非物质生产分类法，农、轻、重产业分类法，标准产业分类法，三次产业分类法，产业发展阶段分类法等。

1.2.1　两大部类分类法

两大部类分类法是指按产品的经济用途把产业分为甲、乙两类。马克思按照产品经济用途的不同，把社会总产品划分为生产资料和消费资料，从而把社会生产划分为生产资料的生产和消费资料的生产这两大部类。这是马克思再生产理论的重要前提和重要组成部分，是马克思对马克思主义以前的经济学的重大突破和创新。

马克思主义以前的经济学家，包括他们中最杰出的人物，之所以不能揭示社会再生产运动的规律，没有科学地说明社会再生产的过程，除了他们自身的阶级局限性和社会局限性之外，在理论上的一个重要原因就是他们都没有对社会总产品从而对社会总生产作过科学的划分。马克思的伟大功绩是突破了他以前的经济学家的局限性，天才地提出了两大部类的理论，以此为前提揭示了社会再生产运动的总规律，论证了要使生产不断更新，就必须有生产资料的补偿和消费资料的补偿，要使生产扩大，就必须有生产资料的追加和消费资料的追加，而且这两种补偿、两种追加之间必须保持相适应的比例关系；否则，社会再生产运动就不能正常进行，甚至会导致生产的破坏。

学人观点1-2

同样的道理，要揭示工业再生产运动的总规律，科学地说明工业再生产的过程，首先必须把工业产品划分为生产资料和消费资料，进而把工业生产划分为生产生产资料的工业即甲类工业，以及生产消费资料的工业即乙类工业。其实，把工业划分为甲、乙两类，是把社会生产划分为两大部类在工业中的具体化，因为甲类工业是社会生产资料的生产这个部类的重要组成部分，乙类工业是社会消费资料的生产这个部类的重要组成部分。也正因为如此，把工业生产划分为甲、乙两类工业是完全必要的，是有充分理论依据和实践依据的。

世界许多发达国家一直有这种分类。我国在第一个五年计划时期也曾有这种分类，后来被取消了。1985年国务院全国工业普查领导小组制定的全国工业普查表又恢复了对甲、乙两类工业的分类。

根据经济建设的实践要求，我们不能仅停留在两大部类与甲、乙两类工业分类的水平上，还必须对每个部类和每类工业内部进行更具体、更细的分类。马克思早就说过：“这两个部类中，每一部类拥有的所有不同生产部门，总合起来都形成一个单一的大的生产部门。”[①]事实上，每个部类和每类工业内部都存在许多更细的分类。

单就甲类工业来说，还有下列两种分类：

（1）把甲类工业分为为甲类工业本身生产生产资料的工业和为乙类工业生产生产资料的工业。前者如机床制造业、矿山机械制造业、冶炼设备制造业和钢铁工业等；后者如纺织机械制造业、制革工业和人造纤维工业等。这种产业分类有利于分析和研究甲、乙两类工业各自的内部结构的发展趋势。

（2）把甲类工业分为生产固定资产的工业和生产流动资产的工业。前者如机械制造业；后者如建筑材料工业和化学工业等。这种产业分类有助于进一步加强对工业固定资产和工业流动资产之间的相互关系的分析和研究。

1.2.2 物质生产与非物质生产分类法

物质生产与非物质生产存在密切联系。这种联系在市场经济条件下尤为密切，因为国民经济各部门都是互为市场的。

马克思主义认为，物质生产活动与非物质生产活动都是社会所必需的，但物质生产决定非物质生产。物质生产是人们在改造自然界斗争中不断创造物质财富的活动，是社会存在和发展的物质基础，是决定其他一切活动的因素。非物质生产的活动是为了改善人类本身的政治和文化生活、发展智力和体力以及加强社会组织管理的活动，也是影响物质生产活动的重要因素。

物质生产与非物质生产之间不仅存在由物质生产发展到非物质生产的历史发展序列，而且两者之间有互相作用、互相转化的辩证关系，彼此的数量比例还有不同的上升或下降趋势。所以，物质生产与非物质生产的分类也是一种十分重要的产业分类。

我国根据目前的生产发展水平和劳动分工情况，把整个国民经济全部活动按照是否为社会提供物质产品，划分为两大领域共十个大部门，其中，属于物质生产领域的有工业、农业、建筑业、为生产服务的交通运输和邮电业、作为生产过程在流通领域继续的那一部分商业（指商品的分类、修整、包装、保管等劳动）五大部门，这是国民经济的主体；属于非物质生产领域的有城乡公用服务业、科学研究、文教卫生（指文化艺术、教育、卫生、广播电视、体育、社会福利）、金融业、机关团体等五大部分。

1.2.3 农、轻、重产业分类法

按产品的主要生产部门把工农业划分为农、轻、重产业。这种产业分类是以马克思主义关于两大部类的原理为依据的。为了具体地研究农业、轻工业和重工业这三个实际产业部门之间的互相联系和数量比例关系，我们进行了农、轻、重产业分类。农、轻、重产业是三个具有不同地位、作用的主要的物质生产部门，占整个物质生产的绝大部分。农、轻、重产业又是国民经济发展的客观顺序。农业是国民经济的基础；工业是国民经济的主导，轻工业的发展要以农业为基础，重工业的发展要以农业和轻工业为基础。所以，农、轻、重产业的分类不仅有一定的理论意义，而且有重大的实践意义。

① 马克思．社会总资本的再生产和流通［M］//马克思，恩格斯．马克思恩格斯全集（第24卷）．中共中央马克思恩格斯列宁斯大林著作编译局，译．北京：人民出版社，1972：439.

实践反复证明，企图用轻、重工业分类取代甲、乙两类工业分类是不科学的，用两大部类和甲、乙两类工业分类来取代农、轻、重产业分类也是不科学的。因为这是对社会生产的不同划分方法，所包含的范畴不同，谁也代替不了谁。两大部类生产和甲、乙两类工业生产，是从社会产品进而从社会生产中分别抽出来用于生产和用于消费这两种不同的属性，然后把它们分别推广于一切社会产品的生产。而农、轻、重产业的分类是说农业和轻工业是两个主要生产消费品的产业部门，重工业是主要生产生产资料的产业部门，但是，农业和轻工业还生产一部分生产资料，重工业还生产一部分消费品。这种重中有轻、轻中有重的现象，在现实的生产活动中越来越普遍，越来越难以找出一个百分之百地生产消费品或百分之百地生产生产资料的实际物质生产部门。

我国通常把主要生产生产资料的工业部门称为重工业，把主要生产消费品的工业部门称为轻工业。这种按照产品的主要使用价值划分的轻重工业也是相对的概念。因为在现实生活中一种产品的使用价值常常是多种多样的。就一个工业部门所生产的产品来说，既有生产资料，又有消费品；就所生产的同一种产品来说，往往既有用于生产消费的，又有用于生活消费的。但是，不管怎样，就一个产业部门所生产的产品的使用价值而言，总是有一种主要的和主导的用途，而事物的性质正是由它的主要的和主导的方面所决定的。也正因为如此，我们把主要生产生产资料的工业称为重工业，而把主要生产消费品的工业称为轻工业，这也是有其理论根据的。

20世纪50年代初期，我国生产力落后、经济基础薄弱，一些行业领域处于空白，重工业产值的比重仅占全部工业产值的30%左右，经济工作的重心在于建立独立的、比较完整的工业体系和国民经济体系。当时将工业简单划分为轻工业和重工业的分类法，适应了经济基础薄弱时期优先发展重工业的经济发展方针，对于了解轻重工业的发展状况，特别是监测重工业的发展起到了重要作用。随着产业格局的变化，我国工业产业结构从单一转向复杂，各种新产品层出不穷，轻重工业的划分已难以对工业进行科学清晰的界定了。从国际比较的角度看，轻重工业分类作为一种概念性的行业划分，是缺乏行业分类标准时期的产物。随着改革开放和经济全球化进程，我国工业分类理应和国际统一标准接轨。从2013年下半年起，国家统计局在相关数据发布中不再使用“轻工业”“重工业”分类。[①]

1.2.4 标准产业分类法

国家标准分类法是指一国政府为了统一该国产业经济研究的统计和分析口径，以便科学地制定产业政策和对国民经济进行宏观管理，并根据该国的实际而编制和颁布的划分产业的一种国家标准。这种分类法具有如下一些特征：

第一，它是由一国的政府或其技术标准管理部门编制和颁布的，而不是由个人或产业研究机构自己编制的，因而具有整体性、广泛性和权威性的特征。

第二，它是一国的标准，在运用上具有强制性和代表性。

第三，它具有明确的目的性。它的目的就是统一统计口径和分析口径，以便科学地制定产业政策，并对国民经济进行宏观管理。

第四，它具有特殊性，是针对一国的具体实际编制的，只适用于该国的产业分类，其他国家只能参考和借鉴。

① 顾阳．统计分类为何不再分轻重工业［N］．经济日报，2013-12-23.

第五，它具有较高的科学性，比较能反映该国的产业发展和变化情况，也比较能适应其产业发展和变化的需要。

标准产业分类法是联合国和西方各国为了统一世界各国和西方各国自己的产业分类而制定的一种分类方法。以联合国颁布的《全部经济活动的国际标准产业分类》（ISIC Rev.4）（2008年修订版）为例，它把全部经济活动分为21个门类、88个大类、238个中类、419个小类。联合国的标准产业分类的21个门类是：（1）农业、林业和渔业；（2）采矿和采石；（3）制造业；（4）电、煤气、蒸气和空调供应；（5）供水，污水处理、废物管理和补救活动；（6）建筑业；（7）批发和零售贸易、机动车辆和摩托车的修理；（8）运输和储存；（9）食宿服务活动；（10）信息和通信；（11）金融和保险活动；（12）房地产活动；（13）专业和科技活动；（14）行政和支助服务活动；（15）公共行政和国防、强制性社会保障；（16）教育；（17）人体健康和社会工作活动；（18）艺术、娱乐和文娱活动；（19）其他服务活动；（20）家庭作为雇主的活动，家庭自用、未加区分的生产货物及服务的活动；（21）域外组织和机构的活动。

我国的《国民经济行业分类》（GB/T 4754—2017）就改编自国际标准产业分类体系，自2017年10月1日起实施，共有20个门类、97个大类、473个中类、1 380个小类（简略分类见表1-1）。

表1-1 《国民经济行业分类》（GB/T 4754—2017）

门　类	大　类	名　称
A		农、林、牧、渔业
	01	农业
	02	林业
	03	畜牧业
	04	渔业
	05	农、林、牧、渔专业及辅助性活动
B		采矿业
	06	煤炭开采和洗选业
	07	石油和天然气开采业
	08	黑色金属矿采选业
	09	有色金属矿采选业
	10	非金属矿采选业
	11	开采专业及辅助性活动
	12	其他采矿业

续表

门　类	大　类	名　称
C		制造业
	13	农副食品加工业
	14	食品制造业
	15	酒、饮料和精制茶制造业
	16	烟草制品业
	17	纺织业
	18	纺织服装、服饰业
	19	皮革、毛皮、羽毛及其制品和制鞋业
	20	木材加工和木、竹、藤、棕、草制品业
	21	家具制造业
	22	造纸和纸制品业
	23	印刷和记录媒介复制业
	24	文教、工美、体育和娱乐用品制造业
	25	石油、煤炭及其他燃料加工业
	26	化学原料和化学制品制造业
	27	医药制造业
	28	化学纤维制造业
	29	橡胶和塑料制品业
	30	非金属矿物制品业
	31	黑色金属冶炼和压延加工业
	32	有色金属冶炼和压延加工业
	33	金属制品业
	34	通用设备制造业
	35	专用设备制造业
	36	汽车制造业
	37	铁路、船舶、航空航天和其他运输设备制造业

续表

门 类	大 类	名 称
	38	电气机械和器材制造业
	39	计算机、通信和其他电子设备制造业
	40	仪器仪表制造业
	41	其他制造业
	42	废弃资源综合利用业
	43	金属制品、机械和设备修理业
D		电力、热力、燃气及水生产和供应业
	44	电力、热力生产和供应业
	45	燃气生产和供应业
	46	水的生产和供应业
E		建筑业
	47	房屋建筑业
	48	土木工程建筑业
	49	建筑安装业
	50	建筑装饰、装修和其他建筑业
F		批发和零售业
	51	批发业
	52	零售业
G		交通运输、仓储和邮政业
	53	铁路运输业
	54	道路运输业
	55	水上运输业
	56	航空运输业
	57	管道运输业
	58	多式联运和运输代理业
	59	装卸搬运和仓储业

续表

门　类	大　类	名　称
	60	邮政业
H		住宿和餐饮业
	61	住宿业
	62	餐饮业
I		信息传输、软件和信息技术服务业
	63	电信、广播电视和卫星传输服务
	64	互联网和相关服务
	65	软件和信息技术服务业
J		金融业
	66	货币金融服务
	67	资本市场服务
	68	保险业
	69	其他金融业
K		房地产业
	70	房地产业
L		租赁和商务服务业
	71	租赁业
	72	商务服务业
M		科学研究和技术服务业
	73	研究和试验发展
	74	专业技术服务业
	75	科技推广和应用服务业
N		水利、环境和公共设施管理业
	76	水利管理业
	77	生态保护和环境治理业
	78	公共设施管理业

续表

门类	大类	名称
	79	土地管理业
O		居民服务、修理和其他服务业
	80	居民服务业
	81	机动车、电子产品和日用产品修理业
	82	其他服务业
P		教育
	83	教育
Q		卫生和社会工作
	84	卫生
	85	社会工作
R		文化、体育和娱乐业
	86	新闻和出版业
	87	广播、电视、电影和录音制作业
	88	文化艺术业
	89	体育
	90	娱乐业
S		公共管理、社会保障和社会组织
	91	中国共产党机关
	92	国家机构
	93	人民政协、民主党派
	94	社会保障
	95	群众团体、社会团体和其他成员组织
	96	基层群众自治组织及其他组织
T		国际组织
	97	国际组织

1.2.5 三次产业分类法

三次产业分类法的创始人是英国著名经济学家费希尔（A. G. Fisher）和科林·克拉克（Colin G. Clark）。

1935年，费希尔在《安全与进步的冲突》一书中，在前人提出的第一、第二产业的基础上，提出了“第三产业”这一术语。1940年，科林·克拉克在他的《经济进步的条件》第一版中，证明科技进步和经济发展是与产业结构中第三产业的相对壮大同时发生的。在该书第三版（1957年）中，他把产业分为三个大部门，将除第一、第二部门以外的其他经济活动归为第三门类，并改称为“服务产业”。他认为，第三门类主要是由服务性活动组成的。从此，西方经济学家划分产业时便开始使用这些术语了。但是，各国在计算国民生产总值时，由于各国的不同需要，在具体使用这种分类法时都作了某些分类的变动和内容的补充。因此，到目前为止，世界各国还没有一个统一的划分标准，在所确定的范围上也没有取得一致的意见。

三次产业分类的主要原则，是把全部经济活动按照客观序列与内在联系，划分为第一产业、第二产业、第三产业。这是欧美和日本等发达国家普遍采用的一种产业分类法。基于《国民经济行业分类》(GB/T 4754—2017)，国家统计局印发的《三次产业划分规定》(2018年修订版）指出了我国三次产业的划分范围：

第一产业，是指农、林、牧、渔业。

第二产业，是指采矿业，制造业，电力、热力、燃气及水生产和供应业，建筑业。

第三产业即服务业，是指除第一产业、第二产业以外的其他行业。第三产业包括：农、林、牧、渔专业及辅助性活动，开采专业及辅助性活动，批发和零售业，交通运输、仓储和邮政业，住宿和餐饮业，信息传输、软件和信息技术服务业，金融业，房地产业，租赁和商务服务业，科学研究和技术服务业，水利、环境和公共设施管理业，居民服务、修理和其他服务业，教育，卫生和社会工作，文化、体育和娱乐业，公共管理、社会保障和社会组织，国际组织。

1.2.6 产业发展阶段分类法

产业发展阶段分类法是指按照产业发展所处的不同阶段进行产业分类的一种方法。按照这种分类法划分的常见产业有幼小产业、新兴产业、朝阳产业、衰退产业、夕阳产业、淘汰产业等。由于划分产业发展阶段的标准有很多，所以处于不同发展阶段的产业的界限并不很明确，只能是进行大概的划分。

1.幼小产业

幼小产业是指在开发初期因生产规模过小、成本过高、技术不成熟而不能享受规模经济的好处并缺乏国际竞争力的产业。有些幼小产业经过一定时期的政府保护能够安全度过幼年生命危险期，从而成为前途无量的新兴产业，进而成为一国的先导产业或主导产业；有些幼小产业因为技术、成本、需求、原料等方面的缺陷或其他原因，即使经过政府一定时期的保护和扶持，也不能安全度过其幼年生命危险期，从而成为夭折产业。

2.新兴产业

新兴产业是指由于科技的发展和生产力水平的提高而出现的新产业。这些新产业的产品在技术工艺、用途、生产方式、用料或其他方面均与原有产业的产品有较大的不同。

3.朝阳产业

朝阳产业是指进入技术不断成熟、平均成本不断下降、产业规模不断扩大、市场需求不断增加的时期的新兴产业。朝阳产业常常与夕阳产业相对应。

4.衰退产业

衰退产业是指技术逐渐老化、需求逐渐萎缩、平均成本不断上升引起规模收益逐渐下降、产业规模逐渐缩小的产业。这类产业往往是由过了壮年期的产业发展而来的，继续衰退下去就成为夕阳产业，最后成为淘汰产业。这类产业如果出现某些技术的重大突破，则也会重新获得新生，进入另一产业生命周期。

5.夕阳产业

夕阳产业是指衰退产业继续衰退下去，得不到政府的有关扶持，也没有某项技术的重大突破来改革原有的技术条件，从而即将退出市场的产业或产业群。夕阳产业也可以在出现重大技术突破的条件下重新焕发青春，进入另一产业生命周期；否则，政府往往会采取产业转移政策，将此类产业转移到更有成本等竞争优势的地方去，或在适当时期引导该产业的人、财、物等资源向其他产业转移。

6.淘汰产业

淘汰产业是指产业发展到一定时候，由于技术老化、需求萎缩、成本上升、长期亏损而不能适应市场的需要而退出市场的产业。

以上六种分类是最主要的、最一般的产业分类，在实践中，还可以根据每个产业的具体情况和人们所要研究的课题，对产业进行更具体、更细致的分类。比如，在农业中，就有种植业、林业、渔业和畜牧业的分类；在工业中，有采掘工业、原材料工业、制造业的分类。又比如，按产业在国民经济中的地位和作用的不同，划分为先行产业、主导产业（支柱产业）、基础产业；按产业产生和发展的客观序列，划分为新兴产业和传统产业；按产业在经济发展中的均衡运转作用的不同，划分为短线产业和长线产业等。

本章小结

本章阐明了产业是社会分工发展的必然产物、商品经济的客观要求、科技进步的结果；讨论了产业分类的主要方法是两大部类分类法，物质生产与非物质生产分类法，农、轻、重产业分类法，标准产业分类法，三次产业分类法，产业发展阶段分类法。

本章思语

1.什么是产业？
2.什么是产业经济学？
3.何为物质生产部门？
4.简述产业形成过程。
5.简述产业分类的必要性。
6.联系实际，试论学习产业经济学的理论意义与实践价值。

第2章
产业经济发展规律

产业经济发展规律是不以人的主观意志为转移的客观必然性。要想又好又快地发展产业经济，就必须按客观规律办事；否则，将一事无成，而且必然受到应有惩罚。

要着力把握经济社会的发展趋势和规律，这是产业经济学的核心所在。产业经济学就是专门探索和阐明产业经济发展规律的学科。产业经济发展规律主要有如下的“六化”“七并存”“五取代”。

2.1 六 化

2.1.1 产业经济全球化

产业经济全球化是我国产业经济发展所面临的最为重要的国际新形势。经济全球化是世界经济发展的新阶段和必然趋势。处在全球化进程中的各国经济发展都有国内外两种资源和国内外两个市场的选择空间。市场已成为全球的市场，资源可以在全球范围内流动，各国可以根据自己的意愿和实力作出选择。从这个意义上讲，经济全球化使各国经济成为全球经济整体中不可分割的组成部分，如果其中一个国家或地区的经济发生重大变化，就有可能波及他国，扩及全球。

经济全球化对我国产业经济的发展是一场严峻挑战，因为发达国家凭借它们的技术和经济实力，利用其国际贸易、国际生产和投资以及在高新技术上的优势，在经济全球化进程中已经建立了支撑新经济的高新技术产业，并建立起有利于它们的国际经济秩序，是经济全球化的最大受益者。众多发展中国家的科技和经济发展起步晚、水平低，整体国际竞争力比较弱，高新技术产业发展尚处于起步阶段，因而在经济全球化进程中虽也受益，但其受益程度大大低于发达国家。

经济全球化对我国产业经济发展又是一次历史性的好机遇，因为我们在经济全球化进程中可以有选择性地、更多地吸引外资，引进先进科技和经营管理经验，培养优秀的科技和管理人才，逐步提高我国产业整体的国际竞争力。更为重要的是，经过我们自身的努力奋斗，奋发图强，通过理念创新、科技创新、产品创新和管理制度创新，来发展高新技术产业、改造传统产业；通过产业结构调整和优化升级、产业组织优化升级，提高效率和降低成本，切实有效地提高产业和国民经济的整体素质，从而进一步扩大内需和开拓国际市场。只要我们持之以恒地真抓实干，我国各个产业中的一批骨干企业就一定能够像海尔集团那样，在经济全球化竞争中赢得主动权，不仅能够打入国际市场，而且能够占领国际市场的制高点。

总之，为了求得生存和发展，我国的产业和以探索产业经济发展规律为对象的产业经济学，也必须紧紧抓住机遇，勇敢地去迎接挑战。

2.1.2 产业经济现代化

邓小平同志在20世纪80年代初就提出，我国的经济发展分三步走：

第一步是到1990年国民生产总值比1980年翻一番，人民生活实现温饱；

第二步是到20世纪末国民生产总值比1980年翻两番，人民生活达到小康水平，即人均国民生产总值为800美元；

第三步是从21世纪初到中叶，人民生活和人均国民生产总值达到中等发达国家水平。

从21世纪开始，我国的生产力水平迈上了一个大台阶，商品短缺状况基本结束，市场供求关系发生了重大变化，社会主义市场经济体制初步建立。我国已经实现了现代化建设的前两步战略目标，经济和社会全面发展总体上达到了小康水平，开始实施第三步战略部署，步入全面建成小康社会、加快推进社会主义现代化的发展阶段。我国进行了经济发展战略重点的转移，即从以数量赶超为主转为以提高经济质量和国民经济整体素质为主，以此作为21世纪经济和社会发展的战略重点。

我国"十二五"规划提出：转型升级，提高产业核心竞争力。坚持走中国特色新型工业化道路，适应市场需求变化，根据科技进步新趋势，发挥我国产业在全球经济中的比较优势，发展结构优化、技术先进、清洁安全、附加值高、吸纳就业能力强的现代产业体系。改造提升制造业。优化结构、改善品种质量、增强产业配套能力、淘汰落后产能，发展先进装备制造业，调整优化原材料工业，改造提升消费品工业，促进制造业由大变强。"十三五"时期是全面建成小康社会决胜阶段，中国特色社会主义进入新时代。《中华人民共和国国民经济和社会发展第十四个五年规划和2035年远景目标纲要》提出，要加快发展现代产业体系，巩固壮大实体经济根基。坚持把发展经济着力点放在实体经济上，加快推进制造强国、质量强国建设，促进先进制造业和现代服务业深度融合，强化基础设施支撑引领作用，构建实体经济、科技创新、现代金融、人力资源协同发展的现代产业体系。

2.1.3　产业经济融合化

20世纪90年代以来，经济全球化和新技术革命作为当代世界发展的两股强大力量，使世界经济的现实运行主体逐步由倚重自然资源和制造业的国内经济，向倚重信息资源和服务业的全球与区域性的经济过渡。以往的环境要素不断地内化为产业系统要素，最初以国家为边界的产业系统，逐渐由国与国之间的制约和被制约关系转变为经济互动、产业互联的关系，使产业体系逐步演化成一个多元化、多层次、多侧面、相互交叉重叠的复杂立体结构。全球性产业体系的生成冲破各国相对完整独立的产业体系，形成各国既相互依存、相互渗透，又相互制约、相互竞争的产业经济体系。技术进步速度的加快、技术融合程度的加深，在宏观上导致了国与国的产业重组和整合，从基本层面上重塑了产业结构的演进形态，使产业经济发展出现融合化的趋势。世界各国不再追求自身工业化体系的完整性与独立性，为了充分利用国外相对廉价的人力资源和自然资源，纷纷实行产业资源的国际配置。它们"以全球为企业，以各国为车间"，将统一的公司分散于世界各国，而将最核心的研发中心和最终的销售体系放在母国，将制造中心和一些次级的研发中心与销售中心转移到能有效降低成本的其他国家。这些地理上分散的公司依靠先进而廉价的现代通信技术实行产业整合，使产业经济具备了"两头在内、中间在外"的"空心化"的发展态势，形成了产业经济的国际融合趋势。

中国作为世界上最大的发展中国家，不仅具有巨大的市场潜力、廉价的人力资源和稳定的政治局面，而且是世界上经济增长速度最快的国家之一，在世界各国的经济增长中独树一帜。这对世界各国在产业结构调整过程中实现与中国优势资源相结合、在全球产业分工中增强本国产业扩张能力具有强烈的吸引力。许多国家纷纷将其制造业的不同环节转移到中国，使中国成为吸引外资最多的发展中国家。这在客观上形成了中国产业体系向国际化融合的发展趋势。

2.1.4 产业经济知识化

世界各国产业经济发生了巨大的变化，其突出特点是：世界产业经济由过去的刚性结构逐步向柔性结构转化，即由以生产重、厚、长、大为主的重型化生产技术结构，向以高效、智能、知识、信息、服务为主的软型化生产技术结构转变。以此为特征的知识型服务业（包括金融、信息、咨询服务等），在国民经济中的比重不断增加。产业经济发展中的知识含量日益增多，构成产业经济演进过程中的知识化趋势。

产业经济知识化主要表现在教育和科研不断向产业化发展。由于知识经济的发展，要求更快捷、更具有个性化的服务，使产品为满足消费者多样化需求而不断升级换代，要求产业技术创新能力不断增强，这使产业劳动者必须终身接受教育和培训。此外，产业发展过程中要求技术创新生成能力增强，也形成对知识和服务的巨大需求。社会对知识和高级知识人才需求的不断增加，拉动了各国科研与教育规模的扩张。同时，知识的广泛应用使教育和科研对国民收入增长的贡献日益增加，教育与科研及其他产业间的联系也越来越紧密，这些变化都促使教育与科研越来越具有独立产业的性质。各发达国家为占据高科技产业领域的有利地位，也越来越把知识作为一种产业加以发展。20世纪80年代，日本政府制定了大力发展科研和教育的政策，提高了知识产业在整个经济中的比重。美国经济也加大了对教育和科研的投入，直接向超导材料、生物工程、微电子、计算机产业等高技术开发项目提供经费，扶植这些具有发展潜力的科研活动，使美国的知识产业迅速崛起，成为发展最快的部门。欧盟各国的航空航天、新材料和新能源等知识密集型产业发展迅速，占国内生产总值（GDP）比重日益增大。亚洲“四小龙”在科研、教育和信息网络等高科技产业领域的发展，也使产业经济日益向以知识为中心的方向演进。

产业经济知识化还表现在从事研发、管理、咨询服务等知识型人才占有越来越大的比重，这已成为多数国家产业经济发展的基本脉络。在传统的三次产业生产过程中，存在大量的“服务”性生产，如各种管理活动、信息处理、财务会计、文秘后勤、保洁保卫等，大部分的产业部门自己承担了这类服务性的事务。随着生产水平的提高和产品日益知识密集型化，企业自我服务难以满足新的更高效率的要求，部分服务性生产将从农业和制造业中分离出来，由专业管理公司、信息服务机构、会计师事务所、文秘公司和其他专业服务机构承担，使知识产业的比重不断增加，加快了产业经济知识化趋势。

2.1.5 产业经济数字化

产业经济数字化是传统产业利用数字技术推动业务升级，实现生产数量、效率提升的过程，是我国经济转向高质量发展阶段的重要任务之一。

世界经济加速向以网络信息技术产业为重要内容的经济活动转变。我们要把握产业经济数字化的历史契机，加快传统产业数字化，利用互联网新技术新应用对传统产业进行全方位、全角度、全链条的改造，提高全要素生产率，释放数字对经济发展的放大、叠加、倍增作用。

数字技术的应用为传统产业发展注入了新的活力，主要体现在以下方面：

1. 推动产业效率提升

数字技术不断完善，企业数据获取、存储、分析等能力得以增强，企业信息处理日趋智能化、定制化，数据分析对企业经营决策的支持亦得以加强，企业生产效率得以提升，进而驱动产业效率的升级。

2. 促进产业跨界融合

数字技术激活了闲置资产，进一步减少了企业之间的信息不对称，降低了产业发展所面临的不确定性，有助于实现定制化批量生产，助力企业降低交易成本，促进企业之间的合作，进而形成以核心企业为主导、多个辅助者共同参与的数字化生态，促进产业融合。

3. 重构产业竞争模式

数字化转型和增强价值供给成为传统企业巩固市场地位的重要策略。数字技术推动打破传统产业边界，进一步降低了产业进入壁垒，加快了要素流通速度，用户响应成为企业实现生存和发展的重要价值观。通过整合价值链、供应链、产业链，建立高效的价值网络，实现价值创造、价值传递、价值交付，成为企业应对潜在进入者的竞争策略。

4. 推进产业组织升级

数字技术促进了用户与企业之间的互动，企业得以实现以用户价值为导向；数据作为重要生产要素，在驱动产业效率提升的同时，促进全要素生产率提高；数字技术促进企业升级产品服务，提高产品附加价值；数字技术推动实现产业技术不断升级，推进产业向价值链高端攀升，促进现代产业体系的培育。

《中华人民共和国国民经济和社会发展第十四个五年规划和2035年远景目标纲要》明确提出：推进产业数字化转型。实施“上云用数赋智”行动，推动数据赋能全产业链协同转型。在重点行业和区域建设若干国际水准的工业互联网平台和数字化转型促进中心。深入推进服务业数字化转型。加快发展智慧农业。实施文化产业数字化战略。

2.1.6 产业经济智能化

21世纪以来，大数据、云计算、超级计算、机器学习、“五觉”（视觉、听觉、触觉、嗅觉和味觉）识别技术等广泛深入应用，推动人类社会日益朝自助无人化、智慧超人化、互联全球化发展，带来人类生产生活方式、劳动就业方式、投资理财方式、人际交往方式、语言思维方式的革命性、颠覆性变革。

当前经济智能化的主要作用表现为四个方面：

1. 扩大人类生存发展空间，促进经济增长

机器人和人工智能（AI）正替代人类，大量从事超出人类生理极限的高难度、高强度、高风险（过高或过低的压力、温度、辐射、腐蚀等）地下采掘、深空、深海活动，扩大了人类可获得的资源。

2. 提供精准生产和精细服务，提高经济效益

各类生产服务企业、平台企业（含共享经济类）通过对消费者历史数据和行为的综合分析，获得“比你自己还了解你自己”的能力，借此精准预测、预判潜在需求，提前安排并提供精细化、人性化的高品质定制服务，或积极引导将潜在需求转化为现实需求，既能在满足消费者体验中增强客户黏性，也能有效规避无效生产、减少存货、加速资金周转和提高效益。

3.提高全社会安全水平，降低经济风险

我国公安天眼系统能综合运用实名身份证明、全息摄像（人脸识别）、全球定位等技术，瞬间锁定任何人及其社会网络，并让其无处可藏、无地可跑，极大降低犯罪率。

4.增强人体生理机能，减少资源消耗

这主要是指综合运用人工智能芯片、脑机接口（在动物大脑植入电极，用脑电波记录仪读取脑波，用超声波实现脑脑互通等读取大脑意识，并与联网的电脑互动，靠“意念”控制抓取复杂的物品、实现知识共享等）、基因生物、仿生再生等技术，起到增强人体器官功能、延长寿命等作用。

为进一步提高经济的智能化水平，《中华人民共和国国民经济和社会发展第十四个五年规划和2035年远景目标纲要》要求：

一是培育壮大人工智能等新兴数字产业。

二是深入实施智能制造、制造建造、智能新型基础设施工程，大力推广应用智能低碳、绿色环保的厂房、设备。

三是鼓励商贸流通、物流配送业提高智能化水平。

四是建设智能化城市治理体系，实现交通、能源、电网、市政等的智能化调度，推进公安大数据智能化平台建设，编织全方位、立体化、智能化社会安全网。

2.2 七并存

2.2.1 垂直分工与水平分工并存

在第二次世界大战之前，发展中国家与发达国家的产业和经济分工的基本形式是垂直分工，即发达国家生产和出口工业制成品，发展中国家主要生产和出口农产品及矿产品。因为原材料和制成品在国际市场上的价格差别很大，后者常常要比前者高出许多倍，所以在国际市场上进行交换，仍是不等价的交换，发达国家剥削发展中国家。在发展中国家还没有条件生产能出口的制成品，更没有条件在此领域与发达国家竞争的情况下，要改变这种剥削与被剥削的局面也是无能为力的。

第二次世界大战以后的情况发生了变化。由于科技的进步，发展中国家的制造业有了进一步发展，特别是跨国公司的兴起、交通运输和通信业的巨大进步，世界贸易迅速扩大，世界经济日益国际化。在国际化趋势下，与垂直分工并存的还有水平分工。水平分工是指在发展中国家与发达国家之间、发展中国家之间、发达国家之间，在生产和出口方面，都有对原材料、初级品和制成品的分工。过去那种单一的纯原材料、初级品和制成品的生产国和出口国，已经部分地或越来越多地被既生产和出口原材料、初级品，又生产和出口制成品的国家所取代，只不过是不同国家所生产和出口的比重不同罢了。虽然时至今日，各发展中国家所生产和出口的产品绝大多数依然是原材料和初级品，各发达国家所生产和出口的产品绝大多数仍是制成品，但从全世界总体格局看，毕竟已经是垂直分工和水平分工并存，发展中国家制成品的生产和出口也在发展中。

2.2.2 产业结构调整与产业转移并存

为了在国际分工和国际竞争中获取更大的利益，世界各国尤其是各发达国家大力调整其国内的产业结构。发达国家把其大量投资转向高新技术产业，而把一些劳动密集型和资本密集型产业逐步转向发展中国家。这是因为纺织和服装等劳动密集型产业，不仅需要大量劳动力，而且生产增长速度减缓，有的产业甚至呈现出下降的趋势。钢铁、造船、汽车等资本密集型产业，除其生产增长速度减缓外，其能源消耗和原材料消耗都很大，而且污染严重。所以，发达国家为了自身的利益，就把自己不愿办的和不愿多办的产业向发展中国家转移，自己却把大量投资转向计算机、航空航天、新材料等高新技术产业方面。

2.2.3 民用工业与国防工业并存

民用工业与国防工业之间是一种对立统一的关系。

1. 两类工业相互联系、彼此促进

如果没有民用工业一定的发展，就不会有条件建立和发展国防工业，因为民用工业特别是基础工业是国防工业的坚强基石。民用工业为国防工业提供物质基础。国防科学技术是以整个国家的技术进步（包括民用工业技术）为前提的，国防工业部门所需的资金主要来自民用工业部门上缴给国家的那部分国民收入的再分配。现代国防工业对民用工业的依赖，不仅表现为以强大的现实经济实力为前提，而且表现为以强大的经济潜力为后盾。

反之，国防工业的发展进一步促进了民用工业的发展。因为国防工业保护民用工业不受外来侵略，还要求民用工业提供优质的原材料和先进的工具，促进了民用工业生产水平的提高。此外，国防工业部门具有较高的科研、生产能力，其技术可以不断向民用工业扩散，推动民用工业技术进步，产生好的经济效益。尤其是在和平时期，国防工业的主力部门将对整个国民经济发展起促进作用。

2. 两类工业互相制约、彼此矛盾

国家可投入两类工业部门的人力、物力、财力等是有限的。如果我们把有限的资源投入国防工业过多，就会影响民用工业的正常发展。例如苏联的"军工优先，扬军抑民"政策导致国防工业实力雄厚，军用品的生产能力在当时的世界上首屈一指，但轻工业、农业发展缓慢，人民日常生活必需品紧缺的畸形发展状况持续了几十年。反之，如果把有限的资源投入民用工业过多，势必会影响国防工业的正常发展，影响国防现代化的进程和国家的安危。第二次世界大战时北欧国家惨遭德国法西斯入侵的惨痛教训永远值得人们记取。

富国才能强兵，实现国防现代化，只有在整个国家工业和农业高度发达的基础上才有可能。国防工业要服从和服务于国民经济建设，这不仅有利于支援国家经济建设，而且从根本上增强了国防经济实力。

在以和平与发展为主题的时代，国家间的竞争重点从军事实力竞争转移到经济实力较量上来。加强军工技术向民用工业转移，不仅可以提高军工技术的商品化程度，还可以提高整个民用工业的技术水平，从而大幅度地提高国家产业经济的国际竞争力。同时，一旦战争需要，民用工业也完全可以而且应当为战争服务，转向军用物资和设施的生产，甚至转向制造武器和弹药。美国在伊拉克和阿富汗的战争中征用民用飞机运送战争物资和军队就是最好的例证。

世界许多国家都很注重军民工业的结合，采取各种有力措施，在加速军工技术向民用转化的同时，也不断加强军民两用技术项目的开发。如美国政府实施了促进军民两用技术发展的“技术再投资计划”（TRP），由政府拨款支持军民两用项目研究与开发活动，鼓励国防和民用公司共同开发，甚至建立军民两用工业基地。今天已商业化的全球卫星定位系统和平面显示器就是军民两用研发项目的成果。军民工业相结合的措施不仅强化了民用工业的技术实力，也使各国政府的军事实力得到了加强。因此，世界各国纷纷推进军民工业的结合，导致了产业经济发展过程中军民结合全球化的趋势。

科技部、军委科技委于2017年8月联合印发《“十三五”科技军民融合发展专项规划》，以部署“十三五”期间推进科技军民融合发展有关工作。着眼国家安全和发展战略全局，统筹经济建设和国防建设，在全面建成小康社会进程中实现富国和强军的统一。2018年3月2日，十九届中央军民融合发展委员会第一次全体会议审议通过《军民融合发展战略纲要》。

2.2.4 轻重工业并存①

从全世界范围看，1955—1976年，在整个制造业中，轻工业所占比重由41.2%下降到32.3%，重工业所占比重由58.8%上升到67.7%；同期，发展中国家的轻工业所占比重由67.3%下降到48.9%，重工业所占比重由32.7%上升到51.1%。重工业所占比重的上升是以轻工业所占比重的下降为代价的。早在1955年，发达国家的重工业就几乎占制造业产值的2/3，计划经济国家的重工业只占制造业产值的1/2。到1976年，发展中国家的重工业产值略微超过了制造业产值的1/2。这种趋势在拉丁美洲最为显著，工业在制造业产值中所占比重从1960年的43%增长到1976年的58%。总之，重工业是发展中国家的主要增长部门。到2011年，我国轻重工业产值比重分别为28.1%和71.9%。

无论是制造业中的轻重工业结构，还是整个工业中的轻重工业结构，都呈现出从以轻工业为主向以重工业为主转变的趋势，大体上由“七三开”格局转变为“三七开”格局，但从总体上看，是轻重工业并存的局面。

2.2.5 劳动密集型、资源密集型与资本、技术和知识密集型产业并存

纵观世界各国特别是各发达国家的经济发展史，我们清楚地看到，在工业化和现代化初期，各国多从发展资源、劳动密集型的轻纺工业开始，农业和轻纺工业在国民经济中居主要地位；在工业化和现代化中期，多以发展资本密集型的煤炭、钢铁、电力、化工和机械等基础工业部门为重点，这些部门是国民经济发展的主导部门；在工业化和现代化后期，多以发展知识、技术密集型产业为重点，这类产业上升为主导地位。

上述这种产业转变的趋势表现为各国产业及其结构不断升级的过程，该过程在日本和苏联都明显地体现出来了。

2.2.6 国内外合作与不平等和不平衡并存

国际经济合作日益加强，不仅有南北合作、南南合作、北北合作，还有大量的国际经济合作论坛。经济合作是产业经济和整个世界经济发展的客观规律，因为这种合作是完全

① 2014年后，我国不再采取轻重工业分类法。

符合合作双方全体人民最高利益的。虽然得益有大有小，但是双方都得利。

不过，发展中国家的产业多是生产传统的原材料和初级品，制成品产业特别是高新技术产业尚很不发达，而发达国家主要发展制成品产业特别是高新技术产业，把生产原材料和初级品的资源和资本密集型产业转到发展中国家去。在国际市场上，发展中国家以低附加值产业的产品与发达国家高附加值产业的产品进行交换，吃亏的只能是发展中国家，而获利者只能是发达国家。上述两类不同附加值的产品相交换，是表面上的等价交换，实际上是不等价交换。因为发达国家运用各种手段，包括政治、军事上的高压手段，尽量压低原材料和初级品的国际市场价格，却尽力提高它们所经营的制成品和高新技术产业产品的价格。发达国家为了维持其在世界上的霸权地位，采取许多新殖民主义手段，对发展中国家进行更加残酷的剥削和掠夺。

因为发达国家对发展中国家进行多种剥削和掠夺，以及两类国家之间的科学技术水平和整个社会生产力水平存在差距，所以这两类国家之间在人均收入上存在巨大差距，而且这种差距不断扩大。现在占世界人口总数20%的发达国家，拥有世界财富的80%～90%；占世界人口总数80%的发展中国家，只拥有世界财富的10%～20%。

2.2.7　高新技术产业发展与传统产业改造并存

纵观世界各国产业发展的历史，我们可以看到，随着技术革命浪潮在全世界的推进，高新技术产业与传统产业并存，高新技术产业比重呈现出逐步上升的发展趋势。但是在我国，传统产业在相当长时间里仍是经济增长的源泉。

1. 高新技术产业比重逐步上升

根据美国联邦储备委员会1985年6月对工业生产指数计算方法修改后（基期从1967年改为1977年）的数字，美国包括办公室用具和计算机、电子通信、电子部件、医疗器材、复印机及有关设备在内的高新技术产业，1977年至1984年的年平均增长率为14%，比1950年至1974年的年平均增长率高1倍，更大大高于1977年至1984年美国整个工业产值的年平均增长率（2.9%）。高新技术产业在美国工业产值中所占比重也由1977年的6.1%上升到1984年的12.9%。20世纪90年代后，发达国家高新技术产业在工业总产值中的比重又有很大提高。应当强调的是，美国、日本等发达国家的经济主体和主要支柱仍然是传统产业，这一点是确定无疑的。

一些发展中国家和地区也在大力扶植高新技术产业，致力于科学技术进步。根据国家统计局发布的《中华人民共和国2020年国民经济和社会发展统计公报》，我国2020年研究与试验发展（R&D）经费支出24 426亿元，比上年增长10.3%，与GDP之比为2.4%，其中基础研究经费为1 504亿元。国家科技重大专项共安排198个项目（课题），国家自然科学基金共资助4.57万个项目。截至2020年年末，正在运行的国家重点实验室有522个，国家工程研究中心（国家工程实验室）有350个，国家企业技术中心有1 636个，大众创业万众创新示范基地有212个，国家级科技企业孵化器有1 173家，国家备案众创空间有2 386家。全年授予专利权363.9万件，比上年增长40.4%；PCT专利申请受理量为7.2万件。截至2020年年末，有效专利为1 219.3万件，其中境内有效发明专利为221.3万件，预计每万人口发明专利拥有量为15.8件。全年商标注册为576.1万件，比上年下降10.1%。全年共签订技术合同55万项，技术合同成交金额为28 252亿元，比上年增长26.1%。

2. 传统产业是我国经济增长的源泉

在发达国家，住房、汽车、家电、旅游、城市化、高速公路等所谓的传统产业经过几十年上百年的发展之后，人们对这些物品需求的满足程度已经达到了较高的水平，需求开始减少，经济增长相对停滞，若没有新技术革命和全球化带来的新的市场需求，经济就不可能再次快速增长。而信息、生物、新材料等产业之所以被称作支撑新经济的新兴产业，是因为它们的确成为经济增长的主要推动力量。在这些发达国家，新技术革命的出现，其影响首先不在于提高工作效率，而是创造出了一大块新的“购买对象”，即新的市场需求。电脑、软件、多媒体、网络、移动通信等这些人们物质、精神生活中的“新玩意儿”，形成了新的市场板块，带动了新的产业的发展，从而带动了整个经济的增长。

我国的情况与发达国家有很大的不同。我国的经济基础还很薄弱，对于发达国家来说是传统产业的如汽车、住房、旅游等产业，在我国还处于起步阶段，这就决定了我国在相当长的时间内，还要作为一个发展中国家，扎扎实实地为新经济打下基础。新技术和新兴产业的出现的确创造了新的市场需求，但这种新的需求在我国远不如为了提高其他物质生活水平所能创造的需求大。对于发达国家来说，的确是新兴产业在带动经济的增长。比如美国在“新经济”时期，新兴产业带动其经济每年增长近3个百分点，其科技进步对经济增长的贡献率高达80%多。我们作为一个发展中国家，新兴产业也发展很快，在北京、上海等大城市，高新技术产业已经成为主导产业，但整体上技术相对落后，体制上也有许多不适应的地方，传统产业的更快增长仍将是我国较高增长率的主要源泉。不过，近年来我国科技进步对经济增长的贡献率逐步提高，2020年我国科技进步贡献率超过60%。

2.3 五取代

2.3.1 “三、二、一”取代“一、二、三”

第一产业、第二产业和第三产业之间的组成及经济联系和数量比例关系，就是三次产业结构。

综观世界各国产业发展历史，一般在工业化初期，由于科学技术水平和整个社会生产力水平还比较低下，人民生活水平也不高，整个国民经济的发展仍以农业为主，所以三次产业结构必然呈现出“一、二、三”的总体格局。但是，随着科学技术的进步、生产力水平及人民生活水平的提高，第二产业上升为主导产业，取代了第一产业的主导地位，三次产业的产值比重转向“二、一、三”或“二、三、一”的格局。随着第三产业地位上升，到工业化后期会呈现出“三、二、一”的格局。

三次产业不平衡增长导致我国产业结构发生如下变化[①]：

1952年，我国产业结构主要以农业为主，第一产业增加值占GDP的比重为50.5%，第二产业占比仅为21.8%，第三产业占比为28.7%。

1978年，我国产业结构已转变为以第二产业为主，第一产业增加值占GDP的比重下

① 王弟海．三次产业增长和产业价格结构变化对中国经济增长的影响：1952—2019年［J］．经济研究，2021（2）：22-38.

降到27.7%，第二产业占比达到47.7%，第三产业占比下降为24.6%。

改革开放后，在经济增长中的产业结构变化规律的作用下，我国第一产业增加值占GDP的比重持续下降，第三产业占比不断提高，而第二产业占比出现倒U形的变化。2020年，我国第一产业增加值占GDP的比重仅为7.7%，第二产业增加值占比下降到37.8%，第三产业增加值占比为54.5%。

2.3.2　新中心取代老中心

随着科学技术的进步和与社会化大生产相适应的国际分工的发展，在经济发展不平衡规律的作用下，世界经济有一个中心转移的趋势。这种转移趋势主要是，世界产业活动从老的产业中心向新兴的发达国家和少数几个发展中国家转移，以及世界经济中心从欧洲移向亚洲、从大西洋移向太平洋。这种中心转移的趋势是产业发展趋势的根本依据和首要趋势。因为在市场经济高度发达的今天，一个国家和地区的产业结构是否合理和产业政策是否有效，只有放在两种资源、两个市场和整个国际分工体系中来观察，才能作出科学的判断。

1.产业中心的转移

联合国工业发展组织的研究报告指出，工业中心的转移并不是简单地把工厂或生产设施从发达国家引向发展中国家，而是世界生产模式的一个不断演变的过程。这个过程是工业增长的必然结果，是各国相互依存的趋势，是经济持续发展所必需的。这种转移是由国民经济增长的内部演变模式和技术进步两种主要因素所决定的。

（1）发展中国家和发达国家在国民经济增长内部演变模式上具有不同的特征。

在发达国家中，国民经济增长的内部演变模式的主要特点是：①第三产业发展特别迅速；②食品和其他必需品的国内市场扩大相对缓慢；③熟练劳动力特别是白领工人增长很快；④许多部门的生产专业化协作水平很高。

在发展中国家里，国民经济增长的内部演变模式的主要特征是：①投资在总收入中所占比重增大，许多耐用消费品和固定资产的需求急剧扩大；②城市劳动力数量急剧增长，农村的劳动力仍不断向城市转移；③多数生产部门还处于“大而全”“小而全”的状况，生产专业化协作水平比较低下。

上述国民经济增长的内部演变模式导致了最终产品、工厂投入、劳动力和资本价格的不断变化，也导致发展中国家与发达国家在需求和消费模式上的差异。所有这些变化和差异最终必然使各国产业结构不同，因为不同的需求和消费模式要由不同的产业结构来满足，一定的产业结构只能满足特定的需求和消费。

（2）发达国家的技术进步快于发展中国家，技术进步使世界工业结构发生了重大变化。不同国家和不同产业部门的技术进步程度是不相同的。一般趋势是技术进步首先集中于发达国家，集中于部分产业部门；在发达国家里，主要是集中于化工和机械制造方面，包括电机工程、航空与航天和汽车工业等。20世纪70年代，法国、联邦德国、意大利、日本、英国和美国等国家工业的研究与开发费用的76%～92%都用于化工和机械制造方面。

2.世界经济中心从欧洲向亚洲转移

（1）亚洲经济的迅速发展引起了全世界的关注。国外一些专家认为，世界的经济中心从欧洲移向亚洲，从大西洋移向太平洋。

亚洲经济的崛起是就纵向的历史对比而言的。第二次世界大战以后，亚洲是世界上最贫困的地区，人均国民收入比当时的非洲（118美元）还要低，而美国1949年的人均国民收入已达到1 450美元。然而，进入20世纪60年代以后，亚洲的经济有了突飞猛进的发展。

21世纪的经济重心将向亚洲转移。亚洲总体经济将超过世界上其他国家和地区的经济总和。中国将拥有世界上规模最大的经济，成为亚洲地区领先的经济力量。

到21世纪中叶，世界上约2/3的国家、至少50亿人口将享有目前发达国家居民的人均生活水平，其中约30亿人生活在亚洲。亚洲国家的总体经济规模将超过世界上其他国家和地区加在一起的经济规模。

（2）博鳌亚洲论坛研究院发布的《亚洲经济一体化进程2013年度报告》认为，自全球金融危机爆发以来，亚洲经济在世界经济中的地位不断提升。亚洲经济体作为世界工厂的地位比以往有所下降，但在世界出口总值中仍占据较大的份额。同时，亚洲经济相互依存度不断加深，亚洲经济体一半以上的进出口是在区域内部完成的。随着区域经济一体化日益推进，亚洲有可能成为继北美自由贸易区、欧盟之后的又一个较强的经济区域。

全球化与区域经济一体化是当今世界经济发展的两大趋势，已成为各经济体处理国际事务的出发点。2012年11月，东盟10国和中国、日本、韩国、印度、新西兰、澳大利亚领导人在柬埔寨金边达成共识，正式启动区域全面经济伙伴关系谈判。这是应对国际金融危机和欧债危机带来的亚洲外部需求萎缩的有效措施，更有利于区域内日益重要的生产供应链进一步整合和提升。

2014年5月17日，《中日韩投资协定》正式生效。2018年5月，中日韩自由贸易区重启谈判，东亚地区的区域经济合作出现新的变化。三国进一步推进合作，不仅有利于自身的发展，而且将对推进东亚地区经济一体化进程发挥重要而积极的作用。

2013年，中国国家主席习近平分别提出建设“新丝绸之路经济带”“21世纪海上丝绸之路”的合作倡议，即“一带一路”倡议。“一带一路”涵盖亚太地区多数国家，发端于中国，贯通中亚、东南亚、南亚、西亚乃至欧洲部分区域，东牵亚太经济圈，西系欧洲经济圈。“一带一路”倡议的提出符合时代潮流，亚洲已经成为世界经济增长的引擎，是世界多极化和全球化的中坚力量。

（3）我国经济实力、科技实力、综合国力和人民生活水平跃上了新的大台阶，成为世界第二大经济体、第一大工业国。

1980年以来，中国经济的高速增长类似于日本在20世纪50年代及以后的情况。2003—2011年，中国经济年均增长10.7%，而同期世界经济的平均增速为3.9%。中国经济总量在世界的排序从2002年的第6位上升至2010年的第2位。初步核算，2020年我国国内生产总值为1 015 986亿元，比上年增长2.3%，是全球唯一实现经济正增长的主要经济体。[①]经过中华人民共和国成立以来特别是改革开放40多年的不懈奋斗，到“十三五”规划收官之时，我国经济实力、科技实力、综合国力和人民生活水平跃上了新的大台阶，成为世界第二大经济体、第一大工业国、第一大货物贸易国、第一大外汇储备国，国内生产总值超过100万亿元，人均国内生产总值超过1万美元，城镇化率超过60%，中等收入

① 国家统计局. 中华人民共和国2020年国民经济和社会发展统计公报［M］. 北京：中国统计出版社，2021.

群体超过4亿人。特别是全面建成小康社会取得伟大历史成果，解决困扰中华民族几千年的绝对贫困问题取得历史性成就。这在我国社会主义现代化建设进程中具有里程碑意义，为我国进入新发展阶段、朝着第二个百年奋斗目标进军奠定了坚实基础。

3.转移的根源与对策

产业中心和整个世界经济中心转移的原因是多方面的，有主观的和客观的，有政治的和经济的，有国内的和国际的，有历史的和现实的等。单就亚太地区经济崛起的主观原因来讲，主要是亚太地区各国或地区能够根据科学技术的不断进步和市场经济发展的客观要求，从自身的实际出发，制定能够反映产业发展规律性要求的产业政策以及以产业政策为核心的经济发展战略。以日本为例，日本的经济起飞是举世公认的，起飞的重要原因之一就是日本能够正确地确定自己在国际分工体系中的地位，制定扬长避短、变劣势为优势、以产业政策为核心的经济发展战略。

2.3.3　绿色生产力取代灰色生产力

绿色生产力和灰色生产力是两条根本不同的经济发展道路和路线的选择问题。我们坚决选择生产力绿色发展道路。那种片面追求高速度，但资源过度消耗、生态破坏严重、环境污染严重的灰色生产力发展道路，必然被绿色生产力发展道路所取代。在保持生态平衡、避免环境污染的前提下，实现经济适度增长的绿色生产力发展道路是世界人民的心愿，也是历史的必然选择。

产业经济绿色化是指产业在演进过程中，按照符合自然生态环境系统的有机循环原理建立发展模式，使不同类别的产业部门建立起经济资源利用和再利用的有机循环模式，尽可能地消除生产和消费环节对环境的破坏，达到产业与自然和社会环境共同可持续发展、和谐统一的目的。

20世纪70年代以来，全球性环境问题日益突出，表现为森林面积不断减少、生物多样性锐减、水土流失逐年加重、温室气体含量不断增加、臭氧层耗竭不断加剧、土地沙化日趋严重等。在经历了大自然的无情报复，并为此付出沉重代价之后，世界各国都开始了深刻反思，并联合起来共同重建全球的生态系统。由于自然资源具有稀缺性和不可再生性，产业经济的发展不能以耗竭自然资源和损害环境为代价，而应谋求与自然环境协调发展。产业经济的绿色化，要求在维护生态平衡的基础上合理开发自然，把人的生产方式、消费方式限制在生态系统所能承受的范围内，建立以人与自然和谐发展为特征的产业发展模式，使产业经济发展走向绿色化。

世界范围内的生态革命，促成了生态与产业成为一种新型的互动关系。这种关系一方面表现为产业绿色化含量不断提高，另一方面形成了广泛的生态产业化现象。以生态产品的生产、使用、回收再利用为基本内容的新兴生态产业不断发展，最终形成生态产业一体化和复合化，传统的三次产业向绿色化方向发展。

2.3.4　工业国取代农业国

我国工农业结构发展趋势的转移阶段可大致表述为农业国、农业工业国、工业农业国、工业国。这个发展阶段划分的具体标准，主要看在它的社会生产总值和工农业总产值中现代化工业产值逐步占优势的程度，以及现代化大工业以先进技术装备国民经济各部门的能力。

在农业国中，现代化大工业还没有发展起来，在工农业总产值和社会生产总值中处于劣势，没有能力以先进技术装备国民经济各部门，农业在工农业总产值和社会生产总值中占绝对优势，以手工劳动为主。

在工业国中，现代化大工业有了高度发展，在工农业总产值和社会生产总值中占绝对优势，已用先进技术装备了国民经济的各部门。

世界上发达国家和发展中国家的历史都反复证明，发展中国家要变成发达国家，要经历由农业国向工业国的转移过程。这是不以人们的意志为转移的客观规律，外国是这样，中国也不例外。从这种意义上讲，当今的世界各国都应采用工业立国的国策，对我们这样一个人口多、耕地少、国内生产总值低的社会主义大国来说，除了工业立国外别无他途。

这种由农业国向工业国转移的客观必然性，主要是由现代化大工业在国民经济中的主导地位、生产资料优先增长的原理、在科学技术不断进步基础上农业劳动生产率的提高和在生产发展基础上人民收入水平的提高所决定的；简而言之，是用现代化工业改造农业，实现“农业工厂化”的表现。

这里需要指出的是，作为对农业产品长期短缺的一种补偿，在一段时间内使国家的农业在工农业和整个社会生产总值中处于相对上升的状态，是不可避免的，也是合理的；但是，必须清醒地看到，这种上升状态只是暂时的，是一种特殊情况，而不是长期趋势。

2.3.5 原材料相对有余取代原材料相对不足

在发达国家中，原材料工业与制造工业脱节，已成为产业结构的一大趋势，即原材料工业比重相对下降、制造工业比重相对上升的趋势。

彼得·德鲁克指出，原材料经济和工业经济的脱节是世界经济中发生的一个主要的结构性变化。德鲁克分析，原材料需求下降是因为工业生产逐步脱离原材料密集型的产品和加工程序，一些传统工业对原材料的需求下降，对能源的依赖程度也在下降。塑料在原料方面的成本还不到钢的一半，而汽车车身的生产已经部分地用塑料取代钢。所有这些都说明，原材料经济和工业经济的脱节是科学技术进步的必然结果和主要表现。

本章小结

经济社会的发展趋势和规律是产业经济学的核心所在。产业经济学是专门探索和阐明产业经济发展规律的学科。产业经济发展规律主要有如下的“六化”“七并存”“五取代”。“六化”是指产业经济全球化、产业经济现代化、产业经济融合化、产业经济知识化、产业经济数字化和产业经济智能化。“七并存”是指垂直分工与水平分工并存，产业结构调整与产业转移并存，民用工业与国防工业并存，轻重工业并存，劳动密集型、资源密集型与资本、技术和知识密集型产业并存，国内外合作与不平等和不平衡并存，高新技术产业发展与传统产业改造并存。“五取代”是指“三、二、一”取代“一、二、三”，新中心取代老中心，绿色生产力取代灰色生产力，工业国取代农业国，原材料相对有余取代原材料相对不足。

本章思语

1.“六化”包括哪些内容？
2.“七并存”包括哪些内容？
3.“五取代”包括哪些内容？
4.为什么必须遵循“十八条”规律？

第3章
第三次工业革命与第四次工业革命

3.1
第三次工业革命概述
3.2
第三次工业革命的实质与特征
3.3
第三次工业革命的发展对策
3.4
迎接第四次工业革命
3.5
第四次工业革命催生创新型社会

本章小结
本章思语

3.1　第三次工业革命概述

3.1.1　第三次工业革命的含义

随着全球经济的发展，各国都在思考并寻找新的经济发展模式。互联网与新能源以及新生产模式的结合再次改变时间和空间对于人类社会生产活动和生活方式的种种局限，从生产力和生产关系两个方面重塑社会经济形态，成为全球经济走出低谷的新动力，这被称为"第三次工业革命"。①

迅速发展的互联网和信息通信技术被视作这次变革的基础。互联网技术与工业生产的融合趋势已经明朗，发达国家已经展开你争我抢之势。对此，我国应该早作准备，加快提升自主创新能力，迎接新工业变革的挑战。②

3.1.2　第三次工业革命的作用

随着新材料和全新生产工艺的采用、易操作机器人的使用，以及在线制造协作服务的普及，制造业的小批量生产变得更加划算，生产组织更加灵活，劳动投入更少。以上网打印三维产品为例，这对制造业来说有三大意义：一是可以快速、高效地生产，加快产品上市时间。二是可以按个性化订单生产，做到零风险和零库存。三是可生产一些普通方式无法生产的产品，通常这些产品太过复杂而无法使用机器加工。如科学家利用3D打印机制造皮肤、肌肉和血管片段等简单的活体组织，也许有一天我们能制造出像肾脏、肝脏甚至心脏这样的人体器官。

经济视窗 3-1

这种生产方式使大规模生产显得过时，创造力而不是劳动力成为核心竞争力。随着直接从事制造行业的人数的减少，劳动力成本在整个生产成本中的比例随之下降。这将鼓励制造商将一部分制造行业迁回发达国家。

对于以高度发达的供应链和迅速进行规模化生产的工业产业群作为核心竞争优势的中国来说，如果继续满足于做缺乏创造力的制造业中心，中国崛起有可能被第三次工业革命所终结。

3.2　第三次工业革命的实质与特征③

3.2.1　第三次工业革命的实质

第三次工业革命的实质是以数字制造技术、互联网技术和再生性能源技术的重大创新

① 佘惠敏. 新工业革命，我们枕戈以待［N］. 经济日报，2012-06-18.
② 王志远. 迎接工业革命新时代［N］. 经济日报，2012-04-12.
③ 芮明杰. 第三次工业革命的起源、实质与启示［N］. 文汇报，2012-09-17.

与融合为代表，从而导致工业、产业乃至社会发生重大变革。这一过程不仅将推动一批新兴产业诞生与发展，以替代已有产业，还将导致社会生产方式、制造模式甚至生产组织方式等方面的重要变革，最终使人类进入生态和谐、绿色低碳、可持续发展的社会。

3.2.2 第三次工业革命的特征

1.能源生产与使用变革

我们目前的经济与社会发展模式、生活消费方式所依赖的化石能源已经逐步进入枯竭期，需要在理念、技术、资源配置、消费习惯、社会组织等诸多方面转型，以开发可替代的再生性能源，使人类社会可持续发展。这是第三次工业革命的核心之一。

2.生产方式变革

现在的生产方式是大规模标准化、用机器生产机器的方式；新的生产方式是以互联网为支撑的智能化大规模定制的方式，标志着个性化消费时代的到来。具体来说：

第一，今天的互联网既是信息平台，又是交易和生产控制平台，还是娱乐和社交平台；

第二，智能化意味着智慧型计算机嵌入制造设备中，从而使生产设备能够更快地自我反应、计算判断、分析决策和操作；

第三，过去，定制品的数量非常少，但在数字化、智能化的制造条件下，个性化产品的大规模定制生产在技术上已经成为可能，甚至部分已成为现实。

很显然，相比工业经济时代的生产模式，新的模式将有诸多优势：

（1）资源节约。原材料使用仅为传统生产方式的1/10，能源消耗也远低于化石能源时代。

（2）生产成本低。互联网信息的运用和自己动手生产都降低了产品生产的成本。

（3）交易费用低。通过网络平台直接定制交易，交易费用几乎为零。

（4）流通费用低。分散生产、就地销售可以节约大量流通成本，消费者的满意度提高。

3.制造模式变革

制造业的主流制造模式从削减式转变为叠加式，这一变化本质上是制造业数字化带来的。削减式制造先要铸造毛坯、切削加工，再做成零部件或产品；数字化叠加式制造则快速成型，是“打印”出来的。

4.生产组织方式变革

我们现在的生产组织方式为“集中生产，全球分销”，先要盖厂房，从全世界采集原料，生产后再运送到各地销售，运输成本高，信息搜寻与交易成本都很高，浪费不少资源。新的生产组织方式则不一样，它被叫作“分散生产，就地销售”，不需要今天这样的工厂，只需要3D打印机就可以真正做到本地生产、本地销售。

5.生活方式变革

消费与生产同时进行。购物在3D打印店里就能完成，这才是真正的体验式消费，边消费边生产。消费者也可以购买家用3D打印机，像从前那样自给自足。

3.3　第三次工业革命的发展对策

3.3.1　第三次工业革命的支柱①

以化石燃料为基础的第二次工业革命给社会经济和政治体制塑造了自上而下的结构，第三次工业革命所带来的绿色科技逐渐打破这一传统，使社会向合作和分散关系发展。社会经历深刻的转型，原有的纵向权力等级结构向扁平化方向发展。

第三次工业革命的支柱包括：

（1）向可再生能源转型。

（2）将每一大洲的建筑转化为微型发电厂，以便就地收集可再生能源。

（3）在每一栋建筑物以及基础设施中使用氢和其他存储技术，以存储间歇式能源。

（4）利用互联网技术将每一大洲的电力网转化为能源共享网络，这一共享网络的工作原理类似于互联网。

（5）将运输工具转向插电式以及燃料电池动力车，这种电动车所需要的电可以通过洲与洲之间共享的电网平台进行买卖。

3.3.2　第三次工业革命的具体发展对策②

改革开放以来，我国补上了机械化、自动化两次工业革命时期所缺的课程，基本跟上了信息技术革命的步伐。当前，我国要实现民族复兴的宏伟目标，必然要成为世界重要的科技创新中心，成为新科技革命、产业革命的引领者之一，具体对策如下：

1. 突出两个重点领域

（1）建设生物技术强国、产业大国。作为21世纪最重要的创新技术集群之一，我国生物产业已经有了一个良好的基础，生物技术水平不断提高，技术产业化进程加快。生物产业已经成为国家战略性新兴产业的重要组成部分，未来还将得到国家政策的大力倾斜，其应用前景十分可观。

（2）新能源技术进入国际一流行列，力争成为新能源产业大国。我国应在核能技术、太阳能技术、风能技术、海洋能技术等领域，支持大型企业建立一批一流研发机构，加速开发一批新能源产品，为保障我国能源安全、经济发展作出重要贡献。

2. 推进第三次工业革命的措施

（1）实施“新体制”战略，充分发挥政府的职能和作用，营造一流的工业集成化创新环境。一方面，国家积极参与全球工业市场游戏规则的制定，积极审视我国法律法规和政策方面的不足；另一方面，政府应该善于与本国市场力量配合，鼓励市场力量的发展，扶持本国研发力量的成长，保持国内市场垄断和竞争的均衡发展。

（2）实施“新产品”战略，把新产品开发数量作为应用研究的最终目标。

（3）实施“新人才”战略，引进一批外籍高级人才来华创新、创业。

（4）实施“新平台”战略，打造一批国际一流的研发平台。建议紧紧围绕产业发展的

① 里夫金．“互联网+可再生能源”：全球正迎来第三次工业革命［N］．经济参考报，2012-06-05．
② 王宏广．把握第三次工业革命新机遇［N］．经济日报，2013-03-01．

需求，尽快建设一批国际一流的研发平台，吸引海外研发人才、科技项目向我国转移，力争把我国建设成全球重要的创新基地或中心。

（5）实施“新主体”战略，培育一批国际一流的大型企业或集团。加速推进企业成为技术创新的“主体”，在生物、新能源等重点领域，遴选一批有望代表中国参与国际竞争的企业或企业集团，在人才引进、创新体系建设、科技项目等方面，给予重点扶持，加速培育一批国际一流的企业或企业集团。

（6）提高研发和技术创新能力，加快科技成果向生产力转化的进程。加紧建设一批国家级工业技术研发基地，加快关键技术的攻关和推广应用，形成国家研发创新体系。加强重点企业技术研发中心建设，鼓励国内企业建立内部研发机构，构建企业研发创新体系。

（7）加强工业信息化进程，构建工业集成化的平台。首先，加强信息基础设施建设，既包括信息网络、信息处理设备和信息资源库等“硬性”设施，也包括信息技术标准、政策、法规，以及知识产权保护等“软性”设施。其次，促进工业生产流程信息化，依托互联网、信息与通信技术设计、管理和处置整个工业生产流程。最后，打造信息化工业价值链，将工业制造的采购、销售、服务等上下游环节纳入信息化管理中来。[①]

经济视窗3-2

经济视窗3-3

3.4 迎接第四次工业革命

2017年夏季达沃斯论坛的主题是“在第四次工业革命中实现包容性增长”。全球经济面临的两个突出挑战是：如何在第四次工业革命大背景下，创造新的经济机遇；如何创建一个更加全面和健康的经济运行体系，让更多的人共享经济发展成果。第四次工业革命的主导是数字科技、现代机器人和智能制造。

1.创新是从根本上打开增长之锁的钥匙

中国企业在世界技术创新中占据相当大的份额，如阿里巴巴、百度和腾讯等，它们改变了人们的消费模式。还有一些企业已涉足人工智能领域并引发反响，将会在全球产生重要影响。

中国创新取得显著变化，摆脱了过去模仿者的形象。一项调查表明，中国“新四大发明”——高铁、支付宝、共享单车、网购，成了外国青年最想祖国也具备的生活方式。

中国经济最有活力、景气迸发的新动能之一，无疑是勇敢迎接第四次工业革命的互联网经济、数字经济、智能制造等。一批互联网经济的引领者——阿里巴巴、腾讯、微博、京东、网易等群星闪耀，对海外市场表现出巨大的引领潜能。

2.智能制造作为《中国制造2025》的主攻方向，取得长足进展

智能制造的关键技术领域取得系列重大突破，中国智能制造推进体系初步形成，一批可复制推广的新模式，比如服装、家居等领域的个性化定制，电力装备、工程机械等领域

① 王志远．迎接工业革命新时代［N］．经济日报，2012-04-12.

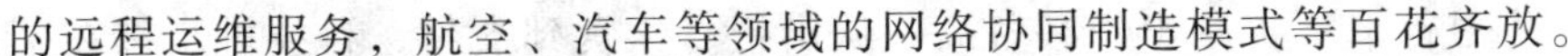

的远程运维服务，航空、汽车等领域的网络协同制造模式等百花齐放。

3.数字经济和智能制造等飞速发展，是中国经济转型升级的缩影

中国经济在努力实现从量的增长向质的提升转变，围绕促进转方式调结构、培育战略性新兴产业、发展现代服务业等要求，推动产业和产品向产业链中高端跃升，塑造更多依靠创新驱动、发挥先发优势的引领性发展。

以互联网为核心的新一轮科技、人工智能、虚拟现实（VR）等新技术，给人们的生产方式和生活方式带来革命性变化。这种变化不会一蹴而就，也不会一帆风顺，在充分放大和加速其正面效应的同时，尤其要注意把可能出现的负面影响降到最低，发展需要更加普惠平衡。因此，包容性增长成为"一体两面"的另一个诉求。中国创新不仅体现在技术创新、公司创新，更包括体制和机制创新、管理创新、模式创新。包容性增长也是"中国实践"的应有之义。①

4.交通变革

中国交通业在发生深层次变革，电气化、自动化和共享化三大革命将彻底重塑整个交通领域的新格局。交通变革最重要的使命之一是在解决全局效率最优的同时，包容丰富的个性化需求、个性化发展，这是科技企业要承担的使命。

5.新能源汽车

中国在电动车领域领跑全球。作为《财富》世界500强排名第2位的公司，国家电网公司在中国新能源汽车发展过程中扮演着非常重要的角色。围绕充电难的问题，国家电网公司已解决了充电桩、充电技术的研发及技术标准等问题，并打造了"六横六纵两环"的高速公路充电网络。截至2020年6月底，全国各类充电桩保有量达132.2万个，其中公共充电桩为55.8万个，数量位居全球首位。截至2020年年底，全国新能源汽车（纯电动车、混合动力电动汽车及氢燃料电池车）保有量达492万辆，比2019年增加111万辆，增长29.18%。其中，纯电动汽车保有量为400万辆，占新能源汽车总量的81.32%。新能源汽车增量连续3年超过百万辆，呈持续高速增长的趋势。国家电网还建成了世界上最大的智慧车联网平台。该平台可以对充电桩的工作状况实时监测和维护，低谷时充新能源电，高峰时向电网卖电，充电桩还可以储能。这一领域很有前景，充电桩和电网的互动将会更紧密。②

3.5 第四次工业革命催生创新型社会③

当下，影响人类日常生活的各个系统正在经历快速技术变革，站在风口浪尖上的第四次工业革命潜移默化地改变人们的生活方式，左右经济社会的发展轨迹，一个科技感十足的创新型社会呼之欲出。

1.改变生活方式

第四次工业革命让每个人都能得到真真切切的实惠和便利。随处可见的共享单车与快捷方便的网约车服务让人们有更多的方式选择出行；外卖平台高速发展改变了人们的饮食方式；以支付宝、微信支付为代表的电子支付，交易结账速度快、免找零、避免携带大量

① 萃华．第四次工业革命的"中国实践"渐入佳境［N］．经济日报，2017-06-27.
② 祝惠春，温济聪．中国正在引领第四次工业革命［N］．经济日报，2017-06-28.
③ 徐惠喜．第四次工业革命催生创新型社会——写在2018年夏季达沃斯论坛召开之际［N］．经济日报，2018-09-18.

现金的风险，让现金、银行卡不再是出门必备品。从出行、饮食到支付，科技进步都在不经意间改善人们的生活质量。虚拟现实给娱乐、医学、室内设计等带来革新；无人驾驶解放了双手，拯救了路痴；人工智能协助人类高效工作。

2.升级产业结构

第四次工业革命影响着产业发展，促使产业结构升级。科技的重大突破往往引发产业的重大变革。以大数据、云计算、物联网、人工智能、3D打印等新一代信息技术广泛应用为特征的第四次工业革命推动了传统生产方式和商业模式变革，促使全球产业链出现重构，改变了传统“微笑曲线”，国际分工出现新格局。

移动通信技术的不断创新——从2G到5G——带来了移动通信产业及其相关产业链的深刻变革；机器人技术的不断创新，造就了机器人这一新的产业，“机器换人”成为产业发展趋势；锂电池、充电桩等技术的不断创新，使得新能源汽车性能更优，新能源产业正以爆发式速度增长。同样，以高新技术和先进适用技术改造提升传统产业，可以让老产业焕发新活力，传统制造业向互联网智能化方向转变，生产制造与服务的自动化、信息化水平较以前大大提高。

数字技术与传统制造技术相互结合，创造出许多新产品与新服务。各行各业相互渗透、融合，以制造为主的企业进入服务领域，转型为提供解决方案的服务商；同时，信息企业利用大数据技术进入制造领域，开发出新产品。未来，这些行业劳动生产率相对更高，创造价值更多，收入增长更快，是推动产业升级的重要引擎。

3.促进经济增长

随着信息技术的创新应用，新经济、新业态不断呈现，创业创新群体不断涌现，带来了大量新商机。以华为、百度、阿里巴巴、腾讯等为代表的大型科技企业发挥其人才、技术、品牌、市场等优势，在快速实现创新产品和技术商业化的同时，鼓励员工开展内部创业，对企业实行革新。大型科技企业的“二次创业”，中小企业、新兴创业群体的创业创新推动着产业转型升级，给中国经济注入了强大活力。

新的商业模式、管理机制和投融资方式的涌现，使经济迸发了澎湃活力。在大数据、云计算、物联网等信息技术的推动下，众创、众包、众筹等新模式不断涌现。

自“双创”提出以来，中国平均每天新增市场主体4万家，这相当于不少中等经济体中小微企业的总量。中国政府已经探索出“双创”的成熟路径，创新创业正成为中国经济增长的新引擎。

科技是第一生产力。在第四次工业革命浪潮下，前沿引领技术、现代工程技术、颠覆性技术创新取得的新突破将为经济增长提供有力支撑。林毅夫认为，“第四次工业革命推动了生产力水平提升，给中国的弯道超车提供了一个历史机遇”。

4.带来就业变化

社会生产方式的变革和生产效率的提高带来了社会问题，其中最突出的就是劳动就业的变化。英国牛津大学的研究认为，美国近一半的工作很可能在今后的20年被第四次工业革命带来的自动化取代。野村综合研究所认为，未来10年至20年里，日本近50%的工作可能被人工智能和机器人取代。韩国雇佣信息院调查显示，到2025年，韩国将有70%的业务内容可以被人工智能或机器人所取代。

就业被替代所产生的就业问题、收入分配问题，都是社会非常关注的。人工智能和机器人对劳动的替代，会导致程序化工作需求减少，非程序化工作需求增加。第四次工业革命使社会就业向两极化方向发展，即以程序化工作为主的中等技能职业就业减少，高技能和低技能职业就业增加。

第四次工业革命也在催生新的工作岗位。数字技术在减少对传统机器操作工、物流运输、设备维护等职业需求的同时，也催生了数据分析工程师、机器人协调员、现场服务工程师等新职业。创新创业所催生的市场主体，也在不断创造新的就业岗位，增加社会的用工需求。

本章小结

互联网与新能源以及新生产模式的结合再次改变时间和空间对于人类社会生产活动和生活方式的种种局限，从生产力和生产关系两个方面重塑社会经济形态，成为全球经济走出低谷的新动力，这被称为“第三次工业革命”。第三次工业革命的实质是以数字制造技术、互联网技术和再生性能源技术的重大创新与融合为代表，从而导致工业、产业乃至社会发生重大变革。第三次工业革命的特征是能源生产与使用变革、生产方式变革、制造模式变革、生产组织方式变革、生活方式变革。第三次工业革命的具体发展对策是突出两个重点领域、推进第三次工业革命的措施。第四次工业革命的主导是数字科技、现代机器人和智能制造。第四次工业革命催生创新型社会：改变生活方式、升级产业结构、促进经济增长、带来就业变化。

本章思语

1. 第三次工业革命的实质是什么？
2. 第三次工业革命有什么意义？
3. 怎样才能抓住第三次工业革命机遇实现高质量发展？
4. 在第四次工业革命中我国已获得哪些成果？
5. 第四次工业革命是如何催生创新型社会的？

第4章
数字经济

4.1 数字经济概述

4.1.1 数字经济的概念

数字经济（digital economy）是继农业经济、工业经济之后的主要经济形态。数字化转型驱动生产方式、生活方式和治理方式发生深刻变革，对世界经济、政治和科技格局产生深远影响。“数字经济”一词在1994年3月1日首次出现在《圣地亚哥联合论坛报》（The San Diego Union-Tribune）的一篇报道中。[①]1996年，美国IT咨询专家唐·塔普斯科特（Don Tapscott）在其著作《数字经济：网络智能时代的希望和危险》[②]中提出并详细描述了“数字经济”的各方面情况。该书反响较大，“数字经济”概念由此形成。1998年和1999年，美国商务部经济统计局（Economics and Statistics Administration，ESA）连续发布了两份数字经济报告——《新兴数字经济Ⅰ》《新兴数字经济Ⅱ》，开始设计测量指标、搜集数据，将数字经济纳入官方统计中，“数字经济”概念由此在全社会广泛使用。2017年中国政府工作报告首次提出数字经济，指出要推动“互联网+”深入发展、促进数字经济加快成长。近年来，我国深入实施数字经济发展战略，新一代数字技术创新活跃、快速扩散，加速与经济社会各行业、各领域深入融合，有力支撑了现代化经济体系的构建和经济社会的高质量发展。

由于对数字经济不同时期的发展形态和研究角度的不同，目前世界上对数字经济的内涵概念还没有形成统一的共识。2016年，G20杭州峰会达成《二十国集团数字经济发展与合作倡议》，其中给出的数字经济的定义具有一定代表性：“数字经济是指以使用数字化的知识和信息作为关键生产要素、以现代信息网络作为重要载体、以信息通信技术的有效使用作为效率提升和经济结构优化的重要推动力的一系列经济活动。”2021年，国家统计局通过的《数字经济及其核心产业统计分类（2021）》就采用了上述定义。

4.1.2 数字经济的特征

数字经济发展是从科学革命起源，继而衍生数字技术、催生数字产业，并推动制度变革的系列过程，其演进呈现出速度快、渗透强、辐射面广等特征。[③]我们从数据、数字技术、信息产业、产业融合、产业生态、线上线下一体化、社会治理等维度分析，数字经济主要特征如下：[④]

1.数据成为新的关键生产要素

迅猛增长的数据已成为社会基础性战略资源，蕴藏巨大潜力和能量。数据存储和计算处理能力飞速进步，数据的价值创造潜能大幅提升。更重要的是，相比其他生产要素，数据资源具有的可复制、可共享、无限增长和供给的禀赋，为持续增长和永续发展提供了基础与可能，成为数字经济发展新的关键生产要素。

① 李长江. 关于数字经济内涵的初步探讨［J］. 电子政务，2017（9）：84-92.

② TAPSCOTT D. The digital economy：Promise and peril in the age of networked intelligence（Vol.1）［M］. New York：McGraw-Hill，1996.

③ 张路娜，等. 数字经济演进机理及特征研究［J］. 科学学研究，2021，39（3）：404-416.

④ 中国信息通信研究院发布的《中国数字经济发展白皮书（2017年）》。

2.数字技术创新提供源源不断的发展动力

数字技术创新活跃，成为数字经济发展的核心驱动力。区别于以往的技术进步，数字技术进步超越了线性约束，呈现出指数级增长态势。近年来，大数据、物联网、移动互联网、云计算等数字技术的突破和融合发展推动数字经济快速发展。人工智能、虚拟现实、区块链等前沿技术加速进步，产业应用生态持续完善，不断强化未来发展动力。此外，数字技术加速与制造、生物、能源等技术融合，带动群体性突破，全面拓展人类认知和增长空间。

3.信息产业的基础性和先导性作用突出

信息产业是数字经济时代驱动发展的基础性先导性产业。受此驱动，信息产业成为研发投入重要领域。据经济合作与发展组织（OECD）数据，近年来，世界几乎半数主要国家和地区的信息产业领域研发投资占全部投资的比重达到20%，韩国、中国台湾、以色列、芬兰等几个领先国家和地区甚至超过了40%。信息产业领域密集的研发投资也带来丰厚的创新产出。以世界平均水平为例，信息产业领域的专利占比达到39%，金砖国家的这一比例甚至达到了55%。

4.产业融合是推动数字经济发展的主引擎

数字经济在加快向其他产业融合渗透，提升经济发展空间。一方面，数字经济加速向传统产业渗透，不断从消费向生产、从线上向线下拓展，分享经济等新模式、新业态持续涌现；另一方面，传统产业数字化、网络化、智能化转型步伐加快，新技术带来的全要素效率提升，加快改造传统动能，推动新旧动能接续转换。传统产业利用数字经济带来的产出增长，构成数字经济的主要部分，成为驱动数字经济发展的主引擎。

5.平台化和生态化成为产业组织的显著特征

平台成为数字经济时代协调和配置资源的基本经济组织，是价值创造和价值汇聚的核心。一方面，互联网平台新主体快速涌现，商贸、生活、交通、工业等垂直细分领域平台企业发展迅猛；另一方面，传统企业加快平台转型。传统IT巨头向平台转型，传统制造企业也开启平台化转型。平台通过整合产品和服务供给者，并促成它们之间的交易协作和适度竞争，共同创造价值，以应对外部环境的变化。平台成为共建共赢的生态系统。

6.线上和线下一体化成为产业发展的新方向

数字经济不断从网络空间向实体空间扩展边界，传统行业加快数字化、网络化转型。一方面，互联网巨头积极开拓线下新领地；另一方面，传统行业加快从线下向线上延伸。线上和线下融合发展聚合虚拟与实体两种优势，升级价值创造和市场竞争维度。制造业数字化、网络化、智能化转型就是虚拟实体融合制造的典型应用。在流通领域，线上交易释放长尾需求，线下交易提升体验，线上和线下融合的新零售聚合两种优势，满足用户多样化、多层次需求。

7.多元共治成为数字经济的核心治理方式

在数字经济时代，社会治理的模式发生深刻变化，过去政府单纯监管的治理模式加速向多元主体协同共治方式转变。数字经济是一个复杂的生态系统，仅依靠政府监管难以应对。将平台、企业、用户和消费者等数字经济生态的重要参与主体纳入治理体系，发挥各方在治理方面的比较优势，构建多元协同治理方式，已成为政府治理创新的新方向。

4.1.3　数字经济的分类

国家统计局2021年5月27日公布了《数字经济及其核心产业统计分类（2021）》，为我国数字经济核算提供了统一可比的统计标准、口径和范围。其从“数字产业化”“产业数字化”两个方面，确定了数字经济的基本范围，将其分为五大类：

（1）数字产品制造业，包括计算机制造、通信及雷达设备制造、数字媒体设备制造、智能设备制造、电子元器件及设备制造以及其他数字产品制造业。

（2）数字产品服务业，包括数字产品批发、数字产品零售、数字产品租赁、数字产品维修以及其他数字产品服务业。

（3）数字技术应用业，包括软件开发、电信广播电视和卫星传输服务、互联网相关服务、信息技术服务以及其他数字技术应用业。

（4）数字要素驱动业，包括互联网平台、互联网批发零售、互联网金融、数字内容与媒体、信息基础设施建设、数据资源与产权交易以及其他数字要素驱动业。

（5）数字化效率提升业，包括智慧农业、智能制造、智能交通、智慧物流、数字金融、数字商贸、数字社会、数字政府以及其他数字化效率提升业。

前四大类为数字产业化部分，即数字经济核心产业，是指为产业数字化发展提供数字技术、产品、服务、基础设施和解决方案，以及完全依赖数字技术、数据要素的各类经济活动，对应于《国民经济行业分类》（GB/T 4754—2017）中的26个大类、68个中类、126个小类，是数字经济发展的基础。

第五大类产业数字化部分，是指应用数字技术和数据资源为传统产业带来的产出增加和效率提升，是数字技术与实体经济的融合。该部分涵盖智慧农业、智能制造、智能交通、智慧物流、数字金融、数字商贸、数字社会、数字政府等数字化应用场景，对应于《国民经济行业分类》（GB/T 4754—2017）中的91个大类、431个中类、1 256个小类，体现了数字技术已经并将进一步与国民经济各行业产生深度渗透和广泛融合。

4.2　我国数字经济概况

4.2.1　产业政策推动数字经济发展

我国政府高度重视数字经济在引领经济增长、产业结构升级方面的巨大推动作用，并作出相关重要部署。特别是党的十八大以来，我国更加重视发展数字经济，推动数字经济发展的产业政策，经历了从重点推进信息通信技术的快速发展和迭代演进向经济社会各领域深度融合的历程。

2015年3月，政府工作报告提出“互联网+”行动计划。

2016年10月，中央政治局第三十六次集体学习时强调：要加大投入，加强信息基础设施建设，推动互联网和实体经济深度融合，加快传统产业数字化、智能化，做大做强数字经济，拓展经济发展新空间。

2017年3月，政府工作报告提出促进数字经济加快成长；同年10月，数字经济被写入党的十九大报告。党的十九大以来，中共中央、国务院对数字经济发展作出了一系列战略部署。2017年12月，中共中央政治局就实施国家大数据战略进行第二次集体学习，明确提出要构建以数据为关键要素的数字经济。

2018年，习近平在全国网络安全和信息化工作会议强调，要发展数字经济，加快推动数字产业化和产业数字化，运用信息化手段推进政务公开、党务公开，加快推进电子政务。

2019年，政府工作报告提出，要深化大数据、人工智能等研发应用，培育新一代信息技术等新兴产业集群，壮大数字经济。

2020年5月，中共中央、国务院发布的《关于新时代加快完善社会主义市场经济体制的意见》明确提出要加快培育发展数据要素市场，发挥社会数据资源价值，推进数字政府建设。

2021年3月，《中华人民共和国国民经济和社会发展第十四个五年规划和2035年远景目标纲要》明确提出要加快数字化发展，建设数字中国，打造数字经济新优势。

4.2.2 数字经济的发展状况

近年来，我国数字经济发展势头良好，发展潜力巨大，已成为推动经济增长的新引擎，对促进我国GDP增长作用较为明显。①

"十三五"以来，我国数字经济发展成效显著。数字经济规模跃上新台阶，从2015年的18.6万亿元增长到2019年的35.8万亿元，占GDP的比重从27%上升到36.2%，对经济增长的贡献更加凸显，成为具有全球影响力的数字经济大国。我国数字经济在政策、数字产业化、产业数字化、数字化治理、数据价值化、数字贸易、国际合作和助力抗击新冠肺炎疫情等方面取得显著成效，发展质量显著提升。②

2020年我国数字经济在逆势中加速发展，呈现出以下特征③：

1.数字经济规模占比呈现双"39"态势

2020年我国数字经济依然保持蓬勃发展的态势，规模达到39.2万亿元，较上年增加3.3万亿元，占GDP的比重为38.6%，同比提升了2.4个百分点，有效支撑新冠肺炎疫情防控和经济社会发展。

2.数字经济增速是GDP增速的3倍多

2020年，在新冠肺炎疫情冲击和全球经济下行叠加影响下，我国数字经济依然保持9.7%的高位增长，是同期GDP名义增速的3.2倍多，成为稳定经济增长的关键动力。

3.数字经济内部结构"二八"比例分布

2020年，我国数字产业化规模达到7.5万亿元，占数字经济产值的19.1%，占GDP的7.3%；产业数字化规模达31.7万亿元，占数字经济产值的80.9%，占GDP的31.2%。我国产业数字化在成为数字经济发展强大引擎的同时，缓解了疫情对我国实体经济的负面冲击。

4.三次产业数字经济渗透水平逐次倍增

2020年，疫情倒逼三次产业加速进行数字化转型，我国农业、工业、服务业数字经

① 许宪春，张美慧．中国数字经济规模测算研究——基于国际比较的视角［J］．中国工业经济，2020（5）：23-41.

② 何伟．我国数字经济发展综述［J］．信息通信技术与政策，2021（2）：1-7.

③ 中国信息通信研究院发布的《中国数字经济发展白皮书（2021年）》。

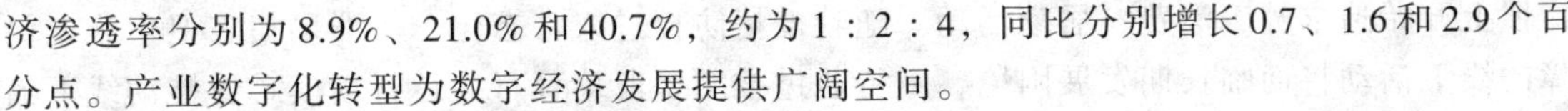

济渗透率分别为8.9%、21.0%和40.7%，约为1∶2∶4，同比分别增长0.7、1.6和2.9个百分点。产业数字化转型为数字经济发展提供广阔空间。

5. 各地数字经济发展步伐加快

疫情下，各地政府纷纷将数字经济作为经济发展的稳定器。从规模看，2020年，广东、江苏、山东等13个省（自治区、直辖市）的数字经济规模超过1万亿元；从占比看，北京、上海数字经济增加值占GDP比重超过50%；从增速看，贵州、重庆、福建的数字经济增长速度继续领跑全国。

4.3 我国数字经济发展面临多重挑战①

我国数字经济发展仍面临不少瓶颈：

1. 数据要素市场化相关体制机制尚未完善

中共中央和国务院《关于构建更加完善的要素市场化配置体制机制的意见》中的亮点之一，是数据被列为新型要素，参与生产、分配等经济活动。数据也从资产正式变为生产资料，成为影响和制约生产力发展的关键要素。将数据作为生产要素，事关市场资源配置、收入调节分配、生产力发展，也事关我国经济长期发展。但当前，数据共享难、流通难问题依然突出，数据的权属问题、估值问题依然模糊，数据的定价机制、交易机制尚未建立，数据要素市场化、数据交易制度化问题亟待解决。

2. 核心技术不强影响数字经济发展质量

数字经济是现代信息技术发展的产物，而蕴藏在信息技术中的关键技术、核心技术是科技研发和科技创新的结果，也是科技竞争和科技突破的重点。当前，我国在一些关键领域的核心技术存在“卡脖子”现象，核心技术受制于人的问题较为突出，在一定程度上将影响我国数字经济高质量发展，且这种状况短期内难以改变。在集成电路产业，如果离开国外的生产设备，高新技术产业发展赖以需要的高精度芯片将无法生产；在操作系统方面，家用电脑和手机的操作系统几乎被国外技术垄断，信息安全、产业安全和经济安全隐患突出。近年来，主要国家都在加大科技创新力度和数字经济布局，一些西方国家加紧对我国高科技技术、产业、企业进行制裁打压，在某种程度上也是在与我们争夺数字技术制高点和话语权。

3. 数字经济在推动产业迈向中高端方面仍然落后

新时代着力推动数字技术与传统产业深度融合、提升传统产业性能、培育新业态和新产业是大势所趋。但是，当前我国产业互联网在部分领域发展比较缓慢，工业互联网没有形成规模效应，农业互联网总体效益尚不明显，服务业互联网发展程度参差不齐，数字技术的红利没有得到完全释放。新业态和新模式发展迅猛，但流量效应尚未很好地转化为经济效应，鼓励新业态、新模式、新产业的法律法规和政策环境亟待完善。

4. 数字经济与实体经济的深层次融合有待加强

一方面，在线教育、在线购物、在线办公、在线生产等发展较快，线上经济迎来新机遇；另一方面，旅游出行、餐饮娱乐等过度依赖线下消费场景的行业受损严重，相关市场主体受影响较大。新冠肺炎疫情发生以来，较长时间的疫情防控状态使得人们在心理上、

① 杜庆昊. 新时代数字经济发展的主要方向［J］. 开放导报，2020（12）：76-82.

习惯上开始追求健康消费、居家活动。随着疫情防控进入常态化，人群聚集、卫生难以保障的线下活动将面临长期发展困境，亟待通过技术手段培育行业运行新模式，推动线下消费场景加快向线上转移。

5.数字经济循环的畅通方面存在短板

第一，数字经济国内循环体系的主要节点存在堵点。在生产领域，很多核心数字技术和关键元器件、原材料不能实现自主可控，产业链存在断链风险；在分配领域，数据参与分配的制度体系尚未建立，数据要素价值未充分挖掘；在流通领域，产品溯源和无人配送进展缓慢，数字基建亟待升级换代，数字流通体系尚未建立；在消费领域，“线上经济”“无接触经济”“定制消费”等新消费模式亟待激活，国内数字消费市场潜力未完全释放。

第二，数字经济国际循环体系也有堵塞风险。从“引进来”看，一些发达国家一直限制高科技技术出口我国，近年来有愈演愈烈之势，加之一些国家在推动制造业回流和向第三国迁徙，数字经济发展的国际环境日趋严峻；从“走出去”看，近年来中国数字经济企业在国外投资发展屡屡受到一些国家的限制和排斥，数字经济产业融入世界经济的难度越来越大。

4.4 全球数字经济发展概况与各国政策

4.4.1 全球数字经济发展概况①

面对世界经济深度衰退、国际贸易和投资大幅萎缩、国际交往受限、经济全球化遭遇逆流等更加不稳定、不确定的不利局面，数字经济展现出顽强的韧性，对促进各国经济稳定发挥了重要作用。全球数字经济在变局中逆势发展。

1.全球数字经济规模再上新台阶

2019年，47个国家②的数字经济增加值规模达到31.8万亿美元，较2018年增长1.6万亿美元。从不同收入水平来看，高收入国家的数字经济规模占全球比重达到76.9%；从不同经济发展水平来看，发达国家的数字经济规模是发展中国家的2.8倍多；从具体国家来看，美国的数字经济规模居全球第一，达到13.1万亿美元，排名前5国家的数字经济规模占全球总规模的78.1%。

2.全球数字经济在国民经济中地位持续提升

2019年，47个国家的数字经济增加值占GDP的比重达到41.5%，较2018年提升1.2个百分点。从不同收入水平来看，高收入国家的数字经济占比超全球平均水平，达47.9%；从不同经济发展水平来看，发达国家的数字经济占比已达51.3%，高于发展中国家24.5个百分点；从具体国家来看，德国、英国、美国的数字经济占比已超过60%。

3.全球数字经济增速实现“逆势上扬”

2019年，全球数字经济的平均名义增速为5.4%，高于同期全球GDP名义增速3.1个百

---

① 2020年10月14日中国信息通信研究院在“2020年中国国际信息通信展览会”的数字经济领导者论坛上发布的《全球数字经济新图景（2020年）——大变局下的可持续发展新动能》。

② 根据世界银行2019年的划分标准，在47个国家中，高收入国家包括爱尔兰、爱沙尼亚、奥地利、澳大利亚、比利时、波兰、丹麦、德国、法国、芬兰、韩国、荷兰、加拿大、捷克、克罗地亚、拉脱维亚、立陶宛、卢森堡、美国、挪威、葡萄牙、瑞典、瑞士、日本、塞浦路斯、斯洛伐克、斯洛文尼亚、西班牙、希腊、新加坡、新西兰、匈牙利、意大利、英国；中高收入国家包括巴西、保加利亚、俄罗斯、罗马尼亚、马来西亚、墨西哥、南非、泰国、土耳其、中国；中低收入国家包括印度、印度尼西亚、越南。

分点。从不同收入水平来看，中高收入国家的数字经济增长速度超过高收入国家和中低收入国家水平，增速为8.7%；从不同经济发展水平来看，发展中国家的数字经济同比增长7.9%，超过发达国家3.4个百分点；从具体国家来看，中国的数字经济增长领跑全球，同比增长15.6%。

4.全球数字经济融合发展趋势更加深入

2019年，全球产业数字化占数字经济的比重达84.3%，产业数字化成为驱动全球数字经济发展的关键主导力量。收入水平越高的国家，其产业数字化占比越高，高收入国家产业数字化占数字经济的比重达85.9%；经济发展水平越高的国家，其产业数字化占比越高，发达国家产业数字化占数字经济的比重达86.3%。

5.全球数字经济加速向三次产业渗透

2019年，全球服务业、工业、农业的数字经济渗透率分别为39.4%、23.5%和7.5%，较2018年分别提升1.5、0.7和0.5个百分点。以德国、英国为代表的国家三次产业数字化渗透水平均较高，以韩国、爱尔兰为代表的国家工业数字化发展更快，以美国、中国等为代表的大多数国家服务业数字化渗透率更高。

4.4.2　世界各国数字经济政策的共性趋势①

世界各国近年来对发展数字经济越来越重视，不断加快数字经济战略部署。各国的数字经济政策呈现出五大共性趋势：

（1）创新驱动成为数字经济发展的优先选择；

（2）新型基础设施支撑各国经济社会的发展；

（3）深化数字经济融合应用成为战略焦点；

（4）积极应对调整和完善数字经济治理问题；

（5）提升国民数字技能，抢抓数字人才机遇。

多数发达国家较早认识到数字经济的重要性，数字经济发展战略布局起步亦较早。

美国是全球最早布局数字经济的国家，20世纪90年代就启动了“信息高速公路”战略。美国把发展数字经济作为实现繁荣和保持竞争力的关键，从大数据、人工智能、智能制造等领域推动数字经济发展。欧盟坚持合作共赢原则，推动建立数字单一市场，重视数据保护与开放共享，积极构建欧盟内部统一的数字市场，同时推进人工智能发展与治理。

英国是最早出台数字经济政策的国家。其于2009年发布《数字英国》计划，随后不断升级数字经济战略，大力推动数字经济创新发展，增强网络安全与治理能力，坚持“数字政府即平台”理念，提高政府数字服务效能。

德国积极践行“工业4.0”，推动中小企业数字化转型，提升数字经济竞争力。

日本政府早在2001年就提出《e-Japan战略》，随后相继发布《u-Japan战略》《i-Japan战略》《ICT成长战略》《智能日本ICT战略》等，实现数字经济信息化、网络化、智能化各阶段发展有章可循。

相比之下，发展中国家数字经济布局相对滞后，多数发展中国家近些年才开始提出相关战略。2015年，印度推出“数字印度”计划，主要包括普及宽带上网、建立全国数据中心和促进电子政务。2016年，巴西颁布《国家科技创新战略（2016—2019年）》，将数

① 中国信息通信研究院发布的《中国数字经济发展白皮书（2020年）》。

字经济和数字社会明确列为国家优先发展的11个领域之一。2017年，俄罗斯将数字经济列入《俄联邦2018—2025年主要战略发展方向目录》，编制完成《俄联邦数字经济规划》，借助数字经济提升生产运营各环节的效率。尽管发展中国家的数字经济起步较晚，但已经积极开展数字经济规划布局，营造数字经济发展的宽松环境，抓住数字经济发展新机遇，努力实现与发达国家并驾齐驱。

4.5 促进我国数字经济发展的政策措施

4.5.1 推动我国数字经济发展的重点方向

当前和今后一段时期，是全球数字经济发展的重大战略机遇期。我们要坚持稳中求进的工作总基调，准确把握新发展阶段，全面贯彻新发展理念，加快构建新发展格局，着力推动高质量发展，加快数字经济发展步伐。推动我国数字经济发展的重点方向是①：

1. 加速数据要素价值化进程

推进数据采集、标注、存储、传输、管理、应用等全生命周期价值管理，打通不同主体之间的数据壁垒，实现传感、控制、管理、运营等多源数据一体化集成。构建不同主体的数据采集、共享机制，推动落实不同领域数据标注与管理应用。建设国家数据采集标注平台和数据资源平台，实现多源异构数据的融合和存储。建立数据质量管理机制，制订规范的数据质量评估监督、响应问责和流程改善方案，积极应用先进质量管理工具，形成数据质量闭环管理。加快完善数字经济市场体系，推动形成数据要素市场，研究制定数据流通交易规则，引导培育数据要素交易市场，依法合规开展数据交易，支持各类所有制企业参与数据要素交易平台建设。推动数据要素全面深度应用，深化数据驱动的全流程应用，提升基于数据分析的工业、服务业、农业的供给与消费，实现不同产业的生产管理全流程综合应用。组织开展数据标准研制工作，促进各类标准之间的衔接配套。

2. 推进实体经济数字化转型

加强企业数字化改造，引导实体经济企业加快生产装备的数字化升级，深化生产制造、经营管理、市场服务等环节的数字化应用，加速业务数据集成共享。加快行业数字化升级，面向钢铁、石化、机械、电子信息等重点行业，制定数字化转型路线图，形成一批可复制、可推广的行业数字化转型系统解决方案。打造区域制造业数字化集群，加快重点区域制造业集群基础设施数字化改造，推动智慧物流网络、能源管控系统等新型基础设施共建共享。培育数据驱动的新模式、新业态，引导企业依托工业互联网平台打通消费与生产、供应与制造、产品与服务间的数据流和业务流，加快创新资源在线汇聚和共享，培育个性化定制、按需制造、产业链协同制造等新模式，发展平台经济、共享经济、产业链金融等新业态。

3. 着力提升产业基础能力

突破核心关键技术，强化基础研究，提升原始创新能力，努力走在理论最前沿，占据创新制高点，取得产业新优势。坚持应用牵引、体系推进，加快突破信息领域核心关键技术，提升数字技术供给能力和工程化水平。补齐产业基础能力短板，聚焦集成电路、基础

① 中国信息通信研究院发布的《中国数字经济发展白皮书（2020年）》。

软件、重大装备等重点领域，加快补齐产业链条上基础零部件、关键基础材料、先进基础工艺、产业技术基础等短板。提升产业链现代化水平，支持产业链上下游企业加强产品协同和技术合作攻关，增强产业链韧性。推进先进制造业集群建设，支持建设共性技术平台和公共服务平台。预防和缓解产业对外转移，留住产业链关键环节与核心企业，推动沿海地区产能有序向中西部和东北地区梯度转移。

4.强化数字经济治理能力

建立健全法律法规，完善数据开放共享、数据交易、知识产权保护、隐私保护、安全保障等法律法规，修订相关管理规章，更好地发挥行业公约等对法律法规体系的有效补充作用。加强政策和标准引导，持续完善数字经济发展的战略举措，加强政策间相互协同、相互配套，推动形成支持发展的长效机制。推动建立融合标准体系，加快数字化共性标准、关键技术标准的制定和推广。完善数字经济统计理论、方法和手段。利用现代信息技术增强治理效能，强化大数据、人工智能、区块链等现代信息技术在治理中的应用，增强态势感知、科学决策、风险防范能力，降低治理成本，提高治理效率。加强安全保障和风险防范，全面提升关键信息基础设施、网络数据、个人信息等安全保障能力，增强融合领域安全防护能力，积极应对新型网络安全风险。

5.深化数字经济开放合作

加强各国数字经济领域政策协调，推进数字经济技术、标准、园区和人才培养等领域合作的试点示范，培育支持若干具有示范性、引领性和标志性的国际合作项目。深度参与全球数字经济创新合作，加强与联合国、G20等数字经济多边机制、论坛的对接，加强与相关国际组织、产业联盟和科研机构的战略合作，推广数字经济相关技术、产品、标准、服务、规则和共识，深化国际互利共赢。创造公平公正、创新包容、非歧视的市场环境，全面实施准入前国民待遇加负面清单管理制度，让各国企业平等参与中国数字经济的创新发展进程，共享发展机遇。

4.5.2 加快数字化发展，建设数字中国

《中华人民共和国国民经济和社会发展第十四个五年规划和2035年远景目标纲要》提出了加快数字化发展、建设数字中国的政策目标，提出要迎接数字时代，激活数据要素潜能，推进网络强国建设，加快建设数字经济、数字社会、数字政府，以数字化转型整体驱动生产方式、生活方式和治理方式变革，并部署了系列政策措施。主要内容如下：

1.打造数字经济新优势

提出要充分发挥海量数据和丰富应用场景优势，促进数字技术与实体经济深度融合，赋能传统产业转型升级，催生新产业、新业态、新模式，壮大经济发展新引擎。主要措施如下：

一是加强关键数字技术创新应用。将聚焦高端芯片等关键领域，加快推进基础理论、基础算法、装备材料等研发突破与迭代应用。加强通用处理器、云计算系统和软件核心技术一体化研发。加快布局量子计算等前沿技术，加强交叉创新，支持数字技术开源社区等创新联合体发展。

二是加快推动数字产业化。培育壮大人工智能、大数据、区块链等新兴数字产业，提升通信设备等产业水平。构建基于5G的应用场景和产业生态，发展第三方大数据服务

产业。

三是推进产业数字化转型。实施"上云用数赋智"行动，推动数据赋能全产业链协同转型。加快产业园区数字化改造。深入推进服务业数字化转型。加快发展智慧农业。

2.加快数字社会建设步伐

要适应数字技术全面融入社会交往和日常生活新趋势，促进公共服务和社会运行方式创新，构筑全民畅享的数字生活。主要措施如下：

一是提供智慧便捷的公共服务。聚焦教育、医疗、养老等重点领域，推动数字化服务普惠应用。推进学校、医院、养老院等公共服务机构资源数字化。推进线上、线下公共服务共同发展、深度融合，扩大优质公共服务资源的辐射覆盖范围。

二是建设智慧城市和数字乡村。以数字化助推城乡发展和治理模式创新，全面提高运行效率和宜居度。分级分类推进新型智慧城市建设。完善城市信息模型平台和运行管理服务平台。探索建设数字孪生城市。加快推进数字乡村建设，推动乡村管理服务数字化。

三是构筑美好数字生活新图景。推动购物消费、居家生活、旅游休闲、交通出行等各类场景数字化，打造智慧共享、和睦共治的新型数字生活。推进智慧社区建设。丰富数字生活体验，发展数字家庭。

3.提高数字政府建设水平

将数字技术广泛应用于政府管理服务，推动政府治理流程再造和模式优化，不断增强决策科学性和提高服务效率。主要措施如下：

一是加强公共数据开放共享。建立健全国家公共数据资源体系。健全数据资源目录和责任清单制度。扩大基础公共信息数据安全有序开放。鼓励第三方深化对公共数据的挖掘利用。

二是推动政务信息化共建共用。加大政务信息化建设统筹力度。完善国家电子政务网络。加强政务信息化建设快速迭代。

三是提高数字化政务服务效能。全面推进政府运行方式、业务流程和服务模式数字化、智能化。深化"互联网+政务服务"。加快构建数字技术辅助政府决策机制。全面提升预警和应急处置能力。

4.营造良好的数字生态

要坚持放管并重，促进发展与规范管理相统一，构建数字规则体系，营造开放、健康、安全的数字生态。主要措施如下：

一是建立健全数据要素市场规则。加快建立数据资源产权、交易流通、跨境传输和安全保护等基础制度和标准规范。建立健全数据产权交易和行业自律机制。加强涉及国家利益、商业秘密、个人隐私的数据保护。完善适用于大数据环境下的数据分类分级保护制度等。

二是营造规范有序的政策环境。构建与数字经济发展相适应的政策法规体系。健全共享经济、平台经济和新个体经济管理规范。依法依规加强互联网平台经济监管。探索建立无人驾驶、在线医疗、金融科技、智能配送等监管框架等。

三是加强网络安全保护。健全国家网络安全法律法规和制度标准，加强重要领域数据资源、重要网络和信息系统安全保障。建立健全关键信息基础设施保护体系。加强网络安全基础设施建设。加强网络安全关键技术研发等。

四是推动构建网络空间命运共同体。推进网络空间国际交流与合作，推动以联合国为主渠道、以联合国宪章为基本原则制定数字和网络空间国际规则。推动建立多边、民主、透明的全球互联网治理体系。积极参与数据安全、数字货币、数字税等国际规则和数字技术标准制定。推动全球网络安全保障合作机制建设。积极推进网络文化交流互鉴等。

思政园地

中国高度重视发展数字经济

2019年10月11日，“2019中国国际数字经济博览会”在河北省石家庄市开幕。会议以“数字经济引领高质量发展”为主题，举行综合展览、智能雄安高峰论坛、企业项目对接等活动。中国国家主席习近平致贺信。这充分体现了党和政府对发展数字经济的高度重视，为加强数字经济交流合作、促进数字经济快速健康发展提供了重要指引。

当今世界，科技革命和产业变革日新月异，数字经济蓬勃发展，深刻改变着人类生产生活方式，对各国经济社会发展、全球治理体系、人类文明进程影响深远。中国高度重视发展数字经济，在创新、协调、绿色、开放、共享的新发展理念的指引下，中国正积极推进数字产业化、产业数字化，引导数字经济和实体经济深度融合，推动经济高质量发展。希望与会代表深化交流合作，探讨共享数字经济发展之道，更好造福世界各国人民。

我们要以习近平新时代中国特色社会主义思想为指导，坚持以供给侧结构性改革为主线，推动互联网、大数据、人工智能同实体经济深度融合，加快推进数字产业化、产业数字化，为经济高质量发展打造新引擎。要积极抓住全球数字经济快速发展的机遇，加强新一代信息基础设施建设，增强数字技术研发能力和产业创新能力，加快制造业、农业、服务业数字化、网络化、智能化；聚焦数字化前沿方向和关键领域，加快培养急需紧缺数字化领军人才和创新团队；完善和创新市场监管，健全相关法律法规和标准体系，为数字经济发展营造良好环境；推动数字经济国际交流和数字丝绸之路建设合作，共促数字经济持续健康发展。

资料来源　[1] 新华社. 习近平向2019中国国际数字经济博览会致贺信[EB/OL]. (2019-10-11)[2021-08-13]. https://baijiahao.baidu.com/s?id=1647067097914477474&wfr=spider&for=pc. [2] 新华社. 王勇在2019中国国际数字经济博览会上强调：发展壮大数字经济 推动经济高质量发展[EB/OL]. (2019-10-11)[2021-08-13]. http://www.gov.cn/guowuyuan/2019-10/11/content_5438618.htm.

本章小结

数字经济是指以使用数字化的知识和信息作为关键生产要素、以现代信息网络作为重要载体、以信息通信技术的有效使用作为效率提升和经济结构优化的重要推动力的一系列经济活动。数字经济的特征是数据成为新的关键生产要素、数字技术创新提供源源不断的发展动力、信息产业的基础性和先导性作用突出、产业融合是推动数字经济发展的主引擎、平台化和生态化成为产业组织的显著特征、线上和线下一体化成为产业发展的新方向、多元共治成为数字经济的核心治理方式。数字经济分为五大类：数字产品制造业、数字产品服务业、数字技术应用业、数字要素驱动业、数字化效率提升业。我们要加速数据要素价值化进程，推进实体经济数字化转型，着力提升产业基础能力，强化数字经济治理能力，深化数字经济开放合作，加快数字化发展，建设数字中国。

本章思语

1. 什么是数字经济？数字经济的主要特征是什么？
2. 如何看待我国数字经济当前的发展形势和面临的挑战？
3. 如何加快推进我国数字经济高质量发展？

第5章
机器人暨人工智能产业

经过几十年的发展，特别是21世纪大量结合运用人工智能技术后，机器人已在全球各个领域得到广泛深入应用。机器人产业是继汽车、计算机之后，技术水平最高、应用领域最广、带动产业最多的战略性新兴产业。美国机器人协会称机器人“彻底改变了现代工业和汽车制造的流程”。可以说，机器人是推动20世纪之后的经济社会发展的最伟大的变革。

5.1 机器人概述

5.1.1 机器人的概念

机器人是一种能模仿人类身体、手足、关节等肢体运动，通过传感器、仪器和仪表、设备等元器件、部件，能灵敏感知、快速理解外界环境变化，自动、灵活、高效地完成各类重复性活动的机器。

机器人由零部件、本体、系统集成等构成，可分为控制系统（又分决策级、策略级、执行级）、执行系统、驱动系统、检测系统等模块。其中，减速器、伺服（电机、驱动器）、控制器是最主要的三大零部件，各占机器人成本的30%～50%、20%～30%、10%～20%。本体由直角坐标、关节型、并联型等组成，系统集成是指焊接、喷涂、搬运、装配、切割、打磨等功能。机器人的平均使用寿命为15年。

作为一种集机械、电子、控制计算、传感通信、人工智能等多种学科、技术、制造工艺于一身的自动化设备，机器人既能单台设备独立活动，也可多台灵活编组形成集群，协同联合活动。如广州、深圳等地在新年等重要节假日，举行数百架甚至上千架的无人机飞行表演，在空中组成各种图案。

5.1.2 机器人的种类

1. 按应用领域分

（1）工业机器人，可细分为焊接机器人（点焊或弧焊等）、搬运机器人（移物、分拣、码垛、冲压、锻造等）、装配机器人（包装或拆卸等）、处理机器人（切割、抛光、打磨等）、喷涂机器人等。

（2）服务机器人，可细分为个人/家用机器人（家庭作业、娱乐休闲、烹饪洗碗、扫地扫除、报警等）、专业用机器人（医疗诊断、水下作业、建筑、物流等）等。

（3）特种机器人，是指除工业机器人、服务机器人以外的机器人。其由经过专门培训的人员操作使用，一般用于地面或地下、水面或水下、空中或空间等特定场所，开展采掘、安装、侦察、排爆、搜救等工作，已广泛用于民用、军用领域。

2. 按互动方式分

按互动方式，机器人可分为人操作机械手、程序控制机器人（分固定程序控制和可变程序控制）、智能机器人3类。智能机器人可分为专用、通用、超级3种。

5.1.3　机器人的基本职能

1.代替人类从事高难度、高风险、高强度的活动，扩大人类的生存空间和增加可获得资源

这些活动如从事大重量、大体积的搬运、码垛、焊接等；从事高危险的军事排雷爆破、无人作战，或缺氧不通风（深海、高空、地下）环境下的矿藏勘探、救难救灾、监控监听等；从事超出人类生理极限的高低压、高低温、高辐射、高腐蚀、高强度、高韧性作业等。

2.代替人类从事简单或复杂劳动，创造新就业机会，并让人类从事更有价值的活动

（1）机器人作用增强。美国鲍尔大学商业和经济研究中心2016年的一项研究认为，美国工厂减少的就业岗位中，被机器人替代的岗位占88%，贸易因素占13%。美国商务部2016年报告称，美国原生金属行业就业人数自1997年以来减少26.5万个，减少42%，但同期产量增加38%，原因就在于大量使用机器人。

（2）预计未来各行业将大量被机器人替代。2017年5月麦肯锡提交的《中美人工智能对比报告》，称对全球800多个职业的2 000多个岗位调查后，认为现在50%的工作活动都可以被演示的自动化技术替代，其中中国51%的工作可以被AI自动化，涉及3.94亿名全职员工，并使GDP每年增加0.8到1.4个百分点。《日本经济新闻》称引擎组装厂的零件组装、产品装箱等77项工作的75%可自动化，金融机构中60项工作的65%可自动化，部分眼科技师或食品加工等全部能用机器人替代。

（3）机器人在替代人工的同时带来新的就业岗位。一般认为，机器人等新自动化设备每减少50个人，就能为其供应链、研发环节新增25个人，且机器人维修已占其生产成本的90%左右。

3.延伸人类的自然生理能力，更好地应对外部环境变化，延长寿命等

目前国内外都有多起让病人通过意念操控物体、自己喂食、读书的成功案例。2020年5月7日，特斯拉创始人埃隆·马斯克（Elon Musk）称脑机接口公司Neuralink或在一年内完成人类大脑植入，原则上可修复任何大脑问题，提升视力、恢复肢体功能、治疗老年痴呆症等。2020年12月10日，法国军事伦理委员会批准军队研发“超级战士”，包括使用药物和植入芯片强化士兵大脑和体能，消除疼痛、疲劳和压力等感知。2021年2月24日，美国空军称，正式启用“金刚狼”战士，可将肌肉耐力等强度提升5倍以上。

5.1.4　机器人的主要作用

1.降低生产作业成本，提高生产效率，降低出错率，增加优质产品

这主要通过生产、仓储、运输等各环节的自动化、流水线、标准化、模块化等技术实现。如在电商领域，京东称2016年“双11”期间用仓储机器人搬运、码垛、分拣，分别提高存储、分拣效率10倍、5倍，减少物流成本50%。

2.向人类提供精准化、精细化、人性化智能服务，提高生活品质

21世纪以来，“五觉”识别技术、机器学习、文字理解等技术以及大数据、云计算、移动互联、搜索引擎、超级计算、社交网络等万物互联技术大量应用，机器人日益朝准人化、超人化、智慧化发展。如近距离提供陪读陪护、答问，远距离提供出行导航、急病救治等服务。综合运用实名身份证明、全息摄像（人脸识别）、5G高速通信、手机定位芯片、社交媒体网络等，还可让任何人及其社会网络无处可藏、无地可跑、瞬间锁定，提高人身安全，降低犯罪率。

3.促进经济增长

2015年《美国国家人工智能研究与发展战略计划》称，调查的17个国家1993—2007年的机器人贡献约占GDP的10%。据普华永道2019年2月称，人工智能对全球GDP贡献2018年为2万亿美元，预计到2030年将达15.7万亿美元。

5.2 全球机器人概述

5.2.1 全球机器人简要历史回顾

1.美国设想阶段

1950年，美国作家艾萨克·阿西莫夫（Isaac Asimov）出版《我，机器人》（I, Robot）的科幻小说。

2.美国研发和应用阶段

1950年，约瑟夫·恩格尔伯格（Joseph F. Engelberger）读到《我，机器人》小说后，产生了制造机器人的念头。1956年，他偶遇刚申请到“可编程的用于移动物体的设备”（Programmed Article Transfer）专利的发明家乔治·德沃尔（George C. Devol）后，两人决定合作成立一家生产机器人的公司——Unimation，并于1958年成立。当年，该公司就研发出第一个产品，即一个能自动搬运的机械手臂；1959年，研发出了世界上第一台工业机器人Unimate；1961年，以2.5万美元（成本为6万美元）的亏本价说服通用汽车公司试用。由于该机器人动作精确无误，不怕高温污染，不用休息，深受通用汽车公司的认可，大量订购并用于喷漆等各生产环节，进而引起其他行业纷纷效仿。

3.生产应用从美国扩大到全球阶段

1968年，美国斯坦福研究所研制出世界第一台智能机器人。1969年，日本早稻田大学加藤一郎实验室研发出第一台以双脚走路的仿生机器人。

1969年，恩格尔伯格访问日本，川崎重工业株式会社引进了Unimation公司的机器手臂。此后，日本大力发展工业机器人，并后来居上超过美国，成为全球工业机器人生产第一大国。国际机器人联合会（IFR）2020年4月发布的报告称，日本工业机器人的装备量约占全球装备量的60%。

4.机器人应用从工业延伸到服务业

1984年，恩格尔伯格创建TRC公司，并于1988年推出全球第一个服务机器人HelpMate，能在医院给病人送饭送药、记录病情等。此后，服务机器人快速应用在医疗、救援、维修、运输、保安等多个领域。2021年5月27日，赛迪顾问发布的《洞见·2021——新兴产业投资机会》报告显示，2020年，受新冠肺炎疫情影响，中国服务机器人市场需求迎来爆发式增长，市场规模达到283.8亿元，同比增长37.4%，而这一市场的投融资在2020年更是激增344%。

5.2.2　全球机器人产业发展现状

1. 从应用领域看，工业机器人仍占主导，服务机器人快速发展，特种机器人大放异彩

《2020年世界工业机器人报告》称，2019年年底全球在用工业机器人有270万台。据中国电子学会称，预计2021年全球机器人市场规模为365.1亿美元，其中工业类、服务类、特种类机器人占比各为49.7%、40.0%、14.3%。工业机器人朝轻型化、柔性化发展，如人机协作型机器人2019年安装37.3万台，同比增长11%（当年工业机器人安装数下降12%），占全部工业机器人的比重为4.8%。服务机器人被大量用于医疗、住宿、餐饮等行业。特种机器人被广泛用于反恐防暴、深空、深海等作业。例如，2021年2月19日凌晨，美国国家航空航天局（NASA）的“毅力号”（Perseverance）探测器成功登陆火星，识别大气层、内外温度、降落速度、飞行方向，灵活采取降落、设备收放、拍摄等行动，并选择最佳着陆点。

2. 从各地区看，生产、销售、安装很不平衡，亚太地区安装应用率最高

综合国际机器人联合会发布的历年全球机器人统计报告可见：

（1）各国（地区）的机器人密度（每万人机器人数量）差异大。2019年，全球的机器人密度平均为114台，前4位为新加坡（918台）、韩国（855台）、日本（364台）、德国（346台）。中国的机器人密度从2015年的26台升到2019年的187台，同期全球排名从第28位升为第16位。

（2）亚太地区安装多年占大头。《2020年世界工业机器人报告》称，2019年亚洲机器人的市场销售量占全球的比重为2/3。

（3）绝大多数国家产销不平衡。2019年，中国购买了占全球37.7%的工业机器人，但71%购自国外；同年，美国新安装的3.33万台机器人也大多进口自日本和欧洲国家。

3. 从机器人的研发和生产能力看，日本位居全球第一

（1）整机生产能力强。日本工业机器人产量占全球的50%以上。

（2）垄断关键零部件原创技术。日本的哈默纳科（Harmonicdrive）公司的RV减速器（关节、机械手臂腕部、底座）产量占全球的60%，在中、重负荷机器人中占全球的90%。纳博特斯克（Nabtesco）公司的谐波减速器产量占全球的80%。发那科（Fanuc）公司的控制器产量占全球的70%以上。在伺服系统中，日企、欧企各占50%、30%。

4. 从国家利益看，主要国家都把机器人及人工智能作为战略性新兴产业予以重点发展

（1）出台产业发展规划。主要国家和地区都把人工智能上升到增强经济实力、提高公民福利、应对气候变化、减少失业等角度，重视发展人工智能（见表5-1）。

（2）出资研发技术。英国财政部在2017年3月8日拨款2.7亿英镑支持本国大学和商业机构研发“可用于离岸石油开采、核能、航天等行业的机器人技术等”。2020年美国国会多数党领袖查克·舒默（Chuck Schumer）提出出资1 000亿美元发展人工智能、芯片等战略性产业。

（3）加强外资管控，以确保产业安全。2018年美国商务部工业安全局（BIS）限制人工智能领域包括神经网络和深度学习、进化和遗传计算、强化学习、计算机视觉、专家系统、语音和音频处理、自然语言处理、规划、AI芯片组、AI云技术、音频和视频操作技术共11项技术出口。2019年，美国商务部把8个计算机视觉领域的中国企业加入“实体清单”，要求其获批后方可购买美国技术与产品。

表5-1 主要国家和地区的人工智能发展规划

国家和地区	年份	发展规划
美国	2016	《国家人工智能研发战略计划》
	2016	《为未来人工智能做好准备》
	2016	《国家人工智能研究与发展策略规划》《人工智能、自动化和经济》
	2018	《2018年国防部人工智能战略摘要——利用人工智能促进安全与繁荣》
	2019	《美国人工智能倡议》
日本	2017	《人工智能技术战略》
欧盟	2018	《欧盟人工智能战略》
	2020	《人工智能白皮书》
英国	2018	《产业战略：人工智能领域行动》《工业战略：人工智能产业政策》
印度	2018	《人工智能国家战略》
西班牙	2019	《西班牙人工智能研究、发展与创新战略》
韩国	2019	《人工智能（AI）国家战略》
俄罗斯	2019	《2030年前俄罗斯国家人工智能发展战略》

5.大企业在AI研发应用中的作用巨大

美国的谷歌、苹果、微软、亚马逊和中国的阿里巴巴、腾讯、京东、百度等公司大量研发投资无人驾驶、图像识别、机器翻译等领域的机器人和人工智能技术。目前，亚马逊Alexa的语音到文本功能，Google的搜索能力、图像识别和自动驾驶汽车等技术领先全球。

5.2.3 全球机器人产业发展趋势

1.性能不断提高，但价格不断下降

工业机器人日益向高速度、高精度、高可靠性，以及便于操作、易于维修、低自重和占地面积少等方向发展。工业机器人的平均单价从1991年的10.3万美元降至2000年的5万美元，但同期定位精度提高61%，无故障时间增加137%。日本预测，到2030年机器人重复定位精度会翻一番，绝对定位精度将提高一个数量级。

2.机械结构日益向开放式、模块化、标准化、可重构化发展

工业机器人用于实现回转、伸缩、俯仰、摆动等功能的机械模块、控制模块与检测模块等都可灵活组装使用，提供多关节的手臂、类人手指、行走机构、微动机构等新型结构，以适应复杂环境和路况下的多种作业需要。非专业人士无须掌握复杂的专业技术，就能自助学习安装、使用、维修。

3.各种形态的人工智能成为未来机器人的发展方向

随着传感、交互、计算、自我学习等技术不断深化，机器人除依靠传统的位置、速度、加速度传感器外，已拥有超越人类的“五觉”能力，以及超强的感知与感觉、认知理解、预测判断、计划决策（如提供最快、成本最低的自动驾驶路线）等认知思维能力，初具人类的意识、情感、情绪、意念、意志等精神能力。

2015年微软亚洲研究院视觉计算组将图像识别错误率降为3.5%，低于人类5%的水平。谷歌的AlphaGo人工智能程序在2016年先后打败全球最著名的60名围棋大师。2016年10月21日，谷歌推出能自我加密的计算机。机器人的大量应用也同步带来人类器官功能的退化。总体来看，各方对人工智能的未来演变态势及与人类的关系仍在摸索中，未来需要关注的方面包括：

（1）或许人工智能难以获得人类的某些能力，因而难以完全替代人类。如生物人在后天学习、进化中，锻炼掌握了以存在感为核心的抽象的潜意识、幸福感、自信心、诚实心、善良、痛苦感、想象创造力和契约信任关系，以及丰富多变的神态举止等生物、社会特征，这些也会被机器识别认知，但难以被完全理解，更不可能被模仿掌握。《日本经济新闻》称，制造业CEO所需的63项工作中有22%能被机器人代替，演员、音乐家等艺术相关职业的65项工作只有17%能被代替。

（2）人工智能的大规模应用可能会带来一系列伦理道德、社会安全等问题。例如，人工智能是否会在自我学习中演变出类似狼群、狮群、蜂群、鸟群等不同群体及其分层、分级秩序，如何管控网络人（即数字虚拟人）之间、网络人与实体人之间的冲突；是否会像生物一样拥有自我繁殖和修补、自我成长和进化的能力，并从太阳、月亮等获得永久性能源，以维持自己的“生命”；其行为是否符合人类“合法、行善、公正、自愿、平等”等真善美的伦理道德和价值准则，是否会拒绝人类命令，还通过控制人类所赖以生存的通信、货币等身份契约交易网络等取得对人类的控制权，进而规定人类生存活动的规则和秩序，从而出现人类创造了机器人反而沦为自己的创造物的“奴隶”的现象，即马克思所说的“异化”等局面。对此，2018年日本发布《以人类为中心的人工智能社会原则》，2020年欧盟发布《人工智能伦理罗马宣言》、美国国防部发布《人工智能伦理道德标准》、韩国科学技术信息通信部等发布《国家人工智能伦理标准》等。

（3）上传人类意识或许无法实现。人脑已进化出1 000多亿个神经元，互相通过突触连接组成“连接组”，并通过“突触外相互作用”等互动而带来海量的节点，意味着意识上传需要天文般的计算能力，从目前看几乎不可能。

（4）机器人或将与生物人融合演变出新的形态。就像智能机器由人类创造，并逐渐演变出人类的自我学习、推演、计算能力等一样，人类或许是由更高维度的生物创造的“机器”，其差别在于人类由碳基组成，空气、水、蛋白质、脂肪、碳水化合物是原料；人工智能由硅基的传感器、部件等组成，电力、数据、算力、算法模型等是原料。目前，VR/AR数字虚拟技术创造的虚拟世界所提供的体验和享受，已使得人类感官真假难辨，对人类辨别自己是生活在真实世界里还是在模拟世界里造成困难。特斯拉公司创始人马斯克在2018年说“我们活在模拟（simulation）中”。2021年2月12日，《Experimental Brain Research》杂志刊登美国芝加哥大学神经生物学教授佩吉·梅森（Peggy Mason）博士团队的成果，称目前还不能证明我们生活在一个“基本现实”中，但可在“非基本现实”出现时辨别出是假的，即由于坚信“我存在”是人类天生的最基本信念，或许只要找出人类这一信念的来源，就能分辨出自己是否生活在真实世界里。

随着量子通信、纳米芯片、基因生物等技术应用发展，人工智能正局部或全面发挥替代人类的生理属性、社会属性、心智属性甚至心灵属性作用。借助人工智能超强的自感知学习、自适应控制、自组织化、全球互联化能力，全球正向机机互联（机器人互相通信、联网）、脑机接口，以及超越人类的机器人集群社会迈进，从而实现物理上、思想上的永生，不再存在“死亡”的概念，时间将变得没有意义。

5.3 我国机器人和人工智能产业概述

5.3.1 我国机器人和人工智能产业的发展状况

1. 产业规模初步形成

2020年，我国生产工业机器人23.7万台，同比增长19.1%；我国智能制造产业产值超过2.7万亿元，已形成环渤海、长三角、珠三角和中西部四大智能制造聚集区。

2. 我国机器人安装量多年位居全球第一

自2013年起，我国工业机器人新安装量位居全球第一。2016年销售工业机器人7.24万台，历年累计存量首次超过日本，位居全球第一。2019年，中国新装工业机器人14.05万台，占全球当年新装总量的37.7%。到2019年年末，中国工业机器人累计为78.3万台，占全球的29%。

3. 初步掌握机器人研发生产技术，并在视觉识别、太空等领域领先全球

我国自20世纪70年代启动机器人研发以来，基本掌握了本体设计制造、控制系统软硬件、运动学和轨迹规划等技术工艺，实现部分关键元器件的国产化，能生产喷漆、弧焊、点焊、装配、搬运等工业机器人，以及医疗康复、教育娱乐、家庭服务等领域的服务机器人，还在太空机器人等局部领域领先全球。例如，2015年6月25日，我国首次发射长征7号火箭搭载的“遨龙一号”空间碎片主动清理飞行器，能抓取太空卫星，并在自动变轨后将其放入大气层销毁。该设想由美国提出，但目前仅为我国所掌握。

4. 中央、地方各级政府较早出台支持机器人和人工智能产业发展的政策措施

相关政策文件包括2013年《关于推进工业机器人产业发展的指导意见》、2016年《机器人产业发展规划（2016—2020年）》、2017年《国家机器人标准体系建设指南》和《促进新一代人工智能产业发展三年行动计划（2018—2020年）》。2015年，《中华人民共和国国民经济和社会发展第十三个五年规划纲要》提到发展“智能制造和机器人”。2021年3月，《中华人民共和国国民经济和社会发展第十四个五年规划和2035年远景目标纲要》提出“推进危险岗位机器人替代”“培育壮大人工智能、大数据、区块链、云计算、网络安全等新兴数字产业”。据OFweek机器人网不完全共计，2020年全国机器人产业园数量达85家（不含机器人企业自用园区）。

5. 华为等企业积极发挥作用

2021年年初，华为称使用华为的信息通信技术（ICT）后，深圳等地的机场将原来遇雷暴天气所需的重排廊桥时间从人工通常所用的4小时缩减到几秒钟；推动智能化采煤工作面减人60%、井工煤矿单班入井人数减少10%~20%；还准备用到养猪场，将以前的“人管”转为“数据管”。

5.3.2　我国机器人和人工智能产业发展面临的主要问题

1.企业规模小，全球竞争力低

2020年全球工业机器人市场占有率排名中，中国的埃斯顿为3%，位居日本发那科（13.9%）、瑞典ABB（8.3%）、日本安川电机（7.7%）、德国库卡（6%）、日本雅马哈（5.9%）、日本川崎（3.4%）后的第7位。

2.中高端工业机器人生产能力不足

2020年厂家生产的汽车用机器人占全部机器人的比重，中国为12%，外国为29%。

3.重技术引进，轻研发创新，核心技术受制于人，可持续发展能力薄弱

目前，中国约75%的精密减速器、80%的伺服（电机、驱动器）要从日本进口。这是因为国产六轴工业机器人的性能未达标，高端汽车业机器人几乎依靠进口解决。

4.未掌握基础的原理和技术等

2018年美国对神经网络和深度学习、AI芯片等人工智能技术和产品进行出口管制后，直接对我国构成"卡脖子"危险。

5.3.3　做大做强我国机器人和人工智能产业的若干措施

为更好发挥机器人和人工智能在服务民生、促进经济增长、确保可持续发展方面的战略性支撑和引导作用，本书建议采取以下有关政策措施：

1.切实落实《中华人民共和国国民经济和社会发展第十四个五年规划和2035年远景目标纲要》提出的各项要求

贯彻落实"推进危险岗位机器人替代""培育壮大人工智能、大数据、区块链、云计算、网络安全等新兴数字产业"要求，加快人工智能在各地城市治理、工农业、能源电网、交通运输、医疗养老等领域应用。加强顶层设计，有效防止低水平重复建设和无序竞争情况。

2.继续在"市场开放、充分竞争、全球合作、互利共赢"中发挥大国市场优势

支持高科技大企业加快人工智能在各行业的研发应用。通过提供土地、信贷、购房落户、子女教育、财富保值、荣誉等各项法律制度和政策措施，吸引境外的企业、技术、项目、人才流入中国，以利于快速获得人工智能等相关的基础性原理、知识、技术和方法。

3.充分发挥社会主义国家政府集中资源办大事的优势

发挥新型举国体制，通过实施一批具有前瞻性、战略性的国家重大科技项目，力争在减速器、伺服系统、控制器等关键零部件，以及关键工艺、关键材料、集成方案的研发应用上取得突破。研发创新更快、更强的算力和算法等软方式，以此弥补高端芯片不足等硬短板。

4.重点突破各场景应用

力争人工智能在市场规模大、应用前景广、人工成本高的汽车制造业、煤炭挖掘业、工业物联网等领域取得重大突破。围绕碳达峰（在2030年前二氧化碳排放量达到峰值）的要求，抓好《新能源汽车产业发展规划（2021—2035年）》及2021年的《国家综合立体交通网规划纲要》的落地实施，坚持电动化、网联化、智能化、无人化的发展方向，尽快将以机电一体化为核心的传统汽车业，改造为以大数据、高速通信和机电一体化为核心的智能网联汽车和智能通用航空器，引领全球新汽车、新路网、新能源网等新基建的革命性变革。

思政园地

中国政府高度重视人工智能与教育的融合发展

国际人工智能与教育大会于2019年5月16日在北京召开。中国国家主席习近平向大会致贺信。

人工智能是引领新一轮科技革命和产业变革的重要驱动力，正深刻改变着人们的生产、生活、学习方式，推动人类社会迎来人机协同、跨界融合、共创分享的智能时代。把握全球人工智能发展态势，找准突破口和主攻方向，培养大批具有创新能力和合作精神的人工智能高端人才，是教育的重要使命。

中国高度重视人工智能对教育的深刻影响，积极推动人工智能和教育深度融合，促进教育变革创新，充分发挥人工智能优势，加快发展伴随每个人一生的教育、平等面向每个人的教育、适合每个人的教育、更加开放灵活的教育。中国愿同世界各国一道，聚焦人工智能发展前沿问题，深入探讨人工智能快速发展条件下教育发展创新的思路和举措，凝聚共识、深化合作、扩大共享，携手推动构建人类命运共同体。

人工智能给教育带来了革命性影响，我国向国际社会发出了促进智能时代教育发展创新、携手推动构建人类命运共同体的倡议，为凝聚共识、深化合作增添了信心和动力。

中国政府高度重视人工智能与教育的融合发展，大力推进教育信息化，数字教学资源覆盖各级各类教育，智慧教学、学习和管理手段不断丰富，教育现代化建设取得重要进展。面向未来，中国将积极发挥现代技术在促进教育公平、提升教育质量中的作用，推动教育理念、教学方式、管理模式创新，完善以学习者为中心的智能化教学环境，努力实现规模化教育和个性化培养的有机结合，不断提升各类人才的创新精神和实践能力。

推动人工智能和教育的融合，是各国面临的共同机遇和挑战。中国将加强与各国的交流合作，深化智能教育协同创新，推动人工智能高端人才联合培养，强化知识产权保护，与各国一道共享智能教育发展红利。

资料来源 [1] 新华社. 习近平向国际人工智能与教育大会致贺信 [EB/OL].（2019-05-16）[2021-08-18]. http://www.gov.cn/xinwen/2019-05/16/content_5392134.htm. [2] 新华社. 国际人工智能与教育大会在京开幕 孙春兰宣读习近平主席贺信并致辞 [EB/OL].（2019-05-16）[2021-08-18]. http://www.gov.cn/guowuyuan/2019-05/16/content_5392272.htm.

本章小结

机器人代替人类从事高难度、高风险、高强度的活动，扩大人类的生存空间和增加可获得资源；代替人类从事简单或复杂劳动，创造新就业机会，并让人类从事更有价值的活动；延伸人类的自然生理能力，更好地应对外部环境变化，延长寿命等。机器人能够降低生产作业成本，提高生产效率，降低出错率，增加优质产品；向人类提供精准化、精细化、人性化智能服务，提高生活品质；促进经济增长。全球机器人产业的发展趋势是性能

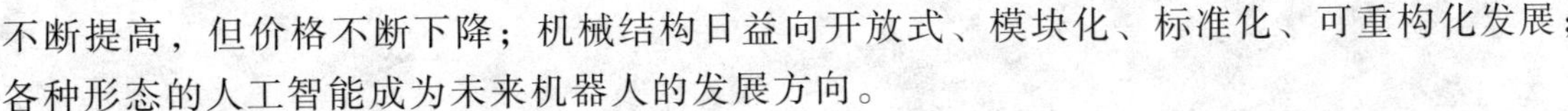

不断提高，但价格不断下降；机械结构日益向开放式、模块化、标准化、可重构化发展；各种形态的人工智能成为未来机器人的发展方向。

本章思语

1. 机器人有哪些主要作用？
2. 机器人未来的发展趋势是什么？
3. 中国机器人产业发展面临哪些问题？
4. 怎样做大做强中国机器人产业？

第6章
生态文明与可持续发展

生态文明是经济可持续发展的前提和必备条件。

6.1 生态文明与可持续发展的必然性、必要性与目标

6.1.1 生态文明与可持续发展的必然性

1. 人类生存发展的客观要求

物质文明是人类在社会发展中改造自然的物质成果，它表现为物质生产的进步和人们物质生活的改善。生态文明是人类在发展物质文明过程中保护和改善生态环境的成果，它表现为人与自然和谐程度的进步和人们生态文明观念的增强。

从全球范围看，自工业革命以来，人类在物质生产取得巨大发展的同时，对地球资源的索取超出了合理的范围，对地球生态环境造成了破坏。其严重后果就是全球气候变化，以及过度开发土地、滥伐森林、过度捕捞、环境污染等所产生的其他负面效应。暴雨、高温等极端气候频繁发生，就是大自然向人类敲响的警钟。

就我国而言，人均资源不足，石油、天然气、铁矿石等资源的人均拥有储量也明显低于世界平均水平。由于长期实行主要依赖投资和增加物质投入的粗放型经济增长方式，能源和其他资源的消耗增长很快，生态环境恶化问题也日益突出。因此，提出建设生态文明，不论对于实现以人为本、全面协调可持续发展，还是对于改善生态环境、提高人民生活质量，都是至关重要的。实践充分证明，物质文明建设不仅同精神文明建设、政治文明建设相互依存、互为条件，而且同生态文明建设互相依存、互为条件。

人类发展的历史已经表明，人类文明的发展和延续与资源环境密切相关。资源条件特别是生态环境的恶化，不仅会破坏人们的生存条件，甚至会导致人类文明的消亡。如果再不重视节约资源和保护环境，我们就可能犯难以改正的历史性错误。我们绝不能做吃祖宗饭、断子孙路的蠢事。我们必须以对国家、对民族、对子孙后代高度负责的精神，切实把建设资源节约型、环境友好型社会放在工业化、现代化发展战略的突出位置，推动经济社会全面协调可持续发展。

2. 历史发展的客观要求

中华人民共和国成立以来，政府在领导人民摆脱贫困、发展经济、建设现代化的历史进程中，一直以战略眼光关注着与人类生存、发展息息相关的森林问题、生态问题，作出了一系列重大决策，在探索中不断前进，逐步找到了一条中国特色文明发展道路。

中华人民共和国成立后，党中央对森林问题极为重视。1955年，毛泽东同志向全国人民发出了“绿化祖国”“实行大地园林化”的号召。1958年，他又进一步指出：“要看到林业、造林，这是我们将来的根本问题之一。”这一时期，中国政府确定了“普遍护林、重点造林”的方针，有力推动了森林资源发展。

1978年，党中央在领导中国人民进行改革开放的同时，带领中国人民开展了一场规模浩大的植树造林运动。1979年，第五届全国人大常委会第六次会议通过了《中华人民共和国森林法（试行）》，并将3月12日定为中国植树节。1981年12月，在邓小平同志的倡导下，第五届全国人民代表大会第四次会议作出了《关于开展全民义务植树运动的决议》。关注世界森林的英国著名林学家理查德·迈克尔评价说，中国的义务植树为全世界

树立了光辉的榜样。

1991年后，党中央又发出了“全党动员、全民动手、植树造林、绿化祖国”“再造祖国秀美山川”的号召，进一步动员全国人民植树造林、保护森林。中国修订了《中华人民共和国森林法》，世界上首部防沙治沙法也在中国诞生。中国政府制定了《全国生态环境建设规划》，明确提出：建设祖国秀美山川，是把我国现代化建设事业全面推向21世纪的重大战略部署。2001年，刚刚走进小康的中国毅然决定，在今后十几年内，投资几千亿元，实施天然林资源保护、退耕还林、京津风沙源治理等六大林业重点工程。

在21世纪中国经济社会发展中，如何实现全面协调可持续发展、人与自然和谐发展，党中央继续带领中国人民进行创新和发展。2003年6月，中共中央、国务院作出了《关于加快林业发展的决定》，明确提出：“确立以生态建设为主的林业可持续发展道路，建立以森林植被为主体、林草结合的国土生态安全体系，建设山川秀美的生态文明社会。”2005年9月，中国政府又作出了《关于进一步加强防沙治沙工作的决定》，发出了《关于加强湿地保护工作的通知》，制定了《中国湿地保护行动计划》，从而在全国形成了建设森林生态系统、保护湿地生态系统、改善荒漠生态系统、全面推进生态建设的基本格局。

党的十九大报告指出：“生态文明建设功在当代、利在千秋。”习近平生态文明思想是站在人类发展命运的立场上作出的战略判断和总体部署，体现了炽热的民生情怀。习近平总书记指出，“保护生态环境就是保护生产力、改善生态环境就是发展生产力”，“良好生态环境是最公平的公共产品，是最普惠的民生福祉”。习近平总书记在关于“五位一体”总体布局和“四个全面”战略布局重要内容的论述中，把建设生态文明与坚持中国特色社会主义完整地统一起来，这是对中国特色社会主义理论体系的重要发展和贡献。习近平总书记关于生态文明建设的指示，指引我们补齐生态文明这块短板，取得更大的生态文明建设成就，不但从经济、政治、文化、社会建设成就方面，而且从生态文明建设成就方面，使全国人民真正树立对中国特色社会主义的自信，其意义是深远的。

党的十九大报告指出：坚持人与自然和谐共生。建设生态文明是中华民族永续发展的千年大计。必须树立和践行绿水青山就是金山银山的理念，坚持节约资源和保护环境的基本国策，像对待生命一样对待生态环境，统筹山水林田湖草系统治理，实行最严格的生态环境保护制度，形成绿色发展方式和生活方式，坚定走生产发展、生活富裕、生态良好的文明发展道路，建设美丽中国，为人民创造良好生产生活环境，为全球生态安全作出贡献。

生态文明是继人类原始文明、农业文明、工业文明之后形成的新型文明形态。其核心是人与自然和谐的价值观在经济社会发展中的落实和成果的反映，它摒弃了人类破坏自然、征服自然、主宰自然的理念和行为，走上了在经济社会发展中保护自然、尊重自然、合理利用自然，并主动开展生态建设、实现人与自然和谐的伟大征程。这是人类社会进步的重要标志，是21世纪人类文明的旗帜和方向。中国政府和人民在经过艰辛探索、借鉴国外发展经验的基础上，作出建设生态文明的历史选择，不仅对中国自身发展具有十分重大而深远的影响，而且对维护全球生态安全具有重大意义。

6.1.2 生态文明与可持续发展的必要性

生态文明与可持续发展是实现全面建成小康社会奋斗目标的需要。全面建成小康社会，不仅包括经济建设、政治建设、文化建设、社会建设，还包括生态文明建设，使整个社会走上生产发展、生活富裕、生态良好的文明发展道路。必须看到，满足全面建成小康社会对资源环境的要求难度相当大。今后，随着经济总量不断扩大和人口继续增加，对能源资源的消费需求量将越来越大，各类污染物产生量也将不断增多，生态压力还会进一步加大，环境问题将会更加突出。人对环境质量的需求总是随着物质生活质量的不断改善而逐步提高的。在全面建成小康社会进程中，必须更加重视节约资源和保护环境工作，在实现国内生产总值等经济目标的同时，采取切实有效的措施，使主要污染物排放得到有效控制，生态环境质量明显改善。

6.1.3 生态文明与可持续发展的目标

建设生态文明要求形成节约能源资源和保护生态环境的产业结构、增长方式和消费模式。近些年我国一些消耗资源多、污染大的行业发展过快，这是经济发展与资源、环境矛盾日益突出的重要原因。另外，消耗资源较少、污染较轻的第三产业比重明显偏低。因此建设生态文明，必须坚持走中国特色新型工业化道路，大力调整优化产业结构，加快发展第三产业，提高其比重和水平；优化第二产业内部结构，大力推进信息化与工业化融合，提升高技术产业，限制高耗能、高污染工业的发展。同时，要立足我国国情，正确引导消费结构升级，形成有利于节约能源资源和保护环境的城乡建设模式和消费模式。应当看到，西方发达国家的消费模式是建立在索取全球资源基础上的。当今的时代条件和国际环境决定了我国不可能走先污染后治理的旧式工业化道路；人口众多、人均资源不足的基本国情决定了我国不应当也不可能模仿一些发达国家以挥霍资源为特征的消费模式。比如，城市应以发展公共交通为主，适度发展私家车；建设应大力发展节能省地型的，限制建设占地多的别墅、高尔夫球场等。

6.2 生态文明建设的发展方针

生态文明建设是关系中华民族永续发展的根本大计。中华民族向来尊重自然、热爱自然，绵延5 000多年的中华文明孕育着丰富的生态文化。生态兴则文明兴，生态衰则文明衰。党的十八大以来，我们开展一系列根本性、开创性、长远性工作，加快推进生态文明顶层设计和制度体系建设，加强法治建设，建立并实施中央环境保护督察制度，大力推动绿色发展，深入实施大气、水、土壤污染防治三大行动计划，率先发布《中国落实2030年可持续发展议程国别方案》，实施《国家应对气候变化规划（2014—2020年）》，推动生态环境保护发生历史性、转折性、全局性变化。

中共中央、国务院出台方案为生态文明领域改革作出顶层设计。中共中央、国务院印发的《生态文明体制改革总体方案》阐明了我国生态文明体制改革的指导思想、理念、原则、目标、实施保障等重要内容，提出要加快建立系统完整的生态文明制度体系，为我国生态文明领域改革作出顶层设计。

该方案分为10个部分，共56条，明确生态文明体制改革的指导思想是，坚持节约资源和保护环境基本国策，坚持节约优先、保护优先、自然恢复为主方针，立足我国社会主义初级阶段的基本国情和新的阶段性特征，以建设美丽中国为目标，以正确处理人与自然关系为核心，以解决生态环境领域突出问题为导向，保障国家生态安全，改善环境质量，提高资源利用效率，推动形成人与自然和谐发展的现代化建设新格局。

推进生态文明体制改革首先要树立和落实正确的理念，统一思想，引领行动。为此，该方案提出，要树立尊重自然、顺应自然、保护自然的理念，发展和保护相统一的理念，绿水青山就是金山银山的理念，自然价值和自然资本的理念，空间均衡的理念，山水林田湖是一个生命共同体的理念。

该方案指出，生态文明体制改革的原则是，坚持正确改革方向，坚持自然资源资产的公有性质，坚持城乡环境治理体系统一，坚持激励和约束并举，坚持主动作为和国际合作相结合，坚持鼓励试点先行和整体协调推进相结合。

该方案设定了我国生态文明体制改革的目标，即到2020年，构建起由自然资源资产产权制度、国土空间开发保护制度、空间规划体系、资源总量管理和全面节约制度、资源有偿使用和生态补偿制度、环境治理体系、环境治理和生态保护市场体系、生态文明绩效评价考核和责任追究制度等8项制度和体系构成的产权清晰、多元参与、激励约束并重、系统完整的生态文明制度体系，推进生态文明领域国家治理体系和治理能力现代化，努力走向社会主义生态文明新时代。

6.3 生态文明建设的发展原则

新时代推进生态文明建设，必须坚持好以下原则：

一是坚持人与自然和谐共生，坚持节约优先、保护优先、以自然恢复为主的方针，像保护眼睛一样保护生态环境，像对待生命一样对待生态环境，让自然生态美景永驻人间，还自然以宁静、和谐、美丽。

二是坚定不移贯彻创新、协调、绿色、开放、共享的新发展理念，加快形成节约资源和保护环境的空间格局、产业结构、生产方式、生活方式，给自然生态留下休养生息的时间和空间。

三是良好生态环境是最普惠的民生福祉，坚持生态惠民、生态利民、生态为民，重点解决损害群众健康的突出环境问题，不断满足人民日益增长的优美生态环境需要。

四是山水林田湖草是生命共同体，要统筹兼顾、整体施策、多措并举，全方位、全地域、全过程开展生态文明建设。

五是用最严格制度、最严密法治保护生态环境，加快制度创新，强化制度执行，让制度成为刚性的约束和不可触碰的高压线。

六是共谋全球生态文明建设，深度参与全球环境治理，形成世界环境保护和可持续发展的解决方案，引导应对气候变化国际合作。

6.4 生态文明建设的发展战略

生态环境是关系党的使命、宗旨的重大政治问题，也是关系民生的重大社会问题。广大人民群众热切期盼加快提高生态环境质量。我们要积极回应人民群众所想、所盼、所急，大力推进生态文明建设，提供更多优质生态产品，不断满足人民群众日益增长的优美

生态环境需要。

6.4.1　国家总体战略

1.“五位一体”的总体布局

随着中国经济发展步入多元复合转型的重要战略机遇期，以习近平同志为核心的党中央统筹推进经济建设、政治建设、文化建设、社会建设、生态文明建设。“五位一体”的总体布局是一个有机整体，其中经济建设是根本，政治建设是保证，文化建设是灵魂，社会建设是条件，生态文明建设是基础。坚持“五位一体”建设全面推进、协调发展，才能形成经济富裕、政治民主、文化繁荣、社会公平、生态良好的发展格局，把中国建设成为富强、民主、文明、和谐、美丽的社会主义现代化强国。

2.“四个全面”战略布局

“四个全面”战略布局是以习近平同志为核心的党中央在新形势下治国理政的总方略，生态文明建设是在这个总方略统领下党中央治国理政的一个重要举措。站在坚持和发展中国特色社会主义和实现中华民族伟大复兴中国梦的战略高度，必须按照“四个全面”战略布局，以全面建成小康社会为目标、以全面深化改革为动力、以全面依法治国为保障、以全面从严治党为保证，坚持绿色发展，扎实推进生态文明建设。推进绿色发展建设生态文明是全面建成小康社会的关键，全面深化改革为扎实推进生态文明建设提供强大动力，全面依法治国为扎实推进生态文明建设提供可靠保障，全面从严治党为扎实推进生态文明建设提供根本保证。①

3.可持续发展战略

党的十六大报告明确指出：“合理开发和节约使用各种自然资源。抓紧解决部分地区水资源短缺问题，兴建南水北调工程。实施海洋开发，搞好国土资源综合整治。树立全民环保意识，搞好生态保护和建设。”党的十七大报告重申，加强能源资源节约和生态环境保护。党的十八大报告将生态文明建设纳入社会主义现代化建设总体布局，提出坚持节约优先、保护优先、以自然恢复为主的方针，吹响了美丽中国的集结号。

我国制定了“中国环境与发展十大对策”，提出走可持续发展道路的战略选择，而后又率先在世界上制定了《中国21世纪议程——中国21世纪人口、环境与发展白皮书》，确立了我国21世纪可持续发展的总体战略框架和领域目标。1996年，全国人大批准《中华人民共和国国民经济和社会发展“九五”计划和2010年远景目标纲要》，以法律形式把可持续发展与科教兴国并列为国家战略。2003年，党的十六届三中全会提出了“科学发展观”，从理论上、实践上深化和升华了可持续发展的思想。同年，我国发布了《中国21世纪初可持续发展行动纲要》，确定了可持续发展的重点领域和行动计划。我国坚定地实施可持续发展战略，体现了一个民族对于自身发展的审慎思考，一个时代对于自然环境的整体关怀，一个国家对于全球未来的崇高责任。

6.4.2　生态文明建设的战略对策

要加快构建生态文明体系，加快建立健全以生态价值观念为准则的生态文化体系，以产业生态化和生态产业化为主体的生态经济体系，以改善生态环境质量为核心的目标责任

① 张明. 按照“四个全面”战略布局扎实推进生态文明建设［J］. 前线，2016（10）：16-19.

体系，以治理体系和治理能力现代化为保障的生态文明制度体系，以生态系统良性循环和环境风险有效防控为重点的生态安全体系。要通过加快构建生态文明体系，确保到2035年，生态环境质量实现根本好转，美丽中国目标基本实现。到21世纪中叶，物质文明、政治文明、精神文明、社会文明、生态文明全面提升，绿色发展方式和生活方式全面形成，人与自然和谐共生，生态环境领域国家治理体系和治理能力现代化全面实现，建成美丽中国。

1.全面推动绿色发展

绿色发展是构建高质量现代化经济体系的必然要求，是解决污染问题的根本之策。重点是调整经济结构和能源结构，优化国土空间开发布局，调整区域流域产业布局，培育壮大节能环保产业、清洁生产产业、清洁能源产业，推进资源全面节约和循环利用，实现生产系统和生活系统循环链接，倡导简约适度、绿色低碳的生活方式，反对奢侈浪费和不合理消费。

2.把解决突出生态环境问题作为民生优先领域

坚决打赢蓝天保卫战是重中之重，要以空气质量明显改善为刚性要求，强化联防联控，基本消除重污染天气，还老百姓蓝天白云、繁星闪烁。要深入实施水污染防治行动计划，保障饮用水安全，基本消灭城市黑臭水体，还给老百姓清水绿岸、鱼翔浅底的景象。要全面落实土壤污染防治行动计划，突出重点区域、行业和污染物，强化土壤污染管控和修复，有效防范风险，让老百姓吃得放心、住得安心。要持续开展农村人居环境整治行动，打造美丽乡村，为老百姓留住鸟语花香的田园风光。

3.有效防范生态环境风险

生态环境安全是国家安全的重要组成部分，是经济社会持续健康发展的重要保障。要把生态环境风险纳入常态化管理，系统构建全过程、多层级生态环境风险防范体系。要加快推进生态文明体制改革，抓好已出台改革举措的落地，及时制订新的改革方案。

4.提高环境治理水平

要充分运用市场化手段，完善资源环境价格机制，采取多种方式支持政府和社会资本合作项目，加大重大项目科技攻关，对涉及经济社会发展的重大生态环境问题开展对策性研究。要实施积极应对气候变化国家战略，推动和引导建立公平合理、合作共赢的全球气候治理体系，彰显我国负责任大国的形象，推动构建人类命运共同体。

打好污染防治攻坚战时间紧、任务重、难度大，是一场大仗、硬仗、苦仗，必须加强党的领导。各地区各部门要增强“四个意识”，坚决维护党中央权威和集中统一领导，坚决担负起生态文明建设的政治责任。地方各级党委和政府主要领导是本行政区域生态环境保护第一责任人，各相关部门要履行好生态环境保护职责，使各部门守土有责、守土负责、守土尽责，分工协作，共同发力。要建立科学合理的考核评价体系，考核结果作为各级领导班子和领导干部奖惩和提拔使用的重要依据。对那些损害生态环境的领导干部，要真追责、敢追责、严追责，做到终身追责。要建设一支生态环境保护铁军，政治强、本领高、作风硬、敢担当，特别能吃苦、特别能战斗、特别能奉献。各级党委和政府要关心、支持生态环境保护队伍建设，主动为敢干事、能干事的干部撑腰打气。①

党的十九大报告指出：“改革生态环境监管体制。加强对生态文明建设的总体设计和

① 2018年5月18日习近平在全国生态环境保护大会上的讲话。

组织领导，设立国有自然资源资产管理和自然生态监管机构，完善生态环境管理制度，统一行使全民所有自然资源资产所有者职责，统一行使所有国土空间用途管制和生态保护修复职责，统一行使监管城乡各类污染排放和行政执法职责。构建国土空间开发保护制度，完善主体功能区配套政策，建立以国家公园为主体的自然保护地体系。坚决制止和惩处破坏生态环境行为。"

6.5　生态文明建设取得的成效

我国生态文明建设成效显著。大力度推进生态文明建设，全党全国贯彻绿色发展理念的自觉性和主动性显著增强，忽视生态环境保护的状况明显改变。生态文明制度体系加快形成，主体功能区制度逐步健全，国家公园体制试点积极推进。全面节约资源有效推进，能源资源消耗强度大幅下降。重大生态保护和修复工程进展顺利，森林覆盖率持续提高。生态环境治理明显加强，环境状况得到改善。引导应对气候变化国际合作，成为全球生态文明建设的重要参与者、贡献者、引领者。

党的十八大以来，从山水林田湖草的"命运共同体"初具规模，到绿色发展理念融入生产、生活，再到经济发展与生态改善实现良性互动，以习近平同志为核心的党中央将生态文明建设推向新高度，我国生态文明建设呈现加速发展新局面，我国经济发展动能发生根本性转变，后发优势和潜力无限。

1. 从保护到修复，着力补齐生态短板

党的十八大将生态文明建设纳入中国特色社会主义事业"五位一体"总体布局，以习近平同志为核心的党中央牢固树立保护生态环境就是保护生产力、改善生态环境就是发展生产力的理念，着力补齐一块块生态短板。

"十三五"期间，全国累计完成造林5.29亿亩，参加全民义务植树的人数累计达28亿人次，义务植树116亿株；全国新增国家森林城市98个，已建成国家森林城市194个，22个省份开展了省级森林城市创建，17个省份开展了森林城市群建设，建成了一大批森林县城、森林小镇，城市人均公园绿地面积达14.11平方米；全国共生产苗木2 800亿株、种子1.35亿千克，已建成国家良种基地294处，主要造林树种良种使用率提高到65%。[①]

"十三五"期间，我国珍稀濒危物种实现恢复性增长。5年来，我国通过系统实施濒危物种拯救工程，建立了占国土面积18%的各类自然保护地，有效保护了90%的植被类型和陆地生态系统、65%的高等植物群落、85%的重点保护野生动物种群，大熊猫、朱鹮、亚洲象、藏羚羊、苏铁、西藏巨柏等珍稀濒危野生动植物种群实现恢复性增长。大熊猫野生种群增至1 864只，朱鹮野外种群和人工繁育种群总数超过4 000只，亚洲象野外种群增至300头，藏羚羊野外种群恢复到30万只以上。[②]

"十三五"期间，我国新增湿地面积300多万亩，湿地保护率达到50%以上。我国全面提升湿地保护与修复水平，安排中央财政投入98.7亿元，实施湿地生态效益补偿补助、退耕还湿、湿地保护与恢复补助项目2 000多个。"十三五"期间，新增国际重要湿地15处，新增国家重要湿地29处，国际重要湿地总数达64处；新增国家湿地公园201处，国

① 李慧．"十三五"期间我国累计完成造林5.29亿亩［N］．光明日报，2020-12-05.
② 李慧．"十三五"我国珍稀濒危物种实现恢复性增长［N］．光明日报，2021-01-05.

家湿地公园总数达899处，湿地保护和退化湿地恢复的面积不断扩大，湿地生态系统功能得到有效恢复。①

2.从制度到实践，绿色发展提速增效

（1）生态文明顶层设计逐步完善。2015年4月，中共中央、国务院印发《关于加快推进生态文明建设的意见》，明确了生态文明建设的总体要求、目标愿景、重点任务、制度体系。同年9月，《生态文明体制改革总体方案》出台，提出健全自然资源资产产权制度、建立国土空间开发保护制度、完善生态文明绩效评价考核和责任追究制度等。

（2）生态环保法治建设不断健全。《大气污染防治行动计划》《水污染防治行动计划》《土壤污染防治行动计划》陆续出台，被称为“史上最严”的新环保法从2015年开始实施，在打击环境违法犯罪方面力度空前。

经济视窗6-1

（3）生态环保执法监管力度空前。“十三五”时期，各地区各部门打响蓝天、碧水、净土保卫战，推动我国生态环境保护发生了历史性、转折性、全局性变化。与2015年相比，2019年全国地表水优良水质断面比例上升8.9个百分点；细颗粒物（PM2.5）未达标地级及以上城市年均浓度下降23.1%。2019年，全国337个地级及以上城市空气质量年均优良天数比例达82%。长江经济带95%的省级及以上工业园区建成污水集中处理设施。“十三五”以来新增完成12万个建制村环境整治任务。

（4）中国积极参与国际治理，作出绿色贡献。2015年12月，在气候变化巴黎大会上，《联合国气候变化框架公约》的196个缔约方通过《巴黎协定》这一历史性文件，为2020年后全球应对气候变化作出安排。中国不仅是达成协定的重要推动力量，也是坚定的履约国。

3.从理念到成效，经济社会发展迈向更高端

（1）从“大地披绿”到“身边增绿”“心中播绿”，不断增加的生态产品供给极大增加了百姓的获得感。党的十八大以来，我国深入实施大规模国土绿化行动，全国每年造林面积都在1亿亩以上。我国森林面积和森林蓄积量连续30年保持“双增长”，成为全球森林资源增长最多的国家。②

（2）绿色发展理念深入人心，“绿水青山就是金山银山”成为共识。生态文明建设带来了产业升级、生产方式调整的经济变革，也推动了生活方式、价值理念的“绿色革命”。

（3）中国绿色发展为世界贡献了中国方案。2016年，联合国环境规划署发布《绿水青山就是金山银山：中国生态文明战略与行动》报告。中国的生态文明建设理念和经验，正在为全世界可持续发展提供重要借鉴。③

总体上看，我国生态环境质量持续好转，出现了稳中向好的趋势，但成效并不稳固。生态文明建设正处于压力叠加、负重前行的关键期，已进入提供更多优质生态产品以满足

① 胡璐．十三五”期间我国新增湿地面积300多万亩［EB/OL］．（2021-01-04）［2021-11-15］．http://www.forestry.gov.cn/main/586/20210104/000443921425076.html.

② 胡璐．不断凝聚起国土绿化的全民力量——全民义务植树运动40周年综述［EB/OL］．（2021-04-03）［2021-11-15］．http://www.gov.cn/xinwen/2021-04/03/content_5597603.htm.

③ 侯雪静，高敬．推进美丽中国建设——党的十八大以来生态文明建设成就综述［EB/OL］．（2017-08-17）［2018-04-23］．http://www.xinhuanet.com/politics/2017-08/17/c_129682297.htm.

人民日益增长的优美生态环境需要的攻坚期，也到了有条件、有能力解决生态环境突出问题的窗口期。我国经济已由高速增长阶段转向高质量发展阶段，需要跨越一些常规性和非常规性关口。我们必须咬紧牙关，爬过这个坡，迈过这道坎。

经济视窗6-2

经济视窗6-3

思政园地

让绿水青山造福人民、泽被子孙

生态环境保护和经济发展是辩证统一、相辅相成的，建设生态文明、推动绿色低碳循环发展，不仅可以满足人民日益增长的优美生态环境需要，而且可以推动实现更高质量、更有效率、更加公平、更可持续、更为安全的发展，走出一条生产发展、生活富裕、生态良好的文明发展道路。

党的十八大以来，以习近平同志为核心的党中央把生态文明建设摆在全局工作的突出位置，全面加强生态文明建设，一体治理山水林田湖草沙，开展了一系列根本性、开创性、长远性工作，决心之大、力度之大、成效之大前所未有，生态文明建设从认识到实践都发生了历史性、转折性、全局性的变化。

习近平总书记传承中华民族传统文化、顺应时代潮流和人民意愿，站在坚持和发展中国特色社会主义、实现中华民族伟大复兴中国梦的战略高度，深刻回答了为什么建设生态文明、建设什么样的生态文明、怎样建设生态文明等重大理论和实践问题，系统形成了习近平生态文明思想，有力指导生态文明建设和生态环境保护取得历史性成就、发生历史性变革。习近平总书记关于生态文明建设的重要论述，立意高远，内涵丰富，思想深刻，对于我们深刻认识生态文明建设的重大意义，完整准确全面贯彻新发展理念，正确处理好经济发展同生态环境保护的关系，坚持走生产发展、生活富裕、生态良好的文明发展道路，加快建设资源节约型、环境友好型社会，推动形成绿色发展方式和生活方式，推进美丽中国建设，实现中华民族永续发展，实现“两个一百年”奋斗目标，实现中华民族伟大复兴的中国梦，具有十分重要的意义。

资料来源　汪晓东，刘毅，林小溪. 让绿水青山造福人民泽被子孙——习近平总书记关于生态文明建设重要论述综述［N］. 人民日报，2021-06-03.

本章小结

生态文明与可持续发展是人类生存发展、历史发展的客观要求。生态文明与可持续发展的目标是形成节约能源资源和保护生态环境的产业结构、增长方式和消费模式。生态文明建设的战略对策是全面推动绿色发展、把解决突出生态环境问题作为民生优先领域、有效防范生态环境风险、提高环境治理水平。

本章思语

1. 什么是生态文明？
2. 什么是可持续发展？
3. 如何才能建成美丽中国？

第7章
新型工业化道路

7.1 新型工业化道路新在哪里

我们把新型工业化道路的本质与内涵概括为高、好、低、少、优、谐、适、序这八个字：

（1）高是指科技含量高。

（2）好是指经济效益、社会效益好。

（3）低是指资源消耗低。

（4）少是指保持生态平衡、环境污染少。

（5）优是指人力资源优势得到充分发挥。

（6）谐是指产业结构和谐。

（7）适是指工业发展速度适度。

（8）序是指以毛泽东倡导的农轻重和邓小平倡导的吃穿用为序。这里的序指的是后者的发展规模和发展速度要以前者为基础。

上面前六个字主要是质的规定性；适和序两个字，主要是量的规定性。一句话，新型工业化道路是质与量的统一体。

过去曾经有人把工业化单纯地看成量的规定性，认为工业化就是现代化大工业产值在工农业总产值中占绝对优势的过程，如果现代化大工业产值占工农业总产值70%以上，就是实现了工业化。现在看来，这种看法还不够全面，因为只看到了工业化量的规定性，而没有看到工业化质的规定性。世界上根本不存在没有质的量，也根本不存在没有量的质。任何事物总是质与量的统一体。[①]

还应特别注意的是，工业化和其他事物一样，在经济发展的不同阶段中，工业化的质与量这两个方面的地位和作用是有差异的。在短缺经济条件下，量的扩张是主导和主要方面；到了买方市场基本形成的环境下，质的提高就成为主导和主要方面了。在经济发展的不同阶段，工业化的质与量的具体内容也会有差异。

"十三五"时期，我国工业领域以供给侧结构性改革为主线，大力实施制造强国战略，深入推进"三去一降一补"（去产能、去库存、去杠杆、降成本、补短板），实现平稳较快增长，总体实力显著增强。2016—2019年，我国工业增加值年均增长5.7%，年均增速高于同期世界工业约3个百分点，在全球主要经济体中保持领先。2019年，制造业增加值占全球比重提升至28%左右，比2015年提高近2个百分点，世界第一制造大国的地位进一步巩固。与此同时，工业领域产业结构不断优化升级，装备制造业支撑作用持续增强，高技术制造业发展迅速，工业品出口结构继续优化，发展新动能不断增强，有效推动我国制造业高质量发展。[②]

7.2 为什么要走这条新路

走这条新路就是为了推进工业由大变强，充分发挥其主导作用，以保证国民经济又好

① 李悦，方天石. 新型工业化道路新在哪里［N］. 人民日报，2009-12-04.
② 鲜祖德."十三五"时期我国制造大国地位进一步巩固［J］. 调研世界，2021（3）：3-7.

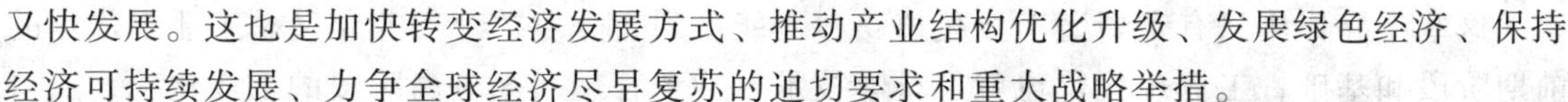

又快发展。这也是加快转变经济发展方式、推动产业结构优化升级、发展绿色经济、保持经济可持续发展、力争全球经济尽早复苏的迫切要求和重大战略举措。

我们把走新型工业化道路的必要性和必然性概括为：三个客观要求和两个必然选择。

7.2.1　是满足人民日益增长的美好生活需要的客观要求

坚持和发展中国特色社会主义的总任务是实现社会主义现代化和中华民族伟大复兴，在全面建成小康社会的基础上，分两步走在21世纪中叶建成富强、民主、文明、和谐、美丽的社会主义现代化强国。新时代我国社会主要矛盾是人民日益增长的美好生活需要和不平衡不充分的发展之间的矛盾，必须坚持以人民为中心的发展思想，不断促进人的全面发展、全体人民共同富裕。

解决人民日益增长的美好生活需要和不平衡不充分的发展之间的矛盾是我们走这条新路的根本出发点和归宿。人民日益增长的美好生活需要可以区分为两大范畴：

首先，是物质文化的需要。在物质需要上不再是追求解决温饱问题，而是开始追求吃得舒适、健康、安全，甚至开始追求保健、养生；在文化需要上不再是追求基本的教育、文化娱乐，而是开始追求更高层次的教育与文化娱乐；不仅追求知识技能方面的教育传授，而且追求思想、精神方面的教育熏陶；不仅追求身体愉悦方面的文化娱乐，而且追求心智愉悦方面的文化娱乐。这些都离不开新型工业化道路的大力支持。

其次，人民在和平、发展、公平、正义、民主、自由、法治、安全、环境等方面开始产生明显的要求，而且不断地增长。

7.2.2　是实现全面建成小康社会目标的客观要求

从党的十九大到二十大，是“两个一百年”奋斗目标的历史交汇期。我们既要全面建成小康社会、实现第一个百年奋斗目标，又要乘势而上开启全面建设社会主义现代化国家新征程，向第二个百年奋斗目标进军。第一个阶段，从2020年到2035年，在全面建成小康社会的基础上，再奋斗15年，基本实现社会主义现代化。第二个阶段，从2035年到21世纪中叶，在基本实现现代化的基础上，再奋斗15年，把我国建成富强、民主、文明、和谐、美丽的社会主义现代化强国。

在优化结构和提高效益的基础上，国内生产总值在21世纪头20年翻两番，基本实现工业化，不断增强可持续发展能力，改善生态环境，提高资源利用效率，促进人与自然的和谐，推动整个社会走上生产发展、生活富裕、生态良好的文明发展道路。

7.2.3　是充分发挥工业在国民经济中的主导作用和实现工业现代化的客观要求

工业主导作用概括如下：

（1）工业是现代化劳动资料的唯一来源。

（2）工业是燃料、动力和原材料的主要来源。

（3）工业是生活必需品的重要来源。

（4）工业是农业的重要市场。

（5）工业是国民收入的重要来源。

这些主导作用只有走新型工业化道路，才能得到充分发挥。工业化又是工业现代化的前期阶段和基础，工业现代化也就是科学技术水平和管理水平更高阶段的工业化。

据统计，我国工业增加值从1952年到2008年，扣除物价因素，增长446倍。我国全面形成了行业比较齐全的现代工业体系。2008年，我国工业增加值占GDP的比重高达42.9%，实现了从农业大国向工业大国的伟大转变。2010年，我国成为全球制造业第一大国。在世界500种主要工业品中，我国有220种产品的产量居全球第一位。这说明我国工业主导作用日益强化了。2020年，我国工业生产持续发展，高技术制造业和装备制造业较快增长，全年全国规模以上工业增加值比上年增长2.8%；高技术制造业和装备制造业增加值分别比上年增长7.1%、6.6%，增速分别比规模以上工业快4.3、3.8个百分点。

7.2.4 是实现经济发展方式由粗放型向集约型转变的必然选择

只有具有高、好、低、少等特点的新型工业化道路，才真正符合集约型经济的要求，才能真正实现由粗放型向集约型这个根本转变。

7.2.5 是走绿色生产力发展道路的必然选择

这条绿色道路可以概括为“一个前提”“一个适度”：一个前提是经济发展速度要以保持生态平衡、避免环境污染为前提；一个适度是讲在上述前提下实现经济的适度增长。我们之所以要抛弃“灰色道路”，是因为它片面追求高速度，资源过度消耗，生态环境破坏，污染严重，代价太大，后患无穷，使我们吃尽苦头。

我国是世界上发展最快的国家。1978年，中国GDP为3 679亿元，占世界经济的比重为1.7%，居全球第11位。此后，中国经济快速发展，1986年GDP突破1万亿元；2000年突破10万亿元，超过意大利成为世界第六大经济体；2010年突破40万亿元，超过日本成为世界第二大经济体，占世界经济的比重达到9.2%。党的十八大以来，中国经济持续跃升。2016年、2017年中国GDP接连越过70万亿元、80万亿元大关，2018年迈上90万亿元关口，占世界经济的比重超过16%。2020年中国GDP为1 015 986亿元，首次突破100万亿元大关，在世界经济中的份额由2019年的16.3%上升到17%左右。[①]

但是，高增长导致了资源大量消耗和环境严重污染，高增长的资源、环境代价过高。我国人均资源占有量远远低于世界平均水平。我国淡水、耕地、森林等资源人均占有量还不到世界人均水平的1/3；煤、石油等主要矿产则不到世界人均水平的一半。在如此不相适应的条件下搞工业化，唯一的正确选择只能是走新型工业化道路。

低碳是对现有生产方式的一场深刻变革，绿色生产应该成为每个企业共同的选择。对我国而言，发展低碳经济更有现实的紧迫性。目前我国的经济发展模式仍然是高排放、高污染、高能耗，随之而来的是环境污染、资源紧缺、生态退化，环境突发事件层出不穷。这要求我们必须转变粗放的生产方式，要从老百姓满意不满意、答应不答应出发，努力实现绿色发展、循环发展、低碳发展。对能源、钢铁、纺织、建筑等高碳行业而言，只有加速与低碳时代接轨，才能在市场竞争中树立新的优势，从而实现自身的可持续发展。

① 陈炜伟，王雨萧．里程碑！中国经济总量跃上百万亿元［N］．新华每日电讯，2021-01-19.

7.3　怎样走这条新路

走这条新路主要就是在明确立足点和升级方向的基础上，准确判断我国工业化所处发展阶段，坚持实施十大战略举措，重点是在信息化与工业化融合上大做文章。

7.3.1　明确立足点和升级方向

1.立足国情，放眼世界

搞工业化必须博采世界各国之长，及时吸取发达国家搞工业化的有益经验，避免走它们走过的弯路。立足点和出发点只能是中国的国情，不能脱离中国实际情况而完全照搬别国的做法，也不能再走"先污染，后治理"的老路。必须从我国的实际情况出发，遵循科学技术进步和经济全球化的客观要求，构建一条新路。一句话，要走自己的路。

2.准确判断我国工业化所处的发展阶段

在当代，判断一个国家或地区工业化所处的发展阶段，不能局限于该国家或该地区的小范围来考察，而必须从整个世界范围的总体系中，并在充分利用国内和国外两种资源、开拓国内和国外两个市场的条件下，进行全面综合考察，才能得出科学的结论。

从发达国家工业化的历史进程看，工业化大致可以分为前期、中期和后期3个阶段。

从我国所处工业化发展阶段来看，从工业化初期、工业化中期到工业化后期，工业占GDP的比重呈倒U形特征，目前已进入倒U字形曲线拐点向下阶段，工业占GDP的比重不断明显下降，基本对应于"十二五"时期。在此期间，第一产业比重已低于10%并继续稳定下降；第三产业比重首次超过第二产业，人均国民收入进入世界银行制定的上中等收入标准区间并加速上升；以电子、汽车为代表的高技术产业和装备制造业全面超越工业化中期阶段领军产业钢铁、煤炭、水泥、电力等能源原材料工业，成为工业增长的主导产业，高加工度制造业比重明显上升，工业内部结构发生显著变化。综合判断，"十二五"时期末我国工业发展阶段总体上进入工业化后期。当然，我国区域发展很不平衡，北京、上海已步入后工业化阶段，大部分东部地区进入工业化后期，大部分中西部地区还处于工业化中期，个别地区仍处于工业化中前期，但并不妨碍上述总体判断。[①]

在我国从工业化中期到工业化后期的发展阶段，必须实现经济发展驱动因素从过度依靠房地产和资本等生产要素向技术进步、创新驱动和全要素生产率提高的根本性转变。

3.明确我国工业化升级方向

我国工业化在升级之中，升级方向可以概括为协调化和高度化的统一。具体内容请参见本书20.3.3部分和20.3.4部分。

7.3.2　坚持实施战略举措

我们要切实注意以下方面：

（1）不能只讲发展大企业，今后应更加注重发展中小企业，特别是乡镇企业。

（2）不能只讲城市工业化，今后应更加注重农村工业化。

（3）不能只讲工业支援农业、城市支援农村，同时要讲工业需要农业支持、城市需要

① 江源．对当前我国工业经济若干问题的研究［J］．调研世界，2018（5）：3-10.

农村支持。

（4）要讲工农、城乡在全部资源和全部市场两大方面进行全方位的互动和协调发展。

第4个方面尤为重要，应大做文章。一句话，中国工业化的重头戏在农村，为此应把工业化重点逐步由城市转到农村。

7.3.3 信息化与工业化融合

信息化与工业化融合，互联网加物联网，生产要素得到优化组合，工业潜能得到空前发挥，是我国的经济增长点。

事实反复证明：只有大力推进信息化与工业化融合，工业才能由大变强。当今世界，信息技术已渗透到经济社会发展的各个领域，对提高劳动生产率、降低能源资源消耗和生产成本、加快社会主义事业发展有着巨大的推动作用。信息化对工业化有极大的带动作用，而且丰富和拓展了工业化的内涵。

（1）应用推广成效显著。我国信息化建设取得了一定成绩，具备了与工业化进一步融合发展的基础，也表明工业化与信息化到了相互渗透、不能分离的阶段。

（2）进入融合发展阶段。信息技术推广应用离不开信息产业的健康、快速发展。近些年来，我国信息产业快速发展，在国民经济和社会发展中的地位和作用越来越突出。

（3）几大瓶颈亟待突破。诸如政策和法规不健全、互动性不够、区域发展不平衡等，是制约信息技术下一步推广应用的最大瓶颈。

事实上，我国经济发展处于由工业化向信息化与工业化融合转变的过程中，信息技术与国民经济的结合还不够紧密，应用的深度和广度不够，实践经验也有待积累和总结。

在标准上，相关规范体系还不健全。我国信息技术应用和信息化建设整体上还处于引导阶段，相关立法工作较为滞后，法制环境有待完善。比如，以信息技术改造传统产业等应用重点领域的鼓励性政策缺乏。

在产业支撑上，尽管发展迅速，但是信息产业的自主创新能力不是很足，核心技术和关键设备对外依存度高，信息技术产品特别是软件和大型应用系统还不能满足国内市场与应用的需求，结构性矛盾突出，不少重大信息系统工程依赖国外技术和产品，信息安全存在隐患。

在区域发展上，各地经济发展水平相差较大，网络普及程度不一，制约了应用工作向纵深发展。

为此，国家工业和信息化部将进一步促进信息化与工业化融合互动发展，推动信息技术在重点行业节能降耗领域中的应用，加强信息技术在农村和农业领域的推广应用，推动建立面向行业的信息技术应用共性技术支撑和服务平台，加快人才培养，继续做好信息技术应用“倍增计划”。①

思政园地

坚持中国特色新型工业化道路

工业是实体经济的主体，是技术创新的主战场，是供给侧结构性改革的重要领域。坚

① 胡红军. 信息化与工业化融合步伐加快［N］. 经济日报，2007-11-29.

持中国特色新型工业化道路，就是要坚持工业和信息化融合发展，建设制造强国。改革开放40多年来，在党中央的坚强领导下，工业和信息化战线深刻认识改革开放是党和人民大踏步赶上时代的重要法宝，是坚持和发展中国特色社会主义的必由之路，是决定当代中国命运的关键一招，始终站在党和国家事业发展全局的高度，认真贯彻落实党中央决策部署，不断深化改革，扩大对外开放，使我国工业发展取得了巨大变化，为制造强国建设奠定了坚实基础。

中国特色社会主义进入新时代，以习近平同志为核心的党中央以深沉的忧患意识和强烈的责任担当，深入思考我国改革开放的重大问题，高举改革开放伟大旗帜，坚持新发展理念，以供给侧结构性改革为主线，不断推动经济发展质量变革、效率变革、动力变革，着力推动工业经济结构调整和转型升级，使工业经济发展由数量规模扩张向质量效益提升转变，我国由制造大国向制造强国大步迈进。在以习近平同志为核心的党中央正确领导下，我们以习近平新时代中国特色社会主义思想为理论指导和行动指南，进一步认识我国发展阶段性特征，更加自觉地把稳中求进工作总基调作为重要原则，把促进高质量发展作为根本要求。我们坚持抓大事、谋实事。我国是世界第一制造大国和网络大国，产业创新已步入加快发展的新阶段，一批企业进入国际市场第一方阵。新型工业化取得历史性成就。我国工业实力空前增强，产品竞争力显著提升，产业体系完整，已成为名副其实的全球制造大国和唯一拥有联合国产业分类中全部工业门类的国家。工业总量不断跃上新台阶。

资料来源　苗圩．坚持中国特色新型工业化道路　建设制造强国［J］．智慧中国，2019（1）：12-15.

本章小结

新型工业化道路“新”就新在八个字上，即高、好、低、少、优、谐、适和序。为什么要走这条新路，是由三个客观要求和两个必然选择所决定的。走这条新路的方式是：明确立足点和升级方向、坚持实施战略举措、信息化与工业化融合。

本章思语

1.什么是新型工业化道路的本质内涵？

2.必须走这条新路的内在要求是什么？

3.必须走这条新路的客观要求是什么？

4.必须走这条新路的三个必然选择是什么？

第8章
战略性新兴产业①

① 李悦，方天石．产业结构调整应确保战略重点产业［N］．人民日报（内参），2010-04-26.

8.1 战略性新兴产业概述

8.1.1 战略性新兴产业的概念

战略性新兴产业是以重大技术突破和重大发展需求为基础，知识技术密集、物质资源消耗少、成长潜力大、综合效益好的产业。战略性新兴产业有两个基本特征：

一是战略性，是指全局性和长期性，包括重大前沿技术领域、对多数行业具有带动和支撑作用的领域等。

二是新兴产业，其代表未来科技和产业发展的新方向，是发展潜力巨大的产业。

8.1.2 战略性新兴产业的作用①

加快培育发展战略性新兴产业具有重要的战略意义。战略性新兴产业代表新一轮科技革命和产业变革方向，是培育发展新动能、获取未来竞争新优势的关键领域，有利于持续引领经济平稳增长，是引领国家未来发展的重要决定性力量，对我国形成新的竞争优势和实现跨越发展至关重要。

从国际经济发展形势看，加快培育发展战略性新兴产业是我国努力掌握国际经济竞争主动权的必然要求。当今世界，在经济全球化不断发展的同时，气候变化、能源安全、粮食安全等全球性问题更加突出，以知识技术密集、绿色低碳增长为主要特征的新兴产业蓬勃兴起，日益成为引领新一轮产业革命的主导力量。为应对新挑战、构建新优势，世界主要国家紧紧抓住新兴产业发展机遇，竞相出台发展战略，加大政府扶持力度，抢占经济科技发展的制高点。新兴产业推动全球经济与竞争格局发生深刻变革，我国必须加快部署，积极促进新兴产业发展。

从国内发展转型需要看，加快培育发展战略性新兴产业是我国加快转变经济发展方式、建设创新型国家的必然要求。经过改革开放以来的快速发展，我国综合国力明显提高，但发展中不平衡、不协调、不可持续问题日益凸显，粗放型经济发展方式下形成的经济结构与资源环境承载能力矛盾更加突出。只有加快培育发展知识与技术密集、物质资源消耗少、成长潜力大、综合效益好的战略性新兴产业，才有利于充分发挥科技引领作用，在更高起点上形成新的经济增长点，提高经济增长的质量和效益，真正走上加强经济社会创新驱动发展之路。

8.2 我国战略性新兴产业的发展状况

8.2.1 发展历程

2010年，《国务院关于加快培育和发展战略性新兴产业的决定》明确了我国战略性新兴产业确定的培育和发展重点方向为节能环保、新一代信息技术、生物、高端装备制造、新能源、新材料、新能源汽车。

① 张晓强. 瞄准战略性新兴产业主攻方向［N］. 经济日报，2011-08-22.

2012年7月，国务院《"十二五"国家战略性新兴产业发展规划》提出，到2015年，战略性新兴产业增加值占GDP的比重达到8%。"十二五"期间，我国节能环保、新一代信息技术、生物、高端装备制造、新能源、新材料和新能源汽车等战略性新兴产业快速发展，产业创新能力和盈利能力明显提升。"十二五"末，战略性新兴产业增加值占GDP的比重达到了8%，为"十三五"的进一步发展奠定了良好基础。2015年，战略性新兴产业涉及的27个重点行业规模以上企业收入达16.9万亿元，占工业总体收入的比重达15.3%。[①]

2016年11月29日，国务院发布了《国家战略性新兴产业发展规划》，"十三五"战略性新兴产业发展目标由"培育"向"壮大"深化，产业规模持续壮大，产业增加值占国内生产总值比重由"十二五"的8%提高至15%。

"十三五"以来，我国战略性新兴产业发展质量不断提高，产业层次不断提升，日益成为落实供给侧结构性改革、驱动新旧动能转换的关键领域。"十三五"期间，战略性新兴产业总体实现持续快速增长，经济增长新动能作用不断增强。工业方面，2015—2019年，全国战略性新兴产业规模以上工业增加值年均增速达到10.4%，高于同期规模以上全国总体工业增加值4.3个百分点。2019年，全国战略性新兴产业规模以上工业增加值年均增速达到8.4%，高于同期规模以上全国工业总体2.7个百分点。服务业方面，2015—2019年，全国战略性新兴产业规模以上服务业企业营业收入年均增速达15.1%，高于同期全国规模以上服务业企业总体约3.5个百分点。2019年，全国战略性新兴产业规模以上服务业企业营业收入增速达到12.7%，高于同期规模以上全国服务业企业总体近3个百分点。[②]

8.2.2 发展特征

在全球经济复苏缓慢、国内经济面临较大下行压力形势下，特别是在2020年新冠肺炎疫情的冲击下，我国战略性新兴产业保持了良好发展态势，集聚了经济发展的新动能，对经济增长的贡献持续走强。

1.新动能持续发力

"十三五"时期，我国经济处在新旧动能转换的艰难进程中，培育、发展新动能是促进经济增长、推动结构调整、实现高质量发展的重要支撑。战略性新兴产业成为支撑我国经济增长的主要动力，创新发展新动能加速聚集。

《第四次全国经济普查公报》显示，2018年年末，全国从事战略性新兴产业生产的规模以上工业企业法人单位有66 214个，占规模以上工业企业法人单位的17.7%。其中，新材料产业有14 068个，占工业战略性新兴产业企业法人单位的21.3%；生物产业有12 223个，占18.5%；节能环保产业有11 987个，占18.1%。2018年年末，全国共有规模以上高技术制造业企业法人单位33 573个，比2013年末增长24.8%；占规模以上制造业的比重为9.5%，比2013年提高1.7个百分点。[③]

根据第四次全国经济普查数据修订结果以及部分指标的新数据，测算出2015—2019年我国经济发展新动能指数分别为124.8、159.1、204.1、269.0和332.0，分别比上年增长

① 国家信息中心战略性新兴产业研究组. 战略性新兴产业"十二五"发展成就及"十三五"规划展望［EB/OL］.（2017-05-04）［2021-11-15］. http://www.sic.gov.cn/News/459/7970.htm.
② 《战略性新兴产业形势判断及"十四五"发展建议》（上篇）。
③ 林火灿. 新兴产业发展动力为何强劲［N］. 经济日报，2019-11-29.

24.8%、27.5%、28.3%、31.8%和23.4%。结果表明，2019年，我国经济发展新动能继续壮大，新产业、新业态、新商业模式加快成长，经济活力进一步增强，有力推动经济迈向高质量发展。①

2020年，战略性新兴产业的采购经理指数（EPMI）除2月份，其他11个月均处于荣枯线以上。2020年2月，因受新冠肺炎疫情影响，新兴产业PMI值大幅下调，除生物产业外，其他6个产业均下降到30%以下，EPMI仅为29.9%。对新兴产业来说，疫情对服务业的冲击是第一波，对工业特别是制造业的潜在影响却是巨大的、长期的，对新兴产业全球供应链的布局产生影响。各国政府必将考虑重点制造业供应链的本土化问题，可能会挤压我国新兴产业的发展空间。2021年3月后，随着复工复产、经济重启的缓步回升，EPMI逐步回升；10月，EPMI指标为61.6%，11月、12月有所回落，12月回落至55.6%，依然高于前4年的平均水平。新兴产业企业表现了较好的韧性，疫情进一步推动产品加速向自动化和智能化方向发展。疫情以后中国经济数字转型的趋势更加明显，以新一代信息技术为代表的新技术将继续保持快速发展，为新兴产业本身的融合发展提供更多的增长点和支撑。

2.战略性新兴产业成为投资和消费新热点

"十三五"时期，我国以新一代信息技术、生物、高端装备、绿色低碳等为代表的战略性新兴产业发展迅速，技术创新加快，规模不断扩大，渐成投资和消费热土，成为拉动经济增长的一大动力。社会资金对于我国战略性新兴产业企业保持了较高投资信心，持续加大资金投入力度。2019年战略性新兴产业重点行业完成固定资产投资超过5万亿元，2015—2019年投资额年均增速为10.4%，高于同期全社会固定资产投资年均增速3.8个百分点。2016—2019年，共有480家战略性新兴产业企业在A股融资上市，共募资3 457.4亿元，占同期A股IPO募资总额的44.9%；同期，战略性新兴产业企业获得风险资本投资额（PE/VC）近3万亿元，占风险资本总投资额的七成以上。截至2019年年末，国家新兴产业创业投资引导基金募资总额将近760亿元，参股设立基金总规模近2 000亿元，支持创业企业数量超过5 000家。

新时代的美好生活引发新需求，催生增长新动力。一方面，需要利用新技术以高效率、高质量满足新兴需求。另一方面，新兴需求是战略性新兴产业发展的重要拉动力，随着数字技术的不断兴起，以数字文化、数字教育、数字医疗等为代表的战略性新兴服务业在不断涌现，通过实现创新发展与跨界融合，促进社会服务数字化、网络化、智能化、多元化、协同化，更好满足美好生活的新需求。重点体现在教育、医疗健康、养老、托育、家政、文化和旅游、体育等社会服务领域，健康消费、信息消费、绿色消费成为拉动消费的主要增长点。

3.新兴产业集群更具竞争力

产业集群已成为我国区域经济发展的重要产业组织形式和载体。集成电路产业集群已经形成以上海为中心的长三角、以北京为中心的环渤海、以深圳为中心的泛珠三角，以及以武汉、西安、成都为代表的中西部4个各具特色的产业集聚区。生物制药产业主要集中分布在长三角地区、珠三角地区、环渤海地区和东北地区。中国机器人产业在京津冀、长

① 杜壮."十三五"战略性新兴产业这样走过……［EB/OL］.（2021-01-05）［2021-08-30］. http://www.sohu.com/a/442623862_120690910.

三角、珠三角、东北、中部和西部共形成了六大机器人产业集聚区。从节能环保产业来看，初步形成以环渤海、长三角、珠三角三大核心区域集聚发展的“沿海发展带”和东起上海沿长江至四川等中部省份的“沿江发展轴”。从新能源汽车产业来看，京津地区在新能源汽车智能化方面走在前列，广东等地的电池电机电控技术发展突出，而长三角各地政府开放的招商环境，聚集了大批的新兴造车企业。

8.3 我国发展战略性新兴产业的优势与劣势

8.3.1 我国发展战略性新兴产业的优势

1.技术创新体系建设快速推进

近年来，我国有利于自主创新的法律法规、政策不断完善，激发了全社会的创新活力和研发的投入。各级政府部门加大了对创新能力建设的支持力度，产业技术创新体系加速形成，技术创新联盟快速发展，科技人力资源规模快速增长，大批海外留学人才回国创新创业。这为我国战略性新兴产业发展奠定了技术基础。

2.部分新兴产业初具规模，并在局部领域取得技术突破

近些年来，我国新兴产业相关领域有了积极进展，核心关键技术取得突破，具备了一定的产业规模和技术基础，为我国培育发展战略性新兴产业提供了条件。

3.具有广阔的市场发展空间

今后一段时期，我国工业化、城镇化进程进一步推进，产业结构和城乡居民消费结构加速升级，这必将为战略性新兴产业发展提供广阔的空间。

8.3.2 我国发展战略性新兴产业的劣势

1.现行体制机制不适应战略性新兴产业快速发展的要求

一是企业研发投入的资金规模还较小，尚未真正成为技术创新的主体。

二是产学研紧密结合的机制没有形成，科技与经济脱节的问题仍然较为突出。

三是符合战略性新兴产业特点和要求的金融体系不完善，如创业风险投资、场外交易等不发达，融资体系不健全，具有创业风险投资管理理念和经验的人才队伍缺乏。

四是部分领域管理体制改革滞后，如节能环保和新能源产业的价格形成机制等，都是制约相关行业发展的重要因素。

五是条块分割，缺乏有效的协调和决策机制，有关规划、政策和资源没有形成合力。

2.产业核心技术掌握得少，发展受制于人的问题仍然比较突出

战略性新兴产业的竞争，核心是关键技术的竞争。目前，我国战略性新兴产业的原创能力不足，关键核心技术和装备主要依赖进口。我国的产业体系仍处于全球价值链的中低端，关键核心技术严重缺失。这种状况严重制约我国战略性新兴产业的发展。我国应着力推进关键核心技术的攻关，提升产业技术水平，努力跻身世界战略性新兴产业创新能力第一方阵。

3.市场对战略性新兴产业发展的拉动作用有待加强

我国相继实施了“节能产品惠民工程”、下一代互联网示范网等新技术应用示范和培

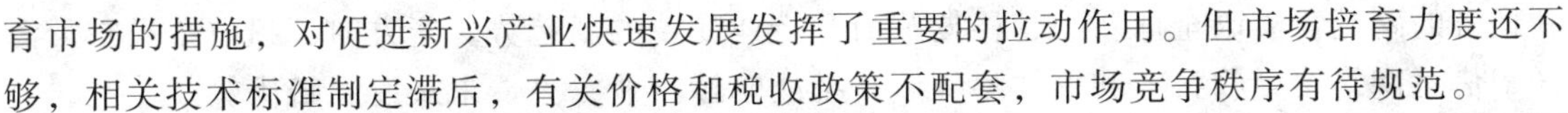

育市场的措施，对促进新兴产业快速发展发挥了重要的拉动作用。但市场培育力度还不够，相关技术标准制定滞后，有关价格和税收政策不配套，市场竞争秩序有待规范。

4.规划引导和统筹协调有待加强

当前，各地对发展战略性新兴产业的积极性很高，都希望抓住这一重大发展机遇，实现本地经济的较快发展。但一些地方暴露出急于求成、发展重点不突出以及盲目建设等问题。

5.业务发展快，资金不足，战略性新兴产业面临融资困难

目前战略性新兴产业主要依靠银行贷款来进行间接融资，直接融资比重小，而银行贷款远不能满足战略性新兴产业大量新增的投资需求，"融资难、融资贵"的瓶颈问题一直未得到解决。

8.4　我国发展战略性新兴产业的对策

"十三五"末是全球产业变革的一个重要时间节点，以新一代信息、生物、新能源等新兴产业为代表的新生产力发展格局初步形成，新兴产业将成为国际贸易的主导力量和争夺焦点。我国经济由高速增长阶段转向高质量发展阶段。我国处在转变发展方式、优化经济结构、转换增长动力的攻关期。《中华人民共和国国民经济和社会发展第十四个五年规划和2035年远景目标纲要》更加突出互联网、大数据、人工智能等新一代信息技术与产业的深度融合，更加强调平台经济、共享经济等新兴产业、新业态的重要性。我国必须把握产业变革机遇，统筹国际、国内两个市场，进一步加快战略性新兴产业发展步伐，抢占新一轮国际产业分工的有利位置。

8.4.1　国家出台重要文件

2010年，国家出台《国务院关于加快培育和发展战略性新兴产业的决定》(国发〔2010〕32号)，我国计划用20年时间，使节能环保、新一代信息技术等七大战略性新兴产业整体创新能力和产业发展水平达到世界先进水平，为经济社会可持续发展提供强有力的支撑。根据战略性新兴产业的特征，立足我国国情和科技、产业基础，"十二五"期间，重点培育和发展节能环保、新一代信息技术、生物、高端装备制造、新能源、新材料、新能源汽车等产业。为支持战略性新兴产业发展，《国务院关于加快培育和发展战略性新兴产业的决定》提出要建立健全创新药物、新能源、资源性产品价格形成机制和税费调节机制；实施新能源配额制，落实新能源发电全额保障性收购制度；加快建立生产者责任延伸制度，建立和完善主要污染物和碳排放交易制度；建立促进三网融合高效有序开展的政策和机制，深化电力体制改革，加快推进空域管理体制改革。我国组织编制国家战略性新兴产业发展规划和相关专项规划，制定战略性新兴产业发展指导目录，开展战略性新兴产业统计监测调查，加强与相关规划和政策的衔接，成立由发改委牵头的战略性新兴产业发展部际协调机制。

2016年11月29日，《国务院关于印发"十三五"国家战略性新兴产业发展规划的通知》(国发〔2016〕67号)指出，立足发展需要和产业基础，大幅提升产业科技含量，加快发展壮大网络经济、高端制造、生物经济、绿色低碳和数字创意等五大领域，实现向创新经济的跨越。着眼全球新一轮科技革命和产业变革的新趋势、新方向，超前布局空天海洋、信息网络、生物技术和核技术领域一批战略性产业，打造未来发展新优势。

2020年9月11日，国家出台《关于扩大战略性新兴产业投资 培育壮大新增长点增长极的指导意见》（发改高技〔2020〕1409号）。《中华人民共和国国民经济和社会发展第十四个五年规划和2035年远景目标纲要》明确提出，要发展壮大战略性新兴产业。着眼于抢占未来产业发展先机，培育先导性和支柱性产业，推动战略性新兴产业融合化、集群化、生态化发展，战略性新兴产业增加值占GDP比重超过17%。

8.4.2 产业结构调整应确保战略重点产业

为确保经济平稳较快发展，我们必须首先确保战略重点产业之所需。为达此目的，应在准确把握我国现阶段经济发展现状的基础上，从科学分析各类产业在经济发展中的客观地位作用入手，以现有的人、财、物力为条件，找出主导经济发展的最关键的产业，即战略重点产业，在对其投入和政策上给予确保。

1. 构筑产业体系新支柱

聚焦新一代信息技术、生物技术、新能源、新材料、高端装备、新能源汽车、绿色环保，以及航空航天、海洋装备等战略性新兴产业，加快关键核心技术创新应用，增强要素保障能力，培育壮大产业发展新动能。推动生物技术和信息技术融合创新，加快发展生物医药、生物育种、生物材料、生物能源等产业，做大做强生物经济。深化北斗系统推广应用，推动北斗产业高质量发展。

2. 前瞻谋划未来产业

在类脑智能、量子信息、基因技术、未来网络、深海空天开发、氢能与储能等前沿科技和产业变革领域，组织实施未来产业孵化与加速计划，谋划布局一批未来产业。在科教资源优势突出、产业基础雄厚的地区，布局一批国家未来产业技术研究院，加强前沿技术多路径探索、交叉融合和颠覆性技术供给。实施产业跨界融合示范工程，打造未来技术应用场景，加速形成若干未来产业。

3. 聚焦重点产业领域，推动重点产业领域形成规模效应

加快新一代信息技术产业提质增效，推动生物产业创新发展，加快高端装备制造产业补短板，突破新材料弱项领域，加快新能源产业跨越式发展，推动智能及新能源汽车产业基础支撑能力建设，加快节能环保产业试点示范，促进数字创意产业融合发展。

8.4.3 充分发挥产业集群优势，打造集聚发展高地

《“十三五”国家战略性新兴产业发展规划》明确要以科技创新为源头，加快打造战略性新兴产业发展策源地，提升产业集群持续发展能力和国际竞争力。以产业链和创新链协同发展为途径，培育新业态、新模式，发展特色产业集群，带动区域经济转型，打造百余个特色鲜明、创新能力强的新兴产业集群。“十三五”时期，我国以新一代信息技术、生物、高端装备、绿色低碳等为代表的战略性新兴产业发展迅速，技术创新加快，规模不断扩大，涌现出一大批发展潜力大的优质企业和产业集群，成为引领经济高质量发展的重要引擎。

国家发改委2018年启动战略性新兴产业集群发展工程；2019年部署了第一批66个国家级战略性新兴产业集群，以强健产业链、优化价值链、提升创新链来加快形成产业链竞

争的整体优势。《关于扩大战略性新兴产业投资 培育壮大新增长点增长极的指导意见》明确指出，“打造产业集聚发展新高地”作为重要组成部分，构建产业集群梯次发展体系，培育和打造10个具有全球影响力的战略性新兴产业基地、100个具备国际竞争力的战略性新兴产业集群，引导和储备1 000个各具特色的战略性新兴产业生态，形成分工明确、相互衔接的发展格局，增强产业集群创新引领力。

8.4.4 加大改革力度，增强要素保障能力，优化投资服务环境

战略性新兴产业是产业结构升级的主要方向，也是新的经济增长点，直接关系到经济发展的提质增效，加快发展是大势所趋。采取力度更大、针对性更强、作用更直接的措施，推进重大改革，制定重大政策，实施重大行动，进一步释放战略性新兴产业发展的活力、潜力。

一是通过启动、实施新型医疗惠民、新能源、空间基础设施建设等一批重大工程，培育一批新增长点；强化需求侧政策引导。诸如在国际规则允许范围内，加大对战略性新兴产业产品和服务的政府采购力度，加强充电设施、宽带网络、基因测序等服务体系建设，通过融资租赁、保险补偿等方式促进首台套、首批次产品与服务的推广应用等。[①]

二是优化项目要素配置，统筹做好用地、用水、用能、环保等要素配置，将土地林地、建筑用砂、能耗等指标优先保障重大工程和项目需求。加强工业用地市场化配置，鼓励地方盘活利用存量用地。

三是营造良好投资环境。通过优化营商环境、加大财政金融支持、创新投资模式，畅通供需对接渠道，释放市场活力和投资潜力。

四是给予财税支持，增强资金保障能力。充分发挥市场在资源配置中的决定性作用，更好发挥政府作用，通过财政、信贷、社会资本等多路新增资金，为战略性新兴产业提供资金保障支持。

第一，加强政府资金引导，给予财税支持。统筹用好各级各类政府资金、创业投资和政府出资产业投资基金，创新政府资金支持方式，强化对战略性新兴产业重大工程项目的投资牵引作用，按市场化方式引导带动社会资本支持战略性新兴产业发展。

第二，提升金融服务水平，鼓励金融机构创新开发适应战略性新兴产业特点的金融产品和服务。优化发行上市制度，加大科创板等对战略性新兴产业的支持力度。

第三，推进市场主体投资。依托国有企业主业优势，引领、带动各类所有制企业加大战略性新兴产业投资布局力度。鼓励具备条件的各类所有制企业独立或联合承担国家各类战略性新兴产业研发、创新能力和产业化等建设项目。

思政园地

扩大战略性新兴产业投资的重点任务

2020年9月11日，国家发改委等四部门联合印发了《关于扩大战略性新兴产业投资 培育壮大新增长点增长极的指导意见》。针对扩大战略性新兴产业投资，指导意见提出了三方面重点任务：

① 曹红艳. 战略性新兴产业稳增长作用凸显［N］. 经济日报，2016-02-22.

一、聚焦重点产业投资领域

针对《“十三五”国家战略性新兴产业发展规划》中明确的八大战略性新兴产业，指导意见要求在把握好战略性新兴产业发展的客观规律基础上，结合当前产业发展的实际情况，聚焦重点方向、关键环节和未来趋势，加快适应、引领、创造新需求，培育新的投资增长点，推动重点产业领域加快形成规模效应，着力培育壮大新增长点增长极。

二、打造产业集聚发展新高地

指导意见提出，深入推进国家战略性新兴产业集群发展工程，综合运用财政、土地、金融、科技、人才、知识产权等政策，协同支持产业集群建设、领军企业培育、关键技术研发和人才培养等项目。主要聚焦以下四个方面：

第一，增强产业集群创新引领能力。围绕战略性新兴产业集群，加快布局建设一批产业创新中心等创新平台，逐步推动集群发展壮大。

第二，推进产城深度融合。以产业集群建设推动生产、生活、生态融合发展，加快形成以产促城、以城兴产、产城融合的发展态势。

第三，聚焦应用场景建设。围绕重点领域，率先在具备条件的集群内试点建设一批应用场景，以先行先试的方式加快推进新兴技术产业化。

第四，提高产业集群公共服务能力。支持有条件的集群按需开展新型基础设施建设，强化研发设计、计量测试、标准认证等产业公共服务平台支撑。

三、增强资金保障能力

指导意见要求充分发挥市场在资源配置中的决定性作用，更好发挥政府作用，从三方面着力做好扩大战略性新兴产业投资的资金保障工作。

资料来源　佚名．发展改革委就《关于扩大战略性新兴产业投资　培育壮大新增长点增长极的指导意见》答记者问［EB/OL］．（2020-09-24）［2021-08-30］．http://www.gov.cn/zhengce/2020-09/24/content_5546618.htm.

本章小结

加快培训发展战略性新兴产业是我国掌握国际经济竞争主动权的必然要求，也是我国加快转变经济发展方式、建设创新型国家的必然要求。我国发展战略性新兴产业的优势在于技术创新体系建设快速推进，部分新兴产业初具规模，具有广阔的市场发展空间。我国发展战略性新兴产业也存在一些劣势。在发展战略对策方面，国家已出台重要文件，我国产业结构调整应确保战略重点产业；充分发挥产业集群优势，打造集聚发展高地；加大改革力度，增强要素保障能力，优化投资服务环境。

本章思语

1. 战略性新兴产业发展有哪些特征？
2. 我国发展战略性新兴产业有何优势？
3. 你对加快发展我国战略性新兴产业有何建议？

第9章 农业与乡村振兴战略

党的十七大和十八大报告指出，解决好农业、农村、农民问题，事关全面建设小康社会大局，必须始终作为全党工作的重中之重。要加强农业基础地位，走中国特色农业现代化道路，建立以工促农、以城带乡长效机制，形成城乡经济社会发展一体化新格局。

工业是国民经济的主导部分，农业是国民经济的基础，所以工农关系好坏是至关重要的大问题。我国又是以工农联系为基础的社会主义国家，所以工农关系不仅是经济问题，也是政治问题。工农关系进一步扩展就是城乡关系，因为农民主要生活和工作在乡村，工人主要生活和工作在城市。

9.1 农业的基础作用

农、林、牧、渔业即大农业的生产力在整个社会生产力中具有基础作用。马克思指出，“超过劳动者个人需要的农业劳动生产率，是一切社会的基础”[①]，“社会为生产小麦、牲畜等等所需要的时间越少，它所赢得的从事其他生产，物质的或精神的生产的时间就越多”[②]。

9.1.1 农业的作用

1.农业是粮食等基本生活资料的来源

农业是人类生存之本、衣食之源。劳动力的再生产是社会得以延续和发展的最起码、最基本的条件，而要维持劳动力再生产，即人们要生存，首先要有必不可少的粮食等生活必需品。没有这些农业所提供的生活必需品，一切人类活动都会终止，劳动力的再生产也会终止。人类最早所必需的一切生活资料，几乎全部来自农业，现在来自农业的比重有下降的趋势，但是农业产品及其加工品仍是人类物质生活资料的主要成分。

随着科学技术的不断进步，农业的劳动生产率不断提高。农业劳动生产率越高，农业所提供的剩余粮食等必需品越多，社会就能够把越多的劳动力用于工业、商业、文化教育事业等，这些事业就有可能得到更快的发展。反之，如果农业生产率低下，则提供的粮食少，工业和其他行业的发展就会受到粮食产量的制约。

总而言之，农业能够提供多少产品，不仅关系到城乡人民生活的改善，而且直接影响到工业和其他行业的发展规模与发展速度。

2.农业是劳动力的主要来源

工业和其他事业所需劳动力，一部分来自城市，但大部分要依靠农村提供。只有农业劳动生产率提高了，我国才能从农业中节约出更多的劳动力，并把他们输送到工业和国民经济其他部门。

3.农业是原料的重要来源

工业特别是轻工业生产所需要的原料，除了由工业本身提供外，很大一部分还由农业所提供。我国轻工业原料的70%左右来自农业。随着工业和生产技术的发展，由工业本身提供的原料的比重将会逐步增加，但农业原料在相当长的时期内仍占有重要地位。

① 马克思，恩格斯．马克思恩格斯全集（第25卷）［M］．中共中央马克思恩格斯列宁斯大林著作编译局，译．北京：人民出版社，1974：885.

② 马克思，恩格斯．马克思恩格斯全集（第46卷上册）［M］．中共中央马克思恩格斯列宁斯大林著作编译局，译．北京：人民出版社，1979：120.

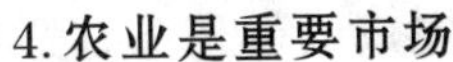

4.农业是重要市场

随着农业和农村的现代化，农村这个最广阔的市场对商品、资金、技术的需要和消化能力将逐步提高。它不仅是轻工业产品的重要市场，而且是重工业产品和其他商品、资金和技术的重要市场。

5.农业是资金积累的重要来源

发展国民经济所需要的资金有很大一部分同农业有直接和间接的关系。农业直接缴给国家的是农业税收，间接的部分包括通过农产品加工生产、运输和向农业销售工业品所得的商业利润上缴部分积累起来的资金。

6.农业是高品质生活的重要载体

随着第一、二、三产业融合发展，农业承载了越来越多的附加功能。比如可以打造乡村旅游集聚区、星级乡村旅游区、乡村特色民宿、房车露营体验、乡村研学科普基地等产品业态，形成具有乡土气息和国际品质的乡村旅游产品体系，方便城乡居民能够四季下乡，品鉴农家美食、体验农耕乐趣、感知民俗风情以及品读乡土文化，享受高品质的田园生活。

9.1.2　农业基础建设

2019年中央一号文件，即《中共中央　国务院关于坚持农业农村优先发展做好“三农”工作的若干意见》，是改革开放以来第21个指导“三农”工作的中央一号文件，提出了坚持农业农村优先发展的总方针，对乡村振兴作出顶层设计和细化部署；强调了做好“三农”工作，夯实农业基础，保障重要农产品有效供给。全文共分8个部分：

（1）聚力精准施策，决战决胜脱贫攻坚；

（2）夯实农业基础，保障重要农产品有效供给；

（3）扎实推进乡村建设，加快补齐农村人居环境和公共服务短板；

（4）发展壮大乡村产业，拓宽农民增收渠道；

（5）全面深化农村改革，激发乡村发展活力；

（6）完善乡村治理机制，保持农村社会和谐稳定；

（7）发挥农村党支部战斗堡垒作用，全面加强农村基层组织建设；

（8）加强党对“三农”工作的领导，落实农业农村优先发展总方针。

2019年中央一号文件特别强调要夯实农业基础，保障重要农产品有效供给。这就要求主要抓好如下5条：

（1）稳定粮食产量；

（2）完成高标准农田建设任务；

（3）调整优化农业结构；

（4）加快突破农业关键核心技术；

（5）实施重要农产品保障战略。

做好“三农”工作具有特殊重要性，是党和国家工作的重中之重。巩固发展农业农村好形势，发挥“三农”压舱石作用，是有效应对各种风险和挑战，确保经济持续健康发展和社会大局稳定、如期实现第一个百年奋斗目标的基础。

做好“三农”工作，落实高质量发展要求，坚持农业农村优先发展的总方针，以实施乡村振兴战略为总抓手，对标全面建成小康社会"三农"工作必须完成的硬任务，适应国内外复杂形势变化对农村改革发展提出的新要求，抓重点、补短板、强基础，围绕"巩固、增强、提升、畅通"深化农业供给侧结构性改革，坚决打赢脱贫攻坚战，充分发挥农村基层党组织战斗堡垒作用，全面推进乡村振兴，确保顺利完成农村改革发展目标任务。

9.2 中国特色农业农村现代化道路

学术界一般认为，世界范围的农业现代化进程是从20世纪初随着工业革命的演进和科学技术的进步而启动的。在推进农业现代化的过程中，各国由于自然资源禀赋和经济社会基础不同，在实现农业现代化的道路选择上也不同，主要有3种类型：

一是如美国、加拿大等人少地多、劳动力短缺的国家，它们以提高劳动生产率为主要目标，凭借发达的现代工业优势，大力发展农用机械取代人力和畜力，通过扩大单位农场种植面积和经营规模，提高农产品的总产量。

二是如法国、德国等土地、劳动力比较适中的国家，它们以提高劳动生产率和土地生产率为主要目标，既重视用现代工业装备农业，又重视科学技术推广应用。

三是如日本、荷兰等人多地少、耕地资源短缺的国家，它们以提高土地生产率为主要目标，把科技进步放在重要位置，通过改良农作物品种、加强农田水利建设、增加化肥和农药使用量等措施，提高单位面积农产品产量。

早在20世纪70年代，我国就提出了农业现代化的目标。但对农业现代化的含义和本质的认识，随着实践的发展而不断深化。总结国外实现农业现代化的经验，结合我国农业发展现状和基本国情，对中国特色农业现代化道路的本质可以概括如下：以保障农产品供给、增加农民收入、促进可持续发展为目标，以提高农业劳动生产率、资源产出率和商品率为途径，以现代科技和装备为支撑，在家庭承包经营的基础上，在市场机制和政府调控的综合作用下，建成农工贸紧密衔接、产供销融为一体、多元化的产业形态和多功能的产业体系。

党的十八大以来，中央一号文件持续关注现代农业、农业现代化建设。

2013年，《关于加快发展现代农业进一步增强农村发展活力的若干意见》提出，围绕现代农业建设，充分发挥基本经营制度的优越性，着力构建新型农业经营体系。

2014年，《关于全面深化农村改革加快推进农业现代化的若干意见》提出，公共财政要坚持把"三农"作为支出重点，中央基建投资继续向"三农"倾斜，优先保证"三农"投入稳定增长。

2015年，《关于加大改革创新力度加快农业现代化建设的若干意见》提出，必须尽快从主要追求产量和依赖资源消耗的粗放经营转到数量、质量、效益并重，注重提高竞争力，注重农业科技创新，注重可持续的集约发展上来，走产出高效、产品安全、资源节约、环境友好的现代农业发展道路。

2016年，《中共中央　国务院关于落实发展新理念加快农业现代化实现全面小康目标的若干意见》提出，推进农业供给侧结构性改革，加快转变农业发展方式，保持农业稳定发展和农业持续增收，走产出高效、产品安全、资源节约、环境友好的农业现代化道路。

2017年，《中共中央　国务院关于深入推进农业供给侧结构性改革加快培育农业农村发展新动能的若干意见》提出，支持有条件的乡村建设以农民合作社为主要载体，让农民充分参与和受益，集循环农业、创意农业、农事体验于一体的田园综合体。

2018年，《中共中央 国务院关于实施乡村振兴战略的意见》提出，加快推进乡村治理体系和治理能力现代化，加快推进农业农村现代化，走中国特色社会主义乡村振兴道路，让农业成为有奔头的产业，让农民成为有吸引力的职业，让农村成为安居乐业的美丽家园。

2019年，《中共中央 国务院关于坚持农业农村优先发展做好“三农”工作的若干意见》提出，培育农业产业化龙头企业和联合体，推进现代农业产业园、农村产业融合发展示范园、农业产业强镇建设。

2020年，《中共中央 国务院关于抓好“三农”领域重点工作确保如期实现全面小康的意见》提出，支持各地立足资源优势，打造各具特色的农业全产业链，建立健全农民分享产业链增值收益机制，形成有竞争力的产业集群，推动农村第一、二、三产业融合发展。加快建设国家、省、市、县现代农业产业园，支持农村产业融合发展示范园建设，办好农村“双创”基地。

2021年，《中共中央 国务院关于全面推进乡村振兴加快农业农村现代化的意见》提出，加快健全现代农业全产业链标准体系，推动新型农业经营主体按标生产，培育农业龙头企业标准“领跑者”。

9.3 现代农业发展的成果[①]

1.为乡村振兴提供产业支撑

传统农业粗放的生产方式被现代农业高效、低耗的生产方式所取代，现代农业产业体系、生产体系、经营体系初步建立，绿色农业、循环农业、特色农业、品牌农业蓬勃发展，农业供给体系的质量和效益进一步提高，为乡村振兴提供了产业支撑。

实施龙头企业带动战略和工业倍增计划，同时鼓励支持农产品加工业与休闲、旅游、文化等产业深度融合，初步建起现代农业产业体系。

2.初步形成农业有效供给

各地农村都在调整优化农业结构，推动种植品种由单一向多元化、特色化方向转变，打造品种丰、品质优、品牌强的农产品有效供给体系。

3.引领现代农业绿色发展

经营规模小是现代农业发展的最大制约。农村土地制度改革和农村产权制度改革不断深化，有助于引领适度规模经营，增强农业农村发展的内在动力。

9.4 实施乡村振兴战略

农业、农村、农民问题是关系国计民生的根本性问题，必须始终把解决好“三农”问题作为全党工作的重中之重。要坚持农业农村优先发展，坚持农业现代化与农村现代化一体设计、一并推进，按照产业兴旺、生态宜居、乡风文明、治理有效、生活富裕的总要

① 采访组．现代农业初显发展新格局［N］．经济日报，2017-11-29.

求，建立健全城乡融合发展体制机制和政策体系，加快推进农业、农村现代化。巩固和完善农村基本经营制度，深入推进农业供给侧结构性改革，把乡村建设摆在社会主义现代化建设的重要位置，全面推进乡村产业、人才、文化、生态、组织振兴，充分发挥农业产品供给、生态屏障、文化传承等功能，走中国特色社会主义乡村振兴道路。深化农村土地制度改革，完善承包地“三权”分置制度。保持土地承包关系稳定并长久不变，第二轮土地承包到期后再延长30年。深化农村集体产权制度改革，保障农民财产权益，壮大集体经济。确保国家粮食安全，深入实施重要农产品保障战略，加强粮食生产功能区和重要农产品生产保护区建设，建设国家粮食安全产业带，把中国人的饭碗牢牢端在自己手中。构建现代农业产业体系、生产体系、经营体系，完善农业支持保护制度，发展多种形式适度规模经营，培育新型农业经营主体，健全农业社会化服务体系，实现小农户和现代农业发展有机衔接。促进农村第一、二、三产业融合发展，支持和鼓励农民就业创业，拓宽增收渠道。加强农村基层基础工作，健全自治、法治、德治相结合的乡村治理体系。培养造就一支懂农业、爱农村、爱农民的“三农”工作队伍。

思政园地

全面推进乡村产业、人才、文化、生态、组织振兴

21世纪以来第18个指导“三农”工作的中央一号文件于2021年2月21日发布。这份文件题为《中共中央 国务院关于全面推进乡村振兴加快农业农村现代化的意见》，全文共5个部分：总体要求、实现巩固拓展脱贫攻坚成果同乡村振兴有效衔接、加快推进农业现代化、大力实施乡村建设行动、加强党对“三农”工作的全面领导。

文件指出，“十四五”时期，是乘势而上开启全面建设社会主义现代化国家新征程、向第二个百年奋斗目标进军的第一个五年。民族要复兴，乡村必振兴。党中央认为，新发展阶段“三农”工作依然极端重要，须臾不可放松，务必抓紧抓实。要坚持把解决好“三农”问题作为全党工作重中之重，把全面推进乡村振兴作为实现中华民族伟大复兴的一项重大任务，举全党全社会之力加快农业农村现代化，让广大农民过上更加美好的生活。

文件确定，把乡村建设摆在社会主义现代化建设的重要位置，全面推进乡村产业、人才、文化、生态、组织振兴，充分发挥农业产品供给、生态屏障、文化传承等功能，走中国特色社会主义乡村振兴道路，加快农业农村现代化，加快形成工农互促、城乡互补、协调发展、共同繁荣的新型工农城乡关系，促进农业高质高效、乡村宜居宜业、农民富裕富足。

资料来源　胡璐，于文静. 2021年中央一号文件公布 提出全面推进乡村振兴［EB/OL］.（2021-02-21）［2021-08-30］. http://www.gov.cn/zhengce/2021-02/21/content_5588100.htm.

本章小结

农业在整个社会生产力中具有基础作用。中国特色农业现代化道路的本质是：以保障农产品供给、增加农民收入、促进可持续发展为目标，以提高农业劳动生产率、资源产出率和商品率为途径，以现代科技和装备为支撑，在家庭承包经营的基础上，在市场机制和政府调控的综合作用下，建成农工贸紧密衔接、产供销融为一体、多元化的产业形态和多功能的产业体系。

本章思语

在我国为什么要走中国特色农业现代化道路?

第10章
交通运输业

10.1 交通运输业的地位与作用

交通运输业是个大产业，它是铁路运输、公路运输、水路运输、航空运输和城市公共交通运输五大产业的总称。在生产与消费之间，它是个桥梁。没有它，生产者的产品销不出去；没有它，消费者得不到所需产品，全体人民的出行也没有办法。交通运输业具体是指从事运送旅客和货物的物质生产部门，主要运用各种工具设备，实现旅客和货物空间位置的转移。其过程不创造新的物质产品，不改变劳动对象的物质形态，也不增加其数量，改变劳动对象的空间位置和增加产品价值，满足社会的需要。随着社会化生产的发展，交通运输业在国民经济及人民物质文化需要中的地位愈加重要。一句话，交通运输业既关系经济社会发展，又关系人民群众生活，是国民经济一大基础产业和重要服务行业。

交通运输部认真贯彻落实“巩固、增强、提升、畅通”八字方针总要求，着力推进交通运输供给侧结构性改革。“巩固”方面，着力推进降成本、补短板；“增强”方面，着力推进优环境、增服务；“提升”方面，着力推进抓创新、增动能；“畅通”方面，着力推进提效率、促融合。

10.2 我国交通运输业的发展状况

我国交通运输业发展取得重大成就，“五纵五横”综合交通运输网络建设进程加快，铁路、公路、水路、民航和管道等各种运输方式的网络框架基本形成，技术装备和服务水平明显提升，有力地支持了经济社会发展，改善了人民群众的生活质量。但我国交通运输业发展还很不平衡，总体运输能力仍然不足，交通网络的覆盖广度与通达深度还很不够，各种运输方式的衔接不够高效。随着工业化、城镇化和农业现代化的推进，我国客货运输需求将持续增长，旅客运输需求将更加多样化、多层次。必须贯彻落实党的十九大精神，坚持新发展理念和以人民为中心的发展思想，以供给侧结构性改革为主线，推动交通运输业高质量发展，构建安全、便捷、高效、绿色、经济的现代化综合交通体系，更好地发挥交通运输在产业优化布局、人口合理分布、城镇空间科学拓展等方面的引导作用。

10.2.1 我国综合交通运输体系建设的状况

1. 快递业

根据国家邮政局数据，2020年全国快递服务企业业务量达833.6亿件。分省市看，2020年，中国快递行业业务量主要集中在广东、浙江和江苏省，分别占比26.49%、21.53%和8.37%。与2019年同期相比，东部地区快递业务量比重下降0.3个百分点，中部地区上升0.4个百分点，西部地区下降0.1个百分点。从增速来看，中国的中部地区2019年人均快递量平均增长率为29%，远高于东部与西部。其主要原因在于经济增长强劲，而且更低的成本和宽松的产业政策很好地吸引了东部产业迁移。

2. 航空

目前我国已经基本形成了长三角、珠三角、长江中游、成渝、京津冀五大机场群。根据民航局公布的数据，在2020年中国机场旅客吞吐量中，位居前3名的分别为广州白云机场、成都双流机场和深圳宝安机场。受新冠肺炎疫情影响，北京首都机场由2019年的第1位降低至第5位，上海浦东机场由2019年的第2位下滑至第9位，全国各大机场的旅客吞吐量与2019年同期相比都出现较大幅度的降低。在此大环境之下，2020年成都双流机场的旅客吞吐量、飞机起降架次两大生产指标排名均实现了逆势上升，旅客吞吐量排名上升2位，同时飞机起降架次排名也上升1位，成为我国内地第四大飞机起降繁忙机场。现阶段国内几大机场群均未形成阶梯式的运量分布，形成功能定位明确、功能互补、分工协作的新型机场群布局尚需时日。

3.公路

目前，在我国经济发达的东部省份已经形成了较完善的公路网。从1988年的上海至嘉定高速公路开始，中国的高速公路建设飞速发展，尤其是在东部发达地区。高速公路已经成为连接东部发达地区的主要纽带。而中西部地区的公路建设均落后于发达的东部地区。我国公路建设存在区域发展不平衡的现象。虽然我国西部地区的公路里程较长，但是公路密度较低，部分地区道路通行条件恶劣。如公路里程排名首位的四川省属于西部地区，公路里程排名第5位的云南省也属于西部地区，公路里程达到26.2万千米。这种差异，除了自然地理和资源等方面的客观因素之外，投融资体系与经济区域划分、区域政策不能良好结合也是造成地区差距长期存在并不断拉大的主要因素。中西部地区，尤其是边远省份的财政实力不强，道路车流量不大，公路建设以财政资金以及商业银行、政策性银行贷款为主，在公路建设加快发展的战略机遇面前面临两难：已建公路债务持续加重，而不建可能丧失发展机遇。多种因素导致中西部地区与东部地区的差距越来越大。需要从政策层面对西部地区的公路建设发展提供扶持支撑，出台相关政策便利和投资鼓励，促进区域平衡发展。

4.铁路

我国基础设施建设水平的不断提高，表现最为突出的就是铁路的建设，铁路已经成为我国人民出行时使用的关键交通工具。现阶段我国铁路主要分布在东南沿海省份，连通内地，并以北京为中心向外发散。进入新时代，通过新一代信息技术与高速铁路技术的集成融合，我国铁路在智能制造、智能装备、智能运营等方面不断取得新进展，将逐步形成智能高铁设计、建造到运营全产业链技术，向实现全面自主控制的目标大步迈进。但我国铁路建设也存在区域发展不平衡的现象。西北、西南等地区主要是以大城市之间连通为主，铁路网覆盖面积有限。国家铁路局发布的《2020年铁道统计公报》显示，2020年全国铁路营业里程达到14.63万千米，其中，高速铁路营业里程达到3.8万千米，西部地区铁路营业里程为5.9万千米。全国铁路路网密度为152.3千米/万平方千米。国家发改委印发了《铁路“十三五”发展规划》，以推进“一带一路”建设、京津冀协同发展、长江经济带发展等重大国家战略为引领，按照分类建设要求，落实各类投资主体，以中西部干线铁路、高速铁路等建设为重点，推进重点地区和重点方向铁路建设。

5.水运

2020年，中国水路货物运输量达76.16亿吨。分区域看，2020年我国水路货物运输量最多的地区为华东地区和中南地区，分别占比64.22%和29.54%，合计占比超过90%。而西南、华北、东北、西北地区占比分别仅有3.69%、1.8%、0.7%和0.02%，其中长江、珠江流域航运条件较好。目前国内主要有环渤海（大连、天津、唐山等）、长三角（上海、

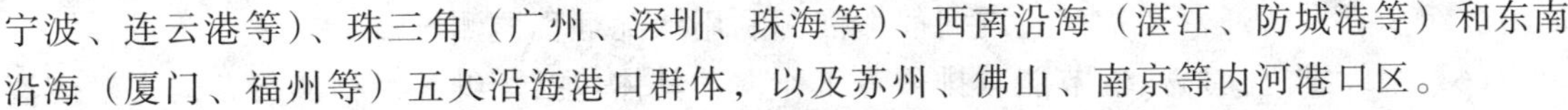

宁波、连云港等）、珠三角（广州、深圳、珠海等）、西南沿海（湛江、防城港等）和东南沿海（厦门、福州等）五大沿海港口群体，以及苏州、佛山、南京等内河港口区。

10.2.2　我国综合交通运输体系建设的原则

（1）安全质量，建立严格的安全监管和质量管理制度，并贯穿交通运输规划、设计、建设、运营各阶段。着力提升技术和装备水平。

（2）合理布局，与区域经济发展、城镇化格局、资源分布和产业布局相适应，实现通道畅通、枢纽高效。

（3）优化结构，统筹发展各种运输方式，优化运输结构。

（4）适度超前，在满足现阶段客货运输需求的基础上，适度超前建设基础设施。

（5）讲求效益，促进各种运输方式有效衔接，一体服务。

（6）绿色发展，集约利用资源，切实保护环境。

（7）多元投入，鼓励民间资本参与交通运输建设。

（8）改革创新，深化管理体制改革，完善政府运输监管，提高运输服务水平和物流效率。

10.3　我国交通运输业的发展战略

10.3.1　实施交通运输节能减排①

交通运输部将交通运输节能减排作为加快转变交通运输发展方式、促进现代交通运输业发展的重要抓手，坚持理论创新与行业实践相结合，坚持示范试点与推广应用相结合，坚持政府引导与企业自主相结合，科学规划，统筹安排，节能减排工作迈上了一个新的台阶。

交通运输业是我国节能减排的三大重点领域之一，交通运输业能源消费量约占全社会能源消费总量的8%，1/3以上的汽柴油等石油制品消耗在交通运输领域。要加快推进交通运输节能减排，大力推进低碳交通运输体系建设，实现交通运输集约、绿色、可持续发展。要重点抓好以下几个方面的工作：

（1）贯彻落实国务院有关节能减排与应对气候变化工作部署。

（2）深入推进低碳交通运输体系建设。继续组织做好城市试点，加大对试点工作的推进力度和对试点城市的支持力度，确保试点工作取得预期成效。

（3）继续深入开展“车、船、路、港”千家企业低碳交通运输专项行动，组织做好万家企业节能低碳行动。切实发挥专项行动对节能减排工作的示范作用，加强对参与企业的支持与引导，逐步建立有利于发挥专项行动示范作用的长效工作机制。

（4）完善交通运输节能减排专项资金激励机制。探索建立专项资金绩效评价制度，组织实施专项资金绩效调查工作。完善专项资金项目管理，研究建立节能减排量第三方审核制度，推进项目区域性管理和主题性管理，探索建立“立项评审、资金使用、过程跟踪、项目验收”的项目管理模式，加强项目管理信息化建设。

（5）加强并完善交通运输节能减排统计监测考核体系，推进能源利用在线监测工作。继续完善交通运输能耗统计监测报表制度，巩固并适度扩大监测范围，不断提高监测数据

① 高宏峰. 大力推进低碳交通运输体系建设［N］. 经济日报，2012-08-05.

质量。组织开展普通营运货车、内河船舶能源利用状况远程监测试点。

（6）继续推进交通运输节能减排重点工作。其具体包括：继续严格实行营运车辆燃油消耗量准入制度；继续执行对客车实载率低于70%的线路不投放新运力；继续推行公路甩挂运输；因地制宜推进天然气汽车在道路运输、城市公交、出租汽车及港口中的应用；深入开展绿色汽车维修工程；在出租汽车行业开展电话预约服务试点；加大对天然气船舶试点工作支持力度；制定并发布靠港船舶使用岸电技术相关标准。

（7）组织实施节能减排科技专项行动。大力推进交通运输节能减排重大科技专项的组织实施，开展节能减排相关政策软科学研究。促进节能减排科技成果推广应用，发布包括节能减排技术在内的年度交通运输建设科技成果推广目录，启动节能低碳科技成果推广项目，深入推进节能科技示范工程的组织实施。

（8）积极开展交通运输节能减排宣传交流培训，做好应对气候变化谈判。大力宣传低碳交通运输体系建设经验与成效，着力打造交通运输节能减排“十百千”工程（十个低碳交通运输体系建设城市试点，一百个交通运输行业节能减排示范项目，一千家“车、船、路、港”低碳交通运输专项行动参与企业）。继续积极参与UNFCCC和IMO框架下应对气候变化谈判，深入开展船舶能效履约研究。

经济视窗 10-1

10.3.2 构建综合交通运输体系

按照适度超前原则，统筹各种运输方式发展，基本建成国家快速铁路网和高速公路网，初步形成网络设施配套衔接、技术装备先进适用、运输服务安全高效的综合交通运输体系。

1. 完善区际交通网络

加快铁路客运专线、区际干线、煤运通道建设，发展高速铁路，形成快速客运网，强化重载货运网。完善国家公路网规划，加快国家高速公路网剩余路段、瓶颈路段建设，加强国省干线公路改扩建。大力推进长江等内河高等级航道建设，推动内河运输船舶标准化和港口规模化发展。完善煤炭、石油、铁矿石、集装箱等运输系统，提升沿海地区港口群现代化水平。完善以国际枢纽机场和干线机场为骨干、支线机场为补充的航空网络，积极推动通用航空发展，改革空域管理体制，提高空域资源配置使用效率。与世界其他铁路大国相比，我国铁路有四方面明显优势：一是规模优势。截至2020年7月，我国铁路营运里程达14.14万千米，规模居世界第二，其中高铁里程3.6万千米，居世界第一。二是基础设施、技术装备等硬件现代化程度高，以复兴号动车组为代表的一大批自主技术装备得到广泛运用，各类设备设施技术性能和可靠性处于世界领先或先进水平。三是技术创新应用领先。四是铁律安全保障和绿色发展水平总体先进。

中国国家铁路集团有限公司出台的《新时代交通强国铁路先行规划纲要》提出：到2035年，率先建成服务安全优质、保障坚强有力、实力国际领先的现代化铁路强国；到2050年，全面建成更高水平的现代化铁路强国，全面服务和保障社会主义现代化强国建设。打造世界一流铁路网，研发更智能领先的铁路装备，全面提升旅客体验，构建连接中外的中欧班列。

2. 建设交通强国

建设交通强国是以习近平同志为核心的党中央立足国情、着眼全局、面向未来作出的重大战略决策，是建设现代化经济体系的先行领域，是全面建成社会主义现代化强国的重要支撑，是新时代做好交通工作的总抓手。到2020年，完成决胜全面建成小康社会交通建设任务和“十三五”现代综合交通运输体系发展规划各项任务，为交通强国建设奠定坚实基础。从2021年到21世纪中叶，分两个阶段推进交通强国建设。到2035年，基本建成交通强国。现代化综合交通体系基本形成，人民满意度明显提高，支撑国家现代化建设能力显著增强；拥有发达的快速网、完善的干线网、广泛的基础网，城乡区域交通协调发展达到新高度；基本形成“全国123出行交通圈”（都市区1小时通勤、城市群2小时通达、全国主要城市3小时覆盖）和“全球123快货物流圈”（国内1天送达、周边国家2天送达、全球主要城市3天送达），旅客联程运输便捷顺畅，货物多式联运高效经济；智能、平安、绿色、共享交通发展水平明显提高，城市交通拥堵基本缓解，无障碍出行服务体系基本完善；交通科技创新体系基本建成，交通关键装备先进安全，人才队伍精良，市场环境优良；基本实现交通治理体系和治理能力现代化；交通国际竞争力和影响力显著提升。到21世纪中叶，全面建成人民满意、保障有力、世界前列的交通强国。基础设施规模质量、技术装备、科技创新能力、智能化与绿色化水平位居世界前列，交通安全水平、治理能力、文明程度、国际竞争力及影响力达到国际先进水平，全面服务和保障社会主义现代化强国建设，人民享有美好交通服务。

经济视窗10-2

思政园地

奋力开启建设交通强国的新征程

党的十九大立足新时代新征程，作出了建设交通强国的重大决策部署。如何准确把握建设交通强国的总体要求？

一、把握交通强国的基本内涵

我们建设交通强国，就是要实现综合实力世界领先，交通运输规模大、质量效率高、科技创新强、行业治理优、国际影响广，拥有安全、便捷、高效、绿色、经济的现代化综合交通运输体系，各种运输方式的比较优势和组合效率得到充分发挥。要紧紧围绕民富国强目标，使交通运输基础性、先导性、战略性、服务性功能得到充分发挥，全面适应并引领经济社会发展，为全体人民实现共同富裕、全面建成社会主义现代化强国提供战略支撑。总之，要建成世界领先、人民满意、有效支撑我国社会主义现代化建设的交通强国。

二、确立交通强国建设的战略目标

党的十九大分两个阶段对全面建设社会主义现代化国家作出了战略安排。建设交通强国要服务大局、当好先行，紧跟这两个阶段来确立战略目标。在第一阶段，要基本实现交通运输现代化，使我国交通基础设施、运输服务、技术装备、行业治理、国际影响力达到世界一流水平，基本建成交通强国，进入世界交通强国行列，有效支撑我国基本实现社会主义现代化。在第二阶段，要全面实现交通运输现代化，使我国交通运输综合实力达到世界领先水平，全面建成交通强国，进入世界交通强国前列，有效支撑全面建成富强、民主、文明、和谐、美丽的社会主义现代化强国。

三、找准交通强国建设的着力点

建设交通强国，要牢牢把握高质量发展这个根本要求，把准方向、找准重点、精准发力。着力推动交通运输发展质量变革、效率变革、动力变革，以改革、创新、开放为动力，着力提高运输供应链综合效率，推动交通运输高质量发展。着力服务人民、服务大局、服务基层，在满足人民需求中永葆生命力，在服务大局中抓住机遇、加快发展，在服务基层中强基固本、行稳致远。着力建设人民满意交通，提供更加安全、便捷、高效、绿色、经济的交通运输服务，增强人民群众的获得感、幸福感、安全感。着力建设现代化交通，推进交通运输现代化、国际化发展，打造开放融合、共治共享、文明守信的现代交通。

资料来源　杨传堂，李小鹏．奋力开启建设交通强国的新征程［J］．求是，2018（4）：22-24.

本章小结

交通运输业是指从事运送旅客和货物的物质生产部门，主要运用各种工具设备，实现旅客和货物空间位置的转移。我国交通运输业的发展战略是：实施交通运输节能减排；构建综合交通运输体系。

本章思语

1.何谓交通运输业？

2.交通运输业有什么发展战略对策？

3.如何构建综合交通运输体系？

第11章
文化产业与文化创意产业

11.1 文化产业

文化是一个国家、一个民族的灵魂。文化兴国运兴，文化强民族强。没有高度的文化自信，没有文化的繁荣兴盛，就没有中华民族伟大复兴。要坚持中国特色社会主义文化发展道路，激发全民族文化创新创造活力，建设社会主义文化强国。

中国特色社会主义文化源自中华民族五千多年文明历史所孕育的中华优秀传统文化，熔铸于党领导人民在革命、建设、改革中创造的革命文化和社会主义先进文化，植根于中国特色社会主义伟大实践。发展中国特色社会主义文化，就是以马克思主义为指导，坚守中华文化立场，立足当代中国现实，结合当今时代条件，发展面向现代化、面向世界、面向未来的，以及民族的、科学的、大众的社会主义文化，推动社会主义精神文明和物质文明协调发展。要坚持为人民服务、为社会主义服务，坚持百花齐放、百家争鸣，坚持创造性转化、创新性发展，不断铸就中华文化新辉煌。

11.1.1 文化产业的概念

文化是人们在认识世界和改造世界的实践中创造的精神成果。在当前信息社会里，文化经济一体化趋势越来越明显，文化产业已经成为当代人类社会新的财富创造形态。

按照联合国教科文组织的看法，文化产业是“按照工业标准生产、再生产、存储以及分配文化产品和服务的一系列活动，采取经济战略，其目标是追求经济利益而不是单纯为了促进文化发展”。随着科技进步、社会发展，文化产业的业态会不断拓宽。

根据国家统计局《文化及相关产业分类（2018）》，文化及相关产业是指为社会公众提供文化产品和文化相关产品的生产活动的集合。其范围包括：

其一，以文化为核心内容，为直接满足人们的精神需要而进行的创作、制造、传播、展示等文化产品（包括货物和服务）的生产活动。其具体包括新闻信息服务、内容创作生产、创意设计服务、文化传播渠道、文化投资运营，以及文化、娱乐、休闲服务等活动。

其二，为实现文化产品的生产活动所需的文化辅助生产和中介服务、文化装备生产和文化消费终端生产（包括制造和销售）等活动。

11.1.2 文化产业的基本特征

（1）文化产业具有以知识智慧和文化创意为基础的特性。它投入较少，但产业附加值、产出效能以及产业的社会波及效应等均远远高于制造业等传统行业。

（2）文化产业突出表现出低资源耗费、无环境污染的可持续成长性。

（3）在人类解决了温饱问题、社会进入中等收入国家以后，文化产业已经成为一个迎合人性本质对精神需求的产业。

11.1.3 文化产业的作用

1. 促进文化传承

这是文化产业的首要功能。文化产业以市场运作的方式大规模创制、复制文化产品，在更好地保存和弘扬传统和既有文化的同时，也会催生无数具有新的价值观、新的内容、新的形式的文化产品的出现，从而推动既有文化的发展和繁荣。

2.影响意识形态

文化产品在生产、消费过程中，其本身所包含的信息理念内容，会潜移默化地影响人们的价值观、人生观和世界观，文化产业由此发挥着宣传教育、影响意识形态的功能。

3.满足精神需求

文化产品及服务反映自然风貌、社会生活和人的精神世界。人们在获得审美体验的同时，也培养、锻炼、提高自己的审美能力、认识水平。

4.是经济转型和结构优化的关键

实现文化产业又好又快发展，能够提供丰富的精神文化产品，带动其他产业的发展，促进经济向第一、二、三产业协调发展。丰富的文化产品还能有效地培育文化需求，引导需求结构变化，有效地提高人们的生活质量。因此，文化产业的发展和成熟是我国尤其是经济发达地区产业结构升级的必然趋势。

5.是国民经济的新增长点

随着高新技术的大力推广，文化产业与信息产业、通信产业、网络经济的交互也越来越深入，不断催生新兴文化产业的诞生，在国民经济中已经形成了一支新的发展力量。

6.发展文化产业是提高我国综合国力的重要途径

随着世界多极化、经济全球化的深入发展和科学技术的日新月异，文化与经济、政治相互交融的程度不断加深，与科学技术的结合更加紧密，经济的文化含量日益提高，文化的经济功能越来越强，越来越成为综合国力竞争的重要因素。文化是国家软实力和国际竞争力的重要组成部分。加快发展文化事业和文化产业，成为提高我国文化总体实力和国际竞争力的重要途径。

11.1.4　文化产业的地位

当前，文化产业作为一个全球性创新领域，被认为是21世纪新的经济和文化增长点，成为世界各国竞相争夺的战略高地。20世纪90年代以来，文化产业成为全球发展最快的产业之一，在一些西方发达国家已逐渐取代传统产业而成为新的支柱产业。比如，美国的电影业和传媒业、日本的动漫业、韩国的网络游戏业、德国的出版业、英国的音乐产业等都成为国际文化产业的标志性品牌。

文化产业的地位可以概括为三句话：

第一，是最具潜力和活力的朝阳产业；

第二，已逐渐取代传统支柱产业而成为新的支柱产业；

第三，是增强国家软实力、国际竞争力的战略产业。

11.1.5　我国文化产业的发展状况与成果

1.我国文化产业的发展状况

我们中华民族具有五千多年的灿烂辉煌的文化历史，这是我们民族的光荣和骄傲。但是，在“文化大革命”期间，我国的文化产业建设一直为“意识形态里的阶级斗争”所困扰，与“四旧”“反资”“反修”混为一谈，没有获得应有的发展。

从20世纪80年代开始，我国政府出台了大量促进和规范文化产业发展的政策和措施，主要有：

（1）扶持文化产业发展的经济政策；

（2）优化文化产业市场结构的政策；

（3）规范文化产业市场秩序的政策；

（4）促进区域文化产业协调发展的政策；

（5）鼓励非公有资本进入文化产业的政策；

（6）促进文化产业对外开放和“走出去”的政策；

（7）推动改造传统文化产业和推进产业升级的政策。

1998年文化部成立了文化产业司，标志着我国文化产业进入了自觉的发展时期。2000年10月，我国第一次在中央文件中提出了“文化产业”这一概念，提出“推动有关文化产业的发展”。文化产业概念的提出，标志着我国对于文化产业的承认和对其地位的认可。它具有重要意义，也为21世纪我国文化产业的发展奠定了厚实的政策基础。

2006年，中央办公厅、国务院颁布了“十一五”时期文化发展计划纲要。这是中华人民共和国成立以来，由中央制定的第一个专门部署文化建设的规划纲要。它是推进和谐社会建设、全面实现建设小康社会总目标的一个重大举措。该纲要分别从以下方面对促进文化产业发展作出具体规划：

（1）发展重点文化产业。将九大新型的文化产业如影视制作业、出版业、文化会展业、数字内容和动漫产业等作为重点文化产业。

（2）优化文化产业布局和结构。

第一，加强重点文化产业的建设，即加快形成长江三角洲、珠江三角洲、环渤海地区三大文化产业带建设；

第二，积极发展西南、西北地区等具有民族特色和鲜明地域的文化产业带；

第三，加快文化产业园区和基地建设，这样努力形成东、中、西优势互补、良性互动的区域文化协调发展新格局。

（3）转变文化产业增长方式。推动规模化、集约化经营，重点培育和发展一批实力雄厚、具有较强竞争力和影响力的大型文化企业与企业集团；充分利用先进技术和现代生产方式，改造传统的文化生产和传播模式，推进产业升级，延伸产业链；发展“专、精、特、新”中小文化企业；鼓励发展文化相关产业。

（4）培育文化市场主体。形成以公有制为主体、多种所有制共同发展的文化产业格局。

（5）健全各类文化市场。发展文化产品市场，完善文化要素市场，培育农村文化市场，健全文化行业组织，鼓励和引导文化消费。

（6）发展现代文化产品流通组织和流通方式。培育全国和区域性的大型现代流通组织，建设辐射全国的区域文化产品物流中心，发展现代文化产品连锁经营，积极发展文化电子商务，着力建立以大城市为中心、中小城市相配套、贯通城乡的文化产品流通网络。

2006年9月，文化部根据《中华人民共和国国民经济和社会发展第十一个五年规划纲要》《国家“十一五”时期文化发展规划纲要》，总结“十五”时期文化建设的成就和经验，制定《文化建设“十一五”规划》，对我国文化建设作出部署和安排，是全面建成小康社会进程中指导文化建设的重要专项规划。

该规划从以下几个方面对“加快文化产业发展，健全文化市场体系”作出具体规划：(1) 优化文化产业结构；(2) 培育文化市场主体；(3) 健全文化市场主体；(4) 构建文化市场管理长效机制；(5) 发展对外文化贸易；(6) 加强文化产品进出口管理。

2009年9月国务院颁布实施《文化产业振兴规划》，文化产业成为我国国民经济发展的战略性产业。

党的十八大报告提出“文化产业成为国民经济支柱性产业”的发展目标，提出要推动文化产业快速发展，“促进文化和科技融合，发展新型文化业态，提高文化产业规模化、集约化、专业化水平”。

党的十九大报告强调指出：坚定文化自信，推动社会主义文化繁荣兴盛。

2. 我国文化产业发展的成果

在党的高度重视、诸多优惠政策支持的背景下，我国的文化产业得到了长足的发展，已从探索、起步的初始阶段，开始进入加快发展的新时期。

(1) 文化产业产值平稳增长。文化及相关产业保持平稳快速增长，呈现比重总体稳步上升趋势，对促进经济转型升级、平稳健康可持续发展发挥了重要作用。2016年全国文化及相关产业增加值为30 785亿元，比上年增长13.0%（未扣除价格因素，下同），比同期GDP名义增速高4.4个百分点；占GDP的比重为4.14%，比上年提高0.17个百分点。2017年全国文化及相关产业增加值为34 722亿元，占GDP的比重为4.2%，比上年提高0.06个百分点。2018年全国文化及相关产业增加值为41 171亿元，占GDP的比重为4.48%，比上年提高0.22个百分点。2019年全国文化及相关产业增加值为44 363亿元，比上年增长7.8%，占GDP的比重为4.5%，比上年提高0.02个百分点。

(2) 我国文化消费水平、内容和形式都有所变化。我国文化消费总量比起同等发展水平国家有不少的差距，但总体来说在平稳增长。我国消费结构也有所变化。2020年年底，我国网民规模达到9.89亿人，互联网普及率达70.4%，其中，农村网民规模达3.09亿人，互联网普及率为55.9%。由于这些数字化传播手段的普及，我国城市居民文化消费从内容到形式都发生了深刻的变化。

(3) 推动文化产业发展的基础条件不断完善。文化园区已不仅是以文化为主题的生产集聚空间、文化休闲与消费活动的空间，更是革新与创意的空间。2020年，文化和旅游部新命名9家国家级文化产业示范园区，授予18家园区创建资格。2020年年末全国共有国家级文化产业示范园区19家。示范园区已成为文化企业创新的集聚平台、城市经济发展的强力引擎、国家文化繁荣兴盛的重要载体。

11.1.6 我国文化产业发展的战略对策

党的十九大提出要推动文化产业发展：“健全现代文化产业体系和市场体系，创新生产经营机制，完善文化经济政策，培育新型文化业态。”

文化和旅游部发布的《“十四五”文化和旅游发展规划》明确提出了“文化产业体系更加健全，文化产业结构布局不断优化，文化及相关产业增加值占GDP比重不断提高，文化产业对国民经济增长的支撑和带动作用得到充分发挥”的战略目标，重点提出了健全现代文化产业体系的战略部署。坚持把社会效益放在首位，实现社会效益和经济效益相统一，完善文化产业规划和政策，扩大优质文化产品供给，实施文化产业数字化战略，加快

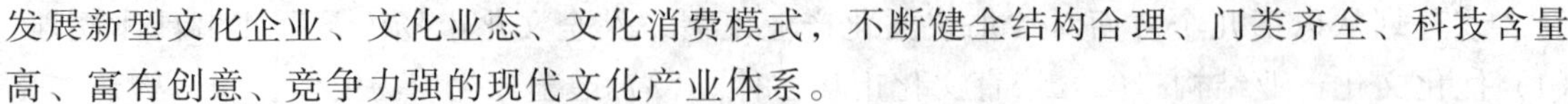

发展新型文化企业、文化业态、文化消费模式，不断健全结构合理、门类齐全、科技含量高、富有创意、竞争力强的现代文化产业体系。

1.推动文化产业结构优化升级

顺应数字产业化和产业数字化发展趋势，推动新一代信息技术在文化创作、生产、传播、消费等各环节的应用，推进“上云用数赋智”，加强创新链和产业链对接。推动数字文化产业加快发展，发展数字创意、数字娱乐、网络视听、线上演播、数字艺术展示、沉浸式体验等新业态，丰富个性化、定制化、品质化的数字文化产品供给。改造提升演艺、娱乐、工艺美术等传统文化业态，推进动漫产业提质升级。提高创意设计发展水平，促进创意设计与实体经济、现代生产生活、消费需求对接。推进文化与信息、工业、农业、体育、健康等产业融合发展，提高相关产业的文化内涵和附加值。推动演艺产业上线上云，巩固线上演播商业模式。推动上网服务、歌舞娱乐、游艺娱乐等行业全面转型升级，引导发展新业态、新模式，提升服务质量，拓展服务人群。实施创客行动，激发创新创业活力。实施文化品牌战略，打造一批有影响力、代表性的文化品牌。

2.推进区域城乡文化产业协调发展

加强区域间、城乡间文化产业发展的统筹协调，鼓励各地发挥比较优势，推动形成优势互补、联动发展格局。围绕国家重大战略，发展京津冀、粤港澳大湾区、长三角、成渝双城等文化产业群和黄河、长江、大运河等文化产业带。加强国家文化产业创新实验区、国家级文化产业示范园区（基地）的规划建设和管理，引导区域间文化产业园区结对帮扶，辐射带动区域文化产业发展。推动文化产业发展融入新型城镇化建设，大力发展乡村特色文化产业。统筹发达地区和欠发达地区文化产业发展，鼓励区域间开展多种形式的文化产业合作。

3.扩大和引导文化消费

健全扩大文化消费的有效制度，尊重群众消费选择权，加强需求侧管理。完善消费设施，改善消费环境，不断提升文化消费水平。培育新型消费、信息消费、定制消费等，培育消费增长点。推进国家文化和旅游消费示范城市建设，推动试点城市建设成为示范城市、区域文化和旅游消费中心城市。大力发展夜间经济，推进国家级夜间文化和旅游消费集聚区建设。把文化消费嵌入各类消费场所，建设集合多种业态的消费集聚地。鼓励各地制定促消费优惠政策，举办消费季、消费月等活动。

4.深化文化产业国际合作

积极发展对外文化贸易，开拓海外文化市场。健全政府间文化产业政策沟通和对话机制。实施文化产业和旅游产业国际合作三年行动计划。推动建立产业国际合作联盟，推进国家对外文化贸易基地建设，支持企业以“中国展区”形式参加重点国际文化产业展会。加大数字文化产业国际标准的宣传推广和应用力度，培育国际合作和竞争新优势。

《“十四五”文化和旅游发展规划》还对完善现代文化和旅游市场体系、推进文化和旅游融合发展、提升文化和旅游发展的科技支撑水平、优化文化和旅游发展布局等方面作了具体部署。

11.2　文化创意产业[①]

11.2.1　文化创意产业的概念

在经济全球化大背景下，国际竞争日益加剧，文化创意产业的发展水平已经成为衡量一个国家或城市竞争力高低的重要标志之一。文化创意产业是在世界经济进入知识经济时代背景下发展起来的一种推崇创新和个人创造力，强调文化艺术对经济的支持与推动的新兴产业。

总体上看，文化创意产业是在文化产业与创意产业进行交融的基础上，兼有文化产业的框架基础以及创意产业的本质特征的一个新的产业形态。具体而言，文化创意产业是全球化背景下，以人们的精神文化娱乐需求为基础，以高科技手段为支撑，以网络等新传播方式为主导，以文化艺术与经济全面结合为特征的跨国、跨行业、跨部门重组或创建的新型企业集群。在分类标准上，基于我国对文化产业的分类框架以及创意产业的产业部门，并结合创意产业的具体发展实践，可以将文化创意产业划分为如下两个类别：其一，核心层，包括文化艺术、新闻出版、广播电影电视、数字内容、动漫、建筑等文化内容生产部门；其二，外围层，具体指文化会展、设计服务、咨询策划等文化服务提供和软件网络及计算机研发、科学工业等创意生产部门。

文化创意产业主要有以下特征：

第一，文化创意产业是高附加值产业，主要是以知识或智力资源的占有、配置、生产和使用为最主要特征的产业，是知识密集型产业。

第二，创意企业的从业人员主要是知识工作者，是拥有能激发出创意灵感的设计高手和特殊专才。

第三，创意产品是技术与文化相互交融、集成创新的产物，是具有象征价值、社会意义和特定文化内涵的产品或服务。

第四，文化创意产业的产业技术向数字化、知识化、可视化、柔性化方向发展。

第五，文化创意产业的产业组织呈现集群化、网络化，企业组织呈现小型化、扁平化、个体化、灵活化的特点。

11.2.2　文化创意产业的作用

世界各国在发展文化创意产业的实践中有一个共识，就是文化创意产业和创意经济是世界经济发展的大趋势，因为人的创意和创造力是经济社会发展的最强大的原动力。

英国自从失去了制造业大国地位之后经济不振，1997年布莱尔上台之后做的第一件事就是成立“创意产业特别工作小组”。英国在2016年的全球软实力排行榜上名列第二。2015年，文化创意产业为英国产生的附加值累计总值为874亿英镑，占英国GDP的5.3%，平均每小时1 000万英镑。2010—2015年，英国文化创意产业的增长率为34%，远高于其他产业。英国的文化创意产业亦为服务净出口大户。韩国在1997年亚洲金融危机时，经济呈下降趋势，政府开始将资源大量投入资讯、娱乐产业等与文化相关的产业，从而很快

① 李悦，方天石．迎接创意经济时代［N］．人民日报，2010-02-02．

得到了复苏，使它在亚洲成为仅次于日本的创意文化大国。韩国人贴出了“资源有限，创意无限”的标语。日本人喊出了“独创力关系到国家兴亡”的口号。美国人认为“资本的时代已经过去，创意的时代已经来临”。

文化创意产业对社会发展的原动力具体表现在几个方面：

1.有助于扩大内需

随着经济实力的增长，我们要不断提高人民群众的生活水平，更好地满足人民日益增长的美好生活需要。居民的消费结构向以发展性和享受性消费结构为主的阶段转变，对文学、艺术、娱乐产品的消费需求日益增长。这乃是发展文化创意产业经济的机遇，也是发展文化创意产业的目的。

2.有助于扩大就业

文化创意产业多半是技术密集型企业。2011—2016年，英国文化创意产业的就业率提高了25.4%（约合40万个工作岗位），高于全国7.6%的平均增长率。我国拥有14亿多人口，就业问题不仅是经济问题，也是政治问题，因此发展文化创意产业的重要性是不言而喻的。

3.是经济增长的有利杠杆

文化创意产业不断发展，它带来的不仅仅是一部电影或一部图书的收益。开发商能够围绕着一种创意文化现象制造出相关方面，然后遵循市场规律和具体产业特点，以市场为导向，整合文化资源，加大对衍生产品的研制、开发，会带动创作、制作、播映、音像、出版、文化娱乐、旅游、网络等一系列相关文化创意产业，从而最大限度地挖掘产品的自身价值，更使得价值链延伸。因此美国人说：一盎司创意，可以带来无穷的商业奇迹。

4.有助于加快转变经济发展方式

文化创意产业具有科技含量高、资源消耗低、环境污染少、发展潜力大的优势，是新的经济增长点，也是经济结构调整和转变经济发展方式的重要途径。

5.是城市建设新的推动力

城市的凝聚力和核心价值最终展现在人们面前的是其独特的创新活力。人们喜欢这座城市不仅是因为它拥有便利的生活环境、时尚的休闲场所，更重要的是它给人们的丰富想象力所预留的创新空间。创意是人类生命价值的完美体现，使人类具备了持续发展的基础，保持与自然环境的和谐。

管理城市最大的挑战莫过于激发人们的创意。城市经济的发展活力依赖人们的创新性思维。城市活力影响了人们的幸福指数。因此，发展创新城市，提升城市活力，成为人们普遍关心的热门话题。

在知识经济全球化背景下，城市发展面临从效率城市提升到创新城市，即不仅要提供效率基础结构，包括公共服务、运输、电信等，而且要提供创意基础结构，包括研发设施、风险投资、知识产权法和能吸引创新性人才的充满文化享受的生活环境等。创意基础结构是影响知识流动和知识创造的关键要素。

11.2.3 我国文化创意产业的发展概况

我国的文化创意产业出现在21世纪初，如今有了可喜的发展。[①]

① 郭锦辉．中国城市文化创意指数首次发布［N］．中国经济时报，2018-12-10.

1. 北京

北京具有文化、信息、媒体、金融、科技和教育等中心地位，无疑是中国文化创意产业的领军城市。“十三五”期间，北京市聚焦文化产业高质量发展，积极推动全国文化中心文化产业发展引领区建设取得新成效。北京市文化产业增加值占地区生产总值比重在2019年达到9.64%，始终居全国首位。

2019年，北京市规模以上文化产业实现收入12 849.7亿元、增加值3 318.4亿元，是“十二五”期末的1.7倍。2019年北京市规模以上文化企业达到4 872家，比“十二五”期末增加1 413家。2020年，完美世界、光线传媒、保利文化3家企业入选“全国文化企业30强”，歌华传媒、北京演艺集团等4家企业入选“全国文化企业30强提名”，北京入选企业总数居全国首位。其中，完美世界自2011年至今已是第9次登榜。经过近年来的持续快速发展，北京文化创意产业的规模不断扩大，结构不断优化，发展质量和效益不断提升，支柱地位更加巩固，成为拉动首都经济发展的重要增长极。①

2. 上海

近年来，文化创意产业已成为上海国民经济重要支柱性产业。2017年12月，上海制定了《关于加快本市文化创意产业创新发展的若干意见》，提出了总体战略目标，即未来5年，上海文化创意产业增加值占全市生产总值比重达到15%左右，基本建成现代文化创意产业重镇；到2030年，占比达到18%左右，基本建成具有国际影响力的文化创意产业中心；到2035年，全面建成具有国际影响力的文化创意产业中心。截至2017年，上海文化创意产业总产出为10 433亿元，占全市生产总值的比重已超过12%；产业增加值为3 395亿元，同比增长8.2%。2020年上海文化创意产业发展稳健，全年实现总产出20 404.48亿元人民币。其中，互联网和相关服务业、软件和信息技术服务业逆势上扬，分别同比增长18%和12.5%。在线新经济已成为上海文创产业发展引擎。当前，上海文化创意产业发展的核心关键是进一步发挥市场在文化资源配置中的积极作用，努力营造良好营商政策环境。

3. 深圳

2017年，深圳文化创意产业实现增加值2 243.95亿元，同比增长14.5%，占全市生产总值的比重超过10%，产业增加值在七大战略性新兴产业中位居第二。深圳文化创意企业近5万家，从业人员超过90万人，其中规模以上企业有3 155家。2018年深圳全市文化创意产业实现增加值2 621.77亿元，同比增长16.8%，占2018年深圳市生产总值的比重为10.9%。

深圳大力发展文化创意产业。完善文化创意产业创新发展政策，支持原创研发，推动新媒体、资讯等产业发展，建成深港设计创意产业园，全年文化创意产业增加值增长10%以上。加快发展时尚设计、创意设计、工业设计，继续办好文博会、深圳设计周、深圳时装周等活动，叫响“深圳设计”城市品牌，把深圳打造成为设计师的乐园和时尚创意中心。

广州、长沙、杭州、苏州、西安、成都、重庆等众多城市，也都将发展文化创意产业作为调整产业结构、增强城市竞争力的重要手段。

① 李俐. “十三五”成绩单：北京上市文化企业占全国三成［N］. 北京日报，2021-01-14.

11.2.4 我国发展文化创意产业的战略对策

文化创意产业首先在发达国家发展起来绝非偶然。纵观发达国家文化创意产业发展的历程，可以总结出文化创意产业发展的一些必备条件。这包括国家的整体经济实力，特别是数字通信技术是文化创意产业发展的支撑要素；文化创意产业聚集和融合产生的规模经济效应是增强企业竞争力的途径；健全的知识产权保护是文化创意产业发展的保障；本国居民对文化产品的消费需求是文化创意产业发展的经济基础等。所以，我们必须进一步强化下列几个方面的战略举措：

1.将文化创意产业提升为国家级战略重点产业

应当把文化创意产业作为一个国家级战略产业对待，把创意资源作为一种国家级战略资源加以管理，制定促进文化创意产业发展的战略规划和行动计划，引导文化创意产业持续、快速、协调、健康发展，为新经济、新文化在中国的崛起创造条件。

我们必须更加坚定地把科技进步和创新作为经济社会发展的首要推动力量，把提高自主创新能力作为调整经济结构、转变增长方式、提高国家竞争力的中心环节，把建设创新型国家作为面向未来的重大战略。提高自主创新能力，建设创新型国家，是国家发展战略的核心，是提升综合国力的关键。

2.树立新理念

目前，我国文化创意产业发展的首要问题是全社会必须加强和提高对文化创意产业发展的重要性、前沿性和未来发展态势的理解、认识与认同，特别是各级决策层。文化创意产业是一个全球产业发展中后发的新兴产业，其理念与传统的制造业发展理念、思维路径和管理经验有着很大的不同。发展我国文化创意产业需要各级决策层进一步解放思想，转变观念。各级领导必须进一步增强领导文化创意产业发展的新本领，提高服务文化创意产业发展的新能力。

3.重视文化立法，保护知识产权

法律法规是文化创意产业发展的保障。文化创意产业发展的动力源——创新个体的创意，由于自身特点容易被效仿，其知识的原创性容易丧失。因此，对产品设计与经营的原创性加以保护是文化创意产业成功发展必须解决的问题。知识产权成为文化创意产业生存与发展的关键，也是其核心资产。我们必须通过相关法律法规加大对知识产权的保护力度，促进市场的公平竞争。法律不仅要保护知识与专利，还要维护创意源——创新人才的合法权益。这是对个人创造力价值的尊重与认同，在社会中形成保护与尊重个人创意与个人创造力的氛围。

4.建立开放、高效的产业环境

开放、高效的充满活力的产业发展环境是文化创意产业发展的基础和前提。政府要制定具有引导力的各项政策，政策是先导。政府还应该因地制宜地按照创意经营实体的运行状况建立专业的管理机构。管理要精简、高效、激励和督导。

此外，要利用各区域特色，合理整合区域资源，构建集聚区。集聚区是文化创意产业发展的载体，旅游休闲娱乐、广告、会展、艺术品交易及各种辅助服务业，都可聚集在一起，能够充分发挥区位优势。集聚区的形成也为构建文化创意产业链提供了良好条件。

将创意转化为产业，核心是要构筑文化创意产业链，即把创意、设计、产品和市场有机联结起来。当创意转化为现代文化资本，同时注入高含量的科技手段，并与消费者的现实需求和潜在需求有机结合起来形成产业链条时，文化创意产业巨大的经济能量才能释放出来。

构筑文化创意产业链，要加强不同企业之间的分工协作。一是整合不同企业的能力和资源，实现优势互补；二是发挥参与协作企业的核心专长和核心技能，提高其核心竞争力。实现不同企业间的分工协作，需要建立健全市场中介体系，发挥中介组织的作用，通过中介组织把创意和市场联结起来。

构筑文化创意产业链，要促进文化创意产业的集聚。文化创意产业集聚是指文化创意产业领域内相互关联的文化创意企业、专业供应商、服务供应商和相关机构等依据分工和合作关系形成的地理集中。目前，我国的文化创意产业园都是基于产业集聚而兴建的。在集聚过程中必须充分发挥各创意企业的互惠共生性、知识资源互补性、竞争协同性等优势，降低交易成本，实现规模经济，从而提升区域竞争优势，实现产业价值链的增值。

思政园地

推动文化产业高质量发展

文化和旅游部2021年5月发布《“十四五”文化产业发展规划》（以下简称《规划》），明确了“十四五”文化产业发展的总体要求、重点任务、保障措施，系统部署指导文化和旅游系统文化产业工作，描绘文化产业发展蓝图。

《规划》作出“十四五”时期我国文化产业仍处于大有可为的重要战略机遇期的综合判断，提出以推动文化产业高质量发展为主题，以深化供给侧结构性改革为主线，以文化创意、科技创新、产业融合催生新发展动能，提升产业链现代化水平和创新链效能，不断健全现代文化产业体系和市场体系，促进满足人民文化需求和增强人民精神力量相统一，为社会主义文化强国建设奠定坚实基础。

《规划》提出，到2025年，文化产业体系和市场体系更加健全，文化产业结构布局不断优化，文化供给质量明显提升，文化消费更加活跃，文化产业规模持续壮大，文化及相关产业增加值占国内生产总值的比重进一步提高，文化产业发展的综合效益显著提升，对国民经济增长的支撑和带动作用得到充分发挥。展望2035年，我国将建成社会主义文化强国，国家文化软实力显著增强，文化产业整体实力和竞争力将大幅跃升，文化产业发展质量效益、城乡居民文化消费水平将迈上新的台阶，文化产业对国民经济发展的支撑和带动作用将达到新的高度。

《规划》从推进文化产业创新发展、促进供需两端结构优化升级、优化文化产业空间布局、推动文化产业融合发展、激发文化市场主体发展活力、培育文化产业国际合作竞争新优势、深化文化与金融合作等方面，立足新发展阶段，贯彻新发展理念，服务构建以国内大循环为主体、国内国际双循环相互促进的新发展格局，明确了“十四五”时期文化产业发展的主要方向，并通过8个专栏列出44个重点举措、工程项目，着力增强规划的可操作性。

资料来源 新华社．文化和旅游部发布《“十四五”文化产业发展规划》[EB/OL]．(2021-06-07)[2021-11-15]．https://baijiahao.baidu.com/s?id=1701923629651920851&wfr=spider&for=pc.

本章小结

文化及相关产业是指为社会公众提供文化产品和文化相关产品的生产活动的集合。文化产业的主要作用是促进文化传承，影响意识形态，满足精神需求，是经济转型和结构优化的关键，是国民经济的新增长点，有助于提高国家综合国力。我国文化产业发展的战略对策是：推动文化产业结构优化升级、推进区域城乡文化产业协调发展、扩大和引导文化消费、深化文化产业国际合作。

文化创意产业是全球化背景下，以人们的精神文化娱乐需求为基础，以高科技手段为支撑，以网络等新传播方式为主导，以文化艺术与经济全面结合为特征的跨国、跨行业、跨部门重组或创建的新型企业集群。文化创意产业是社会发展的原动力，有助于扩大内需、扩大就业，是经济增长的有力杠杆，有助于加快转变经济发展方式，也是城市建设新的推动力。我国发展文化创意产业的战略对策是：将文化创意产业提升为国家级战略重点产业；树立新理念；重视文化立法，保护知识产权；建立开放、高效的产业环境等。

本章思语

1. 什么是文化产业？
2. 文化产业的主要功能有哪些？
3. 发展文化产业的战略对策有哪些？
4. 什么是文化创意产业？
5. 文化创意产业有什么作用？
6. 怎样才能发展文化创意产业？

第12章
互联网产业

12.1 互联网产业概述

12.1.1 互联网产业的含义

国内外关于互联网产业直接性的研究还比较少，很多相关性研究主要集中在网络经济、网络产业上。对互联网产业的界定，必须严格区分它与网络产业。网络产业（network industry）这一术语早在传统经济中就已有，只是它的内涵和外延与现代的提法有着本质的不同。早期的网络产业强调的是网络特征，即呈现出一种节点互联的网络化经济形式，是一种“联结性”经济。具有联结特征的传统产业都可被称为网络产业，如早期的运河和公路，后来的铁路、电话电报、电力供应、石油输送等基础产业都拓展了网络产业的外延。但是上述提到的网络产业与现代意义上的网络产业还是有着本质的不同，充其量只能算是具有网络特点的基础设施产业。现代意义上的网络产业是指以网络技术为基础的制造、研发、应用与服务，典型的有网络设备制造、网络系统运营、网络系统开发与支持、网络信息服务、网络数据服务、网络商务服务。这里的网络不仅包括互联网（internet），还包括一般性的通信网络。因此，网络产业的内涵包括互联网产业。

互联网产业是指以互联网为基础的为用户（消费者、企业、组织）提供某项基于互联网服务的新兴产业群体，包括互联网基础服务（如互联网接入、互联网通信等）、互联网信息服务（如门户网站、博客网站等）、互联网休闲服务（如网络游戏、网络视频等）、电子商务（如网络购物、电子支付、网络银行等）和其他互联网服务（如社交网络、网络求职等）。它不包括互联网基础设施建设的相关产业，强调以互联网为基础的应用和服务。

12.1.2 互联网产业的分类

目前还没有系统的关于互联网产业的分类体系的研究成果，大多沿用传统产业的分类模式，即将互联网产业作为一个新的子门类加入相关门类中。联合国的《全部经济活动的国际标准产业分类》（ISIC Rev.4）和北美产业分类体系（NAICS）都按照此模式进行修订。

2017年，国家统计局公布《国民经济行业分类》（GB/T 4754—2017），将互联网和相关服务纳入信息传输、软件和信息技术服务业大类。互联网和相关服务包括互联网接入及相关服务、互联网信息服务、互联网平台、互联网安全服务、互联网数据服务和其他互联网服务（见表12-1）。

12.1.3 互联网产业的特征

上述互联网产业的界定反映了网络经济发展的核心是服务性和应用性，即以用户为导向的服务、以互联网为基础的应用。需要指出的是，互联网产业是网络经济中的一个重要组成部分，属于网络产业内涵中的一个子集。因此，互联网产业也相应地具有一般网络产业的特征和网络经济的特点。其特征体现在如下几个方面：

1.网络互补性和网络外部性

梅特卡夫法则（Metcalf Law）指出，网络经济的价值等于网络节点数的平方，这说明

表12-1　　互联网和相关服务的分类

代码		类别名称	说　明
中类	小类		
641	6410	互联网接入及相关服务	指除基础电信运营商外，基于基础传输网络为存储数据、数据处理及相关活动，提供接入互联网的有关应用设施的服务
642		互联网信息服务	指除基础电信运营商外，通过互联网提供在线信息、电子邮箱、数据检索、网络游戏、网上新闻、网上音乐等信息服务；不包括互联网支付、互联网基金销售、互联网保险、互联网信托和互联网消费金融，有关内容列入相应的金融行业中
	6421	互联网搜索服务	
	6422	互联网游戏服务	含互联网电子竞技服务
	6429	互联网其他信息服务	
643		互联网平台	
	6431	互联网生产服务平台	指专门为生产服务提供第三方服务平台的互联网活动，包括互联网大宗商品交易平台、互联网货物运输平台等
	6432	互联网生活服务平台	指专门为居民生活服务提供第三方服务平台的互联网活动，包括互联网销售平台、互联网约车服务平台、互联网旅游出行服务平台、互联网体育平台等
	6433	互联网科技创新平台	指专门为科技创新、创业等提供第三方服务平台的互联网活动，包括网络众创平台、网络众包平台、网络众扶平台、技术创新网络平台、技术交易网络平台、科技成果网络推广平台、知识产权交易平台、开源社区平台等
	6434	互联网公共服务平台	指专门为公共服务提供第三方服务平台的互联网活动
	6439	其他互联网平台	
644	6440	互联网安全服务	包括网络安全监控，以及网络服务质量、可信度和安全等评估测评活动
645	6450	互联网数据服务	指以互联网技术为基础的大数据处理、云存储、云计算、云加工等服务
649	6490	其他互联网服务	指除基础电信运营商服务、互联网接入及相关服务、互联网信息服务以外的其他未列明的互联网服务

网络生产和带来的效应将随着网络用户增加而呈现指数形式增长。互联网产业都是基于互联网开展的应用与服务，因此具有典型的网络互补性和网络外部性，即使用互联网应用和服务的用户越多，该应用与服务的价值就越大。

2.边际成本递减性和规模收益递增性

互联网产业是以互联网为基础的服务和应用，核心资源是数据、信息与技术等无形因素，这些无形因素具有共享性、可复制性，特别是借助计算机网络等技术可以实现自动服务，这使得企业提供的互联网应用与服务的可变成本近似于零。同时，随着用户使用的增加，又可以降低企业的固定成本。因此，互联网产业的应用与服务呈现出边际成本递减的特性和规模收益递增的特性。

3.高社会转移成本和自锁定性

由于互联网产业的网络效应，用户在选择某一应用和服务后，与其他类似用户存在某种联系和联结，使得用户在放弃该应用和服务时，必须考虑社会转移成本问题。比如用户换一个邮件服务账号，就存在一个转移账号和告知其他用户的隐性成本问题。除非新换的应用与服务得到的收益远远超过付出的成本；否则，新的应用和服务是很难取代现有的应用与服务的。这也是互联网产业体现出的“赢者通吃”的独特现象。

4.高技术成长的爆炸式和正反馈性

互联网产业的应用与服务属于一种高技术的应用与服务。高技术产品的应用与服务由于其自身的独特性和革命性，一般在早期，采用者很少，主要是一些创新者和冒险者使用；随着使用人群的扩大和产品价值的普遍认同，到一定的临界点后该服务与产品的应用呈现出爆炸式的增长。如果某个网络产品或技术的用户人数超过了临界点，就会产生自我增强的正反馈机制，即随着用户数的增加，该产品或技术的价值将快速上升，从而能吸引更多的用户接受该产品或技术，这也使得该产品或技术更有价值。而那些用户规模没有达到临界点的产品或技术在正反馈机制的作用下被迫降低其自身价值，对用户的吸引力也进一步降低，直到最后被迫退出市场。

5.产品或服务的无形性和市场无边界性

互联网产业的应用与服务都是基于互联网的，提供的产品或服务具有交互性和跨越时空性。由于服务的无形性，服务可以借助互联网实现远程的虚拟服务，这推动了互联网产业的应用与服务市场的无边界性，也就是说，任何用户只要连接到互联网，都可以马上接触到互联网产业提供的应用与服务，不存在时空的限制。互联网产业市场的无边界性，使得互联网产业的竞争是开放和透明的，任何新兴应用和服务从一诞生就面对全部的市场和全部的竞争。从某种意义上，这加剧了互联网产业的市场竞争和创新变革，对于创新的中小互联网产业的企业来说，既是挑战，又是机会。

12.1.4 互联网产业的地位

1.互联网产业已成为新经济发展的引擎

互联网创造了信息的经济运行模式，创造了“虚拟经济”的经济形态。经济活动中最为核心的就是交易。在交易过程中，需要交易场所，存在信息流、物流、资金流。互联网则打破了传统的交易模式，人们足不出户便可完成商品买卖，或者和客户的商业谈判，既节约了出行的交通、场地等消费费用，又提高了交易的效率。虚拟经济催生了更多信息类技术服务创意型企业，如百度等搜索信息服务类企业，盛趣游戏等网络游戏企业，阿里巴巴、唯品会、京东等电子商务企业，携程旅行、大众点评网等信息服务企业，新浪、搜狐、腾讯等网络传媒企业。

2.互联网产业不断增强传统产业的革新能力

互联网已经成为国家重要的基础设施，我国成为互联网的应用大国，移动互联网、云计算、物联网等网络新技术、新应用、新平台的不断涌现，为互联网与传统产业的发展提供了更加便利的条件。越来越多的工业企业借助互联网平台进行其分销渠道的整合、供应链管理，以及对生产经营的全方位渗透，借助互联网服务带动现代物流、工业设计、管理咨询等现代服务业的发展。互联网进一步融入农业、农村、农民的生产和生活之中，通过互联网平台开展全方位、综合化的农村信息服务，进行村务、商务、农务的全方位互动，转变农民的思维方式和行为模式，促进农村和农业生产与生活方式进入新格局。

3.互联网对社会文化生活的影响力日益强化

借助互联网进行优质教育资源的整合和全民终身教育，进一步促进教育教学的改革、普及和创新；云计算、互联网等技术在医疗、交通等领域的试点应用，电子病历、智能交通等公共服务的手段和平台进一步丰富和延伸，将会促进社会服务管理模式的创新发展。

以微博、微信为代表的社会化媒体传播使得网络愈加成为正能量的聚集地。微博反腐为社会监督提供了一种有效手段；微博公益得到更多网民的关注和支持；主流媒体权威发布，在打击谣言、抨击社会丑恶现象、弘扬社会正能量方面发挥了重要影响力。微博、微信公众号和服务号已经成为政府信息公开、倾听民众呼声、展示良好形象的全新互动平台，显示出对社会生活的巨大影响力。

12.2 我国互联网产业现状分析

1.网络资源不断夯实，奠定坚实的用户基础

依托不断增长的基础资源，我国建成了全球规模最大的信息通信网络。截至2020年12月，我国IPv4地址数量为38 923万个，IPv6地址数量为57 634块/32；域名总数为4 198万个；国际出口带宽为11 511 397 Mbps，较2019年年底增长30.4%。我国已建成全球最大的5G网络，5G基站超71.8万个，5G终端连接数突破2亿。“十三五”期间，我国网民规模5年增长了43.7%，近10亿网民构成了全球最大的数字社会。截至2020年12月，我国网民规模达9.89亿，手机网民规模达9.86亿，已占全球网民的1/5；互联网普及率达70.4%，高于全球平均水平。

2.企业市场规模再创新高，市场集中度显著增强

截至2020年12月，我国互联网上市企业在境内外的总市值达16.80万亿人民币，较2019年年底增长51.2%，再创历史新高。2020年，我国规模以上互联网企业完成业务收入12 838亿元，同比增长12.5%，利润保持两位数增长；我国网信独角兽企业总数为207家，较2019年年底增加20家。从企业市值集中度看，排名前10的互联网企业市值占总体比重为86.9%，较2019年年底增长2.3个百分点。从企业城市分布看，北京、上海、广东、浙江等地集中了约八成互联网上市企业和网信独角兽企业。

3.应用程序百花齐放，极大助力全社会的数字转型

互联网应用程序百花齐放。截至2020年12月，短视频、网络支付和网络购物的用户规模增长最为显著，增长率分别为12.9%、11.2%和10.2%。在基础类应用程序中，即时通信、搜索引擎保持平稳增长态势，用户规模较2020年3月分别增长9.5%、2.6%。在网络娱乐类应用程序中，网络直播保持快速增长，增长率为10.2%；网络视频、网络音乐的用户规模较2020年3月分别增长9.0%、3.6%。

尤其在新冠肺炎疫情的背景下，互联网在线应用的蓬勃发展推动了从个体、企业到政府全方位的社会数字化转型浪潮。在个体方面，疫情的隔离使个体更加倾向于使用互联网连接，用户上网意愿、上网习惯加速形成。网民个体利用流媒体平台和社交平台获取信息，借助网络购物、网上外卖解决日常生活所需，通过在线政务应用和健康码办事出行，不断共享互联网带来的数字红利。在企业方面，疫情的出现为企业数字化转型按下了“加速键”，在线办公、在线交易等线上运营方式为企业在特殊时期保持正常运转提供了支撑。在政府方面，政府的数字化应急能力和在线政务服务能力在疫情下不断“淬炼”，在线服务指数由全球第34位跃升至第9位，迈入全球前30位。深刻的数字化转型成为全社会应对未来不确定性的重要抓手。

12.3 我国互联网产业发展存在的突出问题及对策

12.3.1 突出问题

1. 电子商务中消费者权益受损

由于网络交易具有虚拟性、无地域性、开放性等特点，与传统交易相比，在网络环境下消费者权益更容易遭受侵害，消费者处于明显的弱势地位。消费者权益受损最为突出的情况大部分是互联网广告所致。在直接适用《中华人民共和国电子商务法》的行政执法中，广告问题的执法案件最多。其中，所查处的互联网违法广告主要包含以下几个方面：

一是夸大宣传，比如在广告中包含“级/极”及相关词语。例如，2019年2月，某App因发布广告时使用“国家级”“最高级”“最佳”等用语被处罚款3万元。

二是包含激发消费者抢购心理的表述，网络宣传中常见“秒杀”“万人疯抢”“史上最低价”“免费领”“不会再便宜了”等。

三是普通商品包含疑似医疗用语，如包含防癌、抗癌、降血压、去除体内毒素等。2019年6月，国美在线网站中的商家在网店中发布宣传普通食品具有治疗功效的违法广告，国美在线未依法履行制止义务，被罚款66万元。

2. 网络安全和信息保护形势严峻

安全漏洞造成网民隐私和财产安全隐患。恶意程序、钓鱼软件和黑客攻击等是互联网时刻面临的安全漏洞，网络入侵事故越来越多。疫情防控期间多个组织对我国发起攻击。2020年2月，在中国境内疫情防控期间，境外多个国家和地区对中国发动网络攻击。例如，某国黑客组织利用疫情话题攻击我国政府机构，某国黑客组织借新冠病毒肺炎对我国发起攻击，某地区黑客团伙利用虚假“疫情统计表格”“药方”窃取情报。2020年3月，疑似5.38亿条微博用户信息被泄露。Cybernews研究人员发现某网络公司的一个含有几十万名用户的信息的数据库存在安全问题。该公司运用互联网+科技养老的新理念，为老年人提供不同的App和服务。这个数据库中含有超过34万条的GPS位置信息、个人ID、手机号、地址、用户亲属和监护人的姓名和手机号等敏感信息记录。

3. 垄断遏制中小企业持续创新

在中国市场上，2021年2月，百度的市场份额最大，占据71.1%的中国搜索引擎市场；在即时通信领域，腾讯旗下的微信、QQ居领先地位。根据《中华人民共和国反垄断法》，百度、腾讯都具有市场支配地位。中小互联网企业无法与互联网巨头进行正面竞争，只能走差异化路线，在少数细分市场进行深耕，在开始出现用户规模和应用成效时，随即面临巨头的跟进和抢夺。互联网巨头的资金、人才、技术和用户规模将迅速占领培育出来的细

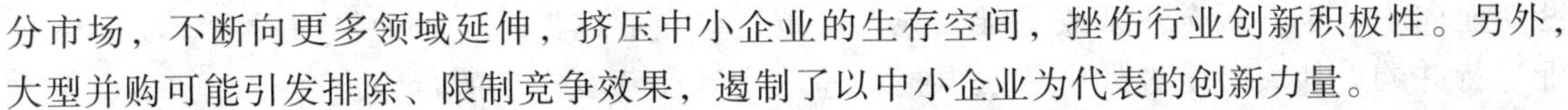

分市场，不断向更多领域延伸，挤压中小企业的生存空间，挫伤行业创新积极性。另外，大型并购可能引发排除、限制竞争效果，遏制了以中小企业为代表的创新力量。

12.3.2 对　策

1.建立网络交易中消费者合法权益保护制度

在尊重网络交易发展规律的前提下，从法律及相关层面采取各种措施来保护消费者合法权益，对推动我国网络经济健康发展及完善消费者权益保护制度具有重要作用。对消费者特别保护的原则既应体现在立法的权利规定上，也应体现在举证纠纷等具体事件中对消费者的保护上。在网络交易中，必须规范经营者的告知义务、保护消费者个人数据的义务。在明确网络交易平台的责任方面，网络交易平台提供者除了履行《中华人民共和国消费者权益保护法》规定的认证用户身份（真实名称、地址和有效联系方式）义务外，还应当做到协助有关机关收集证据，对交易各方在其平台上发布的信息记录备份，通过技术手段保护用户隐私权及善意提醒。在司法救济方面，要建立有利于消费者的管辖制度，建立"网络法庭"受理案件标的额不大的交易。进一步建立电子证据的保全制度，明确举证责任分配。电子数据一般都掌握在经营者手中，而且很容易利用高科技篡改。在网络交易纠纷中的举证责任制度，应当从卖家、买家、第三方三个方面来构建，根据当事人的举证能力作出适当减轻消费者举证责任的举证规定。

2.在新法规的规范下，进一步增强公民隐私保护和个人信息保护

2017年6月，《中华人民共和国网络安全法》《互联网新闻信息服务管理规定》正式实施。《中华人民共和国网络安全法》是我国第一部全面规范网络空间安全管理方面问题的基础性法律，专门规定，任何个人和组织不得窃取或者以其他非法方式获取个人信息，不得非法出售或者非法向他人提供个人信息。非法获取、出售公民个人敏感信息超过50条将入罪。上述法律法规为保护网络安全和个人隐私奠定了坚实的法制基础。在制度保障的前提下，我们也需要树立和强化公民的网络隐私保护意识，对网络经营者进行监督管理，加大对网络攻击和隐私侵权等违法行为的打击和惩治力度。在强化意识方面，要增强公民的网络隐私权的保护意识，建立网络用户自治组织。政府应重视网络隐私权的保护工作，充分利用各种新闻媒体进行广泛宣传，使广大公民明白隐私权保护的重要性，了解、知悉网络隐私保护政策与法律法规。同时，加强计算机网络道德教育，使网络道德、伦理深入人心。在加强监管方面，一旦发现网站没有按规定列出保护个人隐私的声明，没有履行保护用户隐私的承诺，就对其发出警告，责令其限期整改，规范网络经营商的行为。行政执法机关一旦发现违法、违规情况，应及时作出处理。在加大打击力度方面，司法机关应将查处在网络上侵害个人隐私的案件作为司法机关的一项重要职能，确保网络用户的隐私不受侵扰，使网络隐私权保护呈现出有法必依、执法必严的良好局面。

3.加强互联网行业竞争执法，不断净化市场环境

应结合互联网行业创新竞争、动态竞争等特点，研究《中华人民共和国反垄断法》适用的创新分析方法，不断提高执法质量和效率，有效发挥监管促进互联网行业竞争和创新的积极作用。

第一，依法审查互联网领域的经营者集中，保护中、小、微企业和团队创新，既要鼓励具有技术优势和产能整合能力的大型互联网企业加大创新力度，又要在制度层面要求这些企业向中、小、微企业开放基础设施，防范这些企业以扼杀竞争为目的对中、小、微企业进行并购；加大力度查处未依法申报、违法实施经营者集中的行为。

第二，打击不正当竞争和恶性竞争行为，鼓励互联网企业开展创新竞争，提高竞争的层次和质量。当前，不正当竞争和恶性竞争现象很突出，加强反不正当竞争执法、净化市场竞争环境的任务仍然繁重。

12.4 我国互联网产业的发展趋势

1.价值蓝海从消费互联网转向产业互联网

在技术与需求的双重驱动下，互联网加速向传统领域融合渗透，产业形态变化多端、日新月异，“互联网+”与实体经济的融合发展空间广阔。我国互联网产业将围绕“中国制造2025”、深化制造业与互联网融合发展等重点而迸发巨大活力。协同制造、智能制造、个性化定制将向更广泛的行业领域渗透，装备行业的服务型制造应用将更深入，企业凭借物联网、大数据等技术提供产品全生命周期管理和服务，实现从制造向“制造+服务”的转型。

2.后疫情时代基于互联网应用的数字转型更加深入

疫情加速了企业数字化转型的脚步，各行各业纷纷拥抱数字化，远程办公、在线会议、平台协作、智能交互、智慧供应链等技术受到广泛关注，可能成为未来发展的重点方向。《中华人民共和国国民经济和社会发展第十四个五年规划和2035年远景目标纲要》6次提及数字化，国家对服务业、金融、公共文化、政府、数字经济、数字中国等不同方面提出要求。发展数字经济，推进数字产业化和产业数字化，推动数字经济和实体经济深度融合，是未来发展的重点和关键。

3.分享经济强化互联网产业的平台制胜趋势

分享经济呈现发展新态势，网络约车、共享单车和知识分享不断固化平台制胜趋势。随着多地陆续推出网约车管理办法征求意见稿，收紧准入门槛，未来可能大幅压缩服务供给。共享单车凭借满足行业痛点、解决出行难题、符合政策方向等优势，受到各方好评。知识分享成新亮点。知识分享打破了传统限制，有效提高了知识的社会化效用，形成了约见、问答、文档分享等平台类型。

4.人工智能在互联网产业发展中前景广阔

人工智能快速发展，前景广阔，产业发展持续火热。随着云计算、大数据、深度学习等关键技术应用的不断发展，人工智能发展持续火热，市场规模保持20%以上的增长。我国互联网企业纷纷发力布局，推动人工智能在交通、电信、医疗等行业的广泛应用，助力公共服务水平提升和传统产业转型升级。

随着新技术、新应用的发展，信息安全面临更大的挑战，将受到政府、企业、网民等多方重视，并获得更积极的保护。网络信息安全保护的法制环境将更加完善，互联网企业以及整个产业将在新的生态环境下获得更加健康、可持续的发展。

思政园地

推动5G和工业互联网融合发展

2020中国5G+工业互联网大会于2020年11月20日在湖北省武汉市开幕。中共中央总书记、国家主席、中央军委主席习近平发来贺信，向大会的召开表示热烈祝贺。

当前，全球新一轮科技革命和产业变革深入推进，信息技术日新月异。5G与工业互联网的融合将加速数字中国、智慧社会建设，加速中国新型工业化进程，为中国经济发展注入新动能，为疫情阴霾笼罩下的世界经济创造新的发展机遇。希望与会代表围绕“智联万物、融创未来”主题，深入交流，凝聚共识，增进合作，更好赋能实体、服务社会、造福人民。

党中央对5G+工业互联网产业的发展高度重视，要认真学习领会，坚决贯彻落实。《中共中央关于制定国民经济和社会发展第十四个五年规划和二〇三五年远景目标的建议》提出构建以国内大循环为主体、国内国际双循环相互促进的新发展格局，并把科技创新作为首要任务。湖北近年来在先进制造业、数字经济等领域发展势头良好，希望继续抓住有利机遇，发挥自身比较优势，找准在双循环中的位置，加快5G+工业互联网产业发展，提升产业链现代化水平，推动构建新发展格局。

2020中国5G+工业互联网大会是首次召开，旨在推动5G和工业互联网在更广范围、更深程度、更高水平上融合发展。

资料来源 新华社．习近平向2020中国5G+工业互联网大会致贺信［N］．人民日报，2020-11-21.

本章小结

网络产业的内涵包括互联网产业。互联网产业是指以互联网为基础的为用户提供某项基于互联网服务的新兴产业群体。互联网和相关服务属于信息传输、软件和信息技术服务业大类。互联网产业的特征是网络互补性和网络外部性、边际成本递减性和规模收益递增性、高社会转移成本和自锁定性、高技术成长的爆炸式和正反馈性、产品或服务的无形性和市场无边界性。我国互联网产业的发展对策是：建立网络交易中消费者合法权益保护制度；在新法规的规范下，进一步增强公民隐私保护和个人信息保护；加强互联网行业竞争执法，不断净化市场环境。

本章思语

1.互联网产业的含义是什么？

2.互联网产业有哪些发展趋势？

第13章
健康产业

13.1 健康产业与健康中国

13.1.1 健康产业的概念

对健康产业的概念，学界并未形成明确统一的界定。有学者认为，健康产业是涉及医药产品、保健用品、营养食品、医疗器械、休闲健身、健康管理、健康咨询等多个与人类健康密切相关的生产和服务领域的新兴产业。[①]从健康消费供求角度对健康产业进行分类，认为健康产业包括医疗服务业、医药产业、保健品产业和健康管理服务产业等基本产业群。《互联网周刊》(2017) 认为，健康产业是维护健康、修复健康、促进健康的产品生产、服务提供及信息传播等活动的总和。

《国务院关于促进健康服务业发展若干意见》认为：健康服务业以维护和促进人民群众身心健康为目标，主要包括医疗服务、健康管理与促进、健康保险以及相关服务，涉及药品、医疗器械、保健用品、保健食品、健身产品等支撑产业，覆盖面广，产业链长。

国家统计局2019年3月发布的《健康产业统计分类（2019）》提出，健康产业是指以医疗卫生和生物技术、生命科学为基础，以维护、改善和促进人民群众健康为目的，为社会公众提供与健康直接或密切相关的产品（货物和服务）的生产活动集合。该分类将健康产业范围确定为医疗卫生服务，健康事务、健康环境管理与科研技术服务，健康人才教育与健康知识普及，健康促进服务，健康保障与金融服务，智慧健康技术服务，药品及其他健康产品流通服务，其他与健康相关服务，医药制造，医疗仪器设备及器械制造，健康用品、器材与智能设备制造，医疗卫生机构设施建设，中药材种植、养殖和采集等13个大类。

近年又出现一个新名词——大健康。有学者表述为：大健康是根据时代发展、社会需求与疾病谱的改变，提出的一种全局的理念。其就是围绕人的衣食住行、生老病死、对生命实施全程、全面、全要素的呵护，是既追求个体生理、身体健康，也追求心理、精神等全面健康的过程。

13.1.2 健康中国建设

1.“健康中国”概念的提出

中华人民共和国成立以来特别是改革开放以来，人民健康水平和身体素质持续提高，城乡环境和医疗卫生服务体系建设不断完善。我国人均预期寿命、婴幼儿死亡率等健康指标在总体上优于中高收入国家的平均水平。国家卫健委公布的报告显示，2020年中国居民平均寿命为77岁。但是人口老龄化、工业化和城镇化、生态环境和生活方式变化给人民健康带来新的挑战：健康服务有效供给总体不足与需求日益增长之间矛盾突出；健康领域发展与经济社会发展协调性严重欠缺，必须在国家战略层面统筹解决关于健康的重大和长远问题。

2015年3月，我国政府提出“健康中国”的概念，到《中华人民共和国国民经济和社会发展第十三个五年规划纲要》出台，提出“全面推进健康中国建设”，“健康中国”正式

① 宫洁丽，王志红，翟俊霞，等. 国内外健康产业发展现状及趋势 [J]. 河北医药，2011，33（14）：2210-2212.

升级为“国家战略”。

2.健康中国建设的指导思想与基本原则①

健康中国建设的指导思想是：以提高人民健康水平为核心，以体制机制创新为动力，以普及健康生活、优化健康服务、完善健康保障、建设健康环境、发展健康产业为重点，加快转变健康领域发展方式，全方位、全周期维护和保障人民健康，大幅提高健康水平，显著改善健康公平。

健康中国建设的基本原则是：

（1）健康优先原则。把健康摆在优先发展的战略地位，将促进健康的理念融入公共政策制定的全过程，加快形成有利于健康的生活方式、生态环境和经济社会发展模式，实现健康与经济社会良性协调发展。

（2）改革创新原则。发挥市场机制作用和科技创新的引领支撑作用，形成促进全民健康的制度体系。

（3）科学发展原则。把握健康领域发展规律，推动健康服务从规模扩张的粗放型发展转变到质量效益提升的绿色集约式发展模式，提升健康服务水平。

（4）公平公正原则。以农村和基层为重点，推动健康公共服务均等化，维护基本医疗卫生服务公益性，缩小城乡、地区、人群间基本健康服务和健康水平的差异，实现全民健康覆盖。

3.健康中国的战略目标

到2030年，全民健康水平持续提升。人民身体素质明显增强，人均预期寿命达到79.0岁；主要健康危险因素得到有效控制。健康生活方式全面普及，健康的生产、生活环境基本形成，食品、药品安全得到有效控制；健康服务能力大幅提升。优质高效的医疗卫生服务体系全面建立，健康保障体系进一步完善，健康科技创新实力居世界前列；健康产业规模显著扩大。建立起体系完整、结构优化的健康产业体系，形成一批具有创新能力和国际竞争力的大型企业，成为国民经济的支柱产业；促进健康的制度体系更加完善。有利于健康的政策和法律法规体系进一步健全，健康领域治理体系和治理能力基本实现现代化。

13.2 健康产业的地位与作用

13.2.1 健康产业的地位

1.健康产业已经成为欧美发达国家的支柱产业

健康是人最基本和最重要的需求，也是促进人全面发展的必然要求。联合国人类发展指数（HDI）指标体系中，位列第一的就是健康和人均预期寿命。联合国千年发展目标的8个具体分项，就有3个是关于人的健康。以维护和促进健康为核心的健康产业在人民生活和国民经济发展中发挥着越来越重要的作用。

在美国、欧洲以及日本等发达国家，健康产业已经成为带动整个国民经济增长的巨大推动力，这些国家的健康产业的增加值占GDP的比重已经超过15%。有经济学家将健康产业描述为接替互联网、股市、黄金、房地产之后的“财富第五波”。不少专家认为，继

① 《“健康中国2030”规划纲要》。

蒸汽机、电力、新能源、IT技术之后，生物健康技术突飞猛进，健康产业增加值和发展潜力巨大，已呈现出新时期全球经济的趋势。比尔·盖茨在21世纪初曾将健康产业描述为未来能超过信息产业的重点产业。

从国际经验看，健康产业具有带动和辐射的产业覆盖面广、产业链长，吸纳就业人数多，拉动消费效能大等特点，已经成为发达国家的支柱产业。

新冠肺炎疫情给全球健康产业带来巨大推动：2020年产业发展全球100强市值企业中，科技领域有20家，大健康领域有19家，金融领域有18家，大健康成为核心的主流产业。

2.健康产业是我国国民经济的新兴产业和朝阳产业

2013年9月，国务院印发《关于促进健康服务业发展的若干意见》；2016年，《中华人民共和国国民经济和社会发展第十三个五年规划纲要》将"健康中国"提升为国家战略；2016年10月，中共中央、国务院印发《"健康中国2030"规划纲要》。

截至2020年2月，我国31个省（自治区、直辖市）全部出台了健康产业、健康服务业发展实施方案或专项规划，依托本地区特色或优势推动产业融合发展，依托重点项目打造产业集群。政策红利成为当前推进健康产业发展的重要因素。

人口老龄化激发了医疗保健需求。2020年，我国65岁以上老年人口为1.9亿，占比达13.5%，我国人均预期寿命达到77.3周岁。人口加速老龄化与寿命的延长是大势所趋，在此背景下，养老、慢性病等健康问题日益严重，成为推进健康产业发展的强大动力。

人民生活水平的提高伴随着大众健康意识的提升，人民群众对健康服务、健康产品的需求持续增长，并呈现出多层次、多元化、个性化的特征，为健康产业发展提供了巨大的市场空间。

互联网与健康产业相互融合，许多新兴健康产业应运而生，并拉动大量相关需求与消费。

在应对新冠肺炎疫情的过程中，中医药的独特作用受到深度关注，被重新认可。后疫情时代，中医药的重生与进化、药食同源产品的研发与生产，将推动中医药产业和传统餐饮食品业的融合与升级转型。药食同源类功能性健康食品产业前景广阔。

作为继IT产业之后全球"财富第五波"，健康产业在拥有14亿多人口的中国具有广阔的市场前景，潜力巨大，方兴未艾，已经成为我国国民经济的新兴产业和朝阳产业。

13.2.2 健康产业的作用①

1.发展健康产业是推进健康中国建设、增进民生福祉、推动共同富裕的必由之路

全面建成小康社会，健康是十分关键的一个目标。没有全民健康就没有全面小康。人民身体健康是全面建成小康社会的重要内涵，是每一个人成长和实现幸福生活的重要基础。发展健康产业，为人民群众提供丰富的健康产品与服务，可以有效提升人民的健康素质，改善人民的生活质量。

人民生活跨越温饱阶段之后，健康日益成为人民所追求的更高生活水平和生活质量的重要内容。推进健康中国建设，不断满足人民群众健康需求，就必须大力发展健康产业。

健康产业是极具发展潜力的新兴产业，具有拉动内需和改善民生的双重功能。

① 张来明. 健康产业大有潜力可挖［N］. 经济日报，2016-06-16.

2. 发展健康产业是扩大内需、深化供给侧结构性改革的重要内容

目前，我国经济进入新常态，经济发展的动能开始进入传统动力衰减和新动力培育的接续阶段。健康产业涉及面广、产业链条长、增长空间大，直接影响到国民经济多个行业的发展，是极具开发价值和增长潜力的“朝阳产业”，是新常态下“稳增长、调结构、惠民生”的重要着力点。

健康产业的发展顺应了人民群众的现实需求，这个现实需求是市场的生命力所在，也是经济结构调整的决定性力量。供给侧结构性改革，就是与人民群众的需求对接，满足人民群众消费升级后对健康领域新产品、新服务的需求。发展健康产业无疑是扩大内需、深化供给侧结构性改革的重要内容。

3. 发展健康产业是应对我国人口老龄化的必然要求

人口老龄化是未来影响我国经济社会发展的长期性重大问题。根据预测，在总和生育率保持当前1.3的情况下，我国最晚将在2022年进入中度老龄化（65岁以上比例大于14%），2033年进入重度老龄化（65岁以上比例大于21%），2045年进入极度老龄化（65岁以上比例大于28%）。[①]“十四五”期间我国将有3亿多人的老龄康养需求、5亿多人的慢性病防治需求，发展健康产业，满足老年人的服务与产品需求，是积极应对人口老龄化的现实而迫切的要求。

13.3 健康产业的现状与发展方向

13.3.1 健康产业的现状

1. 健康产业是现代服务业的重要内容和薄弱环节

（1）当前，我国的健康产业仍处于发展起步期，产业规模小。发达国家健康产业增加值比重超过15%，我国健康产业同比不足5%。

（2）我国的健康产业结构较为单一。产业运作以医院为主导和核心，产业链不完整，同质化严重；产业内部联系松散，与相关产业之间共建共享、互动合作欠缺，资源整合效率低下。

（3）产品与服务层次低、质量次，难以满足不同群体、不同地域、不同年龄段消费者的差异化需求。

（4）专业人才缺乏。医疗卫生技术人才相对充裕，但健康管理、养老服务、医疗信息化、医疗保险等健康服务管理等新兴复合型专业人才严重缺乏。

（5）社会资本参与少，区域发展不平衡，城乡差异大，还没有形成成熟的产业集群等。

2. 健康产业发展迎来重要战略机遇期

我国经济保持中高速增长为发展健康产业奠定了坚实的物质基础；消费结构升级为发展健康产业创造了广阔空间；科技创新为发展健康产业提供了有力支撑；相关制度逐步成熟定型为健康产业可持续发展构建了有力保障。

近几年来，健康产业发展速度逐渐加快，产业发展基础逐步夯实，各地政府十分重视健康产业的发展，为健康产业的发展提供了良好条件，一批初具品牌和特色的企业开始出

① 林宝．从七普数据看中国人口发展趋势［J］．人民论坛，2021（15）：56-59.

现，在经济实力雄厚的城市开启了健康产业集群的序幕。其中代表性实践案例有苏州环球国际健康产业园、成都国际医学城、广东中山医药健康产业集群。

《中华人民共和国国民经济和社会发展第十四个五年规划和2035年远景目标纲要》指出，要把保障人民健康放在优先发展的战略位置，为人民提供全方位、全生命周期的健康服务，尤其在疫情防控常态化的背景下，健康产业被赋予更多的时代意义。2020年我国健康产业市场规模为8.7万亿元，预计到2030年将达到16万亿元。健康产业正迎来高歌猛进的黄金时代。

13.3.2　健康产业的发展方向

1.医疗健康由单一救治模式转向“防、治、养”一体化模式

传统医疗服务业即医疗性健康服务是健康产业的基本组成部分。防治分离、重医轻防是目前我国医疗健康服务的基本状况。传统医学基于单纯生物医学模式，只治疗已病患者，忽略慢病发病与防控的环境、社会和心理因素。慢病的源头是不健康的自然环境、社会环境和生活方式，而被动、碎片化的医疗健康服务体系难以应对慢病挑战。因此，医疗健康的理念必须从“以治愈疾病为目的的高技术追求”转向“预防疾病和损伤，维持和促进健康”。变革现有的医疗健康服务体系与结构、优化医疗健康资源配置，变“已病就医”为“未病先防”，就是由单一救治模式转向“防、治、养”一体化模式。加强疾病预防和康复，充分发挥传统医疗服务在健康产业发展中的基础性作用。

2.非医疗性健康服务发展前景广阔

健康管理、慢病管理、康复、老年养护、养生保健、健康咨询、健康保险等非医疗性健康服务，是中国健康产业发展的一片“蓝海”，商机无限。完善健康产业体系，加强产业内部的共建共享互动合作，市场和效益空间巨大。

3.跨界融合

健康产业与养老、旅游、互联网、健身休闲、食品等产业的融合，甚至与房地产、金融的融合，都已显现出良好势头或萌芽。这类跨产业融合必将持续发展，并催生健康新产业、新业态、新模式。

13.3.3　美国健康产业发展经验与启示

1.美国通过立法、产业政策推动健康产业发展[①]

首先，以立法促进产业发展，维护产业秩序。美国出台了《健康维护法案》《联邦食品药品和化妆品法案》等一系列法律法规，为健康产业有序发展和食品药品的安全提供了良好法律环境。

其次，联邦政府和州政府制定了相关的产业政策，旨在引导企业把握产业发展趋势和产品及服务发展方向。

最后，政府在税收、融资、研发和配套服务等方面给予优惠或补贴，积极鼓励社会资本对健康产业的投入。

2.通过健康公民战略，推动全社会参与健康产业

早在1979年，美国政府就提出了健康战略概念，从1980年开始，每10年发布一次健

① 余莉，董微微. 美国健康服务产业发展经验对我国的启示［J］. 中国商论，2017（23）：75-76.

康公民战略，2010年发布的《健康公民2020》战略中，构建了“健康公民2020”执行框架，涵盖了动员、评估、计划、实施和追踪5个步骤，又称MAP-IT框架。该框架为推进社区、个人、政府以及健康产业参与主体提供了协调实施路径，保障了健康促进政策的持续性。经过4期健康公民战略的推进实施，其战略内容不断完善，战略重点已由早期的提高生活质量和健康水平发展为提升健康行为、优化健康理念。

美国政府还通过大众媒介传播健康知识和信息，提升全民健康素质，以加强预防疾病、促进全民健康。大众传媒研究表明，信息传播可以将医学成果转化为大众普遍认知的健康常识，进而改变大众行为，从而达到预防疾病、提高大众健康水平的效果。

3.重视预防保健和健康风险管理

美国的健康产业起源于1963年，是仅次于制造业、信息服务业、金融保险业、房地产业的第五大产业，是近些年来增速最快的产业，占GDP的比重达8.8%，是美国经济的支柱产业。

首先，美国健康产业重视家庭和社区关怀，重视预防保健，真正做到“战略前移、重心下移”。美国的家庭和社区保健服务，除一部分全科诊疗服务外，大部分是进行健康促进、慢病管理等健康风险管理工作，此类健康风险管理工作已在信息系统和专业培训的支撑下，与临床医疗体系系统地整合在一起，形成一个有机整体。

其次，美国健康产业重视健康风险管理服务，以健康风险管理为枢纽的健康产业链已经成为美国经济增长最快的产业。健康产业就业状况良好，体现了该产业的高成长性和抗经济周期性特性。①

4.健康保险带动和整合了健康产业的发展

健康保险在美国健康产业中扮演了关键角色。健康保险产值巨大，2020年全美健康保险保费收入为11 000亿美元，占当年美国GDP的5.12%，创造了大量的就业机会。健康保险带动和整合了健康产业的发展。美国的健康保险公司普遍投资医疗机构，成为继政府之外医疗机构最大的投资主体，医保双方形成密切的合作关系。此外，健康管理与健康保险高度融合，健康保险为其提供资金支持、信息咨询和专业培训，在为民众提供健康促进服务的同时，协助保险公司降低健康风险。相对于社会保险偏于谨慎保守的管理理念，商业健康保险更倾向于将新药品、新医疗方法纳入保障范围，这对于推进美国医疗科技进步发挥了至关重要的作用。没有商业健康保险的资金支持，美国就没有世界领先的医疗技术和高水平的医疗服务，也不可能引领世界的生物制药和健康产业。②

13.4 健康产业发展的战略对策

1.贯彻新理念，完善健康产业政策体系

发展是解决一切问题的基础和关键，健康产业的发展必须贯彻创新、协调、绿色、开放、共享的新发展理念；使市场在资源配置中起决定性作用，更好地发挥政府作用。提升政府管理水平和社会治理能力，消除体制机制障碍，推动政策创新，为健康产业发展创造良好的外部环境。

① 佚名. 美国大健康产业长盛不衰的奥秘［J］. 医学信息学杂志，2017，38（8）：94.
② 孙东雅. 美国健康保险发展启示［J］. 中国金融，2015（2）：60-62.

充分发挥市场机制作用，调动各级政府和国内外企业发展健康产业的积极性，鼓励社会资本参与，放宽健康产业的市场准入，实行负面清单和“非禁即入”原则；通过税收、土地、信贷等方面政策优惠，吸引国内外健康产业高新技术项目落户；支持高新技术开发、平台建设和技术人才的引进，促进其产业化。采用市场化方式吸引国内外创投机构投资健康产业。

2.互联网+创新健康产业服务模式

发展健康产业，要规范和推广“互联网+赋能医疗健康”服务。利用移动诊疗技术、健康物联网技术、大数据云计算技术和可穿戴信息采集终端，推进“互联网+”模式下的新型诊疗、医养结合、个性化健康保障、中医“治未病”等服务的新模式、新业态的发展；建立医患直接沟通、诊断、干预的网络平台，并开展多元化医疗健康服务，构建覆盖医院、养老机构、社区、家庭、个体的闭环持续性健康管理模式。创新互联网健康医疗服务模式，持续推进覆盖全生命周期的预防、治疗、康复和自主健康管理一体化的健康信息服务。

3.打造健康产业公共服务平台，培养健康产业专业人才

发展健康产业，要加强产学研合作，加强与国外研究机构、跨国公司的合作。建设医疗卫生、生物医药、医疗器械、康复保健、健康服务的公共信息平台，以及专业孵化器、产业标准体系、产品检测等公共平台。采取专业培训、引进人才等多种方式培养不同层次的各类专业人才，尤其要大量培养当前健康产业紧缺的老年医学、护理、营养和心理等方面的专业人员。夯实健康产业发展基础。

4.构建完整的健康产业链，形成产业良性互动

健康产业可分为医疗性健康服务和非医疗性健康服务两大部分。以医疗服务、药品、医疗器械为代表的常规医疗性健康服务业，是我国健康产业的传统强项。但是，包括高端医疗服务、生物医药、高技术医疗器械，以及健康管理与促进、康复保健、健康保险等的非医疗性健康服务业，目前还是健康产业链上的弱项和短板。

要支持传统医疗、医药业向健康产业链上下游环节延伸，引导养老、旅游、互联网、健身休闲、食品相关产业跨界进入健康产业，吸引国内外资本投资健康产业，形成功能完善，分工明确的产业体系和完整的健康产业链，从而推动整个产业链及周边相关产业良性互动发展。

同时，健康产业的发展要与医疗卫生体制改革、社会保障体制改革及促进经济转型升级紧密结合，互为支持，协同推进。

5.大力发展商业健康保险

发展健康产业，要大力推进商业健康保险。完善政策规范，把健康保险作为金融、社会保障和健康产业的重要支柱，制定产业政策和发展规划，完善税收优惠政策；加强商业健康保险与社会保障的合作，支持商业健康保险发挥社会管理功能；加强医保合作，鼓励健康保险与健康管理共同发展，加强对医疗行为的监督和对医疗费用的控制，实现互利共赢；为参保人员提供健康风险评估、健康风险干预等服务，并探索健康管理组织等新型组织形式，使商业健康保险成为健康产业领域资金融通、技术进步的重要推动力量。

6.抓住机遇，突破常规，催生产业巨头

新冠肺炎疫情引发了全国上下对于健康产业的高度关注，这是一次难得的全民健康教育。从产业发展角度而言，这次疫情不失为一个机遇：有国家战略支撑，有产业政策支持，有民众认知的飞跃，有产业资本的积累，假以企业家智慧，完全可能让我国的健康产业超常规向前推进5~10年。这次疫情有可能成为互联网医疗的转折点和突破点，在5G的加持下，催生几家世界级互联网远程医疗健康服务企业。

思政园地

促进健康产业高质量发展

健康产业是全社会从事健康服务提供、相关产品生产经营等活动的集合，涉及面广，产业链长，融合度高。大力发展健康产业，是实施健康中国战略、维护和保障人民群众健康的一项重要任务，既是改善民生的需要，也是建设现代化经济体系的需要，具有重大意义。当前，健康产业仍存在优质医疗资源不足、科技含量不高、跨界融合不充分、健康保险发展滞后、人才要素短缺、营商环境和行业监管不够完善等短板弱项。为深入贯彻党的十九大和十九届二中、三中全会精神，全面落实全国卫生与健康大会和《“健康中国2030”规划纲要》部署，加强部门协调联动，发挥各方合力，突出重点工作，促进健康产业高质量发展，国家发改委等多部门2019年8月印发《促进健康产业高质量发展行动纲要（2019—2022年）》（发改社会〔2019〕1427号）。该纲要提出，到2022年，我国基本形成内涵丰富、结构合理的健康产业体系，优质医疗健康资源覆盖范围进一步扩大，健康产业融合度和协同性进一步增强，健康产业科技竞争力进一步提升，人才数量和质量达到更高水平，形成若干有较强影响力的健康产业集群，为健康产业成为重要的国民经济支柱性产业奠定坚实基础。围绕重点领域和关键环节，该纲要提出实施优质医疗健康资源扩容工程、“互联网+医疗健康”提升工程、中医药健康服务提质工程、健康服务跨界融合工程、健康产业科技创新工程、健康保险发展深化工程、健康产业集聚发展工程、健康产业人才提升工程、健康产业营商环境优化工程、健康产业综合监管工程等10项重大工程。

资料来源 安蓓. 我国围绕健康产业重点领域关键环节实施10项重大工程［EB/OL］.（2019-09-29）［2021-11-15］. http://www.gov.cn/guowuyuan/2019-09/29/content_5434970.htm.

本章小结

健康产业是指以医疗卫生和生物技术、生命科学为基础，以维护、改善和促进人民群众健康为目的，为社会公众提供与健康直接或密切相关的产品（货物和服务）的生产活动集合。健康产业发展的战略对策是：贯彻新理念，完善健康产业政策体系；互联网+创新健康产业服务模式；打造健康产业公共服务平台，培养健康产业专业人才；构建完整的健康产业链，形成产业良性互动；大力发展商业健康保险；抓住机遇，突破常规，催生产业巨头。

本章思语

1.“互联网+”如何在我国健康产业发展中发挥作用？

2.如何推进中国健康产业集群的发展？

3.如何打造完整的中国健康产业的产业链？

第14章 流通产业

流通是连接生产和消费的桥梁和纽带。在经济新常态下，流通对供给侧结构性改革发挥着双重作用，是实现低端供需平衡向高端供需平衡有序转变的重要力量，是构建新发展格局的重要支撑。

14.1 流通产业的地位与作用

流通这个经济现象在人类社会已经存在几千年，但是对流通首先作出科学和系统论证的是马克思。马克思指出：流通是产品从生产领域到最终到达消费者之间所必须经过的一系列过程；流通是社会分工的结果，并且随着生产力的发展和社会分工的深化，流通也在不断发展，流通业是商品流通发展到一定阶段的产物。马克思的理论对于今天的中国流通业仍然有着重要的指导意义，但是市场经济体制下的流通产业具有更加宽泛的内涵。流通产业是商品流通的组织载体，是一个相对独立的产业组织，是一切实物商品和服务商品流通的组织载体，分为实物商品、服务商品、一系列贸易活动的组织。根据《国民经济行业分类》（GB/T 4754—2017），流通产业包括批发和零售业，住宿和餐饮业，租赁和商业服务业，居民服务、修理和其他服务业。此外，商品的物流分别包括在交通运输、仓储和邮政业中，电子商务（网上交易）包括在信息传输、计算机服务和软件业中。其中，批发和零售业及餐饮服务业是流通产业的主体部分，其他部分是流通产业的外延部分。

流通产业是反映一个国家经济发展和社会繁荣程度的窗口，是观察一个国家综合国力和人民生活水平的晴雨表，是实现需求与消费不断升级的桥梁和纽带，是启动市场的“加速器”“助推器”。特别是随着消费对GDP的贡献越来越大，承担相当部分消费需求转化职能的流通产业与GDP增长的相关性也越来越密切。

流通作为生产和消费之间的“桥梁”，在国民经济运行中的功能可以概括为以下几个方面：

（1）发展状况直接影响着我国社会主义市场经济的建设。

（2）调节供求关系，解决生产和消费的矛盾。

（3）满足居民消费需求，推动消费结构升级。

（4）实现国民收入的分配和再分配，提供就业机会。

（5）发挥地域比较优势，促进经济协调发展。

（6）作为国民经济的重要组成部分，其发展本身对国民经济具有重大贡献。

14.2 流通产业取得的重大成就

改革开放以来，中国流通产业获得了前所未有的快速发展，在国民经济中的先导地位和基础性地位已经形成，对中国经济增长起到了极大的推动作用，尤其是在拉动内需和促进就业方面作用凸显。当前，不论是在农村还是在城市，商业网络四通八达，各类商品市场空前发展。随着网络的普及和发展，新零售模式不断涌现，并在流通产业中占据着越来越重要的地位，彻底改变了过去经营模式单一的状况，形成了多层次、多环节、开放式的竞争发展新格局。但同时存在企业规模小、产业内部结构不合理及区域分布不均衡等问题。流通业的发展应该以《中华人民共和国国民经济和社会发展第十四个五年规划和

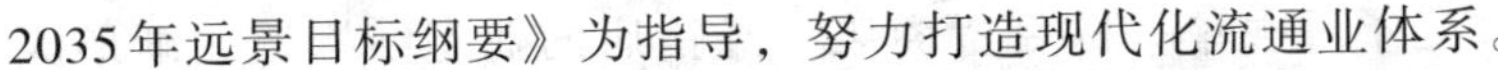

2035年远景目标纲要》为指导，努力打造现代化流通业体系。

1.流通产业已经成为国民经济的基础性和先导性产业

2012年国务院下发了国发39号文件，提出改革开放以来我国流通产业取得了长足的发展，交易规模持续扩大，基础设施显著改善，新兴业态不断涌现，现代流通方式加快发展，流通产业已经成为国民经济的基础性和先导性产业。流通产业在国民经济中的比重不断上升，其所涵盖的领域颇多，其增加值占GDP的比重也不断升高。

根据国家统计局数据，虽然受新冠肺炎疫情影响，2020年全国社会消费品零售总额与2019年相比有所下降，但仍达到了391 980.62亿元，占GDP的比重达到了38.86%。流通产业除了为GDP作出贡献外，在吸收就业、促进社会再分配等方面，发挥着无可替代的作用。尤其是流通产业中的餐饮和零售等领域，由于进入门槛低，企业数量多，覆盖面广，在吸收剩余劳动力方面是社会的主力军。截至2019年，全国限额以上批发和零售法人企业已达到242 544个，吸纳就业人口1 213.9万；限额以上住宿及餐饮法人企业数量达到了53 711个，吸纳就业人口434.8万人，实现遍布城乡的流通网络，为国民经济的增长、社会的长治久安提供了重要保障。

2.流通规模进一步扩大①

从总量上看，我国流通产业发展实现了持续高增长，流通规模不断扩大。

（1）社会消费品零售额方面，近几年我国社会消费品零售额一直保持稳步增长，即便到2020年由于受新冠肺炎疫情的影响，该数额略有下降，但仍然超过了39万亿元。

（2）物流方面总量持续壮大，需求结构得到进一步优化。据中国物流与采购联合会消息，2020年全国社会物流总额为300.1万亿元，按可比价格计算，同比增长3.5%。

（3）批零等行业增加值方面，2020年我国实现批零行业增加值超过9.5万亿元，受新冠肺炎疫情影响比2019年略有下滑。但在近乎全国封城的情况下，能够实现这样的数据也足以看出流通业的发展情况。

（4）交通运输、仓储和邮政业2020年增加值达到41 561.7亿元，在特殊时期保持了0.5个百分点的增长。

（5）住宿和餐饮业增加值在2020年达到了15 970.7亿元。

3.国际地位日益增强

党的十八大以来，我国经贸大国的地位进一步巩固，商务高质量稳步推进，为经济社会发展作出了重要贡献。根据商务部数据，2020年我国货物进出口总额达到4.65万亿美元，而1950年这一数据是11.3亿美元。我国已经成为名副其实的全球第一贸易大国，且贸易结构不断优化，机电产品、高新技术产品成为我国的出口主体，民营企业成为对外贸易的主力军。在消费方面，我国在2020年的社会消费品零售总额为391 981亿元人民币，商品供应充足，种类丰富，消费规模也不断扩大，成为仅次于美国的全球第二大消费市场。

4.流通业态及经营方式越发多元化

改革开放以来，中国逐渐确定了市场经济的主体地位，流通体制的改革进程也在持续不断地向前推进，形成了国有、集体、个体私营、股份制、中外合资及外企独资等多种流通主体并存的格局，且国有和集体经济的份额也有所下降，合理的竞争格局逐渐形成。在

① 黄禹铭. 我国流通产业发展地区差异分析［J］. 商业经济研究，2020（1）：13-16.

流通业态方面，我国零售业改变了过去单一的百货商店、经销店的业态结构，逐渐形成了多种有店铺业态和无店铺业态及线上线下相结合的业态。目前，零售业的业态包括食杂店、便利店、折扣店、超市、仓储超市、专业店、百货商店、网上商店、自动售货亭等30多种店铺业态。尤其是随着互联网的兴起，各种网络业态更是不断推陈出新：淘宝和京东等大型的网络平台、拼多多的网络拼购、寺库等奢侈品平台、微信朋友圈的代购、抖音和快手的网络直播等。尤其是在2020年疫情防控期间，各大电商平台纷纷注资发展社区团购，使社区团购的流通业态得到快速发展。这些新型流通业态的出现，极大地刺激了消费者的消费欲望，方便了消费者的购物，满足了消费者多层次、多元化的购物需求。

5. 电子商务模式发展迅猛

作为流通产业的典型代表模式之一，电子商务产业在最近几年发展尤其迅速。其快速发展不仅表现为交易量的井喷式上升，同时表现为覆盖面的增加。目前，电子商务的交易方式不仅在城市中达到了普及的状态，在农村中电子商务也快速发展并成为国家实现乡村振兴战略及解决精准扶贫问题的重要抓手。《中国电子商务报告（2020）》显示，2020年全国电子商务交易额为37.21万亿元，同比增长4.5%，而2009年的全国电子商务交易额仅为36 730亿元，不到10年的时间增长了9.1倍；网上零售规模从0.13万亿元猛增到11.76万亿元。中国已成为全球第一大网络零售大国，电子商务成为中国经济增长的重要增长点之一。

6. 形成了一大批有国际竞争力的大型流通企业集团，行业集中度日益提高

虽然在中国流通产业中，中小型企业占比仍然较高，但是也培养出了如阿里、京东、拼多多等国际知名网络平台销售企业集团，苏宁、国美、物美等传统零售企业也在竞争中脱颖而出，成长为国际型大企业。据统计，中国零售百强企业销售规模由2001年的2 538亿元增长至2020年的10.3万亿元，增长近40倍，年平均增速近20.34%。2020年零售百强在社会消费品零售总额中的占比达到26.3%，相比上年提升5.4个百分点，占比提升幅度为近年来最快。从增速来看，百强企业销售额增速在大多数年份高于社会消费品零售总额的增速，且增速明显高于行业水平，头部集聚效应持续扩大，显示出零售百强企业已成为流通业的中坚力量，具有举足轻重的影响力。[①]

14.3 流通产业的发展方向

流通体系在国民经济中发挥着基础性作用，构建新发展格局，必须把建设现代化流通体系作为一项重要战略任务来抓。要贯彻新发展理念，推动高质量发展，深化供给侧结构性改革，充分发挥市场在资源配置中的决定性作用，更好发挥政府作用，统筹推进现代化流通体系硬件和软件建设，发展流通新技术、新业态、新模式，完善流通领域制度规范和标准，培育壮大具有国际竞争力的现代化物流企业，为构建以国内大循环为主体、国内国际双循环相互促进的新发展格局提供有力支撑。流通产业的发展方向主要有如下几个方面：

① 依绍华，郑斌斌. 中国流通业发展阶段特征及未来发展趋势［J］. 首都经贸大学学报，2020（7）：48-61.

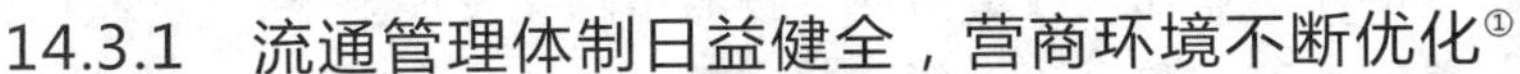

14.3.1 流通管理体制日益健全，营商环境不断优化[①]

为保障国内大循环畅通和国内国际双循环相互促进，需要创新流通管理体制机制，增加流通领域的有效制度供给。流通管理体制的创新体现在如下方面：

一是按照简政放权、放管结合、优化服务改革的要求，营造良好的市场环境。流通宏观管理部门要理清政府和市场的界限，将工作重点转变到营造公平竞争的良好市场环境上来。

二是要创新监管方式。有关部门要充分利用大数据、云计算等新型科技手段，提升监管的信息化程度，加大跨部门协作力度，探索对流通新模式、新业态、新产品、新服务的跨部门协同监管。

三是要完善流通领域立法，对标国际先进规则，完善基础性制度，为国内大循环畅通和国内国际双循环相互促进提供制度保障。

要运用区块链等先进信息技术，加快建设重要产品追溯体系，建立健全以信用为基础的新型监管机制。加强标准化建设和绿色发展，促进商品和要素流通制度环境显著改善。对一些企业以假冒伪劣、哄抬价格、以次充好等不良行为导致市场恶性竞争、流通资源失衡等后果的，应加大处罚力度。

14.3.2 建设全国统一大市场，实现要素、商品的自由流通[②]

2020年5月14日，中央政治局常委会会议首次明确提出了“构建国内国际双循环相互促进的新发展格局”。新发展格局形成需要有国内统一大市场作为基本的支撑条件和机制载体。过去在出口导向型经济全球化战略下，我们的经济增长利用的是国外尤其是西方发达国家的市场。如今在“双循环”新发展格局下，我们既要利用自己的市场来拉动中国经济增长，也要为世界经济复苏和繁荣贡献中国力量。建设国内统一大市场，需要强化竞争政策的作用。要在全国范围内，在充分竞争以及由此形成的社会分工的基础上，各地区市场间、各专业市场间形成相互依存、相互补充、相互开放、相互协调的有机的市场体系。在这种市场体系下，商品和要素能够按照价格体系的调节，在各行业、各地区间自由地、无障碍地流通或流动，市场封锁、地方保护等现象基本消除，从而实现资源在全国范围内顺畅流动和优化配置。这种价格体系能够调节全国商品和要素的供求关系；反过来，这种供求关系也能调节价格体系。

14.3.3 积极利用信息技术手段，推进流通产业现代化

《中华人民共和国国民经济和社会发展第十四个五年规划和2035年远景目标纲要》明确提出，要推进产业链、供应链的现代化水平。规划要围绕推进流通业本身的现代化。互联网以及大数据等现代信息技术手段的发展及应用，推动了各领域现代化的进程。我国流通现代化可以充分利用现代信息技术，实现跨越式发展。

流通产业的现代化既包括流通主体的现代化，也包括流通设施、经营形态、管理经营等的现代化。

① 祝合良．统筹推进现代流通体系建设［N］．经济日报，2020-01-21．
② 刘志彪．建设国内统一大市场的重要意义与实现路径［J］．人民论坛，2021（2）：20-23．

流通主体的现代化是指流通企业加大改革力度，按照市场化发展要求，改变过去规模小、经营分散、经营效益差的状况，整合流通资源，实现大流通、大市场、大集团的目标要求。

流通设施的现代化则是将现代技术的优秀成果充分利用在流通设施当中，如交通基础设施、物流枢纽、配送中心、储备库、冷链基地、公共信息平台等，提高流通效率，增强流通效果。

在流通形式上，根据消费者消费习惯的改变，既要保有旧有的商场、超市、购物中心、专卖店等形式，更要充分利用网络营销的优势，大力发展网络销售平台，直播带货、社区团购、微商等新型流通形式，多种业态并存，满足不同类型消费者的需求。

管理现代化既包括宏观方面的现代化，也包括微观方面的现代化。从宏观上讲，就是要有健全的法规、制度及交易规则，要保护平等竞争，反对垄断；从微观上讲，则是流通企业要运用科学的管理手段来加强企业的管理经营，增强企业竞争力。

14.3.4 参与全球价值链重构，推进流通产业国际化

经济的全球化使得国内市场与国际市场逐渐融为一体，任何一国的经济发展都必须在开放的前提下进行。我国已提出以构建国内大循环为主体、国内国际双循环互相促进的新发展格局。

近些年中国流通企业的竞争实力不断增强，随着国内商品市场增长空间的下降，走出国门、落地海外，实现全球化布局已成为企业发展的必然规律。尤其是电商平台的发展，为流通企业走出去提供了技术支撑和渠道资源。以电商平台为代表的流通企业早已在海外布局设点，建立海外仓、直采基地，设立线下实体店，通过“买全球”“卖全球”，满足国内外消费者的多元化需求。作为商品国际化交换的纽带和渠道，流通企业的国际化为国内商品进入国际市场提供了渠道平台和资源，也为国外商品进入中国市场提供了机会和销路。在国内外商品交换的过程中，加深企业间交流，使中国企业更多融入全球市场，实现要素在全球化领域的优化配置和资源整合，从而参与全球价值链重构，提升企业在全球分工中的地位。

14.3.5 适应市场运行制衡机制，发展信用经济，建立信用体系

（1）充分运用市场经济自身的规律，在竞争中形成优胜劣汰机制。在激烈的市场竞争中，所有生产者与经营者都依靠产品质量、价格、服务来参与竞争，创品牌、创名牌已是一种共识。这种品牌意识、名牌战略是对用户负责的一种信用，是企业自身的信誉，是无形资产、核心竞争力。

（2）把信用意识教育作为全民教育的重点内容。信用意识教育的目的在于提高全民信用意识，信用意识的增强有利于市场主体的成熟、信用制度的建立，还有利于提高人们对各种非信用行为的识别能力。增强信用意识，也是全民职业道德教育的一部分，可以提高全民族的精神文明程度。完善市场经济的法律制度，是健全市场经济法律的根本前提，而有法可依、有法必依、执法必严、违法必究是市场经济法律的中心环节。

（3）建立健全社会主义市场经济法律体系。

（4）加快建立信用制度。在中国建立单位与个人信用制度势在必行，只有建立信用制

度，才能使市场经济真正成为信用经济。

14.4　流通产业的发展战略与政策

14.4.1　流通产业的发展战略[①]

“十四五”时期是我国全面建成小康社会、实现第一个百年奋斗目标之后，向第二个百年目标进军的第一个五年，新阶段及新的发展理念对我国流通产业提出了新要求。要把建设现代流通体系作为一项重要战略任务，为构建以国内大循环为主体、国内国际双循环相互促进的新发展格局提供有效支撑。

1.正确认识流通产业在国民经济中的基础性、先导性、战略性作用

流通产业的基础性作用主要指对国民经济增长的贡献度；先导性作用主要指对国民经济的引导作用；战略性作用主要体现在对国民经济的安全保障与对传统产业的提升作用。对于流通产业的发展，亟需国家层面给予一定的重视。

首先，要给流通产业以正确的定位，明确其先导产业、基础产业或战略产业的定位，各级政府应该在国家产业定位的基础上，根据本地区经济发展的实际情况明确本地区的流通产业定位，合理规划流通产业有序健康地发展。

其次，要对流通产业的发展给予更多的政策扶持，并根据流通产业具体内容的不同，从资金、税收、人才等方面给予更多的扶持，从政策上大力支持流通产业的发展。

2.统筹硬件和软件建设，构建现代化流通体系

现代化流通体系硬件既包括基础设施，如交通基础设施、物流枢纽、配送中心、储备库、冷链基地、公共信息平台等，也包括技术装备与运作场所等。软件方面则包括研发、供应链优化、人才培养、业态创新、标准制定、新技术推广、市场营销等。改革开放以来，我国流通业的硬实力有极大提升，但软实力欠账较多。世界银行的全球物流绩效指数（logistics performance index，LPI）由多项指标构成，包括海关与边境管理清关的效率、贸易与运输基础设施的质量、安排具有竞争性价格货运的便利性、物流服务的竞争力与质量等。这既有体现硬实力的方面，也有体现软实力的方面。2018年中国的排名还没进前二十，与世界第二大经济体的地位不相称。因此，必须“软硬兼施”，统筹推进现代流通体系硬件和软件建设。

3.培育具有国际影响力的流通企业，提升流通产业国际竞争力

产业龙头企业对产业的发展起着带头作用。2021年《财富》世界500强排行榜显示，中国上榜企业数量（143家）连续第二年居全球第一，且中国流通企业京东集团和阿里巴巴等的排名都有所提升，这说明中国企业实力在不断增强。但由于排行榜是按照销售额而不是利润额来进行排名的，所以中国企业薄弱之处一旦从利润的角度去衡量，立刻就凸显出来了。上榜企业的平均利润是美国企业平均利润的一半左右，这说明中国包括流通领域在内的龙头企业还存在大而不强的情况，需要提升的空间还很大。所以，必须做大做强有国际影响力的流通与物流企业，使中国真正成为国际贸易中心、物流枢纽与供应链创新中心。国内循环和国际循环都离不开高效的现代流通体系，高效的现代流通体系应在全球产

① 丁俊发. 加快建设高校的现代流通体系［N］. 经济日报，2020-09-30.

业链、供应链、价值链方面取得竞争优势。为此，要进一步扩大对外开放，调整外资在中国的产业结构；完善进出口贸易结构与机制，确保中国从贸易大国向贸易强国转变；增强国内外产业融合度，降低中国经济发展对外依存度，提升国际价值创造的参与度；切实做好流通产业在全球特别是"一带一路"建设中的空间布局，着力打造新型市场、物流枢纽与供应链创新中心。

4.着力提高流通效率

在社会再生产过程中，流通效率和生产效率同等重要，都是提高国民经济总体运行效率的重要方面。高效流通体系能够在更大范围把生产和消费联系起来，扩大交易范围，推动分工深化，提高生产效率，促进财富创造。一般来说，流通效率主要体现在资源的整合力、流程的优化率、流通业态与流通技术的创新能力等方面，主要就是要用信息化、现代物流与现代供应链去改造和提升传统流通业。

5.加大流通金融产品创新

金融是国民经济的血脉，也是现代流通体系的血脉。没有金融与流通体系的融合，就无法构建现代流通体系。在流通体系中，无论是货物贸易、服务贸易还是知识产权贸易，无论是批发商还是零售商，都离不开资金的融通。要根据我国流通业的实际情况，强化支付结算等金融基础设施建设，深化金融供给侧结构性改革，提供更多直达流通环节经营主体的金融产品。

14.4.2 流通产业政策

产业政策是政府为了实现某种经济和社会目标而制定的有特定产业指向的政策的总和。流通产业政策是政府为了实现流通产业协调运行和高效发展所制定和实施的经济政策。流通产业竞争性较强，市场机制作用显著，其运行与发展对自由交换、自由竞争的要求最为强烈。由此产生一些消极作用：一是竞争导致商业资本的过度集中，形成一定程度的垄断；二是可能产生过度竞争，造成资源的浪费；三是可能会产生不公平、不公正、不正当的竞争行为，扭曲市场信息，影响市场效率等。这样，市场机制就起不到优化配置资源的作用，即出现"市场缺陷"或"市场失效"问题。因此，要求从市场外部加以矫正和解决这类问题，需要政府介入经济活动，制定流通产业政策。

1.产业竞争政策

流通产业竞争政策是保证流通领域中的市场机制对资源的优化配置、维护和促进流通产业内有效竞争的政策。

（1）反垄断政策。我国流通产业的市场集中度低，行业壁垒低，商品或服务差异化不大，还没有形成垄断的现实。所以，目前的反垄断政策主要是针对已进入或正准备进入国内市场的国外大流通企业集团而言的。除可以将流通产业中的一些垄断和限制竞争行为列为反垄断政策之外，还可对一些特定行业和特定产品（在特定时期、特定情况下）以及具有特定内容的某些行为实行豁免。

（2）限制过度竞争和各种不合理竞争政策。限制过度竞争的流通产业政策是指在经济发展处于起飞之前和起飞阶段，流通企业发育不成熟、规模小，各类投资主体易进入，形成过度竞争。这时需要采取下列政策：一是推动流通企业的适度集中，提高企业的组织化程度。应鼓励并指导组建各类连锁企业集团，以提高中小流通企业对抗大企业的能力；积极组建大型流通企业集团，以提高竞争能力，与进入国内的国外大型流通集团相抗衡。这样企业的组织化程度提高，大企业之间相互制约，中小企业可以有生存和发展的机会，形成合理的市场流通秩序。二是建立合理、适度的竞争秩序。要充分发挥行业协会、商会等中介组织的作用，以抑制、协调、消除过度竞争。这就需要政府引导、支持这些中介组织的发展，建立符合市场经济要求的中介组织体系。

限制各种不合理竞争主要是基于实行公平竞争和提高流通产业运行效率来考虑的。这种政策包含下列内容：一是保证流通企业实现公开、公平、公正的竞争，实现发展机会的均等；二是适当限制大型流通企业；三是完善竞争规则，建立良好的市场竞争秩序。这种政策一方面可以建立价格竞争的正常秩序，反对暴利和价格欺诈；另一方面可以鼓励各种非价格竞争，并形成正常的竞争秩序。

2.产业扶持政策

流通产业扶持政策实际上是在反垄断政策之外专门用来扶持中小流通企业发展，以与垄断大企业相抗衡的一种政策。这一政策的内容有下列几项：

（1）制定专门的以大型流通企业为对象的法律，对其经营活动加以限制和约束。在这方面应结合我国实际，尽快制定相应的法律法规和政策以规范和约束国外大型流通企业在国内市场的扩张，为我国流通企业的发展，特别是中小流通企业的发展创造机会，保证流通领域的公平竞争。

（2）扶持中小流通企业。对中小流通企业的扶持、对大型流通企业的约束和限制，主要是通过促进中小企业发展，来防止大型企业的过度扩张，保证公平、有效竞争。具体来说，扶持中小流通企业可以通过以下渠道：①资金扶持。②劳动力扶持。③发展规划扶持。

（3）扶持西部地区流通产业发展。改革开放以来，西部地区流通产业的发展有很大进步，但与东部相比，仍有不小的差距，可以采取如下扶持措施：

①西部地区流通产业加大对外开放的力度，比如适当开放一些批发领域，吸引外商的投资。

②鼓励个体、私营企业投资西部地区流通产业，兼并、重组、承包、收购西部地区效益不高、机制不活、生存困难的国有中小流通企业。

③加快边境贸易发展，开拓边境市场。

④各级政府要为流通产业发展创造条件。

3.产业准入政策

流通产业准入政策是对进入流通领域的企业资格、经营内容、经营区域等方面进行限定的政策。

（1）坚持对重要商品经营者资格的认定。一些关系国计民生的重要商品，如烟草、药品、黄金、有色金属、食盐、食糖、橡胶、成品油、农膜、农药等，要对经营者资格进行严格认定，发布专门的法律法规和政策等进行管理。

（2）加大流通领域对外开放的力度。符合我国利用外资的有关规定的企业均可以进入流通领域。借鉴国外经验，改善外商投资流通产业的市场准入条件和审批办法，按照国际通行惯例进行必要的控制，尽快制定流通产业对外开放的法律法规体系，以促进流通领域的对外开放。

（3）加快内外贸一体化进程，允许流通企业涉足内外贸活动。内贸企业有扩大商品进出口权的要求，这样一方面可以将市场拓展到国外，扩大经营规模；另一方面可以将国内消费者需求的商品直接从国外进口，而不必经过专门的外贸部门做中介，这可以减少流通环节、降低流通费用。同样，外贸部门也需要在国内市场上占有一定份额，而不仅仅限于作为进出口的中介。

4.产业创新政策

流通产业创新政策是指增强流通企业的竞争能力，提高经营管理水平，实现产业的现代化、国际化，增强整个产业环境适应能力的政策。

（1）产业组织创新政策。一方面，在国有经济战略布局调整中，国有流通企业要有序退出，适当集中。通过政策推动、政府支持，以建立规范的公司制流通企业为目标，提高国有经济的控制力、影响力和带动力，形成有竞争能力的大型流通企业集团。改革的过程正好可以培育有国际竞争力的大企业集团。另一方面，要考虑将内外贸企业进行合并，成立新型的流通企业集团。通过多种方式集中成立一批有竞争力的企业集团，为国内市场开放和参与国际市场竞争创造条件。对于流通领域的中小企业，特别是个体、私营企业，要促使其制度创新，使其从一般家族式企业向现代企业转变，逐步形成规范的现代企业制度。同时，发展超级市场、大型综合超市、便利店、专业店、专卖店、仓储式商场、购物中心等各种新型流通业态，依靠电子网络资源和社会化配送中心，减少中间环节，提高商流、物流的社会化组织程度，实现零售业的零库存，大幅度降低库存成本，增加企业利润。

（2）产业技术创新政策。现代科学技术的发展为流通产业的经营管理、技术创新提供了良好条件。技术创新和运用是流通产业增长与发展的强大推动力。政府主管部门需制定相应的技术政策，以促进技术创新和应用。为此要成立专门机构负责编制技术创新的发展计划；建立与科研、生产单位联合开发新技术的组织，及时将成果转化为流通生产力；将代表国际先进水平的组织技术、经营管理技术、物质技术等引入并消化吸收；提高员工素质，培养科研人才和管理人才，创造技术创新和运用的良好环境。对于重大科研攻关项目，政府要进行必要的支持，可以给予一定的优惠政策，以促使技术创新。

思政园地

推进互联网在流通领域的深度应用

流通领域是与互联网接触最早、融合最深、成效最明显的领域之一。我国高度重视互联网在流通领域的深度应用，出台了一系列政策文件，包括《国务院关于大力发展电子商务加快培育经济新动力的意见》（国发〔2015〕24号）、《国务院关于积极推进“互联网+”行动的指导意见》（国发〔2015〕40号）、《国务院办公厅关于推进线上线下互动加快商贸流通创新发展转型升级的意见》（国办发〔2015〕72号）等。2016年4月国务院办公厅发布了《国务院办公厅关于深入实施“互联网+流通”行动计划的意见》（以下简称《意见》）。

《意见》指出，“互联网+流通”在成为大众创业、万众创新最具活力的领域，成为经济社会实现创新、协调、绿色、开放、共享发展的重要途径。实施“互联网+流通”行动计划，有利于推进流通创新发展、推动实体商业转型升级、拓展消费新领域、促进创业就业、增强经济发展新动能，是流通领域实现稳增长、扩消费、强优势、补短板、降成本、提效益的重要举措。

《意见》明确了7项工作任务：

一是加快流通转型升级。支持企业全渠道经营，大力发展体验消费，着力提高供应链管理控制能力，增强老字号等传统品牌影响力，推动商品交易市场创新商业模式。

二是推进流通创新发展。鼓励发展分享经济新模式，支持发展协同经济新模式，大力发展流通创新基地。

三是加强智慧流通基础设施建设。加大流通基础设施投入，推动智慧物流、冷链物流建设，推进电子商务与物流快递协同发展。加大农村宽带建设投入，加快提速降费进程。

四是鼓励拓展智能消费新领域。鼓励构建线上线下融合发展的体验式智慧商圈，实施特色商业街区示范建设工程，拓展智能消费新产品、新技术、新服务。

五是大力发展绿色流通和消费。推广绿色商品，开展绿色商场示范活动，推动“互联网+回收”模式创新，开展“绿色产品进商场、绿色消费进社区、绿色回收进校园”主题宣传活动。

六是深入推进农村电子商务。着力促进农产品网络销售，引导电子商务企业拓展农村消费市场，鼓励各类市场主体整合农村物流资源。

七是积极促进电子商务进社区。大力发展社区电子商务，完善“一站式”便民服务消费功能，增加门店数量，提升居民生活便利性和生活品质。

资料来源 商务部电子商务和信息化司. 商务部电子商务司负责人就《国务院办公厅关于深入实施“互联网+流通”行动计划的意见》进行解读［EB/OL］.（2016-04-28）［2021-11-15］. http://dzsws.mofcom.gov.cn/article/af/201604/20160401307693.shtml.

本章小结

流通产业的发展方向是：流通管理体制日益健全，营商环境不断优化；建设全国统一大市场，实现要素、商品的自由流通；积极利用信息技术手段，推进流通产业现代化；参与全球价值链重构，推进流通产业国际化；适应市场运行制衡机制，发展信用经济，建立信用体系。流通产业的发展战略是：正确认识流通产业在国民经济中的基础性、先导性、战略性作用；统筹硬件和软件建设，构建现代化流通体系；培育具有国际影响力的流通企业，提升流通产业国际竞争力；提高流通效率；加大流通金融产品创新。流通产业政策主要有产业竞争政策、产业扶持政策、产业准入政策和产业创新政策。

本章思语

1.流通产业的主要功能是什么？

2.流通产业发展提升的主要方向有哪些？

3.流通产业发展的战略政策有哪些？

第15章
旅游产业

15.1
旅游产业的地位与作用
15.2
旅游产业的发展方向
15.3
旅游产业的发展对策

思政园地
本章小结
本章思语

15.1 旅游产业的地位与作用

15.1.1 旅游产业的地位

关于旅游经济的地位大多是从产业的角度来认识的，自1986年旅游业被列入我国国民经济计划并在产业序列中获得优先发展后，这种认识得到了进一步深化。

一般观点认为，旅游产业是生活服务业的一个组成部分。它是指在旅游经济运行过程中，为旅游需求的实现提供产品和服务的企业、组织（或机构）的集合。并不是所有为满足旅游需求而提供产品和服务的企业和组织都属于旅游产业范畴，只有那些经营对象主要是旅游者、经营收入主要来自旅游花费的企业和组织才构成旅游产业的组成部分，这些企业和组织主要包括住宿接待部门、游览场所经营部门、旅游业务服务中介组织等。

我国连续多年保持世界第一大出境旅游客源国和全球第四大入境旅游接待国地位，旅游产业经济效益大幅提升。2019年全国旅游及相关产业增加值为44 989亿元，占GDP的比重为4.56%，比上年提高0.05个百分点。

15.1.2 旅游产业的作用

基于旅游产业地位衡量的不完善性，对其作用最好从旅游经济的角度来考量。在很长的时间内，旅游经济效应研究中的主流领域是旅游给目的地国家和地区带来的收益。但旅游经济学是研究由旅游者在客源地与目的地之间的商品化、社会化的移动而引发的经济现象、经济关系、经济运行和经济影响的专门学科，其经济表现是哑铃型的。

因此，旅游经济影响不仅会涉及“哑铃”的目的地一端，还会涉及“哑铃”的客源地一端。这种商品化、社会化了的旅游活动如果跨越国界，并且目的地和客源地使用不同货币，则会涉及外汇的收支平衡问题。我们将从客源地和目的地两个角度分析旅游经济的作用。

1.对客源地的作用

一方面，旅游活动有助于改善客源地经济运行的人力资本要素质量，从而改善客源地经济运行的质量。另一方面，若在本地区旅游，则对本地区经济具有一般意义上的回笼货币、增加就业、带动相关产业发展等作用；若为跨区旅游，则将导致客源地资金外流，而流动跨越国境时，还会造成外汇流失。但居民出游也将带动本地的相关消费，旅游经济发展对当地的社会分工和资本流动也会产生积极影响。

（1）旅游需求在客源地商品化和社会化的富集促进了客源地诸如旅游批发经营商、旅游零售代理商等相关专门机构的出现。需求的商品化和社会化程度越高，旅游批发经营商在与目的地相关配套的“模块化”基础产品供给交易谈判中就越处于有利的地位，旅游批发经营商和旅游零售代理商的数量规模就越大。当数量规模扩展快于需求增长时，如果这些相关专门机构之间的竞争能有效展开，则将提高这些厂商的供给效率，增强其创新动力，从而提高其区域扩张的能力。这些专门中介机构的出现也将增加客源地的就业机会。

（2）伴随着旅游者的空间移动，客源地将随之产生对外投资，从而拓展本地资本和管理技术新的市场实现空间。这种对外投资可以脱离本地居民旅游流向，也可附着于本地居民的旅游流向中。一般考虑的是后一种流动情况，即旅游跨区域（或跨国）经营动机中的旅游者流动效应。尤其是目的地经济发展水平较低、需大量外部投资时，这种资本和管理技术流动的可行性就更大。这种对外投资也可产生巨大利润。当跨国公司海外投资所产生的利润大于资本输出量时，可改善客源地的国际收支状况，旅游经济现实中的“飞地”现象就是其典型写照。对外投资行为还大大开拓了外部市场，提高了本地区在经济全球化背景下的竞争力。

2.对目的地的作用

（1）增加就业机会。旅游经济活动是一项综合性、服务性的经济活动。一般认为，旅游业是劳动密集型产业，发展旅游业能为目的地提供大量的直接就业机会，包括直接为旅游者提供相应产品和服务的景区（点）、旅行社、住宿设施、娱乐设施、购物设施等部门的就业。另外，旅游经济是一种具有很强产业关联性的发散型经济，从而将通过产业链增加包括农业、制造业、食品加工行业等部门的间接就业。

（2）增加外汇收入。一般地，扩大外汇收入有两条基本途径：一是通过对外贸易获得贸易外汇；二是通过非贸易途径获得非贸易外汇。创汇一直是我国发展旅游经济的主要目标。的确，作为非贸易出口的重要组成部分，旅游创汇在换取外汇方面有自己的独到优势。

①“无形出口”效应。当今世界的贸易竞争非常激烈，各国都尽可能地设立关税壁垒，但旅游消费是以旅游者的流动为消费前提的异地消费，表现出“无形出口”效应，一般不受贸易壁垒和出口配额的限制，在国际上普遍被认为是最好的出口产业。

②服务换汇效应。通过向外国旅游者提供服务来获取外汇，可以使旅游目的地以较少的物质资源消耗获取较多的外汇收入。

③换汇成本低。一般来说，旅游换汇成本是贸易换汇成本的2/3左右。

（3）带动相关产业的发展。一方面，旅游业的发展需要物质生产部门提供一定的物质基础；另一方面，旅游业作为一个服务性产业，需要购买许多其他行业的服务和产品，从而推动这些行业的市场需求的增加，比如旅游业对民航、铁路、文物古迹、风景园林等行业发展的推动。

（4）促进地区经济发展。国际旅游使物质财富从客源地转移到目的地，完成国际财富的再分配；国内旅游则通过经济发达地区向经济较落后地区移动的旅游流，完成社会财富的地区间再分配，从而有助于缩小地区经济差距，改善目的地经济结构，提高目的地经济质量，促进地区经济发展。旅游经济的竞争机制及我国各个地区旅游经济的地区经济增长点和支柱产业的定位也说明了旅游促进地区经济的强大作用。

正因为旅游对地区经济具有强大带动作用，而目的地旅游吸引物在发展旅游经济中处于基础性吸引地位，所以在经济落后地区——尤其是拥有较为丰富旅游吸引物的地区——发展旅游经济还具有“开放式扶贫”的功能。地方政府对旅游景区（点）的民营化进程远比对旅行社、饭店等住宿设施的民营化要积极得多。因此，尽管饭店等住宿设施和其他相关旅游设施都能对吸引力产生重要影响，但无论是旅行社——作为客源地旅游批发经营商的代理商或散客的直接供应商，还是饭店——作为客源地旅游批发经营商的供应商或散客的直接供应商，它们在吸引旅游者方面不具有根本的主动性。也就是说，目的地的旅行社与饭店基本上是旅游客流的“享受者”，而非“创造者”，旅游景区才是旅游客流的“创造者”。

15.2　旅游产业的发展方向

15.2.1　坚持高质量发展，推进旅游为民，发挥旅游带动作用

坚持高质量发展，推进旅游为民，发挥旅游带动作用，是当前旅游产业发展的重要方向。[①]

一是丰富优质旅游产品供给。要优化旅游发展布局，整合跨区域资源要素，促进城乡、区域协调发展。优化旅游产品结构，构建类型多样、特色鲜明、品质优良、适销对路的旅游产品供给体系。坚持精益求精，着力打造精品旅游目的地、旅游线路，提升中国旅游品牌形象。

二是着力满足大众旅游特色化、多层次需求。要坚持标准化和个性化相统一，针对不同群体、不同层次需求，推出更多定制化旅游产品、旅游线路，开发体验性、互动性强的旅游项目。完善旅游公共设施，增加旅游惠民措施，加大旅游公共服务力度。完善灵活休假、带薪休假等制度，推动大众旅游深入发展。

三是加快推进以数字化、网络化、智能化为特征的智慧旅游。把握新型基础设施建设和数字社会、数字政府建设机遇，加强旅游信息基础设施建设，提升产品服务、企业治理等智慧化水平。深化“互联网+旅游”，加快建设智慧景区，支持旅游景区、度假区等开发建设智能化旅游服务系统，推进预约、错峰、限量常态化，提高管理效能。

四是推进“旅游+”“+旅游”。推进旅游与其他产业跨界融合、协同发展，催生新业态、延伸产业链、创造新价值。促进旅游与第一、二产业和生产生活性服务业融合发展，发展乡村旅游、工业旅游等。依托博物馆、国家公园、世界遗产地、红色旅游景区等资源发展研学旅游，拓展旅游新市场。在具备条件的地区发展乡村旅游、红色旅游，巩固脱贫攻坚成果，助力乡村振兴。

15.2.2　努力开创文化和旅游工作新局面[②]

1.建设现代旅游业体系

旅游是典型的幸福产业，是人们生活水平提高的重要标志。随着社会主要矛盾发生变化、小康社会全面建成，人们对旅游产品多样化、特色化、品质化发展提出新的更高要求。我们要紧紧扭住旅游业供给侧结构性改革，同时注重需求侧管理，丰富优质旅游产品供给，更好满足人们的旅游需求；充分发挥旅游业作为综合性产业，涉及面广、带动力强、开放度高等优势，释放“一业兴、百业旺”的乘数效应。坚持标准化和个性化相统一，推出更多定制化旅游产品、旅游线路，开发体验性、互动性强的旅游项目，更好满足大众旅游时代人们的消费需求。大力发展乡村旅游、红色旅游，促进农村和农民就业增收，巩固脱贫攻坚成果。积极推进“互联网 + 旅游”，加快建设智慧景区，推进限量、预约、错峰制度化、常态化。推动文化和旅游融合发展，建设一批富有文化底蕴的世界级旅游景区和度假区，打造一批文化特色鲜明的国家级旅游休闲城市和街区。

① 胡和平．不断推动文化和旅游发展迈上新台阶［N］．人民日报，2021-02-08.
② 胡和平．坚定文化自信　坚持守正创新　努力开创文化和旅游工作新局面［J］．党建，2021（3）：9-12.

2.建设现代文化和旅游市场体系

文化产业和旅游产业国内市场巨大、市场开放度高，服务构建新发展格局具有独特优势；文化和旅游市场培育监管也是营造产业发展良好环境、维护消费者合法权益的重要工作。我们要积极服务扩大内需战略，加大文化和旅游市场开发力度，推动形成强大的国内市场，让更多文化需求、旅游意愿在国内得到更好满足，促进消费回流。统筹国内、国际两个市场，推动文化产业国际合作，扩大对外文化贸易，大力恢复和发展入境旅游，规范发展出境旅游。持续推进“放管服”改革，放宽市场准入，促进公平竞争，保护知识产权，营造市场化、法治化、国际化营商环境。坚持质量引领、要素优化、监管高效，健全文化和旅游市场服务质量评价体系，完善以信用为基础的新型市场监管机制，推动形成统一开放、竞争有序的市场体系。深化文化市场综合执法改革，加大突出问题、重点领域的执法力度，推进“体检式”暗访评估常态化。

3.建设对外和对港澳台文化交流和旅游推广体系

加强对外和对港澳台文化交流、旅游推广，有助于相互了解、相互信任，架起文明互鉴的桥梁，系紧民心相通的纽带，增进港澳台民众文化认同、民族认同。我们要坚持以我为主、服务大局，创新交流方式、优化交流内容，讲好中国故事、传播好中国声音、展示好中国形象，更好地将中国文化、中国精神、中国价值转化为国际共识，增强国家文化软实力和中华文化影响力。围绕服务外交的工作大局，提高服务元首外交水平，提升配合重大外事活动项目的品质。深化双边、多边交流与合作，积极参与文化和旅游领域的国际组织工作、国际规则制定，增强国际话语权。加强“一带一路”文化和旅游工作，办好品牌活动，推进丝绸之路国际剧院、博物馆、艺术节、图书馆、美术馆联盟建设。办好“欢乐春节”“美丽中国”“文化和旅游年（节）”等品牌活动，建好、用好海外中国文化中心和驻外旅游办事处等平台。加大对外旅游宣传推广力度，提升入境旅游便利化程度、涉外旅游接待服务水平，让更多境外游客能够来到中国、了解中国。加大对港澳台工作力度，持续推进粤港澳大湾区文化和旅游合作，提升港澳台青少年游学交流和实习、实践活动质量。

15.3　旅游产业的发展对策

全面贯彻习近平新时代中国特色社会主义思想，坚持稳中求进的工作总基调，以推动旅游高质量发展为主题，以深化供给侧结构性改革为主线，优化产业结构，提升产业素质，推动产业融合，拓展产业功能，全面发展国内旅游，积极发展入境旅游，有序发展出境旅游，实现旅游业持续快速发展，努力把旅游业培育成国民经济的战略性支柱产业和人民群众更加满意的现代服务业，向世界旅游强国迈出重要步伐，为提高人民群众生活质量、全面建成小康社会、建设资源节约型和环境友好型社会、促进经济社会又好又快发展作出积极的贡献。

15.3.1　完善旅游促进就业的政策

在转型经济时期，尤其要突出旅游发展的就业带动功能，通过旅游促进就业的实践，丰富就业的内涵和指标体系，其中包括暂时性就业、季节性就业、交替性就业等新的就业方式，而不一定要着眼于全职就业、全年就业，这应该成为转型经济时期的一种指导思想。具体应该做到以下几点：

（1）重视旅游资源保护和旅游景区基础设施以及旅游公共服务设施建设，对这些直接经济效益不明显、吸引商业性资金有困难的相关建设应多渠道增加投入。

（2）在做好西部旅游投资规划的基础上，要启动中部、东部旅游投资规划编制工作，加强对旅游资源保护和旅游产品开发建设的宏观指导，尽快形成扩大就业的增长点。

（3）将国债资金安排向农村适当倾斜，旅游国债资金适度转向景区尤其是经济落后地区的景区的开发建设，优先考虑通过落后地区的景区开发管理机制改革，吸引民营资本并处理好利益分配关系。

（4）积极推动“公司+农户”这种发展模式在旅游经济发展中的试行应用，积极探索推行针对经济落后地区旅游经济发展的小额信贷。

（5）积极探索在经济落后但旅游发展潜力大的地区、民营旅游经济发达地区、下岗再就业问题突出地区等三类地区的旅游促进就业方面的经验。

（6）正确处理转型期旅游经济中经济与社会效益的关系，处理好旅游就业中有效就业与无效就业问题。在市场化进程中，旅游促进就业也需要包括一定的效率内涵。

（7）一方面，要开发新的城市旅游形式，比如通过持续的活动尤其是大型活动带动新型就业模式；另一方面，有资源条件的农村要引入外部市场发展旅游，吸纳农村剩余劳动力就业，没有资源条件但有市场条件的，要补足不够的条件、充分利用现有的条件，就地发展符合当地市场需要的旅游经济，带动农村就业，缓解城市就业与民工进城之间的矛盾。

15.3.2 加强营销和品牌建设

在旅游产业中，使用价值的获得必须通过人的流动来实现，因此在旅游供给厂商的价值实现中信息就起着至关重要的作用，应该通过信息流来代替物流，增加消费者对对象物的了解。为了降低消费者的信息搜索成本和购买风险，给潜在的旅游者提供足够和可信的信息，品牌化战略就成了旅游相关供给厂商和旅游目的地营销组织的重要任务；诚信与否也成了制约旅游经济规模扩张的重要因素。

首先，企业应该改变传统观念，通过大众媒体及非大众媒体途径加快高度综合化的信息——品牌的供给，尤其要通过企业的品牌化发展来推动旅游产品的品牌化发展。

其次，政府应该致力于目的地整体形象的塑造，一方面需要加快营销网络的建设，另一方面需要考虑政府营销这种公共产品的市场化供给，通过与私人营销部门建立伙伴关系来提高营销投入和组织效率。

15.3.3 突出政府主导战略的关键

1. 维护旅游市场交易秩序

政府应针对由市场机制不完善导致的经济秩序混乱的状况，培育和建立行业发展机制，包括培育旅游产业的自我保护机制、自我约束机制和市场促进机制。政府应建立适当的法规体系，以完善和配套规则来建立市场规则，约束企业的行为，规范市场关系，以国家性法规和行业性法规来还市场经济的本来面目——法治经济，促使旅游市场上“不是真正的企业”的旅游相关供给厂商退出市场，从而净化市场竞争，维护市场秩序。[①]

2. 加强目的地形象建设

作为公共产品，目的地形象将被所有的目的地甚至客源地旅游相关供给厂商所共享，任何一个厂商对这种公共产品的“消费”都不会影响其他厂商采取同样的“消费”行为，也不会产生“拥挤”现象，而且个别企业很难对公共产品的生产起到决定性的作用。因此，必须依靠国家和企业群体的努力，任何个别厂商很难或者说根本无法独立来完成目的地形象建设的任务。

3. 保护旅游创新供给

这种创新保护主要是针对旅行社行业的。企业可以通过创新来获得超额利润，但这种超额利润的获得是以一定的创新保护为前提的。如果企业创新得不到保护，创新行为就无法持续，旅游经济的持续发展就失去了动力源泉。政府规制显然不能采取强制来规定别的企业不能生产经营包含同样“基础产品”的产品。结合产业市场上很多创新型企业依靠良好的创新形象获得长久发展的现象，政府规制应该采取反向规制的方式：为创新旅游企业塑造创新形象提供“援助”，帮助企业在市场上树立创新企业的形象，引导旅游者的选择。

4. 改善旅游信息不对称

政府应改善信息不对称，以保护旅游者权益，并防止旅游产业中“逆淘汰”机制的形成。旅游是一种体验品，消费者不是供给厂商，在实际消费以前是不可能确切地知道该产品的完全信息的，这样买卖双方就存在信息不对称的现象。卖方在产品信息拥有方面处于优势地位，而且买方对卖方信息发布中的欺骗性信息缺乏完备的判断能力，这就隐藏着供给厂商的“欺骗”动机，使旅游者的权益受到损害。因此，政府应该对旅游相关供给厂商制定相应行为规制，规范其信息发布，强制旅行社与旅游者订立相关的规范合同。

15.3.4 加强旅游景区解说系统建设

为使旅游者尽可能地以景区管理人员所预想的或景区内各种消费元素所客观要求的方式进行消费，提高旅游者对景区的评价，推动旅游景区长远的可持续发展，旅游景区就必须通过改善景区解说设施并加强管理，帮助旅游者改善并提高其特定的消费技术和能力。当文化信息的发射主体与接收主体之间存在严重的非均衡不匹配时，尤其是那些很有“说头”的人文古迹或人文山水的旅游景区就需要完善旅游解说系统，外化旅游景区的文化内涵，形成旅游者的旅游体验。

15.3.5 构建新型旅游产业组织结构

新型的旅游产业组织结构的基本模式应该是“大企业主导、中小企业共生”的格局。我国现行分工体系下的“全能旅行社”和饭店业的“全能饭店”可称为低级纵向一体化。斯蒂格勒（1982）曾围绕斯密-杨定理，运用产业生命周期理论讨论了企业内部分工和社会分工的关系，并认为在产业发展的新生期和衰退期，由于市场容量狭小，所以不足以将相应的生产环节独立出来形成专业化的企业，产业内出现“全能企业”有其客观必然性。但是当该产业的市场容量发展到一定的程度，市场容量已经足以支撑由专业化的企业来更

① 青木昌彦，奥野正宽，冈崎哲二．市场的作用 国家的作用［M］．林家彬，等译．北京：中国发展出版社，2002.

有效率地进行相关环节的生产时，企业内部分工就将转化为社会分工。

基于我国旅行社行业非效率现状而提出的垂直分工思想，其实与纵向分解是同一个意思。旅行社行业的纵向分解就是从现有的分工体系中根据市场发展的内在要求，将诸如生产、销售等环节从“全能旅行社”中分离出去，由专业化厂商来分别提供相关工序的产品——形成包含旅游批发经营商、旅游零售代理商等层次的垂直分工体系。分工和专业化有助于改善效率，从而解决微薄利润率难以支撑在垂直分工体系下旅游零售代理商的佣金问题。为此，需要坚决制止人为地抬高利用市场机制的交易费用的行为，以免纵向分解后的收益难以弥补因此而产生的交易费用。

经济视窗15-1

思政园地

着力推进文旅融合，努力实现创新发展

2021年4月，文化和旅游部印发了《“十四五”文化和旅游发展规划》（文旅政法发〔2021〕40号）（以下简称《规划》）。《规划》对未来5年文化和旅游发展谋篇布局，是落实《中华人民共和国国民经济和社会发展第十四个五年规划和2035年远景目标纲要》和文化强国战略的具体体现。

《规划》坚持以习近平新时代中国特色社会主义思想为指导，将习近平总书记关于文化和旅游工作的一系列重要指示精神贯穿于规划全篇，注重立足新发展阶段、贯彻新发展理念、构建新发展格局，突出高质量发展的主题，把中央决策部署转化为“十四五”文化和旅游发展的科学思路和扎实举措，着力推进文化铸魂、发挥文化赋能作用，着力推进旅游为民、发挥旅游带动作用，着力推进文旅融合、努力实现创新发展。

《规划》系统阐明了“十四五”文化和旅游发展的总体要求、发展目标、主要任务、重要举措等。《规划》提出，要坚持正确方向、坚持以人民为中心、坚持创新驱动、坚持深化改革开放、坚持融合发展，大力实施社会文明促进和提升工程，加快建设新时代艺术创作体系、文化遗产保护传承利用体系、现代公共文化服务体系、现代文化产业体系、现代旅游业体系、现代文化和旅游市场体系、对外和对港澳台文化交流和旅游推广体系，提高文化和旅游发展的科技支撑水平，优化文化和旅游发展布局。力争到2025年，我国社会主义文化强国建设取得重大进展，文化事业、文化产业和旅游业高质量发展的体制机制更加完善，人民精神文化生活日益丰富，中华文化影响力进一步提升，中华民族凝聚力进一步增强，文化事业、文化产业和旅游业成为经济社会发展和综合国力竞争的强大动力和重要支撑。《规划》坚持引领性与可操作性相结合，着眼于补短板、强弱项、增后劲，设计了62个重点工程项目作为《规划》实施的重要支撑。

资料来源　沈啸. 文化和旅游部发布《“十四五”文化和旅游发展规划》[N]. 中国旅游报，2021-06-03（1）.

本章小结

旅游产业是生活服务业的一个组成部分。它是指在旅游经济运行过程中，为旅游需求的实现提供产品和服务的企业、组织（或机构）的集合。旅游产业的作用分对客源地和目的地两部分。旅游产业的发展方向是：坚持高质量发展，推进旅游为民，发挥旅游带动作用；努力开创文化和旅游工作新局面。旅游产业的发展对策是：完善旅游促进就业的政策；加强营销和品牌建设；突出政府主导战略的关键；加强旅游景区解说系统建设；构建新型旅游产业组织结构。

本章思语

1.何谓旅游产业？
2.旅游产业的发展方向是什么？
3.旅游产业发展的发展对策是什么？

第16章 海洋产业

16.1 海洋产业的地位与作用①

海洋是世界贸易的主要通道，是潜力巨大的资源宝库，是人类生存和发展的战略空间，是全球气候与环境的重要调节器，也是国际竞争与合作的重要舞台。开发和利用海洋，发展海洋经济和海洋事业，对全球经济发展和社会进步、我国改革开放和现代化建设，都具有十分重要的战略意义。

1.海洋在人类进步和全球发展中占有极其重要的位置

海洋面积占地球总面积的71%，空间广阔，资源丰富，是自然界主要的地理形态，也是人类生存支持系统的重要组成部分。从历史上看，海洋是地球生物的最早起源地，也是人类生命的摇篮。过去很长一个时期，人类以多种方式利用海洋，促进了全球文明进步。特别是从15世纪开始，随着世界地理大发现和远洋航海时代的到来，海洋成为国际商品往来最重要的交通通道，极大地促进了世界贸易的发展，推动了各国沿海地区的经济繁荣和社会进步。当今世界，全球大部分经济活动集中在沿海地区，很多大城市位于沿海地区，众多人口也居住在沿海地区。海洋历来是国家的门户、安全的屏障和兵家必争之地，对世界政治、军事格局的影响很大。进入21世纪以来，世界一些主要国家开发海洋的步伐明显加快。

2.合理开发利用海洋资源是世界可持续发展的战略选择

第二次世界大战后尤其是20世纪70年代以来，世界科技和经济迅猛发展，人口扩张、资源短缺和环境恶化的矛盾日益突出，海洋资源利用的潜力更加引起重视，海洋的价值更为明显。例如，未完全探明的海底世界蕴藏着大量生物、能源和矿产资源；海水的综合利用和淡化，有助于缓解沿海地区淡水资源紧缺的问题；海水中氢元素的提取和应用，可以为核聚变与燃料电池开发提供取之不尽的基础原料；可燃冰的开发，很可能成为继煤炭、油气之后的新一代能源；大洋多金属结核的勘探开发，将为增加全球接替战略资源开辟新的领域；海洋生物资源的开拓和挖掘，可能是解决人类食品问题的一条重要途径；深海生物基因的研发与利用，也有可能引发一场前所未有的生物革命等。

3.海洋对我国经济社会发展具有重大的战略意义

我国海域辽阔，海岸线漫长，不仅是一个陆地大国，也是一个海洋大国。我们不仅有约960万平方千米的陆地面积，而且有约470万平方千米的海域面积和1.8万千米的大陆海岸线，面积较大的海岛有7 000多个；在国际海底区域还拥有数万平方千米的多金属结核矿区；海洋考察的足迹已达到南极、北极和几个大洋。改革开放以来，我国沿海地区率先发展，走在全国发展的前列。海洋水产品的产量、海上石油资源量和天然气资源量都很可观，海水淡化量和冷却水用量迅速增长。海洋在我国现代化建设中发挥着日益重要的作用。

16.2 海洋产业的发展状况

我国海洋经济总量稳步提高，经济结构持续优化，产业发展水平继续提高，内生动力

① 宁吉喆. 发展海洋经济［N］. 经济日报，2010-10-30.

持续增强，稳增长、促改革、调结构、惠民生取得显著成效，海洋经济发展质量稳步提升，为海洋强国建设提供有力支撑。

2020年，面对突如其来的新冠肺炎疫情和严峻复杂的国际环境，海洋经济发展逐季恢复，结构持续优化，表现出较强韧性，海洋经济高质量发展态势得到进一步巩固。[①] 2020年全国海洋生产总值为80 010亿元，比上年下降5.3%，占沿海地区生产总值的比重为14.9%，比上年下降1.3个百分点。其中，海洋第一产业增加值为3 896亿元，第二产业增加值为26 741亿元，第三产业增加值为49 373亿元，分别占海洋生产总值的4.9%、33.4%和61.7%，与上年相比，第一产业、第二产业比重有所增加，第三产业比重有所下降。

1.海洋经济总量有所下降，但部分海洋产业快速恢复

2020年，新冠肺炎疫情等因素对海洋经济造成巨大冲击，国内消费受到抑制，外需明显下滑，海洋经济出现2001年有统计数据以来的首次负增长，《2020年中国海洋经济统计公报》显示，2020年我国海洋生产总值比上年下降5.3%。尤其是作为我国海洋生产总值占比最大的滨海旅游业，受疫情冲击最大，旅游景区关停，游客锐减，产业增加值与上年相比下降了24.5个百分点，是海洋经济整体下降的主要原因之一。除滨海旅游业以外，海洋油气业、海洋渔业、海洋交通运输业、海洋工程建筑业、海洋船舶工业等海洋产业快速复苏，产业增加值实现正增长，增速分别为7.2%、3.1%、2.2%、1.5%和0.9%。

2.政策助力企业效益恢复，保市场主体取得实效

为减少新冠肺炎疫情的影响，有关部门和沿海地方政府出台了推迟缴纳海域使用金、提高供水补贴和用电优惠、加大财政奖励等一系列政策措施，助力海洋产业企稳回升，海洋经济活动单位经营效益逐步恢复，市场活力不断释放，保市场主体任务取得实效。调查监测结果显示，76%的海洋经济活动单位就业人数比上年年底增长或持平；全年重点监测的规模以上海洋工业企业营收、利润降幅连续7个月收窄；全年营业收入利润率为4.6%，比前3个季度增加0.3个百分点；全年每百元营业收入中成本为83元，比前3个季度下降0.8个百分点。重点监测行业中新登记海洋经济活动单位比上年下降15.6%，降幅连续9个月收窄。

3.海洋能源供应逆势增长，民生保障进一步改善

海洋能源供给保障能力持续增强，全年海洋原油产量为5 164万吨，比上年增长5.1%；海洋天然气产量为186亿立方米，比上年增长14.5%。截至2020年年底，在我国管辖海域11个油气开发新项目投产，为海上油气开发实现新增长奠定了基础。

海洋清洁能源发展势头强劲。2020年，全国海上风电新增装机306万千瓦，比上年增长54.5%，LHD海洋潮流能发电站实现连续并网发电46个月，向国家电网送电量超200万千瓦时。

海洋经济在民生保障方面发挥了积极作用。“2020年抗病毒海洋药物研究专项”启动，构建了靶点模型并向社会开放共享，加速了抗病毒药物筛选进程。蓝色粮仓供应潜力进一步释放，全年新增国家级海洋牧场示范区26个，累计已达136个。海洋公共服务产品持续为社会公众提供便利。为避免人员经济损失，2020年共发布海洋灾害预警230次，其

① 何广顺. 海洋经济稳健复苏，高质量发展态势不断巩固［EB/OL］.（2021-03-21）［2021-11-15］. http://www.mnr.gov.cn/dt/ywbb/202103/t20210331_2618721.html.

中风暴潮预警61次、海浪预警169次。

4.海洋装备制造实力显著增强，海洋领域产业链、供应链持续优化

我国持续推进海洋领域科技创新，海洋装备成果丰硕，有效提高了海洋产业链、供应链的现代化水平。海洋渔业高技术专业化快速发展，10万吨级智慧渔业大型养殖工船中间试验船“国信101”号正式交付，开展了大黄鱼、大西洋鲑等主养品种深远海工船养殖中试试验，构建了深远海绿色养殖新模式。海洋船舶研发建造向高端化发展，17.4万方液化天然气（LNG）船、9.3万方全冷式超大型液化石油气船（VLGC）等实现批量接单；23 000标准箱（TEU）双燃料动力超大型集装箱船、节能环保30万吨超大型原油船（VLCC）、18 600立方米液化天然气加注船、大型豪华客滚船“中华复兴”号等顺利交付。深海技术装备研发实现重大突破，我国首艘万米级载人潜水器“奋斗者”号在马里亚纳海沟成功坐底，坐底深度为10 909米，创造了中国载人深潜的新纪录。海水利用技术取得新进展，开展了100万平方米超滤、纳滤及反渗透膜规模化示范应用，形成了5千吨/年海水冷却塔塔心构建加工制造能力。海上风电机组研发向大兆瓦方向发展，产业链条进一步延伸。国内首台自主知识产权8MW海上风电机组安装成功，10MW海上风电叶片进入量产阶段。

5.数字赋能产业转型升级，海洋领域新业态、新模式不断涌现

新冠肺炎疫情为海洋领域的数字经济发展带来新机遇，海洋信息在保障人民生活、对冲行业压力、带动海洋经济复苏等方面发挥了积极作用。数字渔业赋能产业振兴，国内领先运用“北斗+互联网+渔业”的一站式渔业综合服务平台“海上鲜”覆盖了41个渔港。能源综合利用助力渔业养殖，采用光伏+风力发电相融合的5G海洋牧场平台“耕海一号”交付。海洋船舶实现在线交易常态化，利用“云洽谈”“云签约”“云交付”等模式，在保交船、争订单方面成效显著。5G、人工智能、大数据、无接触服务等技术逐步改变海洋领域传统的流通、消费和服务方式，为公众提供新体验。海上风电场向智能化方向发展，国内首个智慧化海上风力发电场在江苏实现了并网运行。

6.海洋对外贸易发展总体向好，对外开放新格局向高水平迈进

海洋对外贸易在新冠肺炎疫情和逆全球化浪潮下逐季向好。我国与“21世纪海上丝绸之路”沿线国家货物进出口总额达到12 624亿美元，比上年增长1.2%，对稳定国家对外贸易起到重要的支撑作用。海运贸易逆流而上，干散货、铁矿石、原油以及液化天然气进口量大幅增长；海运出口量逐季改善，第四季度实现正增长。

未来，我国海洋经济将延续恢复性增长态势，市场需求将逐步释放，滨海旅游等海洋产业将会快速反弹。

16.3 海洋产业的发展对策

党的十九大报告提出，要坚持陆海统筹，加快建设海洋强国。

新时代国家战略空间的拓展和安全需要海洋来实现，改革开放的经济格局需要海上通道的安全来保障，东部沿海地区的继续率先发展也需要海洋的支持。①

①高之国. 在新起点上推动海洋事业跨越发展［N］. 经济日报，2011-06-14.

16.3.1　陆海统筹规划

1.科学规划海洋发展

规划是发展的纲领、建设的龙头、工作的蓝图。促进海洋事业又好又快发展，应当加强规划引导。抓紧研究编制相应的海洋经济和海洋事业发展规划，进一步明确我国海洋发展的战略思路，明确海洋开发的指导思想、主要目标、重点任务和重大措施，明确海洋生态环境和资源保护的目标任务，明确海洋经济区域布局的要求和沿海地区海洋经济发展的原则。沿海地区应把海洋经济和海洋事业的发展目标与政策措施更好地纳入本地经济和社会发展中长期规划，加大海洋投入力度，构建“海陆互动”的工作布局。内陆地区也应在规划制定和实施中重视海洋事业发展有关工作，积极参与和支持海洋开发。中央有关部门应履行职责，相互配合，加大投入，加强指导，努力形成海洋经济和海洋事业发展的合力。①

实行“陆海统筹”，就是要破除长久以来重陆轻海的传统观念的束缚，综合协调和正确处理陆地和海洋开发的关系，确立陆海一体、陆海联动发展的战略思路，加强陆海之间的相互联系和支援。海洋开发既要以陆地为依托，又要积极带动和促进陆地发展，努力做到海陆并举。贯彻“陆海统筹”，就是要在全面建成小康社会的进程中，统一筹划我国广袤陆域和广阔海洋这两大系统中的资源开发利用、经济社会发展、生态环境保护、区域政策协调、陆海空间开发的关系，实现经济社会发展海陆双向的高度协调一致。②

我国海洋资源种类繁多、开发潜力大。海洋资源的开发利用为沿海地区经济社会发展作出了重要贡献。目前，我国管辖海域海洋环境质量状况总体较好，基本满足了海洋功能区管理要求。

2.大力促进海洋产业发展

促进海洋产业发展，需要坚持以企业为主体、以科技为支撑、以市场为导向、以改革开放为动力，加强政策引导与支持，促进海洋三次产业协调发展，实现海陆资源互补、海陆产业互动和海陆经济一体化，提高海洋经济发展质量和效益。应制定并实施海洋产业发展指导目录，加快发展海洋油气、海上交通运输、滨海旅游等产业，着力提升海洋渔业、海洋养殖、海洋化工等产业发展水平，推动海洋生物医药、海洋可再生能源、海洋工程等产业有序发展，积极培育海洋领域战略性新兴产业。加强渔港等港口建设，推进海底隧道、跨海桥梁、海底光缆、供水装置等基础设施建设，促进产业结构优化升级。优化海洋经济空间布局，继续推进海岸带及邻近海域综合经济区建设，推进滨海地区产业结构调整，发挥各地比较优势，形成各具特色的沿海经济区。

3.合理开发利用和保护海洋资源

与全面建成小康社会、加快推进社会主义现代化的要求相比，我国海洋资源开发和保护还有许多工作要做。针对当前我国资源紧缺的突出矛盾，需要加大海洋油气资源、海洋生物资源和海水资源开发利用的力度，为缓解国家能源安全、粮食安全和水资源安全问题排忧解难。应进一步加强海洋资源的调查评价，加大海域油气等重要矿产资源勘查开发力度，有重点地勘探开发专属经济区、大陆架和国际海底资源，为海洋资源利用提供基础和

① 宁吉喆．发展海洋经济［N］．经济日报，2010-10-30.
② 高之国．在新起点上推动海洋事业跨越发展［N］．经济日报，2011-06-14.

保障。同时，转变海洋资源开发方式，提高资源开发效率和综合利用率，把宝贵的海洋资源开发好、利用好。在有条件的沿海地区尤其是城市新建区和改造区，应重视海水直接利用及淡化技术的研究与推广，支持海水利用技术的产业化，缓解沿海地区水资源短缺的压力。需要强调的是，海洋资源并非取之不尽、用之不竭的，一些资源是有限的甚至是稀缺的，要坚持合理开发、适度开发、集约利用，采取有效措施加强资源保护，促进海洋资源的永续利用。

4.保护海岛、海岸带和海洋生态环境

城市污染排放、工业无序开发、渔业过度捕捞等现象，给海洋生态环境带来了严重损害。这要求我们更加注重污染治理和环境保护，保持沿海地区可持续发展。发展海洋经济，应按照绿色发展、清洁发展、安全发展的要求，遵循污染防治与生态建设并重的方针，积极推进近岸重点海域环境整治与生态修复，对重点海域污染物向海洋排放实行总量控制，并努力从源头上减少污染排海；高度重视海岛、海岸线、河口、滩涂的保护，科学确定围填海规模和开发时序，加大渔业资源养护与修复，加强海洋和沿海自然保护区建设，保护好典型海洋生态系统及珍稀、濒危海洋物种。为此，应抓紧制定或修订海洋环境保护和生态建设规划，完善与海洋环保法律相配套的法规和标准，强化对陆源排污口附近海域的环境监测，搞好海洋工程建设项目和海上污染源的环境监管，健全海洋环境监视、监测网络，提高监测调查工作的信息化、规范化、标准化和专业化水平。做好海洋生态环境和自然灾害突发事件的应对工作，完善预案，消除隐患，不断提高海洋防灾减灾能力。

5.加强海洋科学研究和技术应用

无论是海洋经济发展、海洋产业结构调整，还是海洋资源合理开发利用、海洋生态环境保护，都离不开科技创新。应继续实施科技兴海战略及海洋科技计划，瞄准世界海洋高科技前沿，大力发展深海勘探、基因工程、卫星遥感和海洋可再生能源利用等高新技术；重点开发一批先进适用技术，建立海洋科技成果转化和推广应用体系，加快海洋信息化步伐；跟踪和探索海洋领域重大科学与政策问题，深入研究海洋与气候变化、经济社会发展对海洋生态环境影响、海洋综合战略和政策等重要课题。抓紧开展海洋专项调查，深化极地和大洋科学考察，实施海洋能力建设重大工程。为此，应围绕海洋发展和创新的重点任务，坚持用好现有人才，引进外来人才，抓紧培育适用人才，进一步优化海洋人才结构，以人才开发支持海洋事业发展。①

16.3.2 提高海洋开发、控制和综合管理能力②

要站在现代化建设全局的高度，用全球视野、历史眼光和战略思维观察与处理海洋问题，切实把海洋发展作为经济和社会发展的重要组成部分，把海洋事业作为全社会的事业来办，提高海洋综合管理水平，努力开创海洋工作新局面。

1.增强全民海洋意识

作为公民，应当了解我国的基本国情，了解海洋的情况，树立“海洋国土”概念和现代海洋理念，结合实际为促进海洋发展做力所能及的事。公务人员和领导干部应当带头学习海洋知识，关心海洋事务，尊重海洋规律，掌握做好海洋工作的主动权。地方和部门应

① 宁吉喆. 发展海洋经济［N］. 经济日报，2010-10-30.
② 宁吉喆. 发展海洋经济［N］. 经济日报，2010-10-30.

当贯彻落实中央关于海洋工作的方针、政策，切实研究和解决海洋发展面临的新情况、新问题，为做好海洋工作提供管理和服务。新闻媒体应当发挥好舆论的信息、教育和监督作用，以多种方式普及宣传海洋知识，在全社会形成关注海洋、热爱海洋、保护海洋和合理开发利用海洋的良好氛围。

2. 规范海洋开发秩序

应抓紧完善海域使用管理的法规，认真执行海洋功能区划制度。继续清理各类涉海行政审批事项，建立健全涉海行政审批责任制和责任追究制度，严禁违规审批、越权审批和重复审批，防止因海洋开发利用项目盲目重复建设而给国家和人民带来损失。加强对围海填海、海砂开采和无居民海岛开发等活动的监管，规范海域养殖活动。应提高海洋管理水平，规范海域使用秩序，保护合法用海行为，促进人与海洋和谐相处。

3. 加大海洋执法力度

依法行政是海洋管理的重要方略。应根据我国海洋法律法规以及有关国际法律法规，研究制定维护国家海洋权益的有效措施和具体办法。继续加强海洋执法，发挥好海监、海事、渔政、缉私、边防等力量的作用，加大对我国管辖海域开展巡航监视力度，有效监管各种海洋涉外活动，妥善处理侵害我国海洋权益的违法行为，切实保护我国公民的合法权益，保障海上通道安全，维护我国海洋权益。

4. 推进海洋领域国际合作

作为一个负责任的发展中大国，中国一如既往地坚持和平发展的方针，根据《联合国海洋法公约》等国际法，推动海洋领域合作与发展，努力把我们的海洋建设成和平、和谐、安全的海洋。应继续加强同世界其他国家和有关国际组织在海洋事务上的合作，推进在海洋合理开发、海洋生态环保、海洋减灾防灾、海洋综合管理等方面合作研究与交流，实施好有关国际合作项目，共同应对与解决人类面临的各种挑战，促进全球可持续发展。

16.3.3 积极拓展海洋经济发展空间

《中华人民共和国国民经济和社会发展第十四个五年规划和2035年远景目标纲要》提出，要坚持陆海统筹、人海和谐、合作共赢，协同推进海洋生态保护、海洋经济发展和海洋权益维护，加快建设海洋强国。

1. 建设现代海洋产业体系

要围绕海洋工程、海洋资源、海洋环境等领域突破一批关键核心技术。培育壮大海洋工程装备、海洋生物医药产业，推进海水淡化和海洋能规模化利用，提高海洋文化旅游开发水平。优化近海绿色养殖布局，建设海洋牧场，发展可持续远洋渔业。建设一批高质量海洋经济发展示范区和特色化海洋产业集群，全面提高北部、东部、南部三大海洋经济圈发展水平。以沿海经济带为支撑，深化与周边国家涉海合作。

2. 打造可持续海洋生态环境

探索建立沿海、流域、海域协同一体的综合治理体系。严格围填海管控，加强海岸带综合管理与滨海湿地保护。拓展入海污染物排放总量控制范围，保障入海河流断面水质。加快推进重点海域综合治理，构建流域-河口-近岸海域污染防治联动机制，推进美丽海湾保护与建设。防范海上溢油、危险化学品泄漏等重大环境风险，提升应对海洋自然灾害和突发环境事件的能力。完善海岸线保护、海域和无居民海岛有偿使用制度，探索海岸建

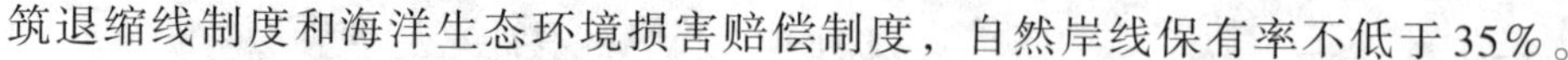

筑退缩线制度和海洋生态环境损害赔偿制度，自然岸线保有率不低于35%。

3.深度参与全球海洋治理

积极发展蓝色伙伴关系，深度参与国际海洋治理机制和相关规则制定与实施，推动建设公正合理的国际海洋秩序，推动构建海洋命运共同体。深化与沿海国家在海洋环境监测和保护、科学研究和海上搜救等领域务实合作，加强深海战略性资源和生物多样性调查评价。参与北极务实合作，建设“冰上丝绸之路”。提高参与南极保护和利用能力。加强形势研判、风险防范和法理斗争，加强海事司法建设，有序推进海洋基本法立法，坚决维护国家海洋权益。

思政园地

着力推进海洋经济高质量发展

促进海洋经济高质量发展，符合我国经济社会发展规律和世界经济发展潮流，关系现代化建设和中华民族伟大复兴的历史进程。党的十九大关于“高质量发展”“加快建设海洋强国”的战略部署以及习近平总书记关于“海洋是高质量发展战略要地”的重要论述，是海洋经济高质量发展的基本遵循和科学指引。海洋经济高质量发展需要处理好以下关系：

一、海洋经济发展与陆海统筹的关系

坚持“以海定陆”为原则统筹海岸带地区经济空间布局和资源配置，实现海洋经济与海岸带经济的协调发展。统筹用地、用海、用岛政策，同土地政策一样，把用海、用岛政策纳入国家宏观调控体系；统筹陆海基础设施建设；统筹海水淡化和水资源供给；统筹陆域与海洋能源勘探开发；统筹海洋与陆域科研资源。

二、海洋经济发展与生态环境保护的关系

完善海洋生态环境保护责任追究、损害赔偿和生态保护补偿制度。推广低碳、循环、可持续的海洋经济发展模式，积极推进海洋生态产品价值实现，将海洋生态优势不断转化为海洋生态农业、生态工业、生态旅游等经济优势。

三、海洋经济发展与海洋资源开发利用的关系

健全海洋自然资源资产监管体系，坚决避免海洋自然岸线大量破坏、海域空间无序占用等不可持续的开发利用行为。优化海洋资源配置，加强海洋资源开发利用总量、时序和结构的科学合理安排，健全海洋资源有偿使用制度、价格形成机制和收益分配制度，提升海洋资源利用效率和效益。

四、海洋经济管理中政府和市场的关系

海洋经济管理部门要正确履行宏观调控、市场监管、公共服务和保护环境等职能，既充分发挥宏观政策在海洋经济中平衡总量、优化结构、防范风险和稳定预期的作用，也不能频繁施策、削弱市场决定性作用。要减少对海洋资源型产品价格的干预。要为市场发展提供保障，实现海洋各类资源与要素的市场化配置。

五、海洋经济发展中部门与地方的关系

统筹协调发展改革、财政金融、自然资源、生态环境、农业农村、交通运输、工业和信息化、科学技术、国际合作等涉海主管部门，形成政策合力，提出切实促进海洋经济高

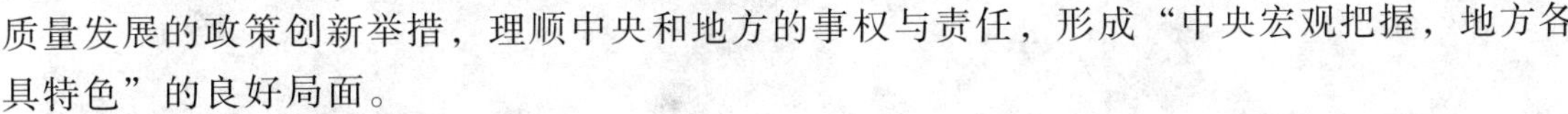

质量发展的政策创新举措，理顺中央和地方的事权与责任，形成“中央宏观把握，地方各具特色”的良好局面。

六、海洋经济发展整体与局部的关系

围绕新时期高质量发展的要求，立足海洋经济整体发展，提升海洋在国家发展全局中的战略地位，制定全面覆盖海洋经济各个行业、部门、社会群体的发展规划。在局部的发展和探索中吸取有益的示范经验，加强海洋经济发展示范区和创新示范城市的统筹管理和政策协调，真正发挥试点示范的作用，通过局部先行先试引领整体的进步提高。

七、国内与国际的关系

统筹国际与国内两个大局，持续推进21世纪海上丝绸之路建设，加强海上互联互通，与沿线国家共同打造开放、包容、均衡、普惠的海洋经济合作架构，建立完善海洋经济国际合作平台和机制，拓展蓝色经济伙伴关系，提高我国海洋经济发展理念的国际影响力。坚持“走出去”和“引进来”并重，高效利用全球资源，在全面开放新格局中实现海洋经济高质量发展。

资料来源　王宏. 着力推进海洋经济高质量发展［N］. 学习时报，2019-11-22.

本章小结

发展海洋产业对我国和全球的经济和社会发展及人民生活都具有十分重要的战略意义。发展海洋产业的发展对策是陆海统筹规划，提高海洋开发、控制和综合管理能力，积极拓展海洋经济发展空间。

本章思语

1.海洋产业的作用是什么？

2.我国海洋产业发展状况如何？

3.怎样才能拓展海洋经济发展空间？

第17章 老龄产业

17.1　老龄产业概述

老龄产业是一个新兴的、综合性的产业，是从第一、二、三产业中派生出来的特殊产业，其发展有着巨大的潜力。党的十八大报告指出："积极应对人口老龄化，大力发展老龄服务事业和产业。"党的十九大报告再次强调："积极应对人口老龄化，构建养老、孝老、敬老政策体系和社会环境，推进医养结合，加快老龄事业和产业发展。"

1997年5月，中国老龄协会、光明日报社和北京大学联合举办了中国老龄产业座谈会，这是中国有关部门首次提出"老龄产业"这一概念。老龄产业是根据老年人的生理特征和生活习惯，从生产、经营和服务三方面为老年人提供产品或服务，满足老年人衣、食、住、行、用等各方面需求的各种行业的通称。

国际上通常看法是，当一个国家或地区60岁以上老年人口占人口总数的10%，或65岁以上老年人口占人口总数的7%，就意味着这个国家或地区的人口处于老龄化社会。人口老龄化的进程可按程度作以下划分：65岁以上人口达到7%为进入老龄化，达到14%为深度老龄化，达到20%为超级老龄化。

中国已经进入老龄化社会。根据2020年第七次全国人口普查，2020年11月1日零时，我国15~59岁人口为894 376 020人，占总人口的63.35%；60岁及以上人口为264 018 766人，占总人口的18.70%，其中65岁及以上人口为190 635 280人，占总人口的13.50%。与2010年第六次全国人口普查相比，15~59岁人口的比重下降6.79个百分点，60岁及以上人口的比重上升5.44个百分点，65岁及以上人口的比重上升4.63个百分点。

在中国，老龄产业还是一个有待开发的领域，也是一个新的经济增长点，它在现代化进程中的地位和作用日益突出。

研究老龄产业，首先应明确以下问题：

1.老年市场需求具有多样性

中国老年人口数量巨大，是一个数量庞大的消费群体。尽管他们的消费有着不同于中青年和儿童的共性，但由于他们的年龄跨度大、地域分布广、职业门类多，差异性又非常明显。不同经济状况、文化背景、民族习俗、健康状况、心理素质、年龄阶段、人生经历的老年人对各种商品与社会服务的需求各不相同。多层次、多元化的需求必将形成一个丰富多彩的消费市场。这些不同群体的消费意图、购物心态、支付能力都有很大的差异，所以开拓老年市场、发展老龄产业既要研究经济规律，也要分析老年人的消费需求特点。

2.老龄产业具有经济和社会的双重性

老龄产业既要顾及经济效益，积累财力、物力，以求发展，又要十分重视社会效益——满足老年人的物质和精神需求，体现社会主义的优越性。从老年保障角度看，发展老龄产业的社会效益是难以估量的。它可以实现老年保障的社会化、减轻国家负担，使老年保障事业进入良性循环，摆脱养老靠国家的旧观念。同时，老龄产业的经济效益使得老年保障事业具有坚实的经济基础，有益于促进老年保障事业的开展。老龄产业的建立和发展，也为缓解中国长期存在的劳动力人口就业问题以及解决老有所养、老有所用等问题提供了机会和经济基础。这对促进和保障社会生产力的健康发展无疑将起到积

极的作用。

3.老龄产业的发展离不开国家政策的扶持

任何一项产业的发展都需要经过缓慢、艰难的起步阶段，然后才能进入迅速增长的阶段。在产业发展的起步阶段，需要政府的支持、社会舆论的引导，也需要对潜在需求的认真研究和对消费趋向的合理引导，对于老龄产业尤其如此。中国老龄产业正处于起步阶段，其市场的培育和开发更需要国家产业政策的扶植和引导。老龄产业政策涉及面十分广泛，包括价格政策、信贷政策、税收政策、投资政策、质量监督政策、市场监督管理政策等。

17.2 老龄产业扶持政策密集出台

老龄产业巨大潜在市场开发的前提是强大产业政策的引领和扶持。中央历来高度重视发展老龄产业。党的十八大以来，老龄产业扶持政策密集出台。[①]《中华人民共和国国民经济和社会发展第十三个五年规划纲要》、《国务院关于印发“十三五”国家老龄事业发展和养老体系建设规划的通知》（国发〔2017〕13号）对此都有战略性安排。据统计，党的十八大以来各级政府出台的发展老龄产业的相关政策文件超过300项。从改革开放40多年来的历程看，各级政府对老龄产业发展的重视程度，都是其他产业所少见的。这些文件出台，有效引领国内外各类市场主体积极参与，推动形成改革开放过程中的新一轮投资热潮，标志着世界上第一老年人口大国利用市场决定性机制应对人口老龄化的决心。

17.2.1 首个养老服务强制性国家标准出台

国家市场监督管理总局、国家标准委于2019年12月27日正式批准《养老机构服务安全基本规范》强制性国家标准并予以公布。这是我国首个养老服务强制性国家标准。[②]这项标准编制的主要指导思想就是要总结实践经验，建立养老机构服务安全提升的长效机制。标准框架分为7个部分，主要内容是基本要求、安全风险评估、服务防护和管理要求。其中，基本要求部分明确了养老机构应当符合消防、卫生与健康、环境保护、食品药品、建筑、设施设备标准中的强制性规定及要求。同时，对养老护理员培训、建立昼夜巡查和交接班制度等基础性工作提出了要求。安全风险评估部分明确了老年人入住养老机构前应当进行服务安全风险评估及评估的相关要求，这是精准做好养老机构安全防范的第一关。服务防范部分明确了养老机构内预防和处置噎食、压疮、坠床、烫伤、跌倒、走失、他伤和自伤、食品药品误食、文体活动意外等9种服务风险的相关要求，可以称之为养老机构服务安全管理的“九防”，是目前养老机构中老年人容易受到人身伤害、迫切需要统一规范的9种情形。标准中提出的预防和处置措施都是经过基层长期实践、广泛验证的有效措施，养老机构只要高度重视、规范化操作，就能大幅度降低管理中的风险。管理要求部分明确了养老机构要做好应急预案、评价与改进、安全教育等工作，以便于不断提高服务安全管理的规范化水平和增强持续性改进能力。

① 党俊武．新时代中国老龄产业发展的形势预判与走向前瞻（上）［J］．老龄科学研究，2018，6（11）：3-27.
② 郭静原．首个养老服务强制性国家标准出台［N］．经济日报，2020-01-14.

17.2.2 国办印发《关于推进养老服务发展的意见》

该意见指出，为破除发展障碍，健全市场机制，持续以完善居家为基础、以社区为依托、以机构为补充、医养相结合的养老服务体系，确保到2022年在保障人人享有基本养老服务的基础上，有效满足老年人多样化，多层次养老服务需求，老年人及其子女获得感、幸福感、安全感显著提高。该意见提出了6个方面共28条具体政策措施。

一是深化放管服改革。这主要包括建立养老服务综合监管制度，继续深化公办养老机构改革，通过提高审批效能解决好养老机构消防审验问题，减轻养老服务税费负担，提升政府投入精准化水平，支持养老机构规模化、连锁化发展，做好养老服务领域信息公开和政策指引等7项措施。

二是拓展养老服务投融资渠道。这主要包括推动解决养老服务机构融资问题，扩大养老服务产业相关企业债券发行规模，全面落实外资举办养老服务机构国民待遇等3项措施。

三是扩大养老服务就业创业。这主要包括建立完善养老护理员职业技能等级认定和教育培训制度，大力推进养老服务业吸纳就业，建立养老服务褒扬机制等3项措施。

四是扩大养老服务消费。这主要包括建立健全长期照护服务体系，发展养老普惠金融，促进老年人消费增长，加强老年人消费权益保护和养老服务领域非法集资整治工作等4项措施。

五是促进养老服务高质量发展。这主要包括提升医养结合服务能力，推动居家、社区和机构养老融合发展，持续开展养老院服务质量建设专项行动，实施"互联网+养老"行动，完善老年人关爱服务体系，大力发展老年教育等6项措施。

六是促进养老服务基础设施建设。这主要包括实施特困人员供养服务设施（敬老院）改造提升工程，实施民办养老机构消防安全达标工程，实施老年人居家适老化改造工程，落实养老服务设施分区分级规划建设要求，完善养老服务设施供地政策等5项措施。

17.2.3 国办印发《关于促进养老托育服务健康发展的意见》

该意见就促进养老托育服务健康发展提出4个方面23项举措。

一是健全老有所养、幼有所育的政策体系。分层次加强科学规划布局，省级人民政府要将养老托育纳入国民经济和社会发展规划统筹推进，并制定"十四五"养老托育专项规划或实施方案。统筹推进城乡养老托育发展，强化政府保基本、兜底线职能。

二是扩大多方参与、多种方式的服务供给。优化居家社区服务，发展集中管理运营的社区养老和托育服务网络。提升公办机构服务水平，加强公办和公建民营养老机构建设。推动培训疗养资源转型发展养老服务，鼓励培训疗养资源丰富、养老需求较大的中东部地区先行突破，重点推进。拓宽普惠性服务供给渠道，引导金融机构提升服务质效。

三是打造创新融合、包容开放的发展环境。促进康养融合发展，深化医养有机结合，发展养老服务联合体，支持根据老年人健康状况在居家、社区、机构间接续养老。

四是完善依法从严、便利高效的监管服务。优化政务服务环境，改进提升政务服务质量。积极发挥多方合力，发挥行业协会商会等社会组织积极性，开展机构服务能力综合评价，引领行业规范发展。强化数据资源支撑，探索构建托育服务统计指标体系。

17.2.4 中共中央、国务院印发《国家积极应对人口老龄化中长期规划》

该规划是到21世纪中叶我国积极应对人口老龄化的战略性、综合性、指导性文件。该规划提出，到2022年，我国积极应对人口老龄化的制度框架初步建立；到2035年，积极应对人口老龄化的制度安排更加科学有效；到21世纪中叶，与社会主义现代化强国相适应的应对人口老龄化制度安排成熟完备。

该规划从5个方面部署了应对人口老龄化的具体工作任务：

一是夯实应对人口老龄化的社会财富储备。通过扩大总量、优化结构、提高效益，实现经济发展与人口老龄化相适应。通过完善国民收入分配体系，优化政府、企业、居民之间的分配格局，稳步增加养老财富储备。健全更加公平、更可持续的社会保障制度，持续增进全体人民的福祉水平。

二是改善人口老龄化背景下的劳动力有效供给。通过提高出生人口素质、提升新增劳动力质量、构建老有所学的终身学习体系，提高我国人力资源整体素质。推进人力资源开发利用，实现更高质量和更加充分的就业，确保积极应对人口老龄化的人力资源总量足、素质高。

三是打造高质量的为老服务和产品供给体系。积极推进健康中国建设，建立和完善包括健康教育、预防保健、疾病诊治、康复护理、长期照护、安宁疗护的综合、连续的老年健康服务体系。健全以居家为基础、社区为依托、机构充分发展、医养有机结合的多层次养老服务体系，多渠道、多领域扩大适老产品和服务供给，提升产品和服务质量。

四是强化应对人口老龄化的科技创新能力。深入实施创新驱动发展战略，把技术创新作为积极应对人口老龄化的第一动力和战略支撑，全面提升国民经济产业体系智能化水平。提高老年服务科技化、信息化水平，加大老年健康科技支撑力度，加强老年辅助技术研发和应用。

五是构建养老、孝老、敬老的社会环境。强化应对人口老龄化的法治环境，保障老年人合法权益。构建家庭支持体系，建设老年友好型社会，形成老年人、家庭、社会、政府共同参与的良好氛围。

17.3 发展老龄产业的必要性

老龄产业的发展标志着一个国家的文明程度和社会进步，是人类社会文明发展到一定阶段的必然趋势。它不仅是应付人口老龄化挑战的需要，而且对实现经济增长方式的“两个转变”和实施可持续发展战略，也是十分必要的。

老龄化进程与家庭小型化、空巢化相伴随，与经济社会转型期的矛盾相交织，社会养老保障和养老服务的需求将急剧增加。老龄化、高龄化、空巢化、家庭小型化引发的老年疾病护理、生活照料、精神慰藉等问题日益显现；老年人渴望共享发展成果、提高生活和生命质量的诉求日益强烈；传统养老功能的弱化和社会福利供给的不足，又与老年人对养老服务市场的消费需求构成了突出矛盾。为此，必须采取积极有效措施，动员、支持和鼓励社会各方面力量参与、推进老龄产业发展。

1.“十四五”人口老龄化将直面两大关口[①]

第一个大关是60岁及以上老年人占总人口比例将在“十四五”期末超过3亿，达到3.03亿，而2019年是2.53亿。

第二个大关是16岁～59岁劳动人口从2023年开始每年将减少千万，这意味着税基和费基的减少。“十三五”初期，城镇养老保险赡养比是35.8%，大约是3个人养活1个老人。但到“十四五”期末将达到47.7%，2个多人养活1个老人。

2000年以来，城镇职工基本养老保险基金余额池增长每年呈正值，2019年达5.46万亿元。但是，2020年首次出现大幅下降。2019年财政补贴社会保障2万亿元，在“十三五”期间翻了一番，压力越来越大。可以预计，“十四五”期间是建立社保制度以来最困难的时期，是对财政形成最大压力的时期。

2.当应对老龄化成为“国家战略”[②]

从“十三五”时期的“积极开展应对人口老龄化行动”到作为一项国家战略写入党的十九届五中全会公报，这种变化传递着清晰的信号：中国老龄社会正在到来。

根据2019年11月印发的《国家积极应对人口老龄化中长期规划》，到2022年，我国积极应对人口老龄化的制度框架初步建立；到2035年，积极应对人口老龄化的制度安排更加科学有效。这份时间表对应着中国老龄化的持续加速和程度的加深。

人口结构变化带来的挑战绝不仅仅体现在养老上。它产生的连锁反应是全局性的，势必深刻而持久地影响中国经济社会的方方面面。比如说，中国人口出生率持续下降，劳动力人口下降已经是现实。伴随老龄化的持续，如何解决劳动力的有效供给以支撑经济增长并创造足够的财富？持续的老龄化伴随着大规模的城镇化进程，这种叠加会带来何种社会问题？恐怕都需要作出前瞻性的研判。

3.中国将在2022年左右进入老龄社会，“65岁+”5年后将破2亿

由中国发展基金会发布的《中国发展报告2020：中国人口老龄化的发展趋势和政策》指出，自2000年迈入老龄化社会之后，我国人口老龄化的程度持续加深。

报告认为，人口基数大、发展速度快是中国人口老龄化典型的特征。2000年，我国65岁及以上老年人口有8 827万人，占比为7%。中国将在2022年左右由老龄化社会进入老龄社会，届时65岁及以上人口将占总人口的14%以上。这一过程仅用约22年，速度快于最早进入老龄社会的法国和瑞典，也快于其他主要的发达国家。

报告测算，2025年时，中国65岁及以上的老年人将超过2.1亿，占总人口数的约15%；2035年和2050年时，中国65岁及以上的老年人将分别达到3.1亿和接近3.8亿，占总人口的比例分别达到22.3%和27.9%。

中国老龄化呈现出一个独特之处，即人口老龄化与城镇化过程相互叠加。报告认为，人口老龄化伴随大规模的城乡人口流动，将给城镇发展带来极大挑战。

中国需在应对人口老龄化方面作出更多制度安排，尽快实现养老保险制度的省级统筹，提高制度的财务可持续性，并尽快完善退休制度。

① 余蕊均，吴林静．社科院郑秉文：“十四五”期间人口老龄化将直面两大关口［EB/OL］．［2020-10-28］（2021-09-01）．https://view.inews.qq.com/a/20201028A0FUUR00.

②《经济观察报》社论．当应对老龄化成为“国家战略”，除了“老有所养”我们还要关注什么［EB/OL］．（2020-10-30）［2021-09-01］．https://baijiahao.baidu.com/s?id=1681987656780296155&wfr=spider&for=pc.

17.4 老龄产业的发展状况与问题

17.4.1 老龄产业发展取得显著进展

近年来，特别是党的十八大以来，围绕中央确定的“积极应对人口老龄化”战略部署，各级政府积极行动，各类市场主体踊跃参与，老龄产业发展取得显著进展：[①]

1.各类老龄产业组织迅速涌现

党的十八大以来，各类老龄产业组织如雨后春笋，迅速涌现，并呈现出六波潮流竞相涌入的态势：

第一波是房地产商高调入场以及各类产业组织竞相涌入老龄产业。

第二波是金融机构介入老龄产业带动更多产业组织积极涌入。

第三波是信息和智能类企业的介入给老龄产业发展带来前沿性产业组织。

第四波是2016年全国卫生与健康大会召开之后，特别是医养结合新政出台之后，老龄产业领域迎来大批新的专业化的健康管理、医疗、康复、护理企业组织，从而改变了以往发展老龄服务以生活照料服务为主、缺少医疗康复护理等核心技术和功能的发展导向。

第五波是旅居和康养服务的兴起带来了许多综合旅游、休闲、娱乐、医疗、养生乃至农业、种植业等混合业态的老龄产业组织，标志着老龄产业客群从高龄失能老年人进一步扩展到更大的中老年消费群体。

第六波是目前正在酝酿发力的国有企业，预计他们将携其他任何组织所不具备的有形和无形资源大举进入老龄产业，这可以说是真正的产业集团军。

2.老龄产业发展模式不断创新

大体说来，老龄产业发展模式可以分为以下三类：

第一类是单业态运作的产业发展模式，是主要依托单一资产、产品或服务开展的以单一重点业务为主、其他少数业务为辅的产业发展形态。

第二类是混业运作的产业发展模式，如银行储蓄+老龄服务的混业模式，保险+房地产+老龄服务的混业模式，房地产+老龄服务的混业模式，本土化持续照护社区的混业模式，即在房地产基础上重点发展老龄服务（核心是长期照护）等。

第三类是新型智能信息技术支撑下的产业发展模式，如互联网+老龄金融的发展模式、互联网+老龄用品的发展模式、互联网+老龄服务的发展模式、互联网+老龄房地产、互联网+老龄用品+老龄服务的发展模式等。

3.老龄产业投资规模迅猛增长

自十八大以来，国际和国内各路资本竞相投入中国老龄产业。这些投资大多分布在老龄宜居产业（其中养老地产是较集中的业务板块）、老龄服务机构、互联网信息平台以及智能化老龄用品上。与此同时，各级政府也加大投入，对社会力量投入老龄产业发挥重要引导作用。总体来看，由于统计制度的不完善，特别是由于老龄产业统计制度缺失，目前我国对于老龄产业投资规模还没有一个权威的统计。但根据经验判断，十八大以来，在政

① 党俊武. 新时代中国老龄产业发展的形势预判与走向前瞻（上）[J]. 老龄科学研究，2018，6（11）：3-27.

府投入的引导下，各路资本在开发老龄产业的投资规模上是巨大的，如果加上不动产，这个规模将更为庞大。从发改委、民政部和商务部以及国家开发银行等部门的政策性直接引导投资和间接性投入（补人头）来看，十八大以来的老龄产业投资共达3 000亿元以上，再加上其他社会资本的直接和间接投入，其投资规模已经超出1万亿元。可以预计，今后随着国有企业大举进军老龄产业，相应投资规模将会出现大幅增长。

4.部分老龄产业企业迎来盈利拐点

作为新兴产业，老龄产业的整体盈利态势比较复杂。从目前掌握的情况看，盈利状况良好的老龄产业企业主要有以下几种：

一是开展银行业务+老龄服务的混合运营企业；

二是开展商业保险+房地产+老龄服务的混合运营企业；

三是开展保健品+老龄服务的混合运营企业；

四是开展医疗器具+药品+老龄服务的混合运营企业；

五是部分开展老龄房地产+老龄服务的混业运营企业；

六是开展医养融合的单体老龄服务机构及其连锁企业；

七是部分老龄用品制造企业和销售企业；

八是在老龄服务建设热过程中转型发展的传统企业（如家具企业）；

九是部分提供互联网和智能化管理服务的IT企业。

除此之外，其他企业尚在艰难而努力地迈向成本收益拐点。总之，任何一个新兴产业走向全面盈利都需要较长时间的奋斗。老龄产业目前的盈利状况虽然离投资者的预期尚有差距，但从发展历史和产业内部积淀来看，这种盈利状况已实为不易。

17.4.2 老龄产业面临的主要问题①

目前，中国老龄产业整体上尚处于起步阶段，从整个产业来说，经过近年来的艰难探索，当前的发展现状是：老龄宜居产业（老龄房地产业）扭曲发展，老龄服务业热中有乱，老龄制造业发展相对冷落，老龄金融业发展严重滞后。当然，这些都只是中国老龄产业发展外显出来的表面问题。实际上，目前我国老龄产业发展还面临许多深层次问题，主要是：老龄经济资源配置的市场化机制建设薄弱，产业持续运行的内生性动力缺失，运营模式流于供给端概念设计，企业间关联度不高，业态生发不成型。总体来看，中国老龄产业发展面临的总问题是，供给与需求之间配置错位，虽然参与者众多，投入不断增加，但有效产出不足，收入现金流乏力，利润获取困难重重，客户需求不能得到充分满足。

17.5 老龄产业的发展对策

人口老龄化必然对社会经济生活产生深刻影响，对消费需求、产业结构以及经济发展提出新的要求，而老龄产业也因此悄然崛起。中国是发展中国家，在经济尚不发达的情况下提前迎来了人口老龄化，这就给社会经济发展提出了严峻的挑战。但同时人口老龄化的快速发展也为建立和扩大社会主义市场经济提供了巨大的空间，为老龄产业的发展和老年市场的开拓提供了良好的机遇。

① 党俊武. 新时代中国老龄产业发展的形势预判与走向前瞻（上）[J]. 老龄科学研究，2018，6（11）：3-27.

中共中央政治局2021年5月31日召开会议，听取“十四五”时期积极应对人口老龄化重大政策举措汇报，强调要贯彻落实积极应对人口老龄化的国家战略，加快建立健全相关政策体系和制度框架。要稳妥实施渐进式延迟法定退休年龄，积极推进职工基本养老保险全国统筹，完善多层次养老保障体系，探索建立长期护理保险制度框架，加快建设居家社区机构相协调、医养与康养相结合的养老服务体系和健康支撑体系，发展老龄产业，推动各领域与各行业适老化转型升级，大力弘扬中华民族孝亲敬老传统美德，切实维护老年人合法权益。各级党委和政府要健全完善老龄工作体系，加大财政投入力度，完善老龄事业发展财政投入政策和多渠道筹资机制，为积极应对人口老龄化提供必要保障。①

发展老龄产业，推动各领域、各行业适老化转型升级，当前应着力激发老龄产业发展活力：②

1.加强扶持引导

尽快制定老龄产业指导目录以及老年用品和服务目录、质量标准和规范，完善质量监测和认证体系。探索将新冠肺炎疫情防控期间部署的财政、社保、金融等规模性纾困政策固化为常态化的产业扶持政策。修改不利于民间投资准入和存在不公平待遇的政策文件，为各类市场主体参与老龄产业发展创造更为统一公平的市场环境。鼓励地方利用自身禀赋资源优势，设立老龄产业发展引导基金，发展区域特色老龄产业。支持金融机构在风险可控和商业可持续的前提下，运用股票、基金、债券、信托、保险等工具，开发老龄金融产品，盘活老年人资产，降低企业融资成本。

2.培育市场主体

发挥我国超大规模市场优势，打造一批龙头企业，培育一批产业链长、带动力强、品质优良的产品和服务品牌。积极推动老龄产业领域大众创业、万众创新，打造众创、众包、众扶、众筹平台。探索和创新适合新模式、新业态特点的审慎监管模式，实施量身定制的精准监管。

3.丰富市场供给

支持发展老年用品制造业创新发展，增品种，提品质，创品牌。促进养老服务业与健康、养生、旅游、健身、文化、休闲、互联网、房地产等跨界融合、集聚发展，催生更多新业态、新模式。

4.激发有效需求

完善消费支持政策，加强老年消费市场统计监测，发展“消费积分养老”、定制消费、体验消费等新型消费模式，严厉打击侵害老年消费者的违法行为，强化老年消费者权益损害法律责任，探索扩大适用举证责任倒置服务范围。

5.布局双循环

坚持“引进来”“走出去”相结合，继续放宽外资准入，吸收借鉴国外先进的养老理念、丰富的资本运作经验、成熟的运营管理模式、精细化的标准规范、高质量的服务培训，促进我国老龄产业转型升级。着眼国际老龄产业市场蓝海，鼓励头部企业走出去，特别是发挥我国制造业大国的优势，培育老年用品制造业龙头企业，开拓国际老年用品市场。

① 新华社．中共中央政治局召开会议听取“十四五”时期积极应对人口老龄化重大政策举措汇报 审议《关于优化生育政策促进人口长期均衡发展的决定》[EB/OL]．(2021-05-31)[2021-09-01]．https://baijiahao.baidu.com/s?id=1701256170613438714&wfr=spider&for=pc.

② 李志宏．“十四五”时期积极应对人口老龄化的形势及国家战略对策 [J]．老龄科学研究，2020，8 (8)：3-21.

思政园地

充分认识实施积极应对人口老龄化国家战略的重大意义

实施积极应对人口老龄化国家战略，事关国家发展全局和百姓福祉，对“十四五”和更长时期我国经济社会持续健康发展具有重大和深远的意义。

一、践行党的初心使命、坚持以人民为中心的发展思想的重要体现

全心全意为人民服务，带领人民创造幸福生活，是我们党始终不渝的奋斗目标。我国是当今世界老年人数最多的国家，截至2020年11月1日零时，已有60岁及以上老年人口2.64亿，预计2025年将突破3亿，2033年将突破4亿，2053年将达到4.87亿的峰值。实施积极应对人口老龄化国家战略，让每位老年人都能生活得安心、静心、舒心，实现广大老年人及其家庭对日益增长的美好生活的向往，发挥老年人在经济社会建设中的积极作用，必将进一步彰显党的初心使命和我国社会主义制度的优越性。

二、维护国家人口安全和社会和谐稳定、实现第二个百年奋斗目标的重要考量

在我国的全面建设社会主义现代化国家新征程中，人口老龄化不断加剧将是基本国情。这个趋势与实现第二个百年奋斗目标的历程紧紧相随，与当今世界百年未有之大变局紧密相联，关系到我国代际和谐与社会活力，影响国家人口安全和国际竞争力。把积极应对人口老龄化提升为国家战略，有利于全党和全社会进一步凝聚共识，增强风险意识和责任感、使命感、紧迫感，统筹各方资源力量，及时应对、科学应对、综合应对，为实现第二个百年奋斗目标营造有利战略格局，确保中华民族世代永续发展，始终屹立于世界民族之林。

三、推动高质量发展、加快构建新发展格局的重要举措

在当前保护主义上升、世界经济低迷、全球市场萎缩、我国发展不平衡不充分问题仍然突出的情况下，以习近平同志为核心的党中央提出了“加快构建以国内大循环为主体、国内国际双循环相互促进的新发展格局”的战略部署，为我国进一步发展指明了方向。滚滚而来的“银发浪潮”，既给我国经济社会发展带来巨大挑战和冲击，也蕴藏着宝贵的发展机遇和希望。实施积极应对人口老龄化国家战略，有利于化危为机、危中寻机，对冲不利影响，积极转化老龄风险为“长寿红利”；有利于深入推进供给侧结构性改革，全面放开养老服务市场，催生银发经济新产业、新业态、新模式，培育形成经济增长新动能；有利于拓展银发消费，持续扩大内需，充实国内大循环，促进国内国际双循环良性互动。

资料来源　李纪恒. 实施积极应对人口老龄化国家战略［N］. 光明日报，2020-12-17.

本章小结

老龄产业是根据老年人的生理特征和生活习惯，从生产、经营和服务三方面为老年人提供产品或服务，满足老年人衣、食、住、行、用等各方面需求的各种行业的通称。党的十八大以来，老龄产业扶持政策密集出台，各级政府积极行动，各类市场主体踊跃参与，老龄产业发展取得显著进展。“十四五”时期发展老龄产业，推动各领域各行业适老化转型升级，应从加强扶持引导、培育市场主体、丰富市场供给、激发有效需求、布局双循环等方面进一步激发老龄产业发展活力。

本章思语

1. 什么是老龄产业？发展老龄产业有何重要意义？
2. 老龄产业当前发展状况和面临的问题分别是什么？
3. 如何进一步推进老龄产业高质量发展？

第18章
应急产业

18.1 应急产业概述

18.1.1 应急产业的概念

应急产业在我国是个新兴产业。作为一个新概念，近年来我国政界、学术界和实务界从不同的角度提出了关于应急产业的多种称谓，如“安全产业”“安全生产产业”“公共卫生应急产业”“应急救援产业”“防灾减灾产业”“公共安全产业”[①]。综合各方面的观点与现实需求，从广义上讲，应急产业是人类为了保障自身的生命财产安全和维护社会的安全稳定，满足有效应对各类突发事件的需求（包括预防与准备、预警与监测、处置与救援、恢复与重建各个阶段的需求），从事研发、制造、生产、销售和提供各种相应服务活动的社会生产部门。从狭义上讲，应急产业重点指专门从事国家有关部门在编制的规划和目录中明确为“公共安全应急产品”的相关领域的社会生产部门。

2014 年 12 月，国务院办公厅印发了《关于加快应急产业发展的意见》（国办发〔2014〕63号），从国家层面明确了应急产业发展的重要意义、总体要求、重点方向和主要任务，提出应急产业是为突发事件预防与应急准备、监测与预警、处置与救援提供专用产品和服务的产业，为促进我国应急产业快速发展指明了方向和道路。

18.1.2 应急产业的特征[②]

1. 公益性

应急产业的形成、发育和演化具有强烈的信赖性和政府导向性。这是由于应急产品具有一定的公共物品的属性，它对社会公共安全和社会管理带来的效用和贡献无法完全通过市场交易或货币的形式体现出来。离开政府的产业规划可能会降低应急产业的供给效率，因此，需要政府通过财政、税收、公共政策等解决效用外溢的问题。在应急管理过程中，无论是预防准备、监测预警，还是处置救援、恢复重建，这些流程中所应用的任何一项产品和服务，都是为避免或减少损失和不利后果而服务的。

2. 备用性

突发事件具有很强的偶然性和不确定性，大多数突发事件的发生都带有随机性。因此，应急产品具有种类庞杂、需求波动性大、周转不确定性强等特点。在突发事件发生时，需要立即提供大量的应急救援物资与力量，这就需要企业保证足够的应急物资储备和应急生产能力，处理好“平战结合”的问题，合理安排应急储备、应急生产和应急采购的比例关系，因而具有备用性。

3. 通用性

应急产业与其他产业具有一定的相通性。应急产品乃至产业本身就是从传统产业衍生而来，因此有些常态下的设备和服务，可以转化为应急装备和服务；有些应急装备和服务，也可以在常态下为日常的生产和生活使用。

① 郑胜利. 我国应急产业发展现状与展望［J］. 经济研究参考，2010（28）：10-17.
② 闪淳昌，薛澜. 应急管理概论——理论与实践［M］. 北京：高等教育出版社，2012.

4. 专业性

突发事件带来的后果往往具有严重性、广泛性和连锁性，因此应对突发事件需要前沿科技的指导、专业设施装备的有力支撑以及管理工作的科学统筹与严谨规划。应急产品及服务的专业性决定了突发事件承受力与控制力的大小，也决定了处置救援与恢复重建的效率与效果，具有重要的现实意义，需要依靠社会长期的实践经验与科研积累，持续攻克突发事件中的重点、难点问题，保证应急管理过程的科学性与适用性。

5. 综合性

突发事件种类的多样性决定了应急产业涉及领域的广泛性。从参与主体看，有提供相应产品和服务的部门、单位及企业；从需求主体看，有政府、企业、家庭或个人；从应急的过程看，有事前、事中与事后阶段。因此，应急产业同国民经济各部门都有密切联系，产业的关联效应大、覆盖面广、渗透性强、交叉性强、带动性大，覆盖防灾减灾、安防、公共卫生、个体防护、交通运输、工业生产等各个行业领域。

18.1.3 应急产品服务分类

根据国务院办公厅《关于加快应急产业发展的意见》，工业和信息化部、国家发改委发布了《应急产业重点产品和服务指导目录（2015年）》（以下简称《指导目录》）。《指导目录》根据《关于加快应急产业发展的意见》确定的4个领域、15个发展方向，进一步细化到266项细分产品和服务（其中监测预警69项、预防防护49项、救援处置108项、应急服务40项）。

《指导目录》按照领域、发展方向、细分产品和服务分为三级结构：一级分别为监测预警产品、预防防护产品、处置救援产品和应急服务等4个领域；二级分别为自然灾害监测预警产品、事故灾难监测预警产品等16个发展方向；三级分别为地震灾害监测预警产品、地质灾害监测预警产品等266个细分产品和服务。

1. 监测预警产品

监测预警产品包括以下产品：

（1）自然灾害监测预警产品，有地震灾害监测预警系统、地质灾害监测预警系统、海洋灾害监测预警系统、水旱灾害监测预警系统、气象灾害监测预警系统、农林灾害监测预警系统、森林草原火灾监测预警系统。

（2）事故灾难监测预警产品，有矿山安全监测预警产品、危险化学品监测预警产品、特种设备安全监测预警产品、交通安全监测预警产品、环境应急监测预警产品、有毒有害气体泄漏监测预警产品、火灾监测预警产品、消防产品质量快速检测设备、重大危险源安全监测监控预警系统、其他监测预警产品。

（3）公共卫生事件监测预警产品，有农产品质量安全监测产品、食品药品安全检测产品、生产生活用水安全、流行病监测、诊断试剂和装备、动物疫情监测预警系统、公共场所体温异常人员快速筛查设备。

（4）社会安全事件监测预警产品，有城市公共安全监测预警系统、网络与信息系统安全监测预警产品、其他监测预警产品。

2. 预防防护产品

预防防护产品包括以下产品：

（1）个体防护产品，有应急救援人员防护产品、矿山和危险化学品安全避险产品、特殊工种保护产品、家用应急防护产品。

（2）设备设施防护产品，有社会公共安全防范产品、重要基础设施安全防护产品、重要生态环境安全保护产品。

（3）火灾防护产品，有防火涂料、防火封堵材料、阻火抑爆装置。

（4）其他防护产品。

3. 处置救援产品

处置救援产品包括以下产品：

（1）现场保障产品，有突发事件现场信息快速获取产品、应急通信产品、应急指挥产品、应急电源、应急后勤保障产品、其他产品。

（2）生命救护产品，有生命搜索与营救产品、医疗应急救治产品、卫生应急保障产品。

（3）抢险救援产品，有消防、建（构）筑物废墟救援、矿难救援、危险化学品事故应急、工程抢险、海上溢油及有毒有害物质泄漏应急、道路应急抢通、航空应急救援、水域应急救援、核事故处置、特种设备事故救援、突发环境应急处置、疫情疫病检疫处置、反恐防暴处置等产品。

4. 应急服务

应急服务包括以下服务：

（1）事前预防服务，有风险评估服务、隐患排查服务、消防安全服务、安防工程服务、其他事前预防服务。

（2）社会化救援服务，有紧急医疗救援服务、交通救援服务、应急物流服务、工程抢险服务、安全生产服务、航空救援服务、网络与信息安全服务。

（3）其他应急服务，有灾害保险服务、北斗导航应急服务、测绘保障服务。

18.2 我国应急产业的发展历程与概况

18.2.1 我国应急产业的发展历程

应急产业的形成与发展是社会经济发展到一定阶段的产物。2007年以前，“应急产业”一词并未被政府部门正式提出，而应急产业作为一个跨产业、跨领域、跨地域的综合型产业，也并没能完全脱胎于传统产业，其产业边界和产业内涵有着相当的模糊性与动态性，与其他产业部门的交叉和渗透程度较深。随着突发公共事件的诱发原因更加复杂、处置过程更加困难、影响范围更加广泛，原有界限模糊、只有简单理论性指导的应急政策已经无法满足突发公共事件的应对需求。

2007年，“应急产业”第一次在我国政府文件中出现。时任国务院秘书长华建敏同志在为了进一步强调落实《中华人民共和国突发事件应对法》而进行的全国视频会议中明确指出推动“应急产业”发展。“应急产业”的提法得到了中央政府的认可，并受到高度重视。在国务院印发的《2008年工作要点》中，更是具体指出由国务院办公厅牵头，制定扶持政策来促进有关技术与产业的发展。2009年9月27日，工业和信息化部在《关于加强工业应急管理工作的指导意见》中提出，“应急产业是新兴产业，要加快发展”，以及“编制产品目录”“制定产业标准”“创建示范工程”“建设产业园区”等。2011年，国家发改委印发了《产业结构调整指导目录》，其中的第39条明确提到并列举出43项“公共安全与应急产品”类别，并将其作为单独产业类别鼓励发展。

2014年12月，国务院办公厅《关于加快应急产业发展的意见》出台，从国家层面对应急产业作出全方位的指导与部署，明确了应急产业发展的总体要求、主要任务和政策措施，为促进我国应急产业快速发展指明了方向和道路。2015年《应急产业重点产品和服务指导目录》的发布更是为应急产业提供了清晰准确的方向性引导，目录覆盖监测预警、预防防护、处置救援和应急服务四大领域、15个发展方向、266个应急产品和服务。2015年《国家应急产业示范基地管理办法（试行）》颁布，具体提出要推动应急产业具有区域优势的省份地区应鼓励应急机构的建立，促进应急基地的培育，加大对应急企业的扶持，一批产业基地逐渐形成。2017年，工业和信息化部实施了《应急产业培育与发展行动计划（2017—2019年）》，有力地推动了应急产业持续快速健康发展。在2019年修订的《产业结构调整指导目录》中，公共安全与应急产品被作为鼓励类条目，其调整趋势主要为鼓励新技术应用于应急产品。现代信息技术和快速响应成为调整主题，主要包括应用现代智能技术等国家鼓励发展的战略性新兴产业技术和产品、事故灾难主动防护技术、快速响应技术和产品，特种灾害安全技术、系统化技术和产品等。2021年4月，工业和信息化部、国家发改委、科技部又联合印发新版《国家安全应急产业示范基地管理办法（试行）》，进一步规范了示范基地的申报、评审、命名和管理等工作。

18.2.2　我国应急产业的发展概况

1.发展应急产业成为重要政策导向

党和国家高度重视应急管理工作和应急产业发展。2003年“非典”发生后，以“一案三制”为引领的应急管理体系建设取得了显著进展。2014年，《关于加快应急产业发展的意见》指出：“发展应急产业是提高公共安全基础水平的迫切要求，是培育新的经济增长点的重要内容，是提升应急技术装备核心竞争力的重要途径”，对加快发展应急产业提出了具体要求和目标。2016年12月，中共中央、国务院印发了《关于推进防灾减灾救灾体制机制改革的意见》《关于推进安全生产领域改革发展的意见》。2018年，国家成立应急管理部，将应急工作提到了新高度。这些措施为应急产业提供了良好的发展环境。

2.应急产业发展势头加快

应急产业覆盖面广、产业链长、带动力强、社会潜在需求大。目前，包括设计、管理、标准、监测、认证、展示、物流等在内的产业体系已初见雏形。根据估算，我国消防、安防、安全应急、信息安全、应急通信装备、环境监测与应急产品、应急指挥平台、防灾减灾装备、防汛抗旱器材、反恐装备、食品安全监测设备等领域专用产品和服务的产值达到万亿元规模。为推进应急产业快速发展，2015—2019年，工业和信息化部、发展改革委、科技部联合公布了共20家国家应急产业示范基地。

3.应急产业的创新能力不断增强

近年来，国家对应急科技日益重视，鼓励、扶持教学科研机构和有关企业研究开发用于突发事件预防、监测、预警、应急处置与救援的新技术、新设备和新工具。应急产业的科技创新能力显著增强。在地域分布上，我国应急科技企业呈现集聚效应，主要集中在京津冀、长三角、珠三角等经济发达地区。

18.3 我国应急产业存在的问题

1.应急产业政策滞后

一是缺乏系统性。现行的应急产业政策分散于各个法规、各个部门之中，组合性不足，尤其缺乏顶层设计、宏观规划，全国性应急产业分散在各个领域，没有通过系统性政策进行有效整合。

二是缺乏可操作性。有些政策停留在一般化的要求提倡上，缺乏具体的实施细则和配套措施，缺乏对应急产业企业的经济利益、行为保障等激励性的配套措施，在一定程度上影响了投资资金的进入。

2.应急产品市场培育力度不足

一是供求脱节。应急产品生产企业普遍反映，除了军队、武警、公安等少量用户外，应急产品需求主体不明确，找不到有效用户，无法进行有目的的生产。

二是资源共享脱节。“十一五”规划以来，我国开展了政府应急管理信息平台体系建设，但是应急产品生产企业、应急资源部门、受灾地区信息难以共享，数据库建设滞后于硬件发展，普遍存在“硬件硬，软件软”的问题。

三是社会需求有待开发。随着大众应急意识的提高，满足社会企业和家庭应急需求的应急产品不足，需要通过创新的科技产品开发市场。我国的巨灾保险业还刚刚起步，区域性、整体性的灾害风险调查和评估科技能力不足，社会对巨灾保险的认知程度还有待进一步提高。

3.应急产业标准不健全

目前，由于应急产品市场分散，缺乏统一的主管部门，产品的标准化和检测体系及企业的资质评价认证体系缺失，相关应急产品和服务难以兼容；应急产品市场管理不规范，没有形成应有的准入门槛，市场缺乏有效的监督机制；应急产业标准化建设不到位，使得应急队伍装备配备、应急物资储备库建设、应急物资储备品种缺乏统一标准，影响了灾害应急保障系统的建设。

4.关键应急装备发展滞后

目前，我国关键应急装备主要存在以下问题：

一是科技含量不高。大部分应急产品还没有摆脱低技术含量、低附加值的状况，无法满足对应急装备、设施、设备的技术水平要求。

二是自主创新能力不强。有些关键设备依赖进口，有些比较先进的国产装备是对国外零配件进行的集成。

另外，我国应急产业仍以应急产品为主，应急服务相对缺乏，缺乏产业链的有效整合。

5.应急技术创新体系不完善

一是科研平台体系不足以支撑应急产业核心技术的突破。现阶段的科研平台没有实现体系化，还不能全面适应各类突发事件的应对需求。

二是应急产业人才规模、结构和培养渠道等仍不足以支撑应急产业科技创新。

三是应急产业的协同创新有待进一步发展。有效的产学研应用合作机制尚未建立，应急技术创新成果产业化和市场渠道还不畅通，在大众创业、万众创新已经成为产业发展新动力的时期，尚需构建新型应急产业组织体系。

18.4 我国应急产业的发展机遇与挑战

1.党和国家高度重视应急管理工作是发展应急产业的坚强保证

党的十九大提出，要健全公共安全体系，完善安全生产责任制，坚决遏制重特大安全事故，提升防灾减灾救灾能力。2019年11月29日，中共中央政治局就我国应急管理体系和能力建设进行第十九次集体学习。会议强调，要强化应急管理装备技术支撑，优化整合各类科技资源，推进应急管理科技自主创新，依靠科技提高应急管理的科学化、专业化、智能化、精细化水平。要加大先进适用装备的配备力度，加强关键技术研发，提高突发事件响应和处置能力。要适应科技信息化发展大势，以信息化推进应急管理现代化，提高监测预警能力、监管执法能力、辅助指挥决策能力、救援实战能力和社会动员能力。《中共中央关于制定国民经济和社会发展第十四个五年规划和二〇三五年远景目标的建议》指出："保障人民生命安全。坚持人民至上、生命至上，把保护人民生命安全摆在首位，全面提高公共安全保障能力。"这些不仅对应急管理工作提出了新任务，也对发展应急产业提出了更高的要求。

2.我国经济发展进入新常态为应急产业发展提供空间

随着我国经济发展、社会进步和公众安全意识提高，社会各方对应急产品和服务的需求不断增长。近年来，我国经济增速已从高速转向中高速，增长结构由中低端转向中高端，发展动力从传统增长点转向新增长点，经济发展进入新常态。发展应急产业有利于调整优化产业结构，增强经济活力，扩大社会就业，培育新的经济增长点，应急产业成为构建新发展格局下推动我国经济社会发展的重要力量。

3.我国复杂多变的公共安全形势对应急产业发展提出挑战

当前，我国工业化、信息化、城镇化和农业现代化深入推进，各种传统的和非传统的、自然的和社会的风险与矛盾交织并存，各类突发事件发生概率更高、破坏力更大、影响力更强，尤其在食品安全、生产安全、信息安全等领域，公共安全形势严峻复杂，防控难度不断加大。应对上述突发事件就要求加快发展应急产业，达到提升基础设施和生产经营单位的安全水平、增强突发事件应急救援能力和全社会抵御风险能力的目的。

18.5 促进我国应急产业发展的政策措施

近年来我国应急产业在监测预警、预防防护、处置救援、应急服务等方面取得初步成效，应急科技创新能力得到提升，应急产业得到培育并稳步发展，应急保障能力稳步增强，呈现出应急产业与应急能力相互促进的良性循环势头。但由于我国应急产业还处于起步期，顶层设计存在缺陷，科技创新能力不足，应急总体水平仍然偏低，尚无法满足国民经济发展的需要。因此，我们要从战略高度重视应急产业发展，借鉴发达国家经验，制定应急产业发展战略，促进应急产业跨越式发展。

1.完善法律法规体系，构建应急产业发展保障机制

加强应急产业相关立法工作的顶层设计，健全应急产业发展的法律法规体系，加快相关法律法规、政策和制度的制定，厘清政府和企业在开展应急活动中的关系和地位，明确各方在应对突发事件中负有的责任和义务，明确应急资源的调配使用规则，使得应急法治建设能有效保障应急管理机制的运行，促进应急产业的发展。

加强应急产业技术标准体系研究和应急装备产品技术标准研制，制定和修订国家、行业和团体应急产品标准、应急服务标准和应急物资配置标准，积极与国际标准对接，建设一批应急产业检验检测基地与认证平台，发挥标准对应急产业科技和产业发展的引领作用。

健全物资储备制度，建立多元化的储备形式。加强应急物资实物储备、社会储备和生产能力储备，引导应急产品标准化、模块化、系列化、特色化发展。建立多层次、跨部门的应急物资信息平台，实现对应急储备物资进行动态管理。

2.引导科技与产业融合，推动产业与科技协同发展

落实军民融合发展战略，促进应急、应战协同发展，发挥国防科技资源优势，加快航天、航空、船舶、兵器等军工技术向灾害监测、航空救援、反恐防暴等应急领域转移转化。发展核辐射监测、卫星资源应急服务、救援飞机等高技术应急装备、器材和产品。

引导应急科技与金融服务融合发展，设立创新引导基金及成果转化引导基金，加大对应急产品和服务的支持力度；引导设立应急领域创业投资基金，支持龙头骨干企业、科研院所和高等学校积极构建应急领域的众创空间，通过政府和社会资金协同发力，完善创新创业载体和服务体系。

围绕提高突发事件防范处置的社会化服务水平，创新应急科技服务模式，支持市场化技术服务中介机构发展；通过政府购买服务等方式，推动应急服务专业化、市场化和规模化；充分发挥市场机制作用，鼓励大型企业提供高水平应急技术服务，加快培育应急特色明显的中小微企业，推动大中小企业协调发展。推动应急服务业与现代保险业相结合，研究不同尺度的巨灾风险综合评估的技术路线、标准规范和方法体系，形成对巨灾保险的支撑能力。

3.推进应急产业体系建设

（1）推进应急产业示范基地建设，逐步形成以重点区域和关键领域为支撑的应急产业发展格局。

（2）通过政府购买服务等方式支持与生产、生活密切相关的道路救援、防灾减灾等应急服务发展，推动应急服务专业化、市场化和规模化。

（3）充分发挥市场机制作用。大力培育技术水平高、服务能力强、具有国际竞争力的大型企业集团，加快发展一批应急特色明显、创新能力强的中小微企业，推动大中小企业协调发展。

4.加强人才队伍建设，提高应急产业科技支撑力量

（1）通过多种形式开展人才队伍建设工作，促进应急人才队伍的迅速扩大。“863计划”“973计划”等重大科技计划、国家自然科学基金、国家杰出青年科学基金等，在同等条件下，对应急领域的课题优先立项，吸引人才聚集；通过各类人才优惠政策，以重点高校、科研院所和优势企业为主体，有重点地培养和引进重要领域、关键环节的高层次创新人才；国家建立开放的人才流动机制，鼓励专业研究人员、高校教师和企业科技人员间的

互聘互兼，着力培养熟悉市场、具有较强集成创新和管理能力的人才队伍；通过政策引导，课题支持等措施，支持有条件地在北京高校开展应急产业学科建设，支持应急专业技术人才的继续教育。引导企业树立人才全球化观念，建立对高级人才的奖励制度，鼓励各种智力要素、技术要素以各种合法形式，自由参与利益分配和股权分配。通过积极拓展引进跨国公司的研发机构、选派科技人员到国外学习考察等有效途径，培养国际化视野的人才。

（2）大力培养应急各领域领军人才，建立起国家应急专家智库。开展应急人才体系建设，完善应急人才培养措施，结合《国家百千万人才工程实施方案》等战略规划，制定应急产业人才规划，不断壮大和优化创新型科技人才队伍，改革完善创新型人才的培养选拔模式，造就一批高层次科技领军人才和创新团队，挖掘一批高层次应急管理领军人才和创业团队，发现一批高层次应急指挥领军人才和指挥团队。通过“国家百千万人才工程”，建立起国家应急专家智库。

（3）结合国家战略，调动应急领域各类人才的积极性，做好应急产业科技创新，服务应急救援工作。支持和促进“大众创业、万众创新”，支持科技人员创新创业，增强应急产业的创新活力，促进应急产业快速发展。强化政府管理，不断创新应急救援机制，支持和规范社会力量参与应急救援工作，加强专业救援队伍和应急救援志愿者队伍的建设和培训，开展队伍等级评定与志愿者注册工作，不断提升救援工作的专业化水平，鼓励专业救援队伍和应急救援志愿者学习社会工作知识，提升应急救援工作的服务水平。

5.促进应急产业国际合作和交流，积极参与“一带一路”国际合作

多层次、多渠道、多方式推进国际科技合作与交流。在政府、第三方组织以及企业等多个层面开展合作，发挥多方力量，围绕产业政策、科技研发、人员合作等多方面进行产学研交流合作，组织开展展览、双边或国际论坛及贸易投资促进活动，借助相关平台学习借鉴国际应急管理体系建设、应急科技创新政策、应急标准体系、救援队伍建设等方面的先进经验，不断推动我国应急体系的建设和完善，充分利用相关平台交流推介我国应急科技成果、应急产品和服务，扩大应急产业的国际市场。

紧密围绕“一带一路”倡议，聚焦防灾减灾、公共安全等全球重大民生科技工程，开展国别战略研究、创新对话、政策沟通、规划对接，加强与“一带一路”沿线国家和企业科技合作，以科技合作促进应急产业国际合作。一是探索将应急产业及其有关重点领域纳入现有双边和多边政府间合作机制，鼓励跨国公司在我国设立研发中心，引导更多应急产业创新成果在我国实现产业化。二是推动和倡导“一带一路”应急产业合作，鼓励企业以高端应急产品、技术和服务开拓国际市场，参与全球市场竞争，提升国际竞争力。在防灾减灾、公共安全防控等方面与“一带一路”国家或国际组织开展合作。三是支持中国应急产品和服务参与国际重大灾害救援，提升我国在国际应急救援中的影响力，展示我国负责任大国的国际形象。

6.夯实应急产业管理基础

（1）应制定应急产业统计分类目录，加快建立应急产业重点企业联系机制，及时了解行业最新情况。

（2）应健全应急产品和服务认证制度，引导政府和社会购买产品和服务。

（3）应健全消防器材等应急产业重点行业管理，制定企业规范条件。加快筹备应急产业协会、联盟等社团组织，支持建设若干高水平的行业智库。

（4）应指导全国性应急产业展示交流，搭建应急产品和服务信息平台。

经济视窗 18-1

思政园地

积极推进我国应急管理体系和能力现代化

中共中央政治局2019年11月29日下午就我国应急管理体系和能力建设进行第十九次集体学习。中共中央总书记习近平在主持学习时强调，应急管理是国家治理体系和治理能力的重要组成部分，承担防范化解重大安全风险、及时应对处置各类灾害事故的重要职责，担负保护人民群众生命财产安全和维护社会稳定的重要使命。要发挥我国应急管理体系的特色和优势，借鉴国外应急管理有益做法，积极推进我国应急管理体系和能力现代化。

中华人民共和国成立后，党和国家始终高度重视应急管理工作，我国应急管理体系不断调整和完善，应对自然灾害和生产事故灾害能力不断增强，成功应对了一次又一次重大突发事件，有效化解了一个又一个重大安全风险，创造了许多抢险救灾、应急管理的奇迹，我国应急管理体制机制在实践中充分展现出自己的特色和优势。

我国是世界上自然灾害最为严重的国家之一，灾害种类多，分布地域广，发生频率高，造成损失重，这是一个基本国情。同时，我国各类事故隐患和安全风险交织叠加、易发多发，影响公共安全的因素日益增多。加强应急管理体系和能力建设，既是一项紧迫任务，又是一项长期任务。

资料来源 新华社. 习近平：积极推进我国应急管理体系和能力现代化［EB/OL］.（2019-11-30）［2021-11-15］. https://baijiahao.baidu.com/s?id=1651615436953644557&wfr=spider&for=pc.

本章小结

应急产业是为突发事件预防与应急准备、监测与预警、处置与救援提供专用产品和服务的产业。应急产业具有公益性、备用性、通用性、专业性、综合性的特征。近年来我国应急产业在监测预警、预防防护、处置救援、应急服务等方面取得初步成效，应急产业得到培育并稳步发展。虽然我国应急产业发展势头良好，但存在一些亟待解决的突出问题，对我国应急产业发展提出了迫切需求。

本章思语

1.什么是应急产业？它与其他产业有何区别？

2.应急产业发展有哪些机遇？

3.怎样才能发展好应急产业？

第2篇　产业结构

优化产业结构，加快转变经济发展方式，推动产业结构优化升级，这是关系国民经济全局紧迫而重大的战略任务。党的十九届五中全会提出，要加快发展现代产业体系，推动经济体系优化升级。坚持把发展经济着力点放在实体经济上，坚定不移建设制造强国、质量强国、网络强国、数字中国，推进产业基础高级化、产业链现代化，提高经济质量效益和核心竞争力。要提升产业链和供应链现代化水平，发展战略性新兴产业，加快发展现代服务业，统筹推进基础设施建设，加快建设交通强国，推进能源革命，加快数字化发展。

产业结构是产业发展的首要课题。在现代经济增长中，产业结构和经济发展密切相关；产业结构的状况和经济结构的状况共同反映一国的经济发展方向和发展水平，制约着经济发展速度。一国产业结构是否合理，在很大程度上决定着国家的综合国力、经济实力和国际竞争力。产业发展有量的扩张和质的提高两个方面，量与质都是不可缺少的，但不同时期的侧重点是有所不同的。因此，当前我国产业发展和整个经济发展，都必须从以量的扩张为主真正地转到以质的提高为主的方面来。本篇将讨论产业结构理论、产业结构演变与优化升级、供给侧结构性改革、现代产业体系、三次产业的关联与发展趋势、高新技术产业发展与传统产业改造、城乡良性互动战略、投入产出、产业关联9个专题。

第19章
产业结构理论

19.1 产业结构的基本含义

产业的概念随着社会分工的产生就已经产生了，但产业结构的概念产生得比较晚。一般观点认为，产业结构概念的产生始于20世纪40年代，当时对产业结构的意义和定位还很混乱：产业结构既可以用来解释产业间和产业内部的数量比例关系，也可以用来解释产业内企业间的市场份额比例关系以及地区间产业分布。随着对产业经济学研究的逐步深化，产业结构的概念和研究领域也逐步界定下来。按照概念内涵和外延的不同，对产业结构的研究有“广义”“狭义”之分。一种观点认为：产业结构是研究市场上各产业中经济资源之间的相互联系、相互依存、相互影响的运动关系，这是“产业发展形态理论”的观点。另一种观点认为：产业结构是研究产业间技术经济的数量比例关系，即产业间的“投入”“产出”的数量比例关系。这是“产业联系理论”的观点。广义的产业结构理论是这两种观点的综合。

产业发展形态理论从“质”的角度动态地揭示产业间技术经济的相互联系形态和发展趋势。产业结构是一个国家或地区的劳动力、资金、原材料投入在市场上的配置状况及相互制约的方式，反映不同产业的发展水平、发达程度、内在活力与增长潜力。它一般由两个指标来衡量：一是价值指标，如某一产业部门所创造的国民收入占全部国民收入的比例，或某一产业的资本额占全社会资本额的比例；二是就业指标，如某一产业部门就业人数占总就业人数的比例。

产业联系理论从“量”的角度静态地研究产业间的技术经济数量比例关系，即产业间的投入产出关系。这种关系说明国民经济各产业间的联系是：一个产业的产出是另一个产业的投入，一个产业的投入是另一个产业的产出，投入产出关系就是产业间在投入与产出上的相互依存关系。

因此，产业结构通过产业间质的组合和量的规定，构成了产业间经济资源的分布结构，这种结构既是产业间的数量比例关系，又是产业间质的联系的有机耦合；既是静态比例关系，又是动态关联的发展。

19.2 产业结构与经济发展

经济发展是社会经济运动的长期发展变化趋势，是经济规模的扩大和经济结构的演进。一般说来，经济发展表现为以下几方面的变化：①国民收入持续、稳定地增长；②技术创新和技术进步在经济发展中起着越来越重要的作用；③产业结构持续演进和升级；④国际贸易日益扩大，国际贸易结构日益优化；⑤与经济发展相适应的经济制度日益完善；⑥社会价值观日益向不断重视生活质量的方向变化。因此，经济发展是经济增长和产业结构演进共同作用的结果。

1.产业结构与经济增长

经济增长是指一国或一地区在一定时期（通常为一年）内，由于就业增加、资本积累和技术进步等原因，国民收入或国民生产总值在数量上的增长，即一国或一地区的经济规模在数量上的扩大。可见，经济增长并不反映经济规模的“质量”及其变化，而是反映一定时期的经济活动后经济规模的变化。经济增长和产业结构有着非常密切的关系，产业结构的演进会促进经济总量的增长，而经济总量的增长也会加速产业结构的演进。在现代经济增长中，产业结构的演进和经济增长的相互促进作用日益明显：产业结构的合理化调整及优化是为了实现经济持续、稳定增长，而经济增长也为促进产业结构演进提供物质基础和技术准备。

不同的产业结构具有不同的整体效益，必然导致经济以不同的速度增长；不同的经济增长速度又对产业结构产生不同的要求，促使产业结构进行合理化调整。产业结构对经济增长的影响是通过结构效益实现的，结构效益高的产业结构能促使经济以较快的速度增长，它是在不增加投入的情况下实现经济增长，因而属内涵扩大再生产的范畴。在社会再生产过程中，技术条件不断变化，产业结构、产品结构不断更新并形成新的组合，引起社会生产力发生质的飞跃，促使经济增长。

2. 产业结构效益与经济增长

随着经济的发展，社会分工日益专业化，社会生产部门日益增多，部门之间和部门内部的联系比以往任何时候都要紧密，因此，产业部门之间的相互依赖、相互制约程度日益增强。在这种情况下，产业结构效益的重要性也日益增强，成为现代经济增长的一个重要支撑点。现代的经济增长过程主要取决于产业结构的聚合效益，即产业间和产业内各部门间通过合理关联和组合，使组合后的整体功能大于单个产业或单个部门的功能简单相加。这种来自结构聚合的经济效益，其意义已经大大地超过个别劳动生产率的提高对经济增长的影响。

3. 产业资源配置效率与经济增长

经济增长不仅取决于资本、技术、人力等资源的投入，还取决于这些资源配置的优化程度，产业结构状态及变化方式在很大程度上决定了资源配置效率。产业结构实质上被看作资源转换器，即通过产业间的有效运转，把社会各种资源的总和不断转化为各种产品和服务，以满足社会需求。因此，这一资源转换器的运转效率和质量如何，直接关系到经济增长的质量。运转的效率高、质量好，经济增长的速度就快，经济增长的质量就好。产业结构合理化是使这一资源转换器运转的效率和质量不断得到提高的基础，产业结构合理与否决定了在资源供给类别、方式和数量比例既定的情况下，能否实现有效产出的最大化，从而能否使经济持续、稳定地增长。如果存在结构性障碍，则无效的投入会加大，降低资源配置效率，会阻碍经济的持续、稳定增长。

4. 产业结构转换能力与经济增长

产业结构转换能力是指产业结构适应技术进步、社会资源供给状况和市场需求状况的变化的能力。技术进步对提高产业结构转换能力的作用是通过产业联系、产业波及、产业扩张等一系列产业关联效应实现的，优化了的产业结构可以强化由技术创新所产生的产业波及和放大效应，提高产业结构的整体转换能力，从而带动经济快速、持续地增长。而产业结构转换能力的增强可以加速经济资源的转化效率，从而提高经济增长速度。所以，提高产业结构的转换能力，可提高产业素质，以结构求速度、求效益，达到实现经济快速增长的目的；反过来，经济增长也可以为产业结构转换提供积累，实现经济增长的技术推进效应。

19.3 产业结构理论简介

19.3.1 产业结构理论的产生

古典经济学的自由主义价格理论在完全竞争市场经济条件的理论假设下，探索资源的有效配置方式首先是从市场个量分析开始的。亚当·斯密认为，市场价格是一只“看不见的手”，它随供求关系的变化而涨落，使社会资源向着供应相对短缺的商品生产移动，从而指示着资源的配置方向，自动地调节社会资源的优化组合和分布，而无须任何外来的干预。由于“看不见的手”能够自发地调节市场的均衡和资源的最佳配置，因此，人们的一切介入和干预都是多余和有害的。

但是，由于市场经济主要依靠以市场供求为基础的资源趋利性流动重组来实现资源的优化配置，而且公共物品、外部效应、市场信息的不完全与不准确性、商品的不同质等一系列市场经济不能涵盖的经济现象的存在，所以它不可避免地具有自发性、盲目性和滞后性等局限性，从而使市场机制在调节经济生活过程中经常出现失灵现象；同时，自由竞争本身就孕育着引发市场机制的异化现象——垄断，垄断是商品经济发展到一定阶段的产物。马克思在《资本论》中揭示了滋生于商品经济的、以雇佣劳动与资本相对立为特征的、以私有制为基础的资本主义经济制度内在的矛盾，指出了价值规律的自发作用导致社会生产的无政府状态和经济危机，造成社会资源的严重浪费和结构失衡。解决经济危机的唯一出路是消灭资本主义，建立社会主义制度，以产品经济、计划经济取代商品经济、市场经济，以计划的方式调节社会资源的配置。以苏联为首的社会主义国家，建立了以公有制为主的经济制度，实行高度集权的计划经济，在经济发展目标单一化的恢复阶段曾一度取得了辉煌的经济成就。但随着经济问题的日益复杂化、经济目标的多样化、消费需求的多元化，人们不可能对未来的资源配置流向和方式作出精确的判断，从而使经济决策产生失误。社会主义国家普遍存在的经济结构失衡现象就说明了这一点。

在资本主义世界，以市场价格为自发的、唯一的调节社会资源流向的经济理论也遇到了前所未有的挑战。1929年爆发的经济大危机，震撼了整个资本主义世界，使自由主义价格理论发生了严重的危机，古典经济学理论陷入了窘境。市场的失灵使人们意识到市场经济并没有穷尽优化资源配置的全部，有相当多的产业领域存在“市场失灵”“市场功能不全”的现象，这些产业领域或外部性强、盈利少，或资本回收期长，或风险大，市场机制不能自动地将资源导入这些产业，而这些产业又是社会生产和国民生活所必需的，应当由政府来补充。在这种情况下，出现了以凯恩斯为代表的国民收入决定理论，开始对国民经济的宏观领域进行分析，研究国民经济总量变化及规律，认为在市场经济条件下，由于存在边际消费倾向、资本边际效率和流动偏好等心理因素的影响，会出现“有效需求不足”“非自愿失业”，使市场机制本身没有力量使总需求与总供给相等，不可避免地出现经济萧条和失业。因此，政府有必要运用计划、财税、金融等手段，主动干预经济，有效调节经济总量间的均衡，以弥补市场机制的局限性。这使人们对市场经济的运动规律有了进一步的认识。凯恩斯主义虽然在一定程度上弥补了市场机制的不足，刺激了危机中的经济复苏和景气，但由于总量调控政策系统的行为是由人们的主观判断决定的，存在主观愿望脱离客观实际的可能性，而且人们对市场的认识存在认知的有限性、市场信息的时间滞后效应，所以总量调控机制不能有效地照顾到社会再生产过程的结构协调和均衡，使生产结构不能和变化了的消费结构、技术结构有效衔接，这就形成了触发财政赤字和“滞胀”的客观基础，产生总量失衡的机制。

这些经济现象使人们把目光转向社会再生产的中观层面——国民经济的产业层面，从“市场调节”“总量调节”中寻找出路，建立资源配置的结构调控机制，这就形成了研究产业间的数量比例关系、产业间的技术经济关联、产业结构演变的产业结构理论。因此，产业结构的研究对象是社会再生产过程中均衡状态的实现、比例关系协调，以及经济发展中产业结构的转化、进化的规律。可见，产业结构理论是经济分析深入产业结构层次并在总结经济政策实践经验的基础上形成和进一步发展的。

19.3.2 马克思主义的结构理论

1.主要内容

马克思主义认为产业是从事物质资料生产的工业部门或行业，即物质生产部门。按照产品用途不同，马克思将物质生产部门划分为两大部类：第一部类是生产生产资料部门的总和；第二部类是生产消费资料部门的总和。两大部类的生产过程构成了全社会的生产过程，这一生产过程既生产人类社会赖以生存的物质条件，也是一个在特定历史环境和经济条件下的生产关系中进行的过程，因此又生产和再生产这些生产关系本身。可见，物质资料的生产是人与人以及人与自然双重关系的总和。在物质资料的再生产过程中，社会再生产正常运行是以社会总产品的实现为核心的，即各种产品通过交换得以实现，使产品的各个部分在价值上得到补偿、在物质上得到交换。在简单再生产条件下，实现两大部类均衡发展的前提条件是：

$$\text{I}(v+m)=\text{II}c$$

据此引出两个公式：

$$\text{I}(c+v+m)=\text{I}c+\text{II}c$$

$$\text{II}(c+v+m)=\text{I}(v+m)+\text{II}(v+m)$$

也就是说，第一部类所生产的生产资料总量应等于两大部类生产中所消耗的生产资料总和；第二部类所生产的消费资料总量应等于两大部类所需要的消费资料总和。这些平衡是实现社会简单再生产的基本条件。

在扩大再生产条件下，实现两大部类均衡发展的条件是：

$$\text{I}(c+v+m)=\text{I}(c+\Delta c)+\text{II}(c+\Delta c)$$

$$\text{II}(c+v+m)=\text{I}(v+\Delta v+m/x)+\text{II}(v+\Delta v+m/x)$$

也就是说，第一部类所生产的生产资料总量在补偿两大部类生产中所消耗的生产资料后的余额，应等于两大部类追加的生产资料；第二部类所生产的消费资料总量在补偿两大部类现有生活消费后的余额，应等于两大部类因扩大再生产而增加的消费资料的需要。

马克思关于两大部类均衡发展的深入分析，揭示了社会再生产运动的规律，论证了要使社会再生产正常进行，就必须对生产资料和消费资料的生产进行补偿；要使社会扩大再生产正常进行，就必须对生产资料和消费资料的生产进行追加，而且这两项补偿和追加之间要保持适当的比例关系。

马克思在分析两大部类之间的依存关系时，提出了资本的有机构成提高理论，即随着机器体系的不断进步，总资本中由机器设备及设施等构成的不变资本部分会不断增加，用于劳动力的可变资本部分会不断减少。列宁把这一理论和社会再生产理论相结合，进一步丰富和发展了马克思主义的社会再生产理论，提出了在技术进步的条件下生产资料生产优先增长的规律，指出：在社会扩大再生产过程中，增长速度最快的是生产资料的生产，然后是消费资料所需的生产资料的生产，最后是消费资料的生产。这就为我们在坚持产业结构合理化发展的同时，适度地实行产业倾斜政策提供了重要的理论依据。我国习惯上把制造生产资料的部门称为重工业，把制造消费资料的部门称为轻工业，制造生产资料的部门优先增长，即优先发展重工业。[①]改革开放前，我国经济建设中产业结构曾经多次出现过严重的比例失调，重工业发展过快，这主要是由于我们对生产资料优先增长存在绝对化的理解，认为生产资料生产可以不受两大部类平衡发展规律的制约而无限地增长。我们不能因为我国的这种绝对性做法所造成的产业结构失衡，就因此怀疑甚至否定生产资料生产优先增长规律。

2.评价

在马克思关于两大部类的理论以前，西方古典经济学家对社会资本的生产和再生产方面的问题也进行过探讨，虽然有一定的贡献，但都没能建立完全科学的理论。马克思批判性地继承了他们的观点后，创立了真正科学的社会资本再生产理论，为我们研究产业结构合理化发展提供了方法论的指导。

但是，任何科学家都不能超越经济史和理论史的局限，马克思也是如此。比如马克思认为产业是从事物质生产的工业部门或行业，这就将产业定位在较狭窄的范围内。事实上，产业的概念是随着社会经济的发展而不断扩展的，目前的产业部门已从物质生产部门扩展到非物质生产部门、知识生产部门。现实经济中的产业部门也远非像两大部类间的关系那样简单明了，产业结构中包括了多种产业部门之间相互提供中间产品和服务的错综复杂的联系，建立在这一划分基础上的产业分析很难真正地反映产业结构升级和转换的内容。

马克思主义关于两大部类的生产均衡发展的分析，虽然可以在一定程度上解释社会再生产运动的总规律，但由于产业范畴在不断地扩展，产业结构的内容中包括了比以前任何时候都丰富复杂的产业关联关系，因此，马克思的结构均衡理论难以描述产业间错综复杂的投入产出关系及其他产业关联关系。

马克思认为产业结构的市场调节机制具有局限性，这一观点完全正确，但他借此否定在社会主义制度下价值规律对产业结构具有一定的调节作用是不可取的。价值规律是在市场经济条件下，通过价格变动引导生产要素合理分配到不同产业部门，从而实现产业结构的优化。为了弥补价值规律的局限性，政府有必要运用财政政策、货币政策等调节手段，对价值规律不能正常发挥作用的领域进行调节，以尽可能涵盖优化资源配置的全部，保证产业结构优化目标的实现。

① 2014年后，我国不再采取轻重工业分类法。

19.3.3 西方的产业结构理论

1.结构演变理论

（1）配第–克拉克定理。

最早注意到产业结构演变规律的是英国经济学家威廉·配第。他第一次发现了世界各国的国民收入水平差异及其形成的不同的经济发展阶段，其关键在于产业结构的不同。他在《政治算术》一书中比较了英国农民的收入和船员的收入，发现后者是前者的4倍。他认为，工业的收入要比农业高，而商业的收入又比工业高，说明工业比农业、服务业比工业具有更高的附加价值，这一发现被称为配第定理。这一定理第一次揭示了产业结构演变和经济发展的基本方向，但由于时代的局限性，配第未能看到产业结构的变动和人均国民收入水平的内在联系。

英国经济学家科林·克拉克于1940年在《经济进步的条件》一书中，按照三次产业分类法，以若干国家在时间的推移中发生的变化为依据，分析了劳动力在第一、二、三产业间移动的规律性。他指出：随着经济的发展，国民收入水平提高，劳动力首先从第一产业向第二产业移动；当人均收入水平进一步提高时，劳动力便向第三产业移动。劳动力在产业之间的分布状况是：第一产业比重不断减小，第二产业和第三产业顺次不断增加。劳动力在不同产业间流动的原因在于不同产业之间收入的相对差异。由于克拉克的研究只是印证了配第的发现，因此，这一研究成果被叫作“配第–克拉克定理”（参见20.2.2部分）。

（2）库兹涅茨的人均收入影响理论。

库兹涅茨在配第、克拉克研究成果的基础上，认真挖掘了各国的历史资料，利用经济统计学原理，对产业结构变动与经济发展的关系进行了全面的考察，考查了总产值变动和就业人口变动的规律，指出：在按人口平均的产值较低组距（70～300美元）内，农业部门的份额显著下降，而工业和服务业部门的份额相应地大幅度上升，但其内部的结构比例变化不大；在按人口平均的产值较高组距（300～1 000美元）内，农业部门的份额与非农业部门的份额之间变化不大，但非农业部门内部的结构变化比较大。库兹涅茨的这种产业结构变动受人均收入变动影响的理论被称为人均收入影响理论。

（3）霍夫曼定理。

德国经济学家霍夫曼在1931年出版的《工业化的阶段和类型》一书中，收集了近20个国家经济发展的时间系列数据，对工业化进程中的产业结构演进问题进行了开创性的研究，提出了著名的霍夫曼定理，即在工业化进程中，霍夫曼比例（消费资料工业的净产值和资本资料工业的净产值之比）是不断下降的。根据霍夫曼比例，可以把工业化划分成4个发展阶段（见表19–1）。霍夫曼认为，在工业化的第一阶段，消费资料工业的生产在制造业中占主导地位，而资本资料工业的生产在制造业中是不发达的；在工业化的第二阶段，资本资料工业的生产增长速度快于消费资料工业的生产增长速度，但消费资料工业的生产规模仍然要比资本资料工业的生产规模大得多；在工业化的第三阶段，资本资料工业的生产继续增长，规模迅速扩大，与消费资料工业的生产处于平衡状态；在工业化的第四阶段，资本资料工业的生产占主导地位，其规模大于消费资料工业的生产规模，基本上实现了工业化。

表19-1 **霍夫曼工业化阶段指数**

工业化的不同阶段	霍夫曼比例=消费资料工业的净产值/资本资料工业的净产值
第一阶段	4 ~ 6
第二阶段	1.5 ~ 3.5
第三阶段	0.5 ~ 1.5
第四阶段	1以下

霍夫曼定理是符合产业发展规律的，特别是符合工业化的前期发展趋势。但他的理论存在以下几个缺陷：

①不能全面反映产业结构的变动趋势；

②轻工业和重工业与消费资料工业和资本资料工业并非存在完全的对应关系；

③会使人产生“优先发展重工业是工业化的必然要求”的错误思想；

④未说明产业结构的服务化趋势。

针对这些缺陷，日本经济学家盐野谷右一对霍夫曼定理进行了修订：

①纠正了“投资品工业”的概念，认为重工业应包括钢铁、机械、化学三大部门。

②认为重工业的发展有一个饱和点，达到一定程度后其发展速度就要减缓；产业结构高级化将会出现新特征，即服务业、信息技术、知识密集型产业的发展。

我国统计口径中重工业与轻工业的计算方法，与国际上通用的重化工业与轻工业的计算方法有较大差异，主要表现在两个方面：

第一，按国际口径，轻重工业的比例是在制造业范围内计算的；按我国的统计口径，重工业中还包括采掘业。

第二，按国际口径，轻工业指以农产品为原料的加工工业，主要包括食品工业和纺织工业，重化工业主要包括金属、机械、化学3个行业；按我国的统计口径，轻工业还包括日用机械、日用金属制品、日用化学品等以非农产品为原材料的消费品工业。

由于我国统计口径中重工业与轻工业的计算方法与国际上通用的计算方法有较大的差异，因此，用我国的统计口径计算的重工业与轻工业的比例，与霍夫曼比例参考值相比是不合适的，应对我国的统计口径进行相应调整后才能与国际口径进行比较。调整方法如下：

制造业产值（国际口径）=工业产值（国内口径）-采掘业产值

重化工业产值（国际口径）= 重工业产值（国内口径）− 采掘业产值 + 轻工业产值(国内口径)中以非农产品为原料的部分

轻工业产值（国际口径）= 轻工业产值（国内口径）− 轻工业产值(国内口径)中以非农产品为原料的部分

表19-2是按我国统计口径计算的重工业与轻工业的比例。调整后的重化工业和轻工业在制造业总产值中的比重见表19-3。

对比表19-2和表19-3可以看出，1978年以来，按国际口径计算的我国制造业中重化工业的比重，一直稳定地高于按我国统计口径计算的重工业的比重12至14个百分点。这说明，我国统计口径所显示的重工业在工业总产值中所占的比重，与国际口径相比，明显

表19-2　　按我国统计口径计算的轻重工业比重（%）

产值比重＼年份	1978	1980	1985	1991	1995
工业总产值	100.0	100.0	100.0	100.0	100.0
重工业比重	56.9	52.8	52.9	51.1	53.7
轻工业比重	43.1	47.2	47.1	48.8	47.3

注：存在尾数偏差。

资料来源　刘世锦．中国产业结构变动的历史、现状与趋势［M］//王梦奎．中国2010：目标、政策与前景．北京：中国发展出版社，2000：208.

表19-3　　按国际口径计算的我国轻重化工业比重（%）

产值比重＼年份	1978	1980	1985	1991	1995
制造业总产值	100.0	100.0	100.0	100.0	100.0
重化工业比重	68.3	65.6	64.5	64.5	68.1
轻工业比重	31.7	34.4	35.5	35.5	31.9

资料来源　刘世锦．中国产业结构变动的历史、现状与趋势［M］//王梦奎．中国2010：目标、政策与前景．北京：中国发展出版社，2000：208.

低估了重工业对工业增长的实际贡献。调整后的数据表明，我国重化工业的发展及其在制造业总产值中的份额与目前经济发展水平基本相适应，轻重化工业比重“偏差”的问题不明显。

根据2012年统计数据，将39个大类行业中的化纤、橡胶、塑料、非金属矿物、金属冶炼及压延加工业、金属制品、通用设备制造、专用设备、运输设备、电气机械及器材、通信设备及电子设备制造、石油加工、炼焦及核燃料加工、化工、能源等行业划分为重工业（586 912.72亿元），将除了采掘业和重工业以外的行业划分为轻工业（197 565.99亿元），以此计算霍夫曼比例为0.34。该数据说明中国当时已到工业化中后期的发展阶段。

（4）里昂惕夫的投入产出分析法（详见第26章）。

（5）钱纳里的标准产业结构理论。

美国经济学家钱纳里将开放型的产业结构理论规范化，提出了标准产业结构理论。他在1960年通过对51个不同类型的国家经济统计数据的计算，得到有关随人均收入水平变化，制造业各部门相对比重变化的一组标准值，这可用来对照分析本国在某种经济条件下的制造业内部结构，即工业结构是否偏离正常值。之后，许多经济学家进一步发展了钱纳里的理论，在钱纳里的产业结构理论基础上，对世界各国的产业结构变化作了科学分析。他们运用多国模型，对世界一批国家的经济增长因素进行了分析，发现随着人均收入的增长，产业结构会出现规律性的变化。其基本特征是：在国内生产总值中工业所占份额逐渐上升，农业份额下降，而按不变价格计算的服务业份额缓慢上升；在劳动就业结构中，农业所占份额下降，工业所占份额变动缓慢，而第三产业将吸收从农业中转移出来的大量劳动力。表19-4是根据100多个国家统计资料计算出的结果，它形象地体现了上述规律。

表19-4　　人均GDP和产业结构的变化

人均GDP（1980年，美元） 比重（%）	100 ~ 200	300 ~ 400	600 ~ 1 000	2 000 ~ 3 000
第一产业增加值占GDP比重	46.4 ~ 36.0	30.4 ~ 26.7	21.8 ~ 18.6	16.3 ~ 9.8
第二产业增加值占GDP比重	13.5 ~ 19.6	23.1 ~ 25.5	29.0 ~ 31.4	33.2 ~ 38.9
第三产业增加值占GDP比重	40.1 ~ 44.4	46.5 ~ 47.8	49.2 ~ 50.0	50.5 ~ 51.3
第一产业就业人数比重	68.1 ~ 58.7	49.9 ~ 43.6	34.8 ~ 28.6	23.7 ~ 8.3
第二产业就业人数比重	9.6 ~ 16.6	20.5 ~ 23.4	27.6 ~ 30.7	33.2 ~ 40.1
第三产业就业人数比重	22.3 ~ 24.7	29.6 ~ 23.0	37.6 ~ 40.7	43.1 ~ 51.6

应当注意的是，标准产业结构与实际产业结构之间的偏差只能作为判断产业结构状况的参考，而不能作为唯一的衡量标准。由于每个国家都有自己的具体国情，如国内自然资源禀赋不同，当时所处的国内外政治、经济形势不同，政府所制定的中长期发展战略也各有差异，工业化进程不同等，这些因素都可能导致本国的实际产业结构及其变动趋势与标准产业结构产生偏差。这些偏差虽然会说明一些问题，但还不能判断产业结构不合理。例如，日本和韩国等国家的实际产业结构与标准产业结构也存在较大的偏差，但不能就此认为这些国家的产业结构是不合理的。因此，标准产业结构只是判断一国产业结构合理性的众多标准中的一个，而单一标准是不能衡量产业结构合理化程度的。

2.产业结构调整理论

（1）刘易斯的二元产业结构转变理论。

美国经济学家刘易斯于1954年在他的《劳动力无限供给条件下的经济发展》一文中，提出了用以解释发展中国家经济问题的二元产业结构转变理论。他认为整个经济由弱小的现代工业部门和强大的传统农业部门组成，发展中国家可以充分利用劳动力资源丰富这一优势，加速经济的发展。

二元产业结构转变理论的基本假设条件是：

①农业的边际劳动生产率为零或接近零；

②从农业部门转移出来的劳动力，其工资水平取决于农业的人均产出水平；

③城市工业利润的储蓄倾向高于农业收入的储蓄倾向。

由假设条件可知，农业剩余劳动力对城市工业的供给价格是很低的，而且由于工业生产的边际劳动生产率要远高于农业剩余劳动力的工资水平，所以工业生产可以从农业中得到劳动力的无限供给；农业的人均产出水平很低，因此从农业中转移出来的劳动力工资水平也远低于工业的边际劳动生产率，工业就可以从劳动力供给价格与边际劳动生产率的差额中获得巨额利润。同时，工业利润中的储蓄倾向较高，使城市工业生产对农村剩余劳动力的吸纳能力进一步提高，这就由此产生一种积累效应，即随着农村劳动力向城市工业转移，农村劳动力的边际生产率不断提高，工业劳动力的边际生产率不断降低，这种效应直到工农业劳动力的边际生产率相等才停止。这时，城市和农村的二元产业结构转变为一元产业结构，实现工农业经济平衡发展。

二元产业结构转变理论的实施有一个前提条件，即从农村转移出来的劳动力能全部被工业吸纳；但在许多发展中国家，农村劳动力向城市转移往往存在城市工业的容纳量有限的情况，或城市工业结构具有一定的素质，使其所吸纳的劳动力要具有相应的劳动技能，这也使农村劳动力不能适应城市工业的需要。此外，城市中也存在劳动力供给可以满足或超量供给的问题，这都会阻止农村劳动力有效地向城市工业转移。

（2）罗斯托的主导产业理论。

美国经济学家罗斯托在他的《经济成长的过程》《经济成长的阶段》等著作中提出了"主导产业扩散效应理论""经济成长阶段理论"。罗斯托根据技术标准把经济成长划分为6个阶段，每个阶段都存在起主导作用的产业部门，经济阶段的演进就是以主导产业交替为特征的。这6个阶段分别为：

①传统社会阶段：科学技术水平和生产力水平低下，主导产业部门为农业部门。

②起飞前提阶段：近代科学技术开始在工农业中发挥作用，占人口75%以上的劳动力逐渐从农业中转移到工业、交通运输业、商业、服务业中，投资率的提高速度明显超过人口的增长速度。

③起飞阶段：相当于产业革命时期，积累率在国民收入中所占的比例由5%增加到10%以上，有一个或几个经济主导部门带动国民经济的增长。

④成熟挺进阶段：现代科学技术已经有效地应用于生产，投资率在10%～20%，由于技术创新和新兴产业的不断涌现和发展，产业结构发生了巨大的变化。

⑤高额民众消费阶段：工业高度发达，主导部门转移至耐用消费品和服务部门。

⑥追求生活质量阶段：主导部门从耐用消费品部门转移至提高生活质量的部门，如文教、医疗、保健、福利、娱乐、旅游等部门。

罗斯托以技术标准划分经济成长阶段，这与马克思主义关于社会经济阶段划分的理论是相背离的。但他提出的主导部门通过投入产出关系而带动经济增长的看法，以及主导部门的序列是不能任意改变的观点是值得借鉴的。任何国家在发展经济的过程中，都要立足于本国经济现状，不能超越经济成长阶段，而只能从较低级阶段向较高级阶段顺序发展。

3.结构演变模式

（1）赤松要的雁行形态理论。

日本经济学家赤松要在1960年提出了产业发展模式的雁行形态理论（如图19-1所示）。这一理论揭示了后进国家参与国际分工从而实现产业结构高度化的途径。赤松要通过对日本棉纺工业从进口发展到国内生产，再发展到出口的历史性考察，认为后进国家的产业发展应遵循"进口—国内生产—出口"的模式，使其产业相继更替发展。

第一只雁是进口浪潮。由于后进国家的产业结构脆弱，国民经济体系不完整，而市场又对外开放了，这就使国外产品大量涌入后进国家的市场，这时的市场基本上是进口产品。

第二只雁是进口所引发的国内生产浪潮。国外产品的进入，使后进国家的市场得以扩大，这时后进国家可以充分模仿、引进和利用进口产品的生产工艺和技术，并使之与本国的廉价劳动力和优势自然资源相结合，不断增加某些进口产品的国内生产。

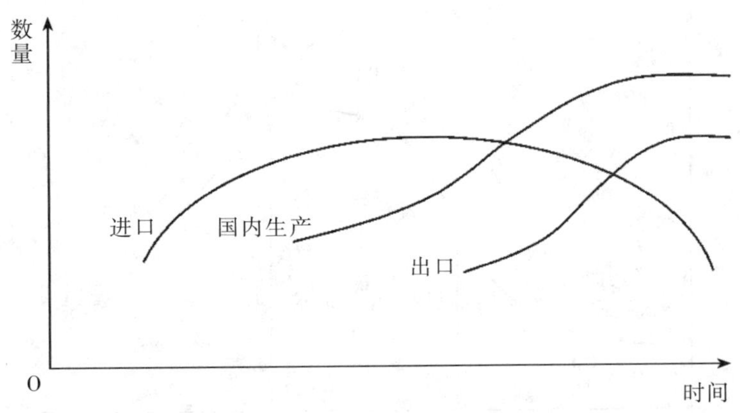

图19-1　赤松要的雁行形态理论

第三只雁是国内生产所引致的出口浪潮。后进国家生产达到一定规模后，由于本国的劳动力和自然资源优势，加上生产到了一定阶段，高新技术转化率和转化速度提高，经营管理改善，使原进口产品的生产具有比以往进口国更大的成本优势，其产品的销售在国际市场上具有较大的竞争优势和较高的市场地位，以致形成了原有进口产品开始占领国际市场的浪潮。

雁行形态理论在应用时要考虑一国或地区的特殊经济条件灵活应用，而且其产业发展形态要与产业发展的一般趋势相吻合：产业发展顺序从以消费资料的生产为主向以生产资料的生产为主转化；消费资料的生产从以粗加工产品为主向以精加工产品为主转化；生产资料的生产从以生产生活用品为主向以生产生产用品为主转化，从以农业生产为主向以轻工业进而重工业生产为主转化。

（2）产品循环发展模式。

该理论是美国跨国企业问题专家弗农提出的。弗农认为工业先行国的产业结构演变模式要与国际市场的发展变化紧密结合，并通过参与国际分工来实现本国产业结构升级，从而实现产业结构的国际一体化，这种产品循环顺序是“新产品开发→国内市场形成→出口→资本和技术出口→进口→更新的产品开发……”。产品经过这一顺序不断循环，带动了工业结构由劳动、资源密集型向资本进而向技术密集型演进，实现产业结构的升级。这一过程可以通过四个阶段来加快本国的工业化进程（如图19-2所示）。

第一阶段：研究开发新产品，逐渐占领国内市场。

第二阶段：国内市场饱和后，开拓国际市场，增加该产品的出口。

第三阶段：产品占领了国外市场后，输出资本和该产品的生产技术，促成资本和技术与当地的廉价劳动力和其他资源相结合，就地组织生产和销售。

第四阶段：国外生产能力形成后，又使这种产品以更低的价格返销国内市场，迫使开发了新产品的先行国削减或放弃该产品的生产，从而促进新产品的开发。因此，产业结构的政策要根据不同时期的特点来制定。

产品循环发展模式和产品的生命周期理论密切相关。就同一种商品的生产而言，先行国Ⅰ和先行国Ⅱ相比，产品的生产处于生命周期中的成长阶段。这时先行国Ⅰ向先行国Ⅱ出口该产品。随着成熟期的临近，先行国Ⅰ将该产品的生产技术向世界范围普及，逐渐失去了生产和销售这种产品的优势地位。随着先行国Ⅱ对这种产品的仿制和研究，先行国Ⅰ

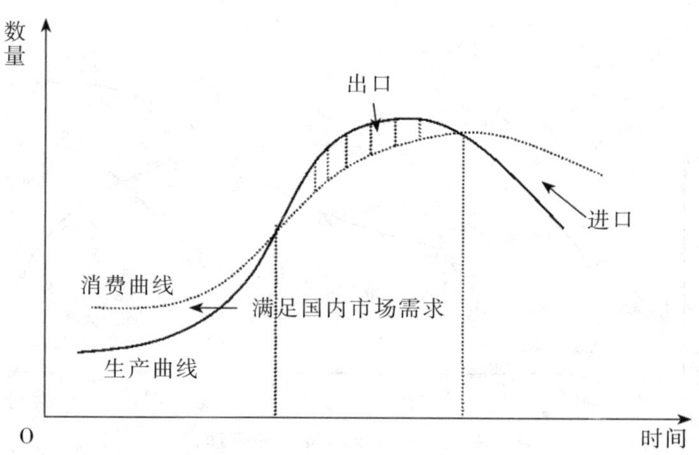

图 19-2 产品循环发展模式

的成本优势也逐渐消失，这时其在该产品的市场竞争中处于不利地位。为了维持其在国际市场中的竞争地位，这些国家只能靠较低的劳动力成本和地区资源优势加以维持，由此，只有将投资转向具有这种优势的国家。于是，由以往的国内投资转向国外投资，利用经济欠发达的国家或地区廉价的劳动力和其他资源，就地组织生产和销售。由于在经济欠发达的国家或地区生产具有成本优势，因此先行国 I 反而从经济欠发达的国家或地区进口该产品。

这种由于先行国在海外的投资使其已有产业受到国外竞争压力的威胁现象，又叫作"反回头效应"。经济欠发达的国家或地区可以回避风险大、花费多的技术开发过程，充分利用先行国的资金和技术，并与本国廉价劳动力资源和其他优势资源相结合，以成本优势返销到工业先行国的市场，这样可以大大缩短经济欠发达国家的工业化进程。

（3）同时开发发展模式。

这是后发的发达国家在发展技术密集型产业中所采用的一种主要的发展模式（如图 19-3 所示）。

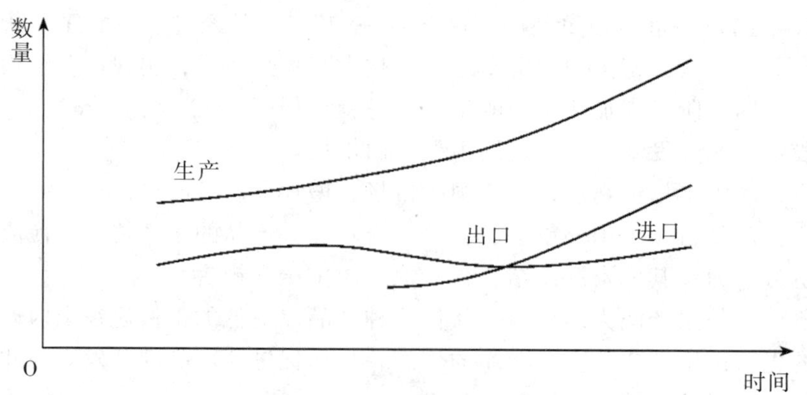

图 19-3 同时开发发展模式

随着技术密集型产业的发展，工业的技术装备不断地更新，传统产业逐渐退出，新兴产业渐渐兴起，整个产业结构面临重大的变化。在发达国家，技术竞争比以往任何时候都要激烈，发展高新技术产业已成为发达国家抢占国际市场的制高点。因此，为取得后发优势，各国纷纷发展高新技术产业，以致后发的发达国家在技术开发和高新技术产业建立的时期，大致与先行的发达国家相同。一国出口的增加是由该国自身产业特点、技术基础的完善程度和技术特点决定的，这些国家竞相发展高新技术产品，使它们之间相当多的同类工业品相互进口的数量减少，而且由于共同发展高新技术，以后的进口也不会有太大的增长。同时开发发展模式使后发的发达国家迅速赶超先行的发达国家。在赶超接近尾声时，本国为在高新技术领域继续保持领先地位，只有继续将更多的资金投向研究与开发环节，持续地保持自身的技术竞争优势，这样才能保证经济更强劲地增长。典型的例子是日本在其经济发展过程中采用同时开发发展模式，如日本的数控机床、机加工中心、工业机器人等微电子机械和精密陶瓷等新型材料的许多技术密集型工业就是采用这种方式发展起来的。

19.4 “十四五”时期我国产业结构调整趋势[①]

党的十九届五中全会提出要加快发展现代化产业体系，推动全产业链升级；要推动互联网、大数据、人工智能等同各产业深度融合，推动现代化服务业同先进制造业深度融合，推动数字经济与实体经济融合。同时，要大力发展数字经济，推进数字产业化和产业数字化，为“十四五”时期产业结构的调整升级指明方向，是未来产业结构调整升级的主要内容，对经济发展具有重大现实意义。以中国经济发展进入新常态或新时代的重大转变为依据，总的来看，“十三五”时期是中国产业结构调整升级的初步推进期，2020—2035年可能是中国产业结构调整升级的加速推进期，而2035—2050年将是中国产业结构调整升级的相对稳定期。因此，从“十四五”时期到2035年，是分析中国产业结构调整升级中长期趋势的重点时段。

加速新经济的发展是“十四五”时期重塑我国经济发展新优势，提升我国产业发展水平，推动我国产业结构迈向全球价值链中高端的重要选择。在新经济的发展进程中，通过深化供给侧结构性改革，提升我国的产业基础能力和产业链现代化水平，培育适应新经济发展的现代化产业体系，促进经济高质量发展，创造我国产业链参与国际竞争的新优势。

1.推进新经济的产业化发展

随着新经济体系的不断发展壮大，新技术、新业态、新模式、新应用层出不穷。实现新经济的产业化发展，要不断推进产业结构的转型升级，整合各类创新资源，推动产业数字化和数字产业化发展，围绕新经济相关领域所产生的新需求，推动科技创新成果转化为生产力，促进新兴产业的发展。加强新经济与实体经济的相互融合，推进“信息产业”“互联网+产业”等新兴业态的发展。通过传统制造业与数字经济、互联网、大数据的不断融合，推进传统产业的不断升级，打造“十四五”时期新经济推动产业发展的新范式。

第一，打造新经济产业发展平台。新经济的产业化发展需要一个良好的平台，没有新经济平台的建设，新经济的发展会受到制约。“十四五”时期要大力培育平台经济、共享经济、数字经济、信息经济等新业态、新模式的发展。鼓励中小微企业不断提升科技创新水平，提升自主创新能力，为城市平台经济的发展提供微观基础，带动产业的转型升级，

① 任保平，豆渊博．“十四五”时期新经济推进我国产业结构升级的路径与政策［J］．经济与管理评论，2021，37（1）：10-22.

促进平台经济的发展，以此推动产业结构的优化调整。

第二，完善新经济发展所需的基础设施建设。新经济体系下产业结构的优化升级依赖信息技术、互联网、物联网等新技术的应用。“十四五”时期要加强对5G技术建设、大数据中心等建设的支持和保障力度，加大对网络安全系统设施的建设，全面提升新经济的安全保障，为产业结构升级提供强大动力。

第三，推进企业的数字化转型。《关于推进“上云用数赋智”行动 培育新经济发展实施方案》中提出要大力培育数字经济新业态，深入推进企业的数字化转型。新经济的发展以数字经济为依托，推进企业的数字化转型可以促进产业的数字化转型，壮大实体经济发展的新动能，推动实体经济与新经济的结合。

“十四五”时期要加快数字产业化和产业数字化发展进程，调整产业的要素分配比例，实现产业结构的高度化、合理化发展。

2. 以供给侧结构性改革为引领

自2015年以来我国一直强调要深化供给侧结构性改革，坚定不移贯彻创新、协调、绿色、开放、共享的新发展理念。供给侧结构性改革在于不断调整我国的产业布局，解决传统产业产能过剩的问题，以供给侧结构性改革推动产业结构的转型升级。改革的目的就在于不断培育新动能，促进经济发展新旧动能之间的转换，推动新经济的发展，改变传统的经济发展方式。通过供给侧结构性改革去产能、去库存、去杠杆、降成本、补短板的五个方面，不断释放过剩产能，促进资源向新经济产业发展流动，为“十四五”时期我国新经济的发展创造良好的宏观环境。

第一，调整和优化产业结构。通过供给侧结构性改革，在“十四五”时期培育新经济背景下新产业、新业态、新模式的发展，在新旧动能转换的发展过程中，不断调整产业布局，大力发展新经济的主导产业，逐渐淘汰落后产业、夕阳产业，推动产业结构的战略性调整。

第二，坚持创新驱动发展。“十四五”时期通过供给侧结构性改革促进制度和技术创新，实现创新驱动新经济的发展，推动高新技术产业的发展，促进传统产业的数字化转型，推动产业向智能化、信息化、融合化方向发展。同时，加强创新链与产业链的结合，提高产业链的现代化水平。

第三，建立现代化产业体系。“十四五”时期以改革带动产业发展，供给侧的结构性改革不仅可以带动消费升级，也可以促进产业结构的调整。通过改革引导高科技产业的发展，以科技创新促进产业变革，建立现代化的产业体系。

3. 以消费转型升级为推动力

随着新经济的不断发展，新业态、新技术、新模式应运而生，推动了新兴产业的发展。5G技术、互联网、人工智能、共享经济等新模式不断发展，改变了人们传统的消费方式，提升了需求层级，带动了相关产业的发展，为产业发展提供了大规模的市场需求。受新冠肺炎疫情的影响，线上医疗、远程手术、医药App等新模式层出不穷，云购物、无接触配送等新应用、新方式不断产生。所以，需求的变动会直接促进产业的发展，产业发展建立在人们不断变化的需求的基础之上，需求层次的不断提升促进产业结构更加趋向合理化和高度化。

第一，提升产品供给质量。新经济的不断发展，促使企业不断提升自身的科技创新能力。“十四五”时期要推动企业进行技术变革，在降低企业生产成本的同时提升企业的生产效率，提高产业供给水平，提高产品质量，提升自身竞争力，刺激国内的消费需求，从而推动新兴产业的发展和产业结构的升级。

第二，提升产业数字化水平。“十四五”时期新经济的发展以数字经济为依托，以技术创新为动力。要提升产业的数字化水平，推进产业向新兴产业和高科技产业转型，促进产业的数字化发展，引导人们对于高科技产品的消费。消费需求的增加，会带动相关的资源以及生产要素向新兴产业和高科技产业流动，促进产业的发展，推动产业结构的高度化发展。

第三，促进消费方式不断转变。随着新经济的发展，传统的“三驾马车”消费、投资、出口中，投资与出口对于经济增长的拉动和产业结构调整的作用在逐渐减弱。我国经济的发展模式正在由投资拉动向消费驱动转变，消费对产业结构升级和经济增长的拉动作用在不断加强。同时，“十四五”时期新经济的发展，为我们提供了新的消费平台，推动新兴产业的发展，以消费升级带动产业结构优化。

4. 以新型基础设施建设为支撑

新型基础设施的建设是以科技创新为驱动，是新经济发展的基本保障。“十四五”时期要加快推进5G技术、物联网、互联网等基础设施的建设进程，推进新技术在产业中的应用，加快现有的基础设施的进一步升级，同时推进传统基础设施的数字化进程。不断完善相关的制度和规则，鼓励企业进行建设投资，完善相关的激励机制，激发企业及社会主体进行新基础设施建设投资的热情和积极性。不断推进信息网络建设、新经济平台建设等基础设施建设，提升企业的信息化水平，推动生产向科技化、智能化方向发展。“十四五”时期通过新型基础设施的建设，引导产业调整布局，加强产业关联，推进产业集群建设，促进各产业融合发展。以新型基础设施建设推动数字化产业链的发展，推动基于新经济发展模式的企业平台建设，加速新经济的发展。通过新经济的不断发展，推动科技成果向生产力的转化，提升企业科技化水平和生产效率，带动产业的数字化转型，促进企业科技化、智能化发展。

第一，促进新型基础设施的智能化发展。“十四五”时期新型基础设施的建设要以人工智能、大数据、互联网、区块链等信息技术的发展作为支撑，充分利用新技术、新业态、新模式，实现传统基础设施的智能化转型。

第二，促进新型基础设施的创新型发展。“十四五”时期新型基础设施的建设要为产业的发展提供创新环境，为产业的发展建设创新平台，实现新型基础设施的创新型、数字化发展。推动科技创新，以创新型“新基建”推动产业链与创新链的结合，带动产业结构转型升级。

19.5　产业序列

产业序列是指一国产业结构中，基础产业—主导产业—高新技术产业所形成的序列。在这个产业序列中，基础产业为主导产业及高新技术产业的成长提供强大的物质基础，而高新技术产业化发展和主导产业的成熟既向更高形态转换，又为基础产业注入新的技术和装备，使基础产业的高度不断得到提升，成为现代产业序列的基础。因此，这个产业序列

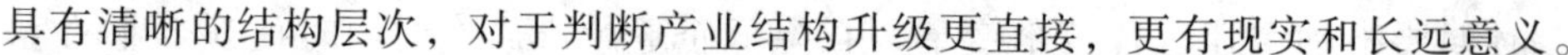

具有清晰的结构层次，对于判断产业结构升级更直接，更有现实和长远意义。

19.5.1 基础产业

1.概述

基础产业是指在国民经济产业链中处于上游地位，为其他产业部门的生产运营提供必需的投入或服务的生产基本生产资料的产业部门。它在国民经济发展中起着基础和决定性的作用，其产出量的增加构成了整个国民经济增长的先决条件。基础产业按提供有形产品和无形产品的不同，又分为狭义的基础产业和广义的基础产业。狭义的基础产业是生产实物的基础部门，即农业、能源、交通运输、原材料、邮电通信、城市公共设施建设等。广义的基础产业，除了生产实物的基础部门以外，还包括生产无形产品的基础部门，如金融、科教卫生等部门。这里所述内容是关于狭义的基础产业。与基础产业相对应的是基础设施，基础设施是为发展生产和保证生活供应而提供公共服务的部门、设施、机构等。

基础产业有如下基本特征：

（1）从社会再生产过程来看，基础产业是处在“上游”的生产部门。首先，基础产业和基础设施是整个国民经济的物质来源和物质基础，它的发展规模和水平制约着国民经济发展的速度和质量，它的建设如果满足不了国民经济发展的需要，就会成为国民经济发展的“瓶颈”。其次，基础产业和基础设施所提供的产品和服务是其他部门赖以生存的基础性条件，如交通运输、邮电通信、公共设施等，任何生产都必须具备相应的基础性条件才能顺利进行。再次，基础产业和基础设施所提供的产品或服务是其他部门再生产时所必需的投入品，如能源、原材料等，因此，下游产业的扩张就意味着对基础产业和基础设施需求的增加，要求它们也进行相应的扩张。最后，基础产业和基础设施所提供的产品或服务，其价格形成了其他产业部门的生产运营成本，因此，其价格的变动通过产业关联，会对其他产业部门的运营状况产生一系列的连锁反应。

（2）基础产业部门由于其本身的生产技术特点，生产能力形成周期很长。例如，铁路、电站、水利设施等基础设施从设计到建设，到投入使用，往往需要几年甚至十几年、几十年的时间。同时，基础产业和基础设施的设计、建设、投入运营、维护等环节均需要大量的投资，小规模的资金量无法形成规模经济所需要的生产能力，一些资本密集型的基础产业如电力部门，以及一些初始投资巨大的基础设施如交通运输、城市基础设施建设等，由于所需资金很多，往往需要由政府出面组织投资、开展建设。

（3）基础设施由于本身生产技术装备的特点，其存量资产具有相当强的固化性，使其产业转移难以实现，因此，基础产业和基础设施一旦由于技术装备落后而不适用于其他产业的需求，往往就不可能实现其物质资本的转移和流动。此外，基础产业和基础设施的建设周期长、资产流动性差，决定了基础产业的资本产出效率较低。但是，基础产业和基础设施具有明显的外部效益，这些外部效益又不能计入基础产业的产品和服务价格。因此，基础产业和基础设施还具有公共产品的许多特征。

从基础产业的特征来看，基础产业是国民经济的先行部门，因此，它应为其他产业的发展提供较为宽松的条件。从世界其他国家的发展来看，在经济发展的低收入阶段，社会投资的重心往往要向能源、原材料、交通运输等基础产业倾斜。随着人均收入的增加，投资的重心将不断地向高附加值的加工工业转移。一些基础设施部门虽然不直接参与生产过程，但都是生产所依赖的外部支持条件和技术保障，如电信的发达、道路的通畅都是生产正常进行所必需的基本条件。因此，基础设施在国民经济中应处于优先和超前发展的地位。

2.瓶颈制约分析

瓶颈产业是指在产业结构中由于供给能力不足，对其他产业的发展形成严重制约的产业群。历史经验证明，瓶颈产业常常与基础产业重合。例如，农业发展滞后会导致农产品供给不足，以农产品为主要原材料的加工工业就会受到制约，更重要的是会导致居民基本消费资料供给短缺，造成物价上涨；制造业生产所需的基本原材料，如钢铁及金属材料、基本化工材料、建筑材料、木材等的供给不足，会限制整个加工工业的发展；能源产业是为其他一切产业发展、社会生活、居民生活提供基本条件的产业，它的短缺会制约其他所有产业的发展；铁路、港口、道路、供水和排水、供电、供气、邮电通信及其他公共设施，是经济运行必不可少的条件，它们的短缺会使社会经济生活不能正常运行。这些产业都是基础产业，都具有投资生产周期长、资本和技术密集度高、内部收益率较低、难以依赖进口解决等特征，这使它们很容易变成瓶颈产业。因为这些特征要求它们的增长先于国民经济的增长；否则，在经济全面增长时，它们会因生产不能迅速扩张而成为瓶颈。

改革开放之初，我国就意识到了发展基础产业的紧迫性和重要性，加大了对基础产业的投入，使基础产业有了较大的发展。但由于加工产业的强劲扩张对基础产业产生超强需求，基础产业的发展速度仍不能满足加工产业的需要，所以基础产业仍然滞后于整个国民经济发展，不但没有成为国民经济的先行部门，反而成为制约国民经济的“瓶颈”。这种瓶颈不仅直接诱发了经济波动和结构失衡，而且严重阻碍了我国的工业化进程。因此，今后要继续重视基础设施建设。

19.5.2　主导产业

1.概述

主导产业是指在经济发展的某一阶段对产业结构和经济发展起着较强的带动作用和广泛的直接、间接影响的产业部门。在一国的经济发展过程中，构成国民经济体系的各个产业部门，其扩张速度是不同的，并且在国民经济中的地位和影响力也是有差异的，从而形成了主导产业部门和一般产业部门的差别。主导产业一般是由几个产业部门组成的主导产业群，其能迅速有效地吸收先进技术和科技创新成果、满足大幅度增长的市场需求，从而能持续获得较高的生产增长率。因此，它的存在和发展与国民经济的整体发展关系密切，是国民经济发展的支柱和核心。

主导产业一般具有如下特征：

（1）主导产业是在社会劳动分工基础上形成的地区专门化生产部门。主导产业担负着参与地区分工的经济职能，其产品大部分参与地区之间的交换，具有较强的市场扩张能力和出口创汇能力。

（2）主导产业综合利用了当地的自然资源、地理环境、社会经济力量、技术水平等有利条件，具有较高的生产增长率、较大的生产规模和较好的经济效益。

（3）一般来讲，主导产业是代表先进技术水平的产业，能为经济发展创造良好的技术条件。合理的主导产业在近期能直接带动整个国家产业结构的技术装备更新，在远期能有助于先进科学技术转化为生产力。

（4）主导产业是处于生产联系链条中的关键环节，与其他部门有较强的直接、间接的经济联系，其发展具有连续性，能带动一大批产业的形成和发展。

主导产业正是通过这几个方面带动各个产业部门的发展，引起社会经济结构的变化，为经济的进一步增长创造条件。

2.经济增长效应

主导产业对经济增长的影响主要是通过以下几方面的效应实现的：

（1）后向关联效应，即主导产业在其高速增长阶段会对生产要素产生新的投入要求，从而带动为主导产业提供投入品的产业部门的发展。这些投入可以是物质投入，如原材料、机器设备等，也可以是人力资源的投入，如高级管理人员、高级技术人员等，还可以是无形资产的投入，如先进的管理制度、管理技术、产业运行机制等。

（2）前向关联效应，即主导产业的发展诱发出新的经济活力或产生出新的经济部门，为扩大经济活动范围提供条件，甚至为下一个主导产业的建立搭建了一个重要的平台。

首先，主导产业部门通过削减其他产业部门的投入成本，为该产业进一步发展新产品提供资本保障；

其次，主导产业的迅速发展客观上造成结构失衡，使某些“瓶颈”产业成为高利润产业，从而吸引资金，缓解“瓶颈”产业对经济发展的制约。

（3）旁侧关联效应，即主导产业部门的兴起会引起其周围直接相关和间接相关产业部门的运营，主导产业部门的发展对地区的经济发展也产生影响，表现在地区经济结构的改善、基础设施的完善、城镇建设的加强、银行和商业制度的改革以及人员素质的提高等方面。

3.主导产业的转换

在经济发展的过程中，主导产业及其群体不断更替、转换的演进过程就是产业结构高度化的过程，是一个产业结构由低级到高级、由简单到复杂的渐进过程。发达国家的工业化进程表明，主导产业的更替顺序依次为：纺织工业→食品工业→重化工业→汽车工业→家用电器工业→计算机→生物工程→航天工业等高技术产业。这种演进顺序的内在逻辑为：非耐用消费品产业→原材料产业→耐用消费品产业。这种演进顺序对应于经济发展过程中需求结构变化的逻辑为：维持基本生存型需求→满足中间型需求→满足享受性发展型需求。这种演进顺序对应于技术革命引致的生产要素投入结构的变化逻辑为：资源依赖型→劳动密集型→资本密集型。表19-5显示了主导产业的转换和发展经历的5个不同的历史发展阶段。

主导产业发展的5个历史阶段说明，在经济发展史上，产业结构的高度化是主导产业不断更替的结果，是产业结构由低级到高级、由简单到复杂、由产业关联度低到产业关联度高的渐进过程。这一过程说明了发展中国家在选择、确定和建设主导产业及其群体时，在循序渐进的基础上，综合主导产业及其群体的优势，充分利用发达国家的先进技术和产业建设成果，争取在某些领域实现“跳跃式”的跨越，争取在尽可能短的时期内实现经济的现代化。

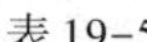

表19-5 主导产业发展的5个历史阶段

阶段	主导产业部门	主导产业群体或综合体
第一阶段	棉纺工业	纺织工业、冶炼工业、采煤工业、早期制造业和交通运输业
第二阶段	钢铁工业和铁路修建业	钢铁工业、采煤工业、造船工业、纺织工业、机械制造业、铁路运输业、轮船运输业及其他工业
第三阶段	电力、汽车、化工和钢铁工业	电力工业、电器工业、机械制造业、化学工业、汽车工业以及第二阶段主导产业群各产业
第四阶段	汽车、石油、钢铁和耐用消费品工业	耐用消费品工业、宇航工业、计算机工业、原子能工业、合成材料工业以及第三阶段主导产业群各产业
第五阶段	信息产业	新材料工业、新能源工业、生物工程、宇航工业等新兴产业以及第四阶段主导产业群各产业

资料来源 苏东水. 产业经济学［M］. 北京：高等教育出版社，2000：289.

19.5.3 高新技术产业

高新技术是一个介于"新技术""尖端技术"之间的概念。"新技术"的概念具有时间性，主要是针对传统技术和原有技术而言的；"尖端技术"则是一个空间概念，是指在现有技术中，处于技术领先地位并对现有技术有所突破的技术。因此，高新技术是一个历史的、动态的、发展的概念，是指那些处于突破性地位、影响和波及范围广、能单独形成新产品的技术，具有知识与技术的高密集性、高跨越度、强带动性的前沿技术，是对经济社会发展有着重要影响的先进技术。高新技术并非指在一定范围、一定时期内的最尖端的科学技术，而是指那些有利于节约资源、增进环境效益、提高生产效率和生活质量的并且能高度产业化的新型科学技术。

可见，高新技术会因一国或一地区的条件、时间及发展阶段的不同而有所不同，判断一项技术是不是高新技术要和当时的技术条件和经济状况相联系。高新技术产业将是知识经济时代的主导产业。高新技术的发展范围请参见24.2部分。

本章小结

本章对产业结构进行了基本诠释，全面阐述了产业结构的主要内容，分析了产业结构和经济发展相互关联的机理，由此说明产业结构的合理化发展趋势是促进经济发展的重要内容，是提高经济增长质量和效益的根本性措施。通过对产业结构理论的介绍和研究，可以认识到产业结构的合理化内容，从而对某一国家或地区的产业结构演进模式作出科学分析判断，以纠正产业结构演进过程中的缺陷和不足，正确选择适合本国和本地区产业结构特点的演进模式；通过对现代产业序列的特征及对产业结构合理化演进影响的分析，可以正确确立科学的产业序列，促进经济发展。

本章思语

1. 什么是产业结构？
2. 什么是产业序列？
3. 简述主导产业的转换和发展。
4. 简述西方产业结构理论的主要内容。

第20章
产业结构演变与优化升级

20.1 产业结构演变的动因

产业结构的演变是许多经济的和非经济的因素综合作用的结果。可以说，一切影响经济发展的因素都直接或间接地作用于产业结构，推进或制约产业结构的发展变化。影响产业结构的内在因素和外在因素的发展变化都与产业结构的变化密切相关：内在因素对产业结构的发展起主要的推动作用，外在因素则从外部对产业结构的演变起拉动作用。

20.1.1 国民经济发展状况

国民经济发展状况与产业结构是相互影响、相互制约的。不同的产业结构状况和演进程度会使国民经济出现不同程度的增长。一定时期的国民经济发展目标和发展水平不仅要求产业结构的合理变动，而且通过各种手段影响产业结构的变化，直接制约了产业结构变化的程度和范围。在封闭条件下，一定的国民经济发展水平下可供支配的资源总量是一定的，这样可供各个产业部门使用的资源就是有限的，而不同的产业结构对稀缺资源需求的质和量是不同的，所以产业结构的调整或变化就不可能超越相应的国民经济发展水平所能提供的物质条件，这就必然受国民经济发展水平的内在制约。国民经济的持续发展依赖产业结构的演进，产业结构的演进又推动国民经济的发展。从世界各国产业结构调整的效果看，在一国经济发展过程中，国内生产总值增长迅速，国民收入上升速度就快，需求结构变化也就迅速，产业结构所面临的供给环境变化也会加快，供给与需求的双向变化必然导致产业结构的高速变换。

20.1.2 技术变动

技术变动主要指技术结构变化和技术进步，这是影响产业结构变化的重要动因之一。

第一，技术结构变化会对产业部门中的生产技术结构、生产工艺过程、生产率、生产方式、生产规模、市场竞争状况、市场需求状况等产生影响，从而提供新的、有效触发产业扩张的机制，对产业结构的变动产生深刻的影响。

第二，新技术的出现，也会诞生新兴产业，改造和淘汰落后产业，导致产业结构发生变化。

第三，任何一个产业都有与之相适应的技术状况，这一产业的技术突破和高新技术的广泛应用，会造成本产业和相关产业的结构变动，并通过前向、后向和旁侧关联，带动一系列其他相关产业的发展；还可以通过技术的扩散、渗透与诱导等方面的作用，推动相关产业的技术变革。例如，铁路部门采用蒸汽机车时，由煤炭部门供应煤炭；采用内燃机车时，由石油部门供应石油；采用电力机车时，就要由电力部门供应电力。这样，随着铁路部门的技术进步，煤炭、石油、电力几个部门的产业结构也发生相应的变化，当这种变化巨大时，将使不经济的产品和产业逐渐消亡和被淘汰，新的产业由此产生和发展，从而引起产业结构不断向前演进。

第四，技术水平的不同决定了部门之间比较劳动生产率的不同。在众多产业门类中，拥有先进技术的“主导产业”大量吸收创新成果，促使生产率上升，使生产要素从比较劳动生产率低的部门转移到比较劳动生产率高的部门，从比较劳动生产率提高速度慢的部门转移到比较劳动生产率提高速度快的部门，而且当“主导产业”进入成熟期以后，因生产率提高速度和成本降低速度趋于减缓，又会促使新的技术创新产生和新一轮主导产业的出现。在技术创新推动下，主导产业依次更替，成为产业结构演进的显著特征与标志。

20.1.3 供给因素

1.自然条件和资源禀赋

由于各国领土大小不等，地理位置不同，所以它们拥有的资源条件也千差万别。自然资源禀赋条件包括资源的分布、数量和质量。自然资源丰富的国家，其产业结构是资源开发型的。如在阿拉伯石油生产国，原油的开采、输出成为其国民经济的主体支柱产业。如果某国不仅自然资源丰富，而且地域辽阔，则可能发展资源开发、加工和全面发展的产业结构。例如，我国国土辽阔、资源丰富，有条件建立独立的、比较完整的产业体系和国民经济体系，并有能力使各产业协调发展。受资源约束的国家就没有条件发展资源开发型的、独立完整的产业结构，但它们可以利用科学技术和对外贸易来弥补资源匮乏的不足。例如，日本自然资源匮乏，主要的原材料均需要进口，这就使日本的产业体系不可避免地以加工工业为主。

虽然自然资源禀赋不能人为地改变，并且自然资源是一国经济发展的基本要素，但这一因素对一国产业结构变动的影响，会随着技术进步逐渐削弱。如新能源、新材料的发现和发明，使人们对传统能源和原材料的依赖程度越来越低。随着知识型产业结构的兴起，自然资源禀赋对产业结构的影响日趋减弱，而且随着技术进步，人们对资源的开发和有效利用能力也在不断地增强，从而改善能源和原材料的供给结构，增加供给。

2.人力资源供给

人力资源的数量、质量及流向，直接影响着产业结构的变动方式和方向。人力资源对产业结构变动的影响与投资有着相似之处，具有一定素质的劳动力流向哪个产业，哪个产业就得到了加强，获得了发展条件；反之，不易获得劳动力或劳动力供给不足的产业，其发展就会受到一定的限制。此外，劳动力素质的高低也直接影响着产业结构的演进速度。在技术进步不断加快、促使产业结构演进加速的时代，劳动力素质结构对产业结构的演进具有重要影响。低素质的劳动力不适应高技术化的传统产业和高技术产业，就只能滞留在低技术产业，从而使这些产业的劳动就业长期处于过度饱和状态，并因此成为产业结构演进的障碍；相反，高素质的劳动力适应了产业结构演进的需要，从而推动了产业结构的演进。人口的数量和结构、人均资源拥有量及资源的可供给能力都对产业结构的演进有很大的影响。过度的人口增长会将有限的资源转化为衣食住行的基本需求，其结果是减少了这些资源对其他产业的供给；同时，减慢了农业人口向第二、三产业的转移，减缓了工业化的进程，阻碍了产业结构向高度化和合理化演进。因此，一国在发展经济的同时，要注意人口保持适当的增长率，提高人口素质，以实现农业人口的及时转移，加快工业化进程。（参见23.1.2部分的“就业结构与产业结构”）

3.资金供应状况

资金供应状况主要是从总量方面对产业结构演变产生影响。资金供应的充裕程度主要受一国的经济发展状况、社会发展状况、储蓄率、社会资金积累状况等因素的影响。此外，资金在不同产业部门的投资偏好从投资结构方面对产业结构演变产生影响，这主要受政府的投资倾斜政策、投资者的投资偏好、利率水平、行业的投资回收期、进出口贸易的增长等因素的影响。在正常情况下，资金投入规模与产业结构高度化的发展进程成正方向变动。这里所说的正常情况，不仅包括各行各业的平均投入产出效率大体相当，而且包括投资形成的生产力不会遇到体制障碍、市场限制和劳动力供给的约束。如果不具备这些条件，投资规模越大，可能导致产业结构发展越不合理，而难以向产业结构高度化演进；反之，如果具备了这些条件，投资规模越大，则产业结构高度化发展的进程越快。

资金投入结构决定着固定资产的存量结构，现有固定资产的存量结构决定着产业结构演变的方向和速度的重要因素。现有固定资产的存量结构主要取决于原来的长期投资：原有资金投入的部门结构、原有资金投入的部门内部结构、原有资金投入的企业结构、原有资金的地区分布。这4个方面的原有投资情况都对当前固定资产的存量结构的形成产生了影响。（参见23.1.2部分的“投资结构与产业结构”）

4.商品供应情况

影响产业结构变动的商品供应因素有原材料、中间投入品、零部件、进口品等商品的质量和数量。从更广的范围来看，商品供应还应包括电力及其他能源、水资源、公共设施及公共服务、技术供应状况等。这些商品的供应往往受基础产业、上游产业、后向关联系数大的产业的规模、总体技术水平、发展状况等方面的制约。因此，改善商品供应状况，必须首先发展基础产业、上游产业和后向关联系数大的产业，在这些产业得到一定发展之后，才能改善商品供应情况，使下游产业、后向和前向关联系数较大的产业得到发展。

20.1.4 需求因素

1.消费需求

产业结构与市场需求结构存在某种对应关系，市场需求决定着一项经济活动的存在价值，决定着某一产业存在的必要性。在市场经济条件下，任何一个产业的产品都要在市场中进行交换，某个产业的产品失去了市场，这个产业也就失去了立足之地；反之，某个产业的产品占有了市场，就会拉动这个产业进一步发展。因此，市场需求结构直接影响着产业结构的演变。

早在19世纪70年代，德国社会统计学家恩格尔在《萨克森生产与消费的关系》等书中就提出：随着家庭收入的增加，其总支出中用在食品上的开支比例会越来越小。这就是恩格尔定律。其中食品支出金额占总支出金额的比例被称为恩格尔系数。按照恩格尔定律，随着人们收入水平的提高，恩格尔系数会下降，人们对食品尤其是农产品的消费将相对减少，导致第一产业增加值在GDP中的比重不断下降；随着经济的进一步发展和居民收入水平的进一步提高，人们的消费倾向将转向以消费享受资料为主的阶段。居民消费结构的这种变化，意味着人们要求增加工业消费品，尤其是耐用消费品的消费，从而导致第二产业不断发展。与此消费水平及结构相适应的工业生产，在结构上就表现为原材料工业和加工工业的极大发展，生产方式表现为大批量的生产方式。在居民消费水平更进一步提高的基础上，人们的消费倾向呈现出多样性和可变性的特点，与此相适应的工业生产方式也由少品种、大批量，过渡到多品种、小批量的生产方式，使第三产业增加值占GDP的比重不断上升。随着经济的发展，需求结构会发生相应的阶段性变动，并呈现出层次性和演变的有序性，成为产业结构演进的基本依据。

2. 投资需求

投资是产业生成和扩张的重要条件之一。资金向不同产业方向投入所形成的投资配置比例就形成了投资结构。投资结构决定了资源向不同产业部门的分配量与再分配量，因而对产业结构的形成和变化产生影响：不同方向的投资可以创造新的投资需求，形成新的产业以及改造现有的产业结构；对部分产业以不同比例投资，可以推动这些产业以更快的速度扩张，从而影响现有的产业结构；对全部产业以不同比例投资，可以对产业发展程度产生影响，导致现有产业结构的变化。

20.1.5　国际供给与需求

1. 国际贸易

国际贸易与产业结构有着密切的关系。一方面，产业结构在总体上决定了贸易结构，一国具有国际比较优势的产品和资源往往成为出口的主导产品，同时本国的产业结构决定进出口产品的结构。另一方面，贸易结构对产业结构的演进具有巨大的推动作用。随着经济发展，对外贸易及资本流动的国际扩展不但隐含着各国进出口结构的不断变动，而且促使各国产业结构发生变化。本国对自然资源、产品、服务的出口，可以对国内相关产业的发展起到一定的推动作用，而对国内紧缺的自然资源、服务和技术的进口，可以为本国发展同类产业创造良好的条件。美国经济学家弗农在他的产品生命周期理论中提出：非产品创新国家的产品发展将遵循“技术引进→在本国市场同外国产品竞争的进口替代→出口竞争”的逻辑顺序。在弗农看来，创新产品初始垄断优势以及其后技术转移与扩散形成的垄断优势的丧失，决定着国际贸易的格局变化，从而推动一国产业结构的演进。（参见23.1.2部分的“贸易结构与产业结构”）

2. 国际投资

国际投资包括本国资金的流出和国外资金的流入。对外投资会导致本国产业的转移，而国外资金的进入会使国外的产业向本国转移，这两个方面都会使本国的产业结构产生变动。在国际投资诸多影响产业结构变动的因素中，国外对本国的直接投资对产业结构变动的影响作用是较大的。

首先，国外的投资直接决定生产方式、生产技术、产品的数量和质量，这会直接改变原有的产业结构；

其次，外资企业中间产品的供应结构和最终产品的销售结构对原有的产业结构产生直接影响；

最后，外资所带来的技术和管理对本国产业会产生深远的影响。

20.2　产业结构演变的规律

20.2.1　产业结构演变的一般规律

产业结构是同经济发展相对应而不断变动的，这种变动体现在随着经济的发展，产业结构在产业高度方面不断地由低级向较高级演进，在产业结构横向联系方面不断由简单化向复杂化演进，这两方面的演进不断地推进产业结构向合理化方向发展。

从许多国家产业结构演进的实践来看，产业结构的演变规律有以下几个方面：

1. 从工业化发展历程来看

从发达国家产业结构演变的历程看，工业化大致可以分为前期、中期和后期三个阶段。在工业化前期，产业结构呈轻型结构，一般是农业和轻纺工业在经济发展中起主导作用，劳动密集型和资源密集型产业占绝对优势，第一产业的产值比重在三次产业中占主要地位，第三产业的地位微乎其微。在工业化中期，第二产业有了较大的发展，其产值比重在三次产业中占主要地位，这时大机器工业体系日趋完善，产业结构呈现明显的重化型，电力、钢铁、机械制造业等资本密集型产业在经济发展中起主导作用，基础工业和基础设施得到很大完善，第一产业地位下降，第三产业地位逐渐上升。在工业化后期，以汽车、家用电器为代表的耐用消费品和以微电子技术、信息技术、航天技术、生物工程、新能源和新材料等为代表的高新技术产业迅速发展，整个产业结构的高度化趋势越来越明显，第一产业的产值比重降到最低，第三产业的产值比重在三次产业中占有支配地位，产业知识化成为主要特征。

2. 从主导产业的转换过程来看

从主导产业的转换过程来看，产业结构的变动具有阶段性。每一阶段的演进均有自身的产业特点：

（1）以农业为主导的阶段。农业的劳动力和产值比重在三次产业中占主导地位，第二、三产业的发展有限。

（2）以轻纺工业为主导的阶段。轻纺工业由于需求拉动作用明显，工业革命又使纺织机有了动力来源，且纺织技术有所突破，从第一产业分离出来的劳动力价格低廉，这一切因素使其得到了较快的发展。同时，第一产业的劳动力和产值比重有所降低，重化工业和第三产业的发展有限。

（3）以重化工业为主导的阶段。农业产值在三次产业中的比重进一步降低，轻纺工业的发展速度有所减缓，而以原材料、燃料、动力、基础设施等基础工业为中心的重化工业得到了较快的发展，并逐渐取代轻纺工业成为主导产业。

（4）以低度加工型产业为主导的阶段。制造业中传统的技术含量较低的机械制品、钢铁、造船等低加工度的产业发展速度较快，其劳动力比重有所增加，产值在三次产业中的比重逐渐增大，成为主导产业。

（5）以高度加工型产业为主导的阶段。技术创新成果在工业中得以大量的应用，并对传统产业加以改造。因此，技术密集型的产业快速发展起来，技术要求高且附加值高的产业，如精密机械、精密化工、石油化工、智能机器、计算机、飞机制造、汽车及数控机床等有了快速发展，成为经济增长的主要推动力量，其产值在三次产业中占有较大的份额，并且增速较快，成为国民经济的主导产业。

（6）以第三产业为主导的阶段。第三产业如交通运输、仓储和邮政业，住宿和餐饮业，批发和零售业，房地产业，金融业，信息传输、软件和信息技术服务业等取得了明显的发展，且第三产业和第一、二产业的关联效应日益增强，其产值在GDP中的比重增大，占据较大的份额。第二产业的发展速度有所减慢，产值比重有所降低，不再占据主导地位，但其内部结构变化较大，高新技术产业诸如微电子产业、核电业、新型合成材料业、生物工程业、宇航工业及光导纤维等迅速崛起。

（7）以信息产业为主导的阶段。信息产业得到了高速发展，同时，以计算机为核心的"智能机器"逐渐取代人脑进入生产过程，实现了生产过程的自动化和信息化，商品生产由以物质商品为主逐步向以信息产品为主过渡。在该时期，信息产业成为国民经济的支柱产业和主导产业，该时期也被叫作后工业化阶段。

20.2.2　产业结构演变的规律理论

人类社会进入20世纪后，经济增长和结构转换加速，这对经济增长过程的影响明显加强，与之相应的是产业结构演变理论亦随之日益发展和完善。众多经济学家从经济发展史的角度研究产业结构方面的演变，揭示了经济发展、人类需求变化与结构转换之间的关系，对产业结构转换的趋势和意义进行了较为详细的描述和预测。

1.配第-克拉克定理

配第-克拉克关于产业结构演变的研究有三个理论前提：

（1）以若干国家产业结构在时间推移中发生的变化为依据，即随着时间的推移，人均国民收入水平不断提高。

（2）以劳动力在各次产业中的分布为衡量结构变动的指标。

（3）以三次产业分类法为基本框架。

根据以上三点，克拉克收集和整理了若干国家按照年代的推移、劳动力在三次产业之间移动的统计资料，得出了如下结论：随着经济的发展，人均国民收入水平提高，劳动力首先由第一产业向第二产业移动；当国民收入水平进一步提高时，劳动力又向第三产业移动。由此，劳动力在三次产业间的分布状况是：第一产业将减少，第二、三产业将增加。

克拉克认为，劳动力从第一产业向第二、三产业移动，是由于经济发展使各产业之间出现了收入的相对差异。人们总是由较低收入的产业向较高收入的产业移动。这不仅可以从一个国家经济发展的时间序列分析中得到印证，还可以从处于不同发展水平上的国家在同一时点的横断面比较中得到类似的结论。人均国民收入水平越低的国家，农业劳动力所占比重相对越大，第二、三产业劳动力所占比重相对越小；反之，人均国民收入水平越高的国家，农业劳动力所占比重相对越小，第二、三产业劳动力所占比重相对越大。这说明随着经济的发展，劳动力在三次产业间分布的趋势是：第一产业的劳动力比重下降，第二、三产业的劳动力比重上升。

2.库兹涅茨对三次产业结构演变的进一步研究

克拉克的研究指出了在经济发展过程中劳动力在三次产业间的分布变化的原因是产业间存在相对收入差距，但产业间这种收入相对差距是如何产生的，克拉克并没有作更深入的研究。库兹涅茨在克拉克研究成果的基础上，收集了几十个国家的统计资料，从国民收入和劳动力在产业间的分布两个方面，对产业结构的演进作了进一步的探讨，把产业结构演变规律的研究深入三次产业所实现的国民收入的比例关系及变化上来。

库兹涅茨通过对产业结构变动的实证分析，得出发达国家在进入现代经济增长阶段以后，产业结构出现的主要变化就是：随着经济发展，第一产业实现的国民收入和国民生产总值在整个国民收入中的比重不断下降，而劳动力占全部劳动力的比重也是如此，说明农业在经济增长中的作用下降。第二产业实现的国民收入，随经济的发展略有上升，而劳动力占全部劳动力的比重是大体不变或略有上升，说明工业对经济增长的贡献越来越大。第三产业实现的国民收入和国民生产总值，随经济发展略有上升，但不是始终如一地上升，而劳动力占全部劳动力的比重呈上升趋势。20世纪五六十年代，在一些主要发达国家，第三产业取代第二产业成为经济增长的主要因素，进一步印证发展了克拉克所揭示的产业结构重心由第一产业向第二产业，再向第三产业移动的一般过程，即在现代经济增长中产业结构的工业化和更高阶段上的服务化趋势。上述分析是按时间推移作时间序列分析所得出的结论。此外，可以用横断面分析的方法进行分析，即在同一时点上，对人均国民收入水平不同的国家，由低到高排列起来进行比较分析。将时间序列分析和横断面分析的结论进行综合、归纳后，可得到表20-1的结论。

表20-1　三次产业结构演变状况概括

项目	劳动力的相对比重（1）		国民收入的相对比重（2）		相对国民收入（比较劳动生产率）（3）=（2）/（1）×100%	
	时间序列分析	横断面分析	时间序列分析	横断面分析	时间序列分析	横断面分析
第一产业	下降	下降	下降	下降	（1以下）下降	（1以下）几乎不变
第二产业	不确定	上升	上升	上升	（1以上）上升	（1以上）下降
第三产业	上升	上升	不确定	微升（稳定）	（1以上）下降	（1以上）下降

注："不确定"是指从整体上来看变化不大或略有上升。

将劳动力和国民收入在产业间的分布结构结合起来分析产业结构的演变动因，正如克拉克所认为的那样，产业结构演变是由产业间相对收入的差异造成的。这种产业间的相对国民收入，即国民收入相对比重和劳动力相对比重之比，也被叫作比较劳动生产率。

$$某一产业的相对国民收入（比较劳动生产率）=\frac{该产业的国民收入的相对比重}{该产业的劳动力的相对比重}\times 100\%$$

对各产业相对国民收入变化趋势进行分析，可得出以下结论：

（1）大多数国家第一产业的相对国民收入都低于1，而第二、三产业的相对国民收入都大于1。这说明在三次产业中，第一产业所创造的国民收入要低于第二、三产业，因此，第一产业的劳动生产率是比较低的。此外，从时间序列分析来看，第一产业的相对国民收入的持续下降趋势说明，在劳动力的相对比重和国民收入的相对比重均下降的情况下，国民收入的相对比重下降的程度超过了劳动力的相对比重下降的程度。因此，在大多数国家，第一产业的劳动力转移的趋势仍然没有停止。农业实现的国民收入的相对比重下降、农业劳动力的相对比重下降的现象，是任何国家在经济发展到一定阶段必然出现的普遍现象。

（2）第二产业的相对国民收入上升是普遍现象。劳动力相对比重的变化会因一国的工业化水平不同而有所差异（见表20-1），是不确定的。第二产业的相对国民收入上升，说明在经济发展到一定程度后，第二产业不可能大量吸纳劳动力，而相对国民收入仍然上升，即该产业所实现的国民收入比重上升，说明在一国的经济发展过程中，第二产业对国民收入总量，特别是对人均国民收入的增长有较大的贡献。这也就可以说明，各国在谋求本国经济发展时，都要大力发展第二产业。

（3）第三产业的相对国民收入从时间序列分析上看表现为下降趋势，而劳动力的相对比重是上升的，这说明第三产业具有很强的吸纳劳动力的特性。由于第三产业所实现的国民收入比重是不确定的，因此，其劳动生产率提高得并不快。一般地说，从世界各国的产业结构演变趋势来看，发达国家的第三产业在三次产业中无论是从劳动力的相对比重来看，还是从相对国民收入来看，都占到了一半以上，是规模最大的产业。

20.2.3　三次产业内部结构的演变规律

1.第一产业内部结构的演变规律

第一产业内部结构的演变规律是：由传统农业向现代农业转移；农业内部各产业部门协调发展；农工商相结合；农业由分散化经营向产业化方向发展。

（1）由传统农业向现代农业转移。

农业生产发展经历了3个历史阶段：原始农业阶段、传统农业阶段和现代农业阶段。现代农业是传统农业现代化的结果。

原始农业是主要依靠自然循环来恢复地力，实行刀耕火种的农业。撂荒和游走是这种农业的主要形式，植物和非生物因素的统一是它的主要特征。土壤肥力的恢复或增强是在农业内部闭合式、半闭合式物质循环中进行的。

传统农业以单个家庭为生产单位，以人力和畜力为主要生产动力，以农、牧结合为主要形式，以动物、植物和非生物因素的统一为主要特征。

现代农业是建立在现代工业技术装备和现代农艺基础上的农业。它是在20世纪初期诞生的，大发展于第二次世界大战以后。现代工业的高度发展给农业提供了机械动力和其他产品，打破了农业内部的物质循环的限制。石油成为农业主要动力，化肥、农药、饲料得到广泛使用，实现了现代工业和现代农业的高度结合。每单位土地上投入的生产资料数量或每个农业劳动力的生产资料装备水平，已成为衡量农业现代化程度的主要指标，从而扩大再生产的速度大大加快，农业生产中的土地利用率、劳动生产率和商品率都有了史无前例的提高。

现代农业的基本特征是：

①生产资料现代化。农业生产资料包括土地资源、水力资源和物质技术资源。物质技术资源又包括动力资源、技术装备和技术手段、化学生物手段、生产性建筑设施、运输和通信系统等。这些物质技术资料在农业生产中广泛应用和技术水平提高的过程，就是农业生产资料现代化的主要过程。

②农业工艺现代化。这是指合成各个农业生产工序的过程、手段及方式的现代化。在种植业中，生产工艺过程包括栽培植物和取得农产品的一整套工艺流程，其方向是：工序不断分化与组合，以提高农业运营效率，如农业各工序的流水作业等；进行有效使用技术装备的合理种植区域划分；制订农业物流的最佳方案等。在畜牧业中，生产工艺流程方向是：生产的连续性、节奏性、比例性、平行性；保证牲畜和所获得产品的标准性。农业生产工艺的总趋势是不断采用先进的工业工艺和生物技术，以保证农业生产过程的高技术性

特征。

中国特色农业现代化道路请参见本书9.2部分。

③发展工厂化农业。工厂化农业是现代生物技术、现代信息技术、现代环境控制技术和现代新材料技术不断创新和在农业上广泛应用的结果。工厂化农业主要是指在相对可控环境下，采用现代工业的生产方式进行农业生产。也就是说，农业生产需要有标准、生产工艺、生产车间，而且是常年不间断生产，产品需要有品牌、商标、标准、包装。工厂化农业是改变传统农业的重要方向。工厂化农业生产发展的战略性调整方向为：以实现产业化为重点，全面提升设施园艺的整体生产水平；以生产无公害产品为重点，全面提高产品质量；以经济效益为中心，发展多样性产品；以面向出口为重点，全方位开拓国内外市场；以可持续发展为目标，全面规划设计园艺生产布局；以提高生产者素质为核心，完善技术服务体系；以保质增值为重点，提高产品的产后处理水平。

我国现代农业发展的成果请参见本书9.3部分。

（2）农业内部各部门协调发展。

农业内部各部门即种植业、林业、牧业、渔业之间存在客观的联系，这种联系对自然环境有很大的依存性。种植业、林业、牧业三结合是有效利用自然资源、形成合理生态系统的客观要求，也是农业生产良性循环的必要条件。种植业、牧业结合由它们之间物质互换的必要性所决定，而林业为种植业、牧业的生产发展提供了良好的生态环境。农业的发展要求农业各部门全面发展，但这并不意味着农业各部门的地位完全相等。在所有农业生产部门中，粮食生产部门具有比其他任何部门都特殊的重要地位，这对于不发达的国家来说尤为如此。

目前，世界各国农业的发展趋势是：

①畜牧业生产占有越来越大的比重。这一趋势要求农业生产的专业化与一定程度的多部门经营相结合。

②在种植业中，水果、蔬菜和经济作物的比重不断提高；在畜牧业中，提供低脂肪、高蛋白畜产品的畜种比重日益增加。这一趋势要求农业专业化、多部门的经营发展规模和速度与粮食生产发展水平适应。

（3）农工商相结合。[①]

从满足人类需要的最终产品的生产角度看，现代农业是由以下三个部门完成的：一是向农业提供生产资料的部门，亦称农业前部门；二是农业部门本身；三是农产品的运输、储存、加工和销售等部门，亦称农业后部门。这三个部门大体上可概括为农工商三业。在未实现农工商一体化的条件下，农工商分别由许多独立的专门化企业来经营，它们之间的关系主要是商品交换关系。在实现农工商一体化的条件下，这些独立的专门化企业则通过多种途径结合在一起，组成若干统一经营的农工商联合企业。在联合企业内，农工商之间由过去的社会内部分工转化为一个经济组织的内部分工，成为一个经济实体。而在未实现一体化的条件下，只是使农工商由间接联系逐步转化为直接联系的活动，不是一个经济实体。两者虽有区别，但我们统称其为农工商综合经营。

农工商综合经营首先在发达国家出现并获得较快的发展，之后在发展中国家也有了一定的发展。它发展的经济根源主要是生产力、社会分工的发展，特别是农工商三业的日益

① 周诚．社会主义农业经济管理问题［M］．北京：农业出版社，1985：15.

分离和市场经济的高度发展。农工商综合经营正是适应和保证农工商之间协调发展的必然产物。

农工商一体化的联合企业是农工商综合经营的高级形式，它的主要优越性在于：使农工商之间的联系由不稳定转为稳定；变间接联系为直接联系，变外部联系为内部联系；扩大了企业规模；有利于充分利用资源等。一句话，它能使农业再生产得以顺利进行，使农工商得以协调发展。

农工商相结合的基本原则是：

①合理调节各业劳动者的经济利益。这是农工商相结合的关键。

②正确处理农工商联合企业与国家的关系。

③自愿互利。

（4）农业由分散化经营向产业化方向发展。

农业产业化是以市场为导向、以农户为基础、以龙头企业或农民自主决策的合作社等中介组织为纽带，通过将农业再生产过程的产前、产中、产后诸环节联结为一个完整的产业系统，实现种养加、供产销、农工商一体化经营的经济运行方式。我国的农业产业化是在20世纪90年代为解决农业发展深层次问题而提出的一种农业经济组织形式，农业经营的一体化运行方式可以有效地解决我国农业长期分散化经营、农业各环节之间缺乏连续性和衔接性的问题。因此，实行农业产业化经营是农业生产力发展的内在要求，也是探索我国农业向现代化农业发展的有效途径。

我国农业产业化经营的模式是：

①将农村生产承包责任制度下的个体农户与市场紧密地结合起来，以有效地提高农村产业化经营的市场化程度；

②将农村生产承包责任制度下的分散经营方式和社会化服务结合起来，以提高农业经营的社会化程度，实行在分散的家庭经营格局下的规模经营；

③通过实行以家庭为单位的技术指导和技术实施，将传统的以家庭为单位的农业生产与现代化的科学技术结合起来，加速农业的现代化进程；

④大规模的农产品加工基地、加工中心将农产品的生产和加工、供应与销售联结起来，大大提高农业的生产经营效率。

发展农业产业化的战略对策[①]是：

①提高政府服务水平。各级政府职能部门要当好农牧民的参谋和助手，做好当地优势资源的整合开发工作，培育本地区的龙头企业。

②做大做强龙头企业。实力较强的龙头企业能发挥生产加工和市场营销的优势，利用经济利益杠杆协调与农牧户的关系，在把自身做大做强的同时，也推动了地区的农业经济发展。在扩大规模经营的同时，这些龙头企业可以带领一大批贫困的农牧民进入生产经营环节，与龙头企业产生经济关系，从而走上经营致富之路。

③银行信贷支持。银行信贷部门的适时介入可以帮助资金短缺的农牧民解决困难，使他们正常地开展农业生产。银行可以采取与龙头企业形成利益共享、风险共担的共同体等方式，降低借贷风险，达到对农业产业化给予重要支持的目的。

① 张振武. 推进农业产业化的重点在哪里［J］. 经济日报，2003-04-12.

2.第二产业内部结构的演变规律

第二产业是指广义的工业，即除了制造业以外，还包括矿业和建筑业等。这里所研究的第二产业内部结构演变规律主要是指制造业方面的。第二产业内部结构的演变规律是指第二产业在各部门间生产及再生产过程中相互制约、相互联系的关系及构成。

第二产业内部结构的演变规律和工业化进程密切相关。第二产业自产生后，就不断地将科学技术的最新成果应用于生产过程，不断提高生产效率，生产规模不断扩大，生产过程和技术装备也日益向大型化、连续化、高速化、精密化方向发展，从而引起第二产业内部结构的不断演进。

第二产业内部结构的演变规律有：

①重工业化趋势（详见本书19.3.3部分的“霍夫曼定理”）；

②高加工度化趋势，即由以原材料工业为重心的结构，向以加工工业、组装工业为重心的结构发展的趋势；

③高技术化趋势和高附加价值趋势，即第二产业发展从以依赖劳动力为主的阶段发展到以依赖资金为主的阶段，再发展到以依赖技术为主的阶段的过程。在这一过程中，结构的变动存在由劳动密集型到资本密集型再到技术和知识密集型发展的过程。

库兹涅茨对第二产业内部结构的演变规律进行了研究。他认为：第二产业内部结构经历了一个由以轻工业为重心向以重化工业为重心的转移过程；传统工业在发展到一定程度后，其比重会不断下降，被较为先进的行业所代替，形成新的结构重点和优势产业，之后又会被更新的行业所代替，从而形成一个第二产业内部结构不断高级化的过程。

3.第三产业内部结构的演变规律

第三产业是指繁衍于有形财富生产活动之上的生产无形财富的服务性产业。它又可分为传统服务行业和新兴服务行业，前者包括商业、住宿和餐饮业、交通运输业等；后者包括通信、咨询等技术服务，以及文教、科研、卫生、法律等。

第三产业内部结构的演变规律是：

首先，随着经济的增长，第三产业规模日趋扩大，其产值占GDP的比重也日益增加；第三产业具有强劲的吸纳劳动力能力，使其内部劳动力占全社会劳动力的比重也不断增加。

其次，随着社会分工向高度专业化及一体化的方向发展，各种服务性劳动也从生产过程中分离出来，成为独立的部门，形成了种类繁多、层次复杂的社会服务部门，各种服务行业的独立化、自动化、标准化趋势迫使第三产业以现代化的面貌出现。

最后，社会服务需求的不断积累，促使新技术不断发明及应用，又引起满足需求的手段、方式不断变化，这导致整个社会系统中物流、资金流和信息流的高速运行。为了快速、准确、畅通无阻地保持系统良好运行，在流量不断增大、流程与流速不断增加的情况下，新兴第三产业由此产生，从而建立起一定规模的现代化信息、咨询、科技产业。

20.3 产业结构的优化升级

20.3.1 产业结构优化升级的含义

产业结构优化升级是指产业结构向协调化和高度化方向演进。

产业结构协调化是指在产业发展过程中要合理配置生产要素，协调各产业部门之间的比例关系，促进各种生产要素有效利用，为实现高质量的经济增长打下基础。

产业结构高度化是指产业结构从较低水平状态向较高水平状态发展的动态过程，即产业结构向高技术化、高知识化、高资本密集化、高加工度化和高附加值化发展的动态过程。它以新兴产业比重提高为前提，其重要标志就是各产业的技术层次不断提高和新兴产业不断成长为主导产业。

因此，产业结构优化升级包括两方面的含义：一是结构效益优化，即产业结构演进过程中经济效益不断提高；二是转换能力优化，即产业结构对技术进步、社会资源供给状况和市场需求状况变化的适应能力的优化，它包括传统产业向现代产业转换的能力、长线产业向短线产业转换的能力、衰退产业不断消亡和新兴产业不断产生的能力。实现产业结构优化升级可以通过政府有关政策的调整，积极影响产业结构演进，实现资源优化配置与再配置，从而推进产业结构向协调化和高度化方向演进。

提高经济增长质量必须提高产业结构水平，即产业结构优化升级，这就要实现产业结构的协调化和高度化。

产业结构优化升级不是绝对的，而是一个动态的过程。既然产业结构的转换与经济发展过程密切相关，其就必定贯穿于整个经济发展过程中，并表现为一个不断调整的过程。

20.3.2 产业结构优化升级的内容

产业结构优化升级的内容具体有以下几方面：

1.现行产业结构的优化

现行产业结构的协调化和高度化程度直接影响到产业结构未来升级的方向。因此，实现三次产业间在以下几方面的协调化和高度化，是产业结构优化升级的主要内容：①现有三次产业间产值结构、资产结构、技术结构、中间要素结构等方面的协调化和高度化；②产业间地位的协调化和高度化；③产业结构交替演进的协调化和高度化；④产业间及产业各部门间的发展速度比例的协调化和高度化；⑤产业整体素质的协调化和高度化；⑥部门专业化协作程度、产业间及产业部门间关联效应、产业间的物质技术基础的协调化和高度化。

2.供给结构的优化

供给结构是指在一定的社会生产技术组织和市场条件下，资本、劳动力、自然资源等生产要素在国民经济各产业部门间可以供应的比例，以及由此所决定的产业间关联关系结构。因此，资本结构和投资结构、劳动力供给结构、自然资源禀赋及其供给结构等方面的优化是供给结构优化的主要内容。

3. 需求结构的优化

需求结构是指在一定的收入水平条件下，社会各个消费群体对各产业部门的产品和服务的需求比例关系，以及由此所决定的产业间关联关系结构。因此，不同消费群体的需求比例结构、中间产品和最终产品的比例结构、投资比例结构、消费比例结构、投资和消费比例结构等是需求结构优化的主要内容。

4. 国际贸易结构的优化

国际贸易结构是指国民经济各产业部门进出口的产品和服务的比例结构，以及由此所决定的产业间关联关系结构。国际贸易结构的优化就是对以下进出口的产品和服务结构的优化：高附加值的深加工、精加工制成品和低附加值的初级加工制成品的比例结构，消费资料和生产资料的比例结构，原材料、能源的基本品和机器设备等投资品的比例结构，高技术含量和低技术含量产品与服务的比例结构等。

5. 技术结构的优化

技术结构的优化是指国民经济各产业部门间的生产技术结构、劳动生产率结构、技术对生产的贡献结构、技术创新和技术引进结构、产品和服务的技术含量结构等，以及由此引起的产业间技术关联结构。因此，优化技术结构就是要对产业间和产业部门间的技术装备结构、技术创新能力结构、劳动生产率结构、资源使用效率结构等一系列结构进行优化。

20.3.3 产业结构协调化

产业结构协调化主要表现为以下几方面：

（1）劳动、资源、资本、技术和知识密集型多层次产业协调发展，特别是农轻重、吃穿用协调发展，城乡经济协调发展。

（2）产业间相对地位的协调化。一般情况下，不同产业在国民经济中所起的作用和所处的地位是不同的。从一国的产业序列来看，纵向产业序列可以有三个层次：基础产业、支柱产业、先导产业。每一层次的产业也有重点与非重点、支配与从属、主导与辅助之分。产业间的各层次相互支持、相互协调，有明确的主次、轻重关系。衡量产业间的地位关系可以就产值、关联关系、主导作用等方面进行两两比较，并应用AHP法对产业的重要性权重进行计算。

（3）产业关联的协调化。由于产业间的投入产出关系是经常变化的，如某个产业的工艺、技术发生变革或使用的原料、材料发生变化等，都会使产业间的关联状况发生变化。如能源结构由以煤为主改为以油为主，使煤炭工业陷入极度的困境，塑料、化纤、铝材等的大量使用也深刻地改变了产业间的关联性。产业结构的内部关联性的失调表现为产业间生产能力的不匹配，存在“瓶颈”产业或开工率严重不足的产业。这些产业的存在严重地制约了国民经济的发展，影响了国民经济的正常运行。

产业关联的协调化表现在以下两个方面：一是产业互助性，即在投入产出联系的基础上相互帮助、相互支持；二是产业互促性，即一个产业的发展对其他产业的发展有所促进，不能以削弱或限制其他产业发展为代价。加强产业关联的协调化，就要通过调整资源的存量和增量，解决产业间生产能力不匹配的状态。

（4）产业部门增长速度的协调化。产业结构协调化还表现在各产业部门增长速度的不平衡使社会再生产过程没有结构性的滞差。产业部门增长速度的协调性表现在两个方面：一是高增长部门、减速增长部门和潜在增长部门之间的增长速度差距较为合理；二是这三类部门的数量比例较为合理。

（5）产业结构变动阶段交替的协调性。产业结构的变动一般遵循“农业→轻纺工业→基础工业→重化工业→现代服务业”的阶段交替，一般情况下是不容许有所超越的，但可以加快各阶段的发展速度。在某些特殊情况下也可以实现对某一阶段的超越，但要求在保持协调的条件下实现阶段超越性的交替，即要求在实现超越的过程中不能出现结构逆转，这样产业结构的变动就是合理的。

（6）产业素质的协调性。这是指相关产业之间不存在技术断层和劳动生产率的强烈反差；反之，产业间就会产生较大的摩擦，造成产业间的不协调。衡量产业素质协调性的技术经济指标有比较劳动生产率和技术进步指数。一般来看，如果各产业的比较劳动生产率分布较为集中且有一定的层次性，则说明产业素质是协调的。如果各产业的技术进步指数较为一致，则说明各产业之间不存在技术断层，产业间的技术衔接合理，产业素质是协调的。反之，如果各产业的比较劳动生产率分布离散且无序，技术进步指数相差较大，则说明产业素质是不协调的。

（7）巨型、大型企业与中小企业并举。

20.3.4 产业结构高度化

1.产业结构高度化的特点

（1）产业结构非物质化趋势。新技术革命的发生极大地提高了物质生产部门（第一、二产业部门）的劳动生产率，造成了物质生产部门大量的剩余产品，使更多的劳动力和生产物质要素有条件脱离直接物质生产部门，从事为社会物质资料再生产服务的第三产业。

（2）产业结构智能化趋势。在新技术革命的推动下，社会生产系统中脑力劳动因素的作用日益增大，科技人员与管理人员的比例急剧增加。社会生产系统的这种变化实际上是产业结构变化的一种表现形态，表明产业结构在逐步升级。此外，高新技术产业迅速崛起，并日益占据主导地位，商品生产由以物质商品为主逐步向以信息产品为主过渡。这种趋势推动着产业结构不断向高度化调整，实现产业结构升级。随着科技的进步，许多新兴产业部门不断产生，形成新兴产业群，同时加快了对传统产业的改造，促进了产业结构的优化，带来社会整体经济效益的提高，推动了经济高质量增长。因此，经济高质量增长必须依赖产业结构智能化水平的提高。

2.产业结构高度化的要求

（1）知识产业化和国民经济知识化。

（2）由第一产业占优势比重向第二、三产业占优势比重的方向演进。

（3）由劳动密集型产业占优势比重向资本密集型、技术密集型、知识密集型产业占优势比重的方向演进，如以信息技术和生物技术产业为核心的新一代产业群的形成。

（4）由低附加值产业占优势比重向高附加值产业占优势比重的方向演进。

（5）由低加工度产业占优势比重向高加工度产业占优势比重的方向演进。

（6）由制造初级产品的产业占优势比重向制造中间产品、最终产品的产业占优势比重的方向演进。

20.3.5 正确处理产业结构协调化和产业结构高度化的关系

有效实现产业结构转换和升级就必须达到产业结构协调化和高度化的统一。产业结构协调化是产业结构高度化的基础，只有先协调化，才能达到高度化，任何脱离协调化的高度化都是一种虚高度化。产业结构协调化是任何国家在任何阶段都追求的产业结构调整的目标，而产业结构高度化在经济发展到一定阶段、产业结构协调化达到一定程度时才成为产业结构调整的目标。从产业结构的发展过程来看，产业结构协调化和高度化是相互渗透、相互作用的。要实现产业结构高度化，必须首先实现产业结构协调化，而且产业结构发展水平越高，其产业结构协调化的要求就越高。产业结构协调化是一个不断调整产业间比例关系和提高产业间关联度的过程，实际上，这本身就是一个产业结构高度化的过程。因此，要实现产业结构协调化，就必须在产业结构高度化中进行，产业结构协调化和高度化密不可分。

正确处理产业结构协调化和高度化的关系包括以下内容：

1.提高产业整体素质

只有在产业结构协调化基础上进行产业结构升级才能达到产业结构优化的目标。如果产业间和产业内总体技术水平低、技术断层严重，就会严重影响产业结构高度化，从而影响产业结构优化。要不断提高科技成果转化率，有重点地扶植和加速高新技术产业的形成与发展，使技术进步的贡献相对于资金和劳动力而言占主导地位。沟通技术成果的供给和需求、技术开发和推广的全面突破，使新技术、新产品得以迅速扩散。

2.形成合理的产业序列

要注意处理好基础产业、主导产业、新兴产业和高新技术产业的发展关系：大力充实基础产业，积极振兴主导产业，重点发展新兴产业，促进产业序列形成良性循环，推进产业结构逐步向高级化发展。基础产业为主导产业和新兴产业的成长提供强大的物质基础，而主导产业的发展和新兴产业的成熟又可以为基础产业引入新的技术和装备，使基础产业不断得到提高。同时，新兴产业以科技含量高、市场占有率高和国内外市场竞争力强的产品促进产业序列内部产生良性循环。

3.增强产业间的关联效应

加强产业关联是产业结构协调化和高度化的客观要求。这部分内容请参照本书27.1.1部分。

因此，要按照社会化分工的要求，加强产业间的专业化协作关系，通过产业间和产业内各部门间的产品和服务关联、技术关联、价格关联、就业关联、投资关联等方式，发展关联产业及产业部门。

本章小结

本章通过对产业结构演变规律的全面阐述和分析，以及对产业结构演变动因的研究，可以认识到不同影响因素对产业结构演变的不同作用，从而正确把握产业结构演进的方向、方式和速度，并采取正确措施推进产业结构向有利于经济发展的方向演进。通过对三次产业结构及其内部演变规律的阐述，我们可以正确认识产业结构的变动规律，在产业结构演进过程中尊重并利用产业结构演变规律，创造有利于产业结构合理化演变的内部、外部条件，有效地推进产业结构的演变。产业结构优化过程是产业发展过程中生产要素的高效利用过程，正确实施产业结构优化措施，提高结构效益和转换能力，可以为高质量的经济增长打下良好的基础。

本章思语

1. 什么是产业结构的优化升级？
2. 简述三次产业结构演变规律理论的主要内容。
3. 试述产业结构演变的一般规律。
4. 如何正确地处理好产业结构协调化和高度化的关系？

第21章 供给侧结构性改革

21.1
实施供给侧结构性改革的背景与必要性
21.2
供给侧结构性改革概述
21.3
推进供给侧结构性改革的五大战略举措
21.4
供给侧结构性改革的四大保障

思政园地
本章小结
本章思语

"供给侧结构性改革"这一概念首次出现在2015年11月10日的中央财经领导小组第十一次会议上，2016年1月26日，中央财经领导小组第十二次会议研究了供给侧结构性改革方案。2017年10月18日，党的十九大报告作出了"中国特色社会主义进入新时代，我国社会主要矛盾已经转化为人民日益增长的美好生活需要和不平衡不充分的发展之间的矛盾"这一重大判断，强调"深化供给侧结构性改革"。2021年3月发布的《中华人民共和国国民经济和社会发展第十四个五年规划和2035年远景目标纲要》强调"以深化供给侧结构性改革为主线""把实施扩大内需战略同深化供给侧结构性改革有机结合起来"等。综上所述，虽然供给侧结构性改革已实施好几年了，但国家仍在不断强调并与时俱进优化完善，说明其重要性和长期性。

21.1　实施供给侧结构性改革的背景与必要性

综合前述，以2021年为分界线，可把供给侧结构性改革分为1.0版、2.0版。

21.1.1　提出的背景及成效

1. 背景

改革开放以来，我国经济多年保持高速增长态势，GDP总额在2010年首次超过日本，仅次于美国而位居全球第二位，且一直保持至今。当时出口需求对经济增长的贡献较大。但2008年美国次贷危机引发全球金融危机后，全球出口需求下降。为此，国家采取扩大内需政策，投资4万亿元发展基础设施产业，鼓励发展房地产业等，弥补了外需的减少，稳定了经济增长。2016年，我国居民人均GDP提升到8 866美元。但一些突出问题依然存在：国内钢铁等行业产能严重过剩，且亏损较大；国内优质产品供给不足，到境外买马桶等现象较多；金融业脱离实体经济畸形发展，如2016年我国GDP是美国的60%，但M0、M1、M2分别是美国的73%、221%、176%；全社会债务大增，2016年达255万亿元人民币，相当于GDP的342.7%。

因而，党中央高瞻远瞩，审时度势，2016年及时提出供给侧结构性改革方案，具有重大的战略意义。

2.2020年年底前供给侧结构性改革实施成效显著

2020年新冠病毒在全球蔓延后，我国依靠社会主义国家集中力量办大事的优势，成为首个成功遏制疫情的国家，并成为唯一正增长的大国。2020年，中国GDP增长2.3%，至101.59万亿元，是美国GDP的70.4%，比2019年提高3.6个百分点；贸易顺差3.71万亿元；工业增加值31.3万亿元，对世界制造业的贡献占比近30%。农民人均收入提前一年实现比2010年翻一番的目标。

21.1.2　2021年后继续实施的必要性

1. 重点解决芯片等高端核心技术产品被"卡脖子"的问题

高端手机芯片、汽车芯片等国内自给率不高，主要依靠进口。2020年，我国集成电路出口2 598亿个，金额为8 056亿元，分别同比增长18.8%、15%；但进口5 435亿个，金额为24 207亿元（是原油进口额的2倍），分别同比增长22.1%、14.8%。美国Market

Research Future称2020年全球汽车芯片规模约3 000亿元，中国产值为70亿元，市场份额仅占2.5%。2020年中国纯内资芯片企业生产芯片的规模为83亿美元，占中国全部芯片企业生产芯片227亿美元的36.6%，与国务院2020年8月要求的2025年芯片自给率达70%的目标差距巨大。如上海微电子已可造出90纳米制程的光刻机，将在近年交付第一台28纳米制程的光刻机，但全球顶级的荷兰阿斯麦（ASML）公司早已生产7纳米甚至5纳米EUV光刻机。从2020年9月15日起，美国政府要求暂停向华为供应芯片，华为智能手机在中国的市场份额从2019—2020年前3个季度的40%以上迅速降为2020年第四季度的8.4%，从第1位降为第5位。

2.未雨绸缪应对全球疫情好转后庞大的抗疫产能过剩问题

2020年新冠肺炎疫情全球暴发后，我国发挥唯一拥有联合国工业门类目录中所有门类行业的产业链优势，快速新扩建医疗设备、电器等生产线并出口，2020年3月1日—2021年2月28日向美国出口口罩约438.5亿只、防护服约9.5亿套等。目前，各国产能逐步恢复中，我国这些面向出口的相关产能需要重新调整优化。

3.出现新的“三去一降一补”问题

一是去高能耗产能，以完成碳达峰目标。我国在2020年第七十五届联合国大会上承诺，力争2030年前二氧化碳排放达到峰值、2060年前实现碳中和，目前差距很大，拖欠的新能源补贴金额大。

二是房地产库存仍在增加。国家统计局称2020年年末商品房待售面积为4.98亿平方米，比上年年末增加29万平方米，但2020年房地产开发投资仍达14.14万亿元，同比增长7.0%。而据中国人民银行统计，2020年年末人民币房地产贷款余额为49.58万亿元，占全部贷款余额的28.7%，比重比2016年高出3.7个百分点。

三是杠杆率仍在提高。中国国家金融与发展实验室（NIFD）发布的《2020年度中国杠杆率报告》称，受新冠肺炎疫情影响，2020年中国宏观杠杆率为270.1%，比2019年的246.5%升高23.6个百分点，其中，居民部门从上年年末的56.1%增至62.2%，非金融企业从上年年末的151.9%增至162.3%，政府部门从上年年末的38.5%增至45.6%。

四是成本居高不下。如物流支出占GDP比重，灼识咨询公司称2019年中国为14.7%，高于美国的7.6%、日本的8.5%。据财政部数据，2020年全国卖地收入为8.4142万亿元，同比增长15.9%，占全国财政收入的44%，占地方财政收入的84.03%，这是房价持续大涨的根源。从2020年1月到2021年3月15日，美国为抗疫已累计救助5.9万亿美元（占GDP的30%），美元大贬值推动大宗商品价格大涨，如到2021年2月底铁矿石价比2020年最低点上涨1倍多。

五是面临快速老龄化短板。据联合国经济和社会事务部称，到2020年年底中国老年人口已超过2.5亿人，抚养比从2010年的11.4%升至2020年的16.7%，65岁以上老人占总人口比重10年内从7%升到13.5%，达到这一比例发达国家用了45年以上时间。

综合上述，我国继续实施供给侧结构性改革，仍具有重大而深远的战略意义。

21.2 供给侧结构性改革概述

1.供给侧结构性改革的概念

供给侧结构性改革由“供给侧+结构性+改革”三个部分组成。其中供给侧是落脚点，结构性是关键，改革是手段，三者是高度统一的有机体，缺一不可。实质是对供给侧领域不适应需求变化、不利于提高经济增长质量、不利于生产要素市场化配置和商品服务流通的体制机制等进行调整完善。

2.供给侧结构性改革的根本目的

加快建设现代经济体系，以创新驱动、高质量供给引领和创造新需求，提升供给体系的韧性和对国内需求的适配性，持续优化供给结构和改善供给质量，更好地满足人民日益增长的美好生活需要。

3.供给侧结构性改革的主要任务

（1）重点解决“卡脖子”问题。重点解决影响国计民生的工业母机、高端芯片、基础软件、新材料、发动机等核心零部件、设备和核心技术等受制于人的问题。

（2）推动产业结构优化升级。推动金融业、房地产业同实体经济均衡发展。解决中低端产能过剩与中高端供给不足问题。

（3）促进可持续发展。加快出清资源占用多、有效产出率低、污染大的产业，形成更高效率、更高质量、更加绿色健康的投入产出关系。加快建设覆盖全民的社会保障体系。

4.实施供给侧结构性改革需要注意的方面

（1）实施供给侧结构性改革并不意味着不重视需求。马克思1857年8月在《政治经济学批判》导言中称“一定的生产决定一定的消费、分配、交换和这些不同要素相互间的一定关系。当然，生产就其片面形式来说也决定于其他要素”。

（2）实施供给侧结构性改革并不意味着采纳20世纪80年代美国政府实施的供给学派的减税主张。当时美国处于高收入阶段，以技术密集型产业为主，主要解决两位数的通胀率、高达20%的贷款利率和67%的联邦政府个人税率等。而2020年我国处于人均收入刚达到1万美元的中等收入初级阶段，制造业中高新技术占比仍有待提高等。

（3）实施供给侧结构性改革并不意味着不重视开放。相反，要在确保国家安全底线下，扩大金融业、农业等基础性、关键性领域开放，持续打造利于增量资源提高使用率和产出率，进而吸引、倒逼存量资源优化配置和提高产出率的良性循环。

21.3 推进供给侧结构性改革的五大战略举措

综合《中华人民共和国国民经济和社会发展第十四个五年规划和2035年远景目标纲要》和国家相关部委部署，主要采取以下举措：

21.3.1 打好关键核心技术攻坚战

1.实施国家重大科技专项

重点突破高端芯片和传感器、操作系统、通用处理器、量子计算和云计算、量子通信、关键算法模型等关键领域，加快基础理论、基础装备、基础工艺的研发突破与迭代应用。

重点解决芯片这一“卡脖子”问题，重点发展汽车用高端芯片，积极发展市场规模大、可广泛用于智能手机和平板电脑等领域的人工智能芯片。尊重并发挥企业、芯片产业的客观发展规律，加强科学决策和统筹协调，集中大基金、国家集成电路产业投资基金等国家队力量，集中攻坚最前沿的芯片生产设备和技术，全力避免各省市低水平重复建设。

2. 强化企业创新主体地位

支持互联网大企业发挥主力军作用，鼓励其组建各类创新联合体，承担国家重大科技项目，建设共性技术平台，推动产业链各环节、各类型企业创新发展。对企业基础研究实行税收优惠。

21.3.2 推动三次产业上新台阶

1. 加快建设制造强国

发挥我国产业链全面完整、规模经济和网络经济效益突出、大国市场规模明显等优势，重点发展新能源、新材料、高端装备、新能源汽车、绿色环保、航空航天、海洋装备、生物基因等战略性新兴产业。落实好《工业互联网创新发展行动计划（2021—2023年）》要求，在交通轨道设备、电力核电装备、通信设备、新能源等领域，扩大应用模块化、互联化、积木式共性共享的生产安装技术。

2. 加快建设智慧农业

将粮食产量保持在6 500亿千克的安全底线以上，坚持最严格的耕地保护制度，守住18亿亩耕地红线。2021年，我国自主选育的品种种植面积占到95%以上，做到了“中国粮主要用中国种”；畜禽、水产的核心种源自给率分别达到了75%和85%，为粮食和重要农副产品的稳产保供提供了关键的保障和支撑。加强主要农副产品供求和价格的预见性，有效管控、熨平波幅。鼓励创建以股权分红为核心的农民合作社、家庭农场，创建农业旅游项目，以提高增值率；完善农村路网和物流配送网络，开展直播销售，减少多层代销的高成本和高损耗，拓展农民增收空间。落实第二轮土地承包到期后再延长30年政策，保障进城落户农民土地承包权、宅基地使用权、集体收益分配权，鼓励依法自愿有偿转让。

3. 加快发展现代服务业

推动生产性服务业同先进制造业、现代农业深度融合。加快发展健康体育、养老育幼、家政物业、文化旅游等生活性服务。发挥互联网大电商、大快递配送机构的作用，注重打通商贸流通体系的“最后一千米”。

21.3.3 加强战略性基础设施建设

1. 以企业为主建设战略性新基建

加快5G、大数据、人工智能、3D打印技术等在工业、制造业等领域的应用。

2. 以地方政府和行业部委为主建设公共性基建

加快补齐市政工程、公共卫生、生态环保、农业农村、公共安全、防灾减灾、物资储备等短板。落实2021年2月印发的《国家综合立体交通网规划纲要》要求，实现主要城市群、都市圈轨道交通的公交化运营。

3. **国家出面开展基础性基建**

实施川藏铁路、西部陆海新通道、国家水网、雅鲁藏布江下游水电开发、星际探测、北斗产业化等重大工程。

21.3.4　建设以人为核心的城市群和乡村振兴战略

1. **提高城市治理水平**

统筹城市规划建设管理，促进大中小城市和小城镇协调发展。推进京津冀地区、长江经济带地区、粤港澳大湾区、长三角地区一体化、协同发展。加强特大城市的风险防控，增强城市防洪排涝、抵抗公共卫生事件的能力。

2. **实施乡村振兴战略**

落实《全国乡村产业发展规划（2020—2025年）》的要求。保持财政在乡村投入力度总体稳定，完善乡村水、电、路、气、通信、广播电视、物流等基础设施。健全农村、欠发达地区社会保障和救助制度，对2020年纳入低保或特困供养的1 936万建档立卡贫困人口"应兜尽兜"。

3. **扩大优质文化产品供给**

围绕居民收入提高后的新需求，广播电视、电影文化、艺术、体育、娱乐等行业要积极运用量子通信、VR/AR等新技术开展创新应用。

21.3.5　坚持"三去一降一补"

1. **去产能，夯实绿水青山基础**

围绕2030年碳达峰目标，构建清洁、低碳、安全、高效的能源体系。完善面向全球的碳交易市场，本着"顺利对接、平稳过渡"原则，将水泥、电解铝、石化、化工、建材、钢铁、有色金属、造纸、航空等高能耗行业纳入全国碳市场。贯彻落实国家能源局2021年3月初下发的《关于2021年风电、光伏发电开发建设有关事项的通知（征求意见稿）》要求，支持绿色无污染的水能、风能、太阳能等可再生能源发展，打造利于全球可再生能源产、供、储、贸、销一体化发展的智慧电网。

2. **去库存，以提高资源使用率**

针对房地产库存较大的情况，坚持房子是用来住的、不是用来炒的定位，在提高相关居民收入的同时，通过增加土地供应、安排专项资金、集中建设等办法，切实增加保障性租赁住房和共有产权住房供给，规范发展长租房市场，尽最大努力帮助新市民、青年人等缓解住房困难。

3. **去杠杆，以有效防控并化解系统性风险**

一是对政府债务，要充分运用互联网大企业的数字化成果，通过机构改革、精兵简政等，减少冗员多、吃大锅饭等情况。加强市政建设规划统筹，减少重复投资建设，如避免对交通路网反复"开膛破肚"。

二是对企业债，按市场化、法治化、国际化的原则，处理好促发展与防风险的关系，秉持"零容忍"的态度，政府及相关方要加强预警预报，及时出面解决。

三是对居民债，切实落实2020年以来银保监会、央行发布的有关互联网贷款、网络小额贷款等管理办法。推广应用深圳、上海等地出台的限制假离婚贷款并购房等措施，从资金源头遏制房价持续大涨。

4.降成本，以让利于民和防控风险

积极推广应用智能化、一体化物流解决方案，尽快降低物流费。本着权责利对等原则，完善中央和地方政府的事权与财权。健全政府债务管理制度。做好2021年2月自然资源部要求的22个重点城市住宅用地集中发布出让公告、集中出让等新政，以降低新房价格。支持移动运营商研发、推广可大幅降低5G基站闲时的智能设备和休眠解决方案。适应物联网、区块链快速发展要求，积极跟进基于边缘计算，由无基站的“地面自组网+太空卫星自组网”组成的多维自组网（星链网）建设。

5.补短板，以解决老年人后顾之忧

加快发展多层次、多支柱养老保险体系。完善建立健全利于老年人生存生活、看病治疗的养老、救助、帮扶体系。对欺骗老年人“养老钱”“保命钱”以及歧视、欺负各类孤寡老人的行为，保持零容忍态度，一经发现从严从重打击。

21.4 供给侧结构性改革的四大保障

坚持和完善社会主义基本经济制度，充分发挥市场在资源配置中的决定性作用，更好地发挥政府作用，推动有效市场和有为政府更好结合。

21.4.1 激发各类市场主体活力

1.做强、做优、做大国有资本和国有企业

继续抓实国企改革三年行动，深化国有企业混合所有制改革；健全以管资本为主的国有资产监管体制；推进能源、铁路、电信、公用事业等行业竞争性环节市场化改革；加大对国防军工、能源、大宗商品、农业粮食、新基础设施等领域的国有企业投入。

2.切实落实保护非公有制经济发展的相关政策措施

落实中共中央、国务院2016年11月印发的《关于完善产权保护制度依法保护产权的意见》、2017年9月印发的《关于营造企业家健康成长环境弘扬优秀企业家精神更好发挥企业家作用的意见》各项要求，增强人民群众的人身、财产、财富安全感，夯实社会公平正义、国家长治久安的基础。

3.鼓励科研人员创新

对特殊科技人才实施股权、分红等中长期激励政策；给科研人员更大自主权和更大容错空间，帮助解除后顾之忧，让其一心一意搞研发、创新；加强科技人员知识产权及其商业化利益的保护。

21.4.2 完善宏观经济治理

1.加强综合调控

加强国内外宏观经济运行本质、规律、趋势的跟踪、研究、预判，完善制定科学可行的国家中长期发展规划，采取财政、货币、投资、环保等综合手段，引导资金、劳动力、土地等生产要素从附加值低的产业流动到附加值高的产业中去；本着各行业平均利润率差距可接受、可管控的原则，推动缩小金融业、商业、工业、农业之间的要素价差。加强国家统一的宏观经济治理数据库等建设，从源头夯实数据的质量。

2.实施金融供给侧结构性改革[①]

明确逆周期调控政策、标准、措施，稳定各方预期。健全市场化利率形成和传导机制，把握好货币投放的时机、力度和节奏。建立覆盖全部金融活动的监管体系，实现事前、事中、事后全链条监管。因地制宜对非法金融机构、高杠杆金融产品分类，采取关、停、并、转、卖、资产保全等措施。全面实行股票发行注册制，建立常态化退市机制。健全金融风险预防、预警、处置、问责制度体系，对违法违规行为零容忍。及时追缴违法所得，并退还给被骗的投资者。

3.多措并举，提高居民即期可支配收入

按2020年中央提出的“形成以国内大循环为主体、国内国际双循环相互促进的新发展格局”的要求，要在积极通过再分配提高低收入阶层可支配收入的基础上，健全社保、医疗、教育等体系，消除中产阶层的后顾之忧。推进国家组织药品和耗材集中带量采购改革，继续大幅降低医疗医药费用。完善对各类老弱病残等弱势群体的救济救助体系，积极创造利于其依靠个人劳动增收或脱困的机会。

4.加强国际宏观经济政策协调

加强与主要国家央行的利率、汇率等沟通，及时妥善应对、管控、化解各种形式的货币战、金融战。针对“一带一路”沿线多数国家和地区经济不发达的状况，本着帮助其快速改善基础设施、提升互联互通水平、提高人民生活水平的原则，开展全方位合作。发挥我国和多国的双边货币互换机制，积极与我国直接进出口规模大的国家和地区及其相关第三方贸易国家合作，打造多用人民币收、付、结算的闭环，加快连点成片发展步伐。做好2021年3月12日央行等在深圳、北京开展跨国公司本外币一体化资金池业务试点的总结推广。

21.4.3　建设高标准市场体系

贯彻落实2021年1月印发的《建设高标准市场体系行动方案》的各项要求，尊重并发挥价值规律、供求规律、竞争规律的作用，本着公平竞争、规范有序、风险可控可承受的原则，完善建立公平竞争、统一高效、互联智慧的国内市场大体系。

1.实施公开平等的市场开放、准入负面清单制度

有序扩大医疗、教育、体育、托幼、环保、市政等服务业开放。完善外商投资准入前国民待遇加负面清单管理制度。

2.完善平台经济治理

把握平台经济发展规律，建立健全平台经济治理体系，明确平台企业劳动保护责任，支持平台经济规范发展，及时开展反垄断和反不正当竞争执法司法，防止资本无序扩张。总结推广2021年2月“浙江公平在线”平台经济数字化监管系统。支持公众、舆论等发挥监督作用。

3.加强数字经济建设

完善对土地、劳动力、资本、技术、数据等生产要素、商品和产权的获得、保管、流

① 虞月君，张一兵，左晓杰．防控风险，提高质量，提高效率，新增动能——关于新时代金融业供给侧结构性改革的若干思考［J］．财会学习，2018（18）：1-2.

转、交易、交割等进行保护的法律法规、政策体系和要素市场交易体系，促进在更大时空范围内，以更快的速度、更低的成本、更小的风险来集聚或处理资源和资金。完善建立覆盖消费者个人隐私信息、交易信息、社交信息等全部数据的保护机制，防止数据的非法滥用、歧视性收费等，对违法者严加惩处。

21.4.4 加快转变政府职能

建设数字政府，减少、避免各类“不作为、乱作为、不知作为”等情况。

1.深化简政放权、放管结合、优化服务改革

实施涉企经营许可事项清单管理，对新产业、新业态实行包容审慎监管。简化民生相关的准入审批标准、流程和事项，减少各类考试、认证、评比、达标等。

2.将数字化技术用于政府管理的方方面面

依托云计算、大数据、物联网等共性技术，建设成本低、兼容性强、便于复制推广的数字社会、数字政府、智慧城市建设模式，减少各个省市的低水平重复建设。围绕让群众少跑路和少花钱、减少各类截留挪用、寻租套利等目标，建设推广便于居民和企业远程自助办理的“一网通办”政务服务系统。

思政园地

坚持以深化供给侧结构性改革为主线

推进供给侧结构性改革，是以习近平同志为核心的党中央深刻洞察国际国内形势变化，科学把握发展规律和我国现阶段经济运行主要矛盾，作出的具有开创性、全局性、长远性的重大决策部署，是习近平新时代中国特色社会主义思想的重要理论创新成果，也是解决突出矛盾和问题、推动经济社会持续健康发展的治本良方。《中共中央关于制定国民经济和社会发展第十四个五年规划和二〇三五年远景目标的建议》强调，“十四五”时期经济社会发展要以深化供给侧结构性改革为主线。对此，我们要深入学习，全面理解和把握。

供给侧结构性改革是对马克思主义政治经济学的创新发展。习近平总书记关于供给侧结构性改革的一系列重要论述，回答了供给侧结构性改革为何改、改什么、怎么改等重大问题，明确了供给侧结构性改革的根本目的、主攻方向、本质属性、战略战术、主要任务、重大原则、实现途径，思想深刻，内容丰富，是系统的理论创新，是中国特色社会主义政治经济学的重大创新和发展，为推进供给侧结构性改革指明了方向、提供了原则。供给侧结构性改革理论同西方经济学的供给学派有本质的区别。它既强调供给，又关注需求；既突出发展社会生产力，又注重完善生产关系；既发挥市场在资源配置中的决定性作用，又更好地发挥政府的作用；既着眼当前，又立足长远。从马克思主义政治经济学的角度看，供给侧结构性改革的根本，是使我国供给能力更好地满足广大人民日益增长、不断升级和个性化的物质、文化和生态环境需要，从而实现社会主义生产目的。

实践充分证明，以习近平同志为核心的党中央关于深化供给侧结构性改革的决策是完全正确的，是改善供给结构、提高经济发展质量和效益的治本之策。

资料来源　黄守宏．坚持以深化供给侧结构性改革为主线［N］．人民日报，2020-12-11（7）．

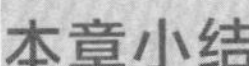

本章小结

供给侧结构性改革的内容包括：本质是对供给侧领域不适应需求变化、不利于提高经济增长质量、不利于资源高效配置的产业结构和体制机制等进行调整、完善，减少无效和低端供给，扩大有效和中高端供给。根本目的是以创新驱动、高质量供给引领和创造新需求，提升供给体系的韧性和对国内需求的适配性，持续优化供给结构和改善供给质量，更好地满足人民日益增长的美好生活需要。主要任务包括解决“卡脖子”问题、推动产业结构优化升级、促进可持续发展。五大关键措施包括打好关键核心技术攻坚战、推动三次产业上新台阶、加强战略性基础设施建设、建设以人为核心的城市群和乡村振兴战略、坚持“三去一降一补”。四大保障措施包括激发各类市场主体活力、完善宏观经济治理、建设高标准市场体系、加快转变政府职能。

本章思语

1. 供给侧结构性改革的本质是什么？
2. 供给侧结构性改革的根本目的和主要任务分别是什么？
3. 推进供给侧结构性改革的战略举措有哪些？
4. 怎样确保供给侧结构性改革成功实施？

第22章
现代产业体系

党的十九大报告指出："我国经济已由高速增长阶段转向高质量发展阶段，正处在转变发展方式、优化经济结构、转换增长动力的攻关期，建设现代化经济体系是跨越关口的迫切要求和我国发展的战略目标。"党的十八大报告曾针对我国经济结构中存在的突出问题，作出了发展现代产业体系的战略部署。而发展现代产业体系，就是要"强化需求导向，推动战略性新兴产业、先进制造业健康发展，加快传统产业转型升级，推动服务业特别是现代服务业发展壮大，合理布局建设基础设施和基础产业。建设下一代信息基础设施，发展现代信息技术产业体系，健全信息安全保障体系，推进信息网络技术广泛运用"。但现代产业体系不仅是信息业和产业体系的融合，而且是包括信息技术在内的先进技术对传统产业的改造和拓展。

22.1　现代化经济体系与现代产业体系①

习近平总书记明确指出，要贯彻新发展理念，建设现代化经济体系。

现代产业体系是现代化经济体系的首要内容。要建设好现代产业体系就必须按现代化经济体系的要求办事，局部必须服从总体。

我们要准确把握建设现代化经济体系的科学内涵，坚持质量第一、效益优先，以供给侧结构性改革为主线，加快建设现代化的产业体系和经济体制，不断增强我国经济创新力和竞争力，为确保实现"两个一百年"奋斗目标和中华民族伟大复兴的中国梦奠定坚实基础。

1.迎接新时代，必须加快建设现代化经济体系

这是紧扣新时代我国社会主要矛盾转化、落实中国特色社会主义经济建设布局的内在要求；是适应我国经济已由高速增长阶段转向高质量发展阶段、跨越发展关口的迫切需要；是决胜全面建成小康社会、开启全面建设社会主义现代化国家新征程的基本途径。

2.适应新要求，必须准确把握现代化经济体系的科学内涵

当前，我国经济已由高速增长阶段转向高质量发展阶段，客观上要求加快提质增效升级步伐，推动经济发展质量变革、效率变革、动力变革。要完成这样的变革，关键是以习近平新时代中国特色社会主义思想为指导，坚定不移贯彻创新、协调、绿色、开放、共享的新发展理念，牢牢抓住供给侧结构性改革主线，坚持"两个优先"，推动"三个变革"，加快"四个协同"，健全"三有体制"，建设适应发展新要求的现代化经济体系，解决好发展不平衡、不充分的问题。

（1）坚持质量第一、效益优先，推动现代化经济体系建设。

（2）加快建设实体经济、科技创新、现代金融、人力资源协同发展的产业体系。

（3）着力构建市场机制有效、微观主体有活力、宏观调控有度的经济体制。

3.实现新发展，必须全力推进现代化经济体系建设新部署

新时代面临新形势，新征程昭示新使命。中国特色社会主义已经进入新时代，建设现代化经济体系任务艰巨、责任重大、使命光荣。我们要以党的十九大精神为统领，以习近平新时代中国特色社会主义思想为指导，牢固树立"四个意识"，努力增强"四个自信"，贯彻落实新发展理念，加快建设现代化经济体系，推动质量变革、效率变革、动力变革，

① 宁吉喆．建设现代化经济体系　实现新时代高质量发展［N］．经济日报，2017-11-30.

努力实现更高质量、更有效率、更加公平、更可持续的发展。

(1) 坚定不移深化供给侧结构性改革，着力实现供需动态平衡。

(2) 加快建设创新型国家，着力推动新旧动能接续转换。

(3) 实施乡村振兴战略和区域协调发展战略，推动城乡区域协调发展。

(4) 深化重点领域和关键环节改革，加快完善社会主义市场经济体制。

(5) 把握机遇扩大开放，推动形成全面开放新格局。

(6) 抓重点、补短板、强弱项，着力保障改善民生和建设美丽中国。

22.2 现代产业体系的基本内涵

现代产业体系是现代化经济体系的主要组成部分。所谓现代产业体系，并非一种脱离原有产业形态的新型产业体系，而是在传统产业内融合了包括信息技术在内的信息化和现代化的相关内容，使产业体系具有了新的表现形式和运转模式。

信息技术和先进技术在提高劳动生产率、降低资源与能源消耗、增加生态环境效益等诸多方面，都有巨大的带动和推动作用。在现代技术组成中，在工业革命之后信息革命提供了最能改变人类生产方式的技术变革力量。尽管信息产业建立在工业革命已有成果之上，构成了现代产业体系的主要内容，但信息产业对现代产业体系的作用是其他产业代替不了的。信息产业和其他产业之间的关系既非并列关系，也非替代关系。这是由于信息化无法替代产业革命所实现的动力技术革命。信息技术主要用于提高信息效率，而非代替动力本身。因此，它必须在工业化的基础上才能产生自动化和数字化。也就是说，产业体系中只有融入信息技术的内容，才能提高自动化水平和技术效率。从这种意义上来看，信息化对产业进行改造才能全面实现产业体系的改观。二者不是替代与被替代的关系，也不是并列关系，而是改造与被改造、融合与被融合的关系。在产业体系中融入信息化的内容，才能对产业体系实行生产方式的改造，而改造的结果就会形成与传统产业体系全然不同的一种新型的、柔性的、创新的现代产业体系。

产业在演变进程中，新诞生的产业不仅能带动旧的产业发展，而且新兴产业创造财富的能力更强，一定会取代旧产业的主导位置。最有说服力的是美国的农业。美国农业在整个经济体系中所占比例不足2%，但由于信息技术融入了农业的产业运作的各个环节，因此，美国的农业尽管不是支柱产业，但依然有很强的实力成为战略性的基础产业。美国的钢铁、化工、汽车等传统产业，尽管在国民经济中所占份额已经较少，但无论是从技术实力还是从竞争能力来看，都在全球同类产业中具有霸主地位。其主要原因就是这些产业已经和先进的信息技术交融在一起，成为具有新型产业特征的先进制造业。信息技术对传统产业的改造和信息产业本身的发展都对产业结构的演进产生重大的影响。对第一次产业而言，信息产业的融合不仅可以做到农业的机械化作业，更重要的是可以用信息技术指导农业的耕种、管理和收获，如采用飞机播种、卫星监控生产过程等。但农业毕竟还要受到土地的约束，还是会对财富的增长产生制约作用。对第二次产业而言，融入了信息技术的第二次产业，可以不断体现产业运作过程的“高科技、高效益、高效率、高规模、高循环，以及低成本、低消耗、低（零）排放、低（零）污染、低（无）毒性”的“五高五低”新型工业化特征，但同样受到边际效用递减规律的制约。而基于互联网的产业，以及软件形态的产品，其互联网导出价值总量可以不受边际效用递减规律的制约，因为可以不受空间和自然资源的约束。因此，这类产业的边际成本随产量的增加而具有无限递增的可能性。基于信息技术所产生的新型产业形态，其所创造的财富远远高于工业文明所带来的财富。

当然，如果确定了采用以信息技术对一个国家和地区的产业体系进行改造的战略，那么该信息技术应用的广泛程度和深入程度，对该产业体系的改造深度和程度也会产生重要的影响。中国已经具备了用信息化改造产业体系的条件和潜力。根据中国互联网络信息中心（CNNIC）发布的第47次《中国互联网络发展状况统计报告》，截至2020年12月，我国网民规模达9.89亿，普及率达到70.4%，超过全球平均水平（59%）11.4个百分点。

22.3 现代产业体系中的“三色”农业

现代产业体系中的农业现代化建设，总体思路就是用先进技术对传统农业进行改造，首要的是对农业结构进行信息化调整与先进技术改造。这种调整与改造主要是在农业生产体系中建立决策支持系统，并对农业结构政策进行整体性的评估。按照“3个70%”评估标准，2020年，技术结构和农村产业结构实现重大调整，农村种植业经济作物产值比重达到70%以上；农、林、牧、副、渔业产值比重达到70%以上；农副食品加工业产值占农业产值的比重达到70%以上。

3个“70%”的现代农业产业结构目标的实现，主要是从以下几方面入手对农业产业结构进行提升：用先进物质条件来装备农业；用现代科学技术和信息技术来改造农业；用现代产业体系来提升农业；用现代经营模式和组织形式来推进农业；用现代发展的理念来引领农业；通过提升农民知识水平来发展农业；用信息技术提高农业的生产能力和现代化的运用水平。

对农业产业结构进行信息化调整和技术提升，还需要建立现代大农业体系，这样才能使农业具备现代产业体系的实质内容。现代大农业体系结构是由“绿”“蓝”“白”三色农业体系与腐屑生态体系构成的，各组成部分相互依存、相互渗透，互为资源、互为条件，共同组成现代产业体系中的大农业。

22.3.1 绿色农业的基本内涵

所谓绿色农业，是以土、水、光、气为基础的传统绿色植物种植业及赖其生存的畜牧养殖业。随着科学技术的发展，以及人们经济环境意识的不断提高，传统绿色农业不断克服自身缺陷，在可持续发展原则指导下向多种模式发展。

传统农业存在使用化肥、农药以及采用饲料圈养的情况，对生态环境产生严重破坏，农业发展的未来方向是有机农业和生态农业。绿色农业以生态理论为基础，因地制宜地在某一区域内建立具有地区特征的农业体系。这种体系吸取了传统农业与现代农业的精华，但又有别于传统农庄式的农业。绿色农业作为传统农业绿色化特征的体现，是任何其他类型的种植和养殖所无法取代的，在所有的农业形式中占有最为重要的地位。

22.3.2 蓝色农业的基本内涵

在当今世界各国备受土地短缺、环境恶化、人口膨胀等问题困扰时，以海洋为基础的水生农业，像耕种陆地一样耕种海洋，成为一种具有革命性的农业新形态。蓝色农业是指利用海洋和内陆水域以及低洼盐碱地等蓝色国土资源发展渔业和渔区经济，并以此带动水生动植物开发利用的相关产业。

但蓝色农业并非生态型农业，过度的开展和不良利用对海洋生态同样具有破坏作用。

首先，我国沿海地区的海水养殖区大多分布在沿海港湾和河口附近水域，这些水域同样是陆地和水上排污的主要收纳场所。据统计，我国每年直接入海的废水高达近百亿吨，并且富含营养物质和有机农药的农业污水也随地表径流进入沿海水体，导致临海水域水质恶化，直接威胁着蓝色农业的食品安全。

其次，目前的海水养殖品种少，尤其缺乏品质优良、抗逆能力强的养殖品种。除了少数种类外，海水养殖对象大多缺乏人工选育，其生长速度、抗逆能力、品质等都非常急需人工选育加以改进。因此，海水养殖的技术含量和加工能力提升，都是蓝色农业所面临的亟待解决的现实问题。

最后，单一养殖并长期密集养殖导致自然生态恶化和产业的不可持续。我国淡水养殖的理论与实践表明，多元化养殖成功的前提就是水体空间、饵料资源状况与养殖种类的生活、生长要求相吻合，并种间互利，因此，养殖对种类和数量要有明确的要求，而非简单的搭配。

22.3.3 白色农业的基本内涵

白色农业是指微生物资源产业化的工业型新农业，包括高科技生物工程的发酵工程和酶工程。白色农业生产环境高度洁净，生产过程不存在污染，其产品安全、无毒副作用，加之人们在工厂穿戴白色工作服帽从事劳动生产，故形象化地称之为“白色农业”。

目前，白色农业的研究应用领域包括微生物食品，微生物饲料，微生物肥料，微生物农药、兽药，微生物能源，微生物生态环境保护剂等。发展生物技术产业，除合理开发、利用现有农业生物资源外，还可以利用生物技术开辟新的生物资源，更好地为人类服务。白色农业在工厂中以微生物发酵工程为基础采取大规模一年四季生产，不受季节和气候的限制，既节约了土地和其他资源，也不造成环境污染。近些年来，以高科技开发微生物资源及其产业化发展迅速，全国掀起了白色农业的研究热潮。

白色农业涉及农产品的综合利用，饲料、生物能源和生态农业等方面的开发，逐步形成了一种新兴的高科技产业。利用微生物发酵处理秸秆转化成饲料，利用生物技术培养新菌种，加快氨基酸发酵的利用等，将成为21世纪的农业新产业。白色农业把向土地要粮的传统农业，转变为向秸秆要粮、向废弃物要粮的新兴农业，意义深远。发展白色农业，为实现可持续发展与保护生态环境相协调战略开辟了新天地。

在对“三色”农业体系进行建设、技术改造、信息化调整之后，要从以前孤立的“三色”农业转向以白色农业带动绿色和蓝色农业，形成农业产业链环节的“生态共生”结构；同时，要通过加大发展白色农业的力度，来加强待开发与再利用的农业产业。“三色”农业的现代化改造过程和结果如图22-1所示。

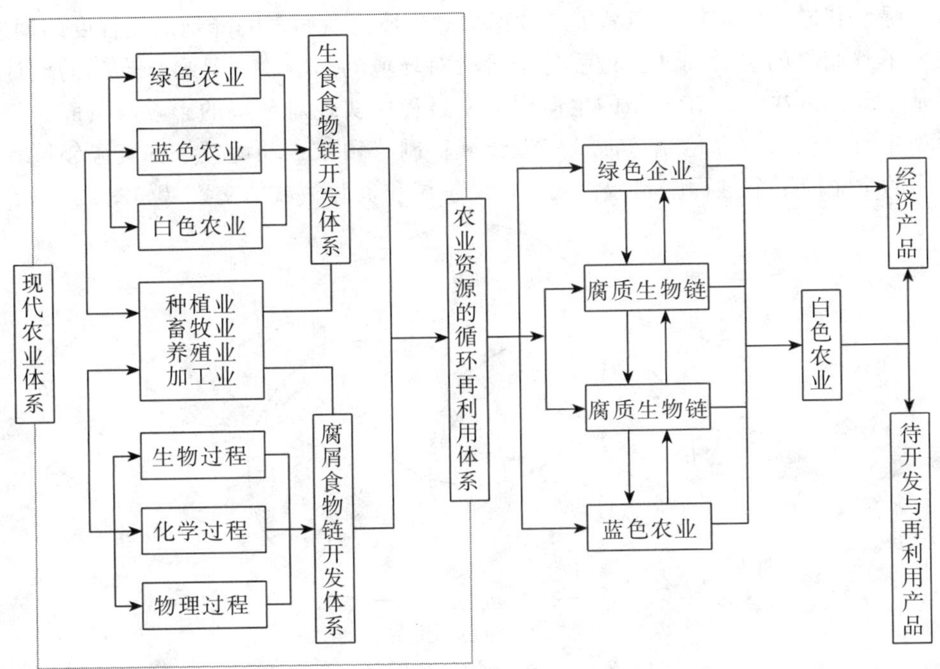

图22-1　“三色”农业体系从开发到循环的变化

22.4　现代产业体系中的绿色制造业

制造业永远是一个国家在工业化进程中的主导产业、重点产业和战略产业。现代产业体系中的制造业，既要满足高质量发展和建设和谐社会的要求，又要破解自身发展所面临的资源与环境双重制约，还要适应工业化、信息化、城镇化、国际化、市场化的多重挑战。要加快用高新技术和先进适用技术改造提升传统制造业，提升其技术水平和市场竞争力。要振兴装备制造业，推动高技术产业基地建设。要抓住当前产能过剩行业结构调整的契机，依法加快淘汰钢铁、有色、化工、建材、电力等高耗能行业的落后生产能力、工艺装备和产品，坚决关闭那些破坏资源、污染环境和不具备安全生产条件的企业。要提升高新技术产业，发展信息、生物、新材料、航空航天、海洋等产业。

在对制造业的产业结构进行现代体系转化的设计中，要大力发展装备制造业、高新技术产业和现代能源产业，加快形成一批新的主导产业。我国应充分利用国家振兴装备制造业的有利时机，规划发展一批大装备工业，以信息产业为代表的高新技术产业是现代产业体系的重要标志。因此，必须着力抓好信息、生物、新材料、航空航天、海洋等产业的发展。加快发展现代能源产业是实现制造业经济又好又快发展的基本保证。

但制造业结构从上述几方面优化的过程中，更应注重的是现代产业体系中的产业生态进程的推进。工业企业的制造模式具有鲜明的时代性。信息化时代以快速满足顾客的多样化需求为主要目的，形成了柔性生产等一批新的生产模式。这种生产模式便是融合了信息化和知识化的绿色制造模式，广泛采用了柔性制造系统、精益生产、清洁生产、虚拟制造等现代先进制造模式。目前，我国的现代产业体系也应该将先进制造模式纳入现代制造业的产业体系之中。

所谓绿色制造，就是指将产品生产过程中对环境的负面影响降到最低程度的制造模式。它不仅要了解产品的生命周期全过程各个阶段对环境的影响，而且要从产品的设计阶段着手进行基于环保的决策，在产品的生命周期全过程中实现对环境的影响（负面作用）最小和资源利用效率最高。绿色制造涉及三大领域：制造领域、环境领域和资源领域。绿色制造是产品的生命周期全过程中制造领域、环境领域和资源领域的交集（如图22-2所示）。

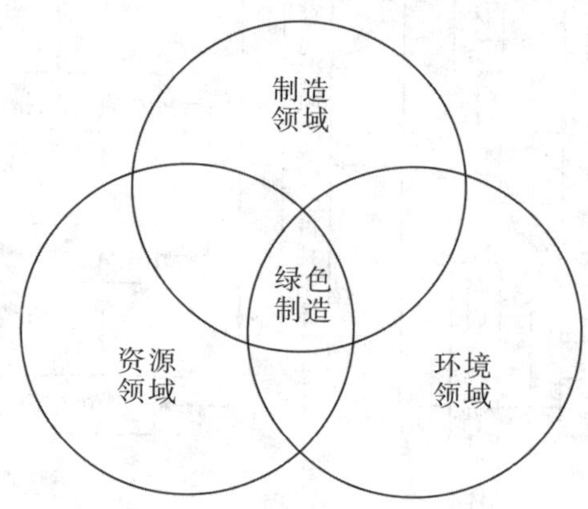

图22-2　绿色制造的范畴

未来制造业面临的最大挑战之一，就是制造业中的环境相容性问题。绿色制造体系包括三项具体内容：①绿色资源，包括绿色原材料、绿色能源；②绿色生产过程，包括绿色设计、绿色生产设备、绿色生产工艺、绿色物料、绿色生产环境；③绿色商品，包括节省能源、节省物料、保护环境、便于回收利用、符合人机工程。其两大目标是：环境保护和资源优化利用。

22.4.1　绿色制造业的综合内容

现代制造业的产业生态化过程也就是绿色制造的过程。绿色制造是通过对产品实行绿色设计来实现产品的生命周期全过程的资源效率和环境效应。也就是说，在对产品的生命周期全过程的设计中，充分考虑对资源和环境的影响，在考虑产品的功能、质量、开发周期和成本的同时，优化各有关设计因素，使产品及其制造过程对环境的总体影响降到最低程度。制造业的产业生态化如图22-3所示。

由于绿色设计具有多目标优化特征，因此需要运用系统分析原理，对绿色产品设计的目标、衡量指标、评价标准、生命周期等进行系统分析和研究。为了实现产品生产过程的物质和能量循环，需要采用清洁生产技术，就是在产品设计阶段充分考虑减少自然资源和生态环境的消耗，这种设计就是绿色设计。这要求在设计过程中充分考虑产品和服务在生命周期全过程——产品设计、原料加工、产品生产、运输分销、使用维护、再造再生和报废处理等环节——对资源和环境的影响，并在每一环节权衡产品功能、质量、成本等因素，使产品在制造、使用和报废的全过程中，在总体上将资源耗费和环境污染降到最低程度。

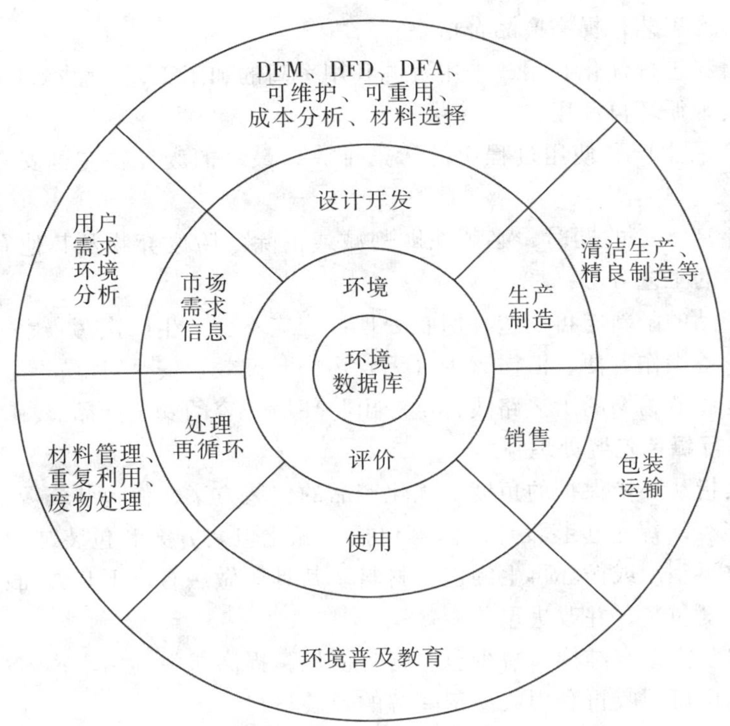

图22-3　绿色制造的综合内容

22.4.2　现代制造业的产业生态化运作

1.对绿色材料进行合理选择

绿色材料是指在满足一定功能要求的前提下，具有良好的环境兼容性，要求在加工、使用、报废处理等产品生命周期的各个阶段，以及材料本身的生产过程，具有最大的资源利用率和最小的环境影响。绿色材料又称生态材料（eco-material）或环境意识材料（environmentally conscious material）。绿色材料的选取原则如下：

（1）优先选用可再生材料，尽量选用可回收材料，提高资源利用率；

（2）尽量选用低能耗、少污染的环境友好材料；

（3）尽量选用兼容性好的材料，选用材料应易于回收再利用、再制造或降解；

（4）尽量避免使用稀缺资源，寻找短缺或稀有原材料的代用材料；

（5）避免选用有毒、有害和有辐射特性的材料；

（6）尽量减少产品中的材料种类，以利于产品废弃后的有效回收。

2.对生产过程进行绿色布局

根据产品制造加工的要求，创造出一个低消耗、低噪声、高效率和优美协调的工作环境，既要体现生产的安全性，又要注意工作环境的舒适性和宜人性，即绿色生产环境设计。

3.对制造业的工艺实行绿色规划

绿色工艺规划就是要规划和选取绿色工艺方案或绿色技术路线。绿色工艺的选取原则如下：

（1）改进生产工艺，提高产品合格率；

（2）对原材料进行优化利用，采用资源利用率高的加工工艺，生产环节的废弃物要能够在其他环节实现循环再利用；

（3）减少产品生产和使用过程中的污染排放，最终的废弃物应可安全、经济地分解处理；

（4）提高生产效率的同时，必须兼顾削减或消除危险废弃物及其他有毒化学品的用量，采用污染少的工艺方法；

（5）回收产品的翻新与再制造，回收处理过程应不会产生二次污染；

（6）生产设备操作方便、清洁、少（无）污染、高效、安全可靠；

（7）设计资源节约型的工艺路线，生产出与环境兼容的安全产品。

4.对产品进行绿色包装处理

绿色包装是指从环境保护的角度，优化产品的包装方案，使包装资源消耗和包装废弃物的产生尽可能少。绿色包装设计的内容包括：优化包装方案和包装结构，选用易处理、可降解、可回收再利用或循环再生的包装材料。其具体做法有以下几方面：

（1）避免过度包装，并改进包装能效；

（2）优化包装方案和结构，减少包装材料消耗，提高材料利用率；

（3）尽量选用可回收再利用或易于降解的包装材料；

（4）避免使用有毒、有害包装的材料；

（5）避免使用耗竭性资源和生态性资源作为包装材料；

（6）减少包装废弃物对环境的污染，降低废弃物的处理费用。

22.5 现代产业体系中的服务业

服务业的发达程度往往是衡量产业体系的现代化程度的一个显著标志。在传统观念中，人们常常认为服务业比例的提高会导致工业比重的降低，也因此会削弱工业的发展。但研究表明，一件高科技的现代工业或农业产品中，都包含大量的服务业的贡献。实际上，现代服务业本身就是为农业和工业服务的产业。包括信息服务业在内的现代服务业的发展，几乎成了衡量一个国家的现代产业体系是否完善的重要标志。

2020年，我国服务业增加值为553 977亿元，比上年增长2.1%，占GDP的比重为54.5%，较上年提高0.2个百分点。服务业成为我国第一大产业，是推动我国经济增长的主动力。我国服务业与过去相比虽然有较大发展，但与整个经济发展阶段和人均收入应达到的水平相比，还有相当大的差距。其中既有总量不足的问题，也有内部结构落后、整体服务水平较低的问题。因此，大力发展和全面提高服务业特别是现代服务业在国民经济中的比重和水平，是完善和提升我国现代产业体系不可或缺的措施。

完善和提升我国现代产业体系，不仅要用先进技术尤其是信息技术改造传统服务业，而且要加大力量开拓和发展服务业的新领域，尤其是现代服务业。建立现代产业体系中的服务业体系，就要大力发展金融、保险、房地产等行业以及快速发展的新兴服务业，如信息技术服务行业，物流、研发、创意服务行业，专业化的工程、法律、咨询、会计服务业，这些都是现代服务业非常重要的组成部分；同时，还应考虑除传统服务业以外的医疗

卫生、社区服务、文化休闲等消费性服务业。

22.5.1　服务业体系在现代产业体系中的作用

加快发展现代服务业，是优化产业结构、减少对自然资源的依赖、减轻对环境的损害、提高经济运行质量和生态环境效益、实施国民经济可持续发展战略的重要举措。现代服务业体系和传统服务业体系有着很大的不同。

1.现代服务业体系已经成为现代产业体系中的发展方向和主导力量

目前，服务业已经成为全世界经济发展过程中的绝对主导力量。美国在1950年人均GDP为2 412美元的时候，服务业就已经超过第一和第二产业，占据了55%的产值比重和54%的就业比重。在新兴工业化国家，服务业特别是现代服务业已经超越农业、工业和建筑业成为主要的产业部门，成为社会财富的主要创造者。服务产品已逐渐成为满足人民日益增长的美好生活需要的主要产品，特别是已成为满足人民生活需要的发展资料和享受资料。有些服务业，如金融、保险、电信、航空、法律等，还是关系着国家经济命脉、国家主权和安全的极其重要的部门，甚至关系着国家的生存和发展。还有些服务业，如文化、教育、新闻、电视、广播、出版等，又是与意识形态联系密切的部门。在新时期提出大力发展服务业，尤其是现代服务业，对我国完善现代产业体系而言，就更具有战略意义。

2.生产性服务业对于增强产业竞争力的作用十分明显

生产性服务业又称中间投入服务业，是为生产、商务活动和政府管理而非直接向个体消费者提供服务的行业，如金融业、保险业、不动产业、商务服务业，以及各种如设计、创意、会计、营销、物流等专业服务业。对制造业而言，生产者服务本身就是从制造业中垂直分离出来的。由于专业化分工的结果变成服务业之后，这些服务业就会以更强的专业性、更大的规模和更先进的技术对制造业产生强大的支撑作用，并通过多种途径和方式增强制造业的竞争力，如降低交易成本，深化新型资本（主要是人力资本和知识资本），深化、泛化专业化分工，以及与制造业协同定位等，以支撑制造业的集聚与发展，进而提升制造业的竞争力。不仅如此，生产性服务业还围绕着服务外包产生了很多新的行业，如物流、研发和设计都是企业内部的核心环节。以IT技术为基础的信息服务也是一个新兴的领域，还有围绕着如勘探、石油开发等领域提供的专业化工程服务。围绕着很多专业领域出现的新的服务，特别是通过政府部门和企业新的需求来培养新兴的服务行业，也是现代服务行业一个非常重要的特征。

3.现代服务业对城市化进程具有重要的推动作用

伴随着经济发展过程中所需要的各种要素资源（包括商品、资金、信息、人才、技术）的集聚与流通逐渐在城市空间中展开，与之相关的服务业也在城市中得以快速地发展，这是中心城市强大服务功能形成的一个很重要的基础，也是整个国际化产业布局和转移的一个重要特征。中心城市能够为高端服务业要素的流通提供平台，这使中心城市成为经济发展的主要核心和带动力。在现代城市中，清洁交通运输业、绿色商品流通业、环保旅游餐饮业、绿色科教服务业、绿色公共管理业、环境卫生服务业等的绿色化发展，是提升城市现代服务业素质的重要手段。

22.5.2 服务业体系不同组成的运作模式

在目前组成服务业的诸多产业中，除了金融业，保险业，信息服务业，文化创意产业，会计、人才培养、营销等专业服务业等属于本身清洁化运营的产业以外，其他的如交通运输业、商品流通业、旅游业、农业服务业和环境服务业等，其产业运作过程中的资源节约效果和环境友好特征需要加以关注。以下就几个服务业运作过程中的绿色化模式加以说明。

1.交通运输业清洁化

我国交通运输业存在日益突出的环境问题，因此，在交通基础设施建设、运输装备的生产、运输服务等环节和领域，要遵循减量化、再利用、资源化的原则，走高效率、低消耗、低排放的发展路径。针对交通运输业目前能源消耗高、污染严重的问题，应突出强调该行业的清洁生产问题。

首先，在交通设施建设的方面，要尽量减少对生态环境的破坏，使工程施工符合环境要求。在交通运输辅助设施运行方面，要注重交通监控系统、交通信息系统、交通安全及事故处理系统的建设，减少交通运输对环境的污染和能源的消耗。同时，要制定相应的政策、法规、标准以及征收环境税，控制污染物的排放。

其次，通过技术创新，在交通运输工具上开展节能降耗的新产品、新技术开发，如开发耗油少、排量小的车型，利用电池和内燃机等多种动力来源的混合动力型车辆等；或是开发新的可再生的替代能源，达到节能降耗的目的。同时，通过优化城市结构，改善交通模式，发展轨道交通，实施公交优先，健全交通管理体制，加强交通基础设施和相关配套设施建设，为交通运输业节能提供良好的条件。

最后，交通运输结构的高效化。运用信息技术改造交通运营系统，优化运输组织结构，推动空间交通网络布局的合理化，实现各种运输方式的协调发展。通过综合运用水、陆、空各种运输方式，充分发挥其比较优势，从而提升其组合效率和整体优势。

2.商品流通业绿色化

绿色商业的经营核心是绿色产品的推广化。绿色产品的生产过程及其本身节能、节水、低污染、低毒、可再生、可回收的特点，是绿色科技应用的最终体现。但绿色产品由于遵循“污染者付费”“环境有偿使用”“资源节约使用”等观念，将产品生产过程中对生态环境的消费进行的补偿计入成本，因此绿色产品的定价往往较高。因此，要在商品或包装上标明用以表明该产品生产、使用及处理过程符合环境保护要求的标志。它既可以引导消费者在选购产品时参与到环保活动中，又说明环保已经成为继价格、质量、品种、时间后的又一市场竞争维度。在环保理念上升为消费主流之后，公众以购买绿色产品为时尚，促进企业以生产绿色产品作为获取经济利益的途径。正因为如此，绿色产品日益成为人们消费的首选目标。

与绿色产品相伴而生的是产品包装的绿色化。绿色包装具体可从两个方面来考虑：一是包装设计的人性化；二是包装材料的环保化。包装要本着短、小、轻、薄的原则进行设计，以节省材料消耗和减轻消费者负担。同时，要采用可回收处理再造的材料、可自然风化的材料或可无害化处理的材料进行包装。

3.逆向流通产业化

在回收环节，许多发达国家的做法是“谁生产，谁负责回收”，但这种责任体系可以采用延伸的制度加以落实，为此衍生出许多专门从事回收业务的服务部门。如商家可以通过外包或第三方物流的形式，为其回收该公司生产的产品。

对包装物的回收经常采取“有偿回收制度”，即对可重复使用的包装物随卖随收。过去不少商品企业都有包装物的回收业务，有的甚至以收押金的方法对包装物进行强制性回收。而随着包装资源不再短缺，同时为了减少麻烦，包装物回收的现象已十分少见了。在逆向流通服务业中，包装物的回流是一个十分重要的方面。责任延伸制度的实施，会使生产企业将产品利润中的一部分作为包装回收成本让渡给负责回收的企业；政府有关部门也将用于环卫处理的一部分投资转投给商业部门，以这些投入激励商业企业对包装物进行就地回收。这种方式不仅可以使大量的包装物不再作为垃圾被抛弃，从而减轻环境压力，更重要的是能衍生出大量的服务业部门。

4.旅游产业清洁化

旅游业发展中常见的污染主要有景区污染和酒店污染两种。景区污染主要指超过景点容纳量的超规模接待对自然环境的破坏，各种不协调的人为建筑对景区氛围的破坏等。来自酒店的污染主要有：客房的废弃物、娱乐场所的污水排放、厨房及自备锅炉房排放的废气。在我国旅游业逐渐成为主要产业，并且成为许多落后地区经济发展的首选产业的情况下，发展清洁化的旅游产业就显得十分重要。

旅游景区是旅游目的地核心的旅游产品，是旅游业清洁生产的主要研究对象和重点部分。旅游景区的清洁生产包括景区旅游资源利用、资源与能源管理、环境污染控制和治理、环保投入、废物资源化等几个方面，其模式具体如图22-4所示。

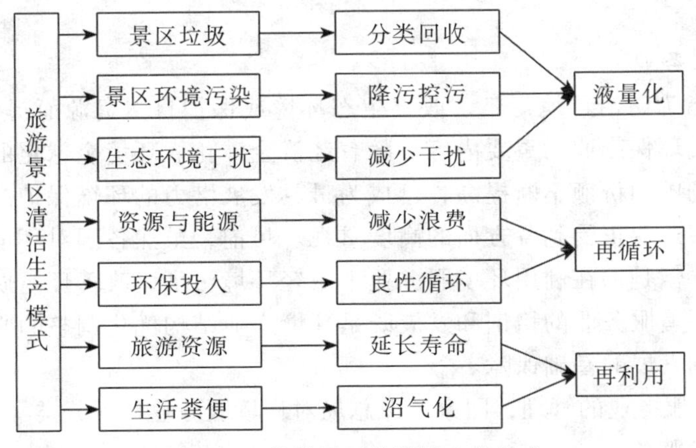

图22-4　旅游景区的清洁生产模式

旅游开发必须把经济发展与环境保护统一起来，把旅游经济建设置于可持续利用资源、保护生态环境的基础上，采用、研究和开发环境无害化的技术、服务与管理，以环境无害化方式使用新能源和再生能源，提供环境无害化的消费品。

对酒店而言，其清洁生产主要通过使用“绿色能源”、提供“绿色服务”和创造“绿色产品”来实现。

5.农业服务生态化

生态农业是推动农业可持续发展的保障。加强生态农业技术研究，有利于提高农产品产量、改善品质、增加农业的环境效益和经济效益。

首先，研制生态农业投入品，如开发生物农药、高效低毒化学农药，降低农药的副作用，根据作物的需肥规律和土壤的供肥能力合理配置成“生态肥料”等。

其次，研发生态农业技术。高效的生态农业技术可以带来环境和经济的双重效益，是农业可持续发展的关键。我国已经开发出了多项生态农业技术，比如农作物秸秆资源化利用技术中的超高茬麦田套播水稻轻型栽培技术，解决了秸秆燃烧、土壤培肥、农民增收和粮食优质安全生产等难题；人畜粪无害化处理及利用技术中的奶牛粪生产沼气、沼液做荷藕肥料和泥鳅饵料、沼渣做牧草和鲜食玉米及花木有机肥等实用技术，经实践在农业中取得了良好的应用效果。

6.清洁生产服务化

为清洁生产技术的研发开展服务，要做到如下方面：

第一，要开发原料转化率高及废物产生量小的技术。

第二，对于以化学反应为主的化学工业来说，工艺流程越长，涉及的化学反应越多，导致的原料损失就越大，产生的废物就越多，因此要加大开发短工艺流程或短生产周期的产品和技术的力度。

第三，生产装置和设备的规模大小与能耗、物耗、产率、产污有着直接关系，需要研究和开发规模化和专业化的新技术。

第四，提高设备的自动化水平。自动化程度高，不仅是为了节省人力，更重要的是能够在选择的优化工艺条件下自动操作，以最少的原料获取最多、最好的产品，产生最少的废物。

第五，采用化学反应速度快的工艺技术，加快生产速度。

第六，开发能量消耗少的技术，因为清洁生产技术不但要求较少的物耗，而且要求较少的能耗。

7.新兴环境服务业

环境服务是指为防治环境污染、改善生态环境或保护自然资源而提供的设施和服务。环境服务业是现代环保产业的重要内容。随着经济全球化、环境全球化的深入，环境服务业在国际环境市场中的份额不断提高，已成为最具发展潜力的环境保护产业领域。环境服务业作为一个新兴产业正受到各方面的高度重视。目前，虽然各国对环境服务的理解和界定还未形成共识，但是都在利用环境服务业来减轻环境污染、改善环境质量和有效利用环境资源。因此，环境服务业的培训和发展既是环境产业结构优化调整的必然要求，也是维护环境和经济协调发展的基础保障。

为了加强环境服务业的管理，国家环保总局对环境服务业作了分类（见表22-1）。

（1）环境技术服务。

环境技术服务是指为各类组织（如政府、企业）提供环境技术与产品开发、环境工程设计与施工、环境监测与分析等服务。其中，环境工程设计和施工服务体系是最完善、实力最强、最具市场竞争力的领域。此外，在国家投资和社会资本的拉动下，城市污水处理、水体污染治理、生活垃圾处理、危险废物和医院废物处理与处置、火电厂烟尘除尘脱硫等重点领域的市场不断扩大，加快了国外先进技术的引进、消化和国产化的发展，推动了环境技术的进步和具有自主知识产权技术的创新，环境技术与产品的开发服务业也有了长足的进展。

表22-1　**中国环境服务业分类**

类　别	具体描述
环境技术服务	包括环境技术与产品开发、环境工程设计与施工、环境监测与分析等服务
环境咨询服务	包括环境影响评价、环境工程咨询、环境监理、环境管理体系与环境标志认证及咨询、有机食品认证及咨询、环保产品认证与咨询、节能节水认证及咨询、清洁生产审核与培训、产品生命周期评价、环境技术评估、环境投资风险评估、环境信息等服务
污染治理设施运营管理	包括水污染治理设施、空气污染治理设施、固体废物处理设施、噪声控制设施等的管理、运营和维护服务
废旧资源回收处置	包括废旧金属及制品、废旧造纸原料、废塑料、废旧化工制品、废木材、废包装物等废旧资源的回收处置
环境贸易与金融服务	包括环境相关产品的专业营销、进出口贸易、环境金融等服务
环境功能及其他环境服务	包括生态旅游、人工生态环境设计等

资料来源　国家环境保护总局科技标准司，中国环境保护产业协会．中国环境产业市场供求指南［M］．北京：中国环境科学出版社，2002.

（2）环境咨询服务。

环境咨询是为各类组织（如政府、企业）提供环境决策服务的智力活动。环境咨询服务包括环境影响评价、环境工程咨询、环境监理、环境管理体系与环境标志认证及咨询、有机食品认证及咨询、环保产品认证及咨询、节能节水认证及咨询、清洁生产审核与培训、产品生命周期评价、环境技术评估、环境投资风险评估、环境信息等服务。

目前，我国环境咨询的服务对象可分为两大类：①政府部门咨询，是指为政府环境管理工作提供咨询服务，如拟定国家环境保护方针、政策和法规；拟定国家、重点区域、重点流域环境保护规划，污染防治规划，以及生态保护规划，制定国家环境质量标准、污染物排放标准等；为政府的项目提供评估和招标投标等。②企事业单位咨询，是指为企事业单位生产及社会活动提供有关各项环境技术咨询、环境审核咨询、环境管理体系审核咨询等。

（3）污染治理设施运营管理。

污染治理设施运营管理服务主要包括对水污染治理设施、空气污染治理设施、固体废物处理设施、噪声控制设施等的管理、运营和维护服务。我国目前主要指对从事城市污水、工业废水、生活垃圾、工业固体废物和废气及放射性废物治理设施的社会化运营和管理。我国污染治理设施的社会化、市场化运营才起步，发展缓慢，总体市场化规模很小。

污染治理设施运营管理服务业的发展需要政府建立和完善污染治理设施运营监督管理法规和制度，积极推行环境污染治理设施的企业化、市场化和社会化运营，鼓励采用建设-运营-移交（BOT）、移交-运营-移交（TOT）、托管运营、委托运营和技术指导与设备维护等多种形式的运营管理模式。总之，为污染设施运营管理服务提供良好的发展环境，不但有利于污染设施运营管理服务业的发展，也有利于我国社会循环经济的早日实现。

(4) 废旧资源回收处置。

废旧资源回收处置包括废旧金属及制品、废旧造纸原料、废塑料、废旧化工制品、废木材、废包装物等废旧资源的回收处置。废旧资源的回收利用是再生资源产业发展的重要内容，废旧资源回收市场是实现回收利用的关键环节。但目前废旧资源回收市场上从业队伍庞大，人员复杂，整体实力较弱。因此，要规范个体回收者的经营活动，将其纳入广泛的城市社区回收网络体系中，实行统一管理。对于私营回收企业要严格实行资格限制，提高市场准入门槛，并对具有资质的回收企业和网点进行详细备案，对于国营废旧资源回收企业要鼓励其利用传统规模优势，改变经营观念和方式，拓展回收渠道。

(5) 环境贸易与金融服务。

推进环境服务业的改革，需要积极利用国际资金、技术和智力资源，满足国内市场尤其是高端市场的需要；需要扶持一批品牌企业，推动环境服务与对外承包工程等服务贸易出口的一体化，推动工业污染防治和城市环境基础设施建立服务向发展中国家的出口。因此，需要建立与国际接轨的环境服务标准体系；积极推进外向型发展战略，扩大出口，逐步缩小环境贸易逆差，促进环境工程设计与施工领域的出口贸易；在进口贸易中，坚持技术与贸易相结合的方针，促进技术和产品的创新；积极利用国外援助资金，加强对双边和区域环境合作资金的配套，加强环境技术转让和贸易流通。

22.6 现代产业体系中的战略产业

22.6.1 绿色产业

1.绿色产业的概念

2015年，中央印发的《关于加快推进生态文明建设的意见》将“绿色化”列为“新五化”（新型工业化、信息化、城镇化、农业现代化、绿色化）之一。党的十八届五中全会将把“绿色发展理念”上升为五大发展理念（创新、协调、绿色、开放、共享）之一。可见，产业绿色化发展道路无疑是我国未来实现可持续发展的必经之路。早在2007年国际绿色产业联合会（International Green Industry Union）就对绿色产业进行了定义：“如果产业在生产过程中，基于环保考虑，借助科技，以绿色生产机制力求在资源使用上节约以及污染减少（节能减排）的产业，可称其为绿色产业。”绿色产业的发展也吸引了国内许多学者的注意，他们也对绿色产业进行了界定（见表22-2）。

2.绿色产业的分类

绿色产业分为狭义绿色产业和广义绿色产业。

狭义绿色产业包括：

(1) 清洁生产技术相关产业，即推动工业生产过程清洁化，以提供绿色化的产品与服务的相关产业；

(2) 回收再生资源以创造生态化相关产业，即回收生产过程中所产生的副产品与废弃物，并再制造为生产原料的相关产业；

(3) 应用再生资源生产再生产品相关产业，即利用生产过程中所产生的副产品和废弃物，再生产为其他产品的相关产业；

表22-2 关于绿色产业的界定

时间	具体表述	特征	作者
1997	以生产具有环境标志产品或提供自然健康服务为特征的企业及其相关单位的集合	环境标志	朱永法等
1997	建立在现代科技基础上，采用高科技、高附加值含量的技术手段，在无污染的自然环境下，投入无公害的生产资料，生产既有利于生态平衡又有利于人类健康消费的产品	高科技、高附加值、无污染	钟佛霖等
2001	指产品和服务用于防治环境污染、改善生态环境、保护自然环境的有利于人类生存环境的新兴产业	防治污染、优化环境	杜家廷等
2003	能够生产或提供绿色产品服务并创造出经济价值的朝阳行业	把环境视为生产性资源	李高业
2008	立足于可更新资源的可持续利用，或虽然消耗不可更新资源但已达到环境标准或满足清洁生产标准的产业	利用可更新资源，清洁生产	何潇

（4）开创新兴且有策略性的环保技术相关产业，即引进或研发高级环保技术的绿色科技产业；

（5）再生能源产品与系统制造相关产业，即开发清洁能源、废弃物能源再利用、促进能源可持续利用的相关能源科技产业；

（6）关键性环境保护相关产业，即解决产业与社会环境问题之技术及关键性组件研发的相关产业。

广义绿色产业包括：

（1）制造业，将经济产品生产过程中对环境的负面影响降低到最低程度的新型制造模式；

（2）金融业，将企业的绿色化程度作为提供金融服务的标准，激励企业向绿色化方向发展；

（3）旅游业，积极开展生态旅游，降低环境资源压力；

（4）其他考虑可持续发展、清洁化发展的产业。

狭义绿色产业倾向于绿色技术的发展。所谓“绿色技术”，是指减少污染、降低消耗、治理污染等一系列能够改善生态环境的技术体系。广义绿色产业倾向于产业的绿色化发展，各企业在其经济活动中充分地、合理地运用各种资源，实现其生产过程的减耗降污，使得其经济产品绿色化、高效化、健康化。产业的绿色化把传统产业发展建立在保护生态环境和节约物质资源的基础上，以实现生态与经济的均衡可持续发展为目的，是一种“环境-经济-社会”协调发展的现代产业发展模式。

3.中国绿色产业发展的现状

随着时代的发展，社会生产力逐步提高，人民生活水平不断改善。然而，与此同时，环境污染和生态失衡也在日益加剧。人们开始反思以往的经济发展模式存在的弊端，力求寻找到新的发展途径。随着绿色运动的蓬勃开展、绿色消费的兴起、巨大绿色市场的涌现，全球进入了一个绿色经济时代。在这种时代大背景下，各国纷纷进行产业结构的“绿色”调整，以“可持续、无污染、高技术、益健康”为特征的绿色产业便应运而生。推进传统产业的绿色化发展，加快新兴绿色产业的规模化进程是当今全球经济发展的大趋势。特别是对于我国而言，绿色产业的发展已经成为优化产业结构、实现新型工业化、转变经济发展方式的关键力量，是实现中华民族伟大复兴的重要支撑。

绿色产业近年来成为推动我国经济发展的新热点，绿色技术产业投资势头迅猛，成为国民经济的重要支柱产业。除了国内绿色发展投资兴盛，我国对国外的绿色技术投资也不断上升。

在绿色转型过程当中，除政府在政策上给予的扶持，金融支持也是实现绿色发展的重要力量。2020年中国海内外发行绿色债券共计2 786.62亿元人民币，累积发行规模已突破1.4万亿元人民币，占全球绿色债券发行量的15%左右。中国在浙江、江西、广东、贵州、甘肃和新疆6个不同区域的省区建设绿色金融改革创新试验区，鼓励地方政府和企业积极发展创新绿色金融，支持境内外资本参与绿色投资，推动经济绿色转型升级。除此之外，近年来我国相继出台了各类环保、新能源政策、法律法规，如《中华人民共和国循环经济促进法》《能源发展战略行动规划（2014—2020年）》《大气污染防治行动计划》《水污染防治行动计划》《土壤污染防治行动计划》，以及修订了《中华人民共和国环境保护法》等，全力推动环境制度建设和法治建设，为我国的绿色化进程保驾护航。

22.6.2 环保产业

1.环保产业的概念

环保产业是随着环境保护事业的发展而兴起的产业，它是一个跨产业、跨领域、跨区域，与其他经济部门相互交叉、相互渗透的综合性新兴产业。有专家提出环保产业是继“知识产业”之后的“第五产业”。

关于环保产业的定义，国务院《关于积极发展环境保护产业的若干意见》（国办发〔1990〕64号）指出：环境保护产业是国民经济结构中以防治环境污染、改善生态环境、保护自然资源为目的所进行的技术开发、产品生产、商业流通、资源利用、信息服务、工程承包等活动的总称，主要包括环境保护机械设备制造、自然保护开发经营、环境工程建设、环境保护服务等方面。

2.环保产业的内容

环保产业主要包括以下两方面的内容：

第一，提供环保设备和技术的产业，包括提供废水处理、废弃物处理和循环利用、大气污染控制、噪声控制等设备和技术，环境监测仪器和设备，环保科学技术研究和实验室设备，环境事故处理和用于自然保护以及提高人居环境质量的设备和技术等。

第二，提供环保服务的产业，包括从事污水处理、垃圾处理和处置等方面的工程或活动，提供与环境分析、监测、评价和保护等方面有关的服务，环保技术与工程服务，环境研究与开发，环境培训与教育，环境核算与法律服务、咨询服务，以及其他与环境有关的服务。

3.中国环保产业的发展状况

中国环保产业在全国已有所布局，早在2015年就已经设立国家级环保产业园区19家，形成“一带一轴”的总体分布特征，即以环渤海、长三角、珠三角三大核心区域集聚发展的环保产业“沿海发展带”和东起上海沿长江至四川等中部省份的环保产业“沿江发展轴”。

目前中国环保行业整体生命周期进入成长中后期，无论从投资端还是政策端，其逆经济周期属性开始进一步显现。《中华人民共和国国民经济和社会发展第十四个五年规划和2035年远景目标纲要》提出，要深入打好污染防治攻坚战。因此，“十四五”期间我国环保产业将继续迎来蓬勃发展的重要机遇期，环保投资有望继续爆发式增长，预计将由“十三五”时期的十几万亿元上升到70万亿~100万亿元。

从2017年起，全国公共财政支出预算中节能环保支出再次快速增长，环保行业财政支出占GDP的比重提升。全国每年环保财政支出金额达数千亿元，政府环保行业财政投资也在不断增加。2017年，我国环保行业公共财政支出达5 672亿元，同比增速高达20%，提速明显。2020年，我国环保行业公共财政支出为6 317亿元。政府对环保行业的投资主要集中在城市环境基础设施建设中的排水工程、园林绿化工程、市容环境卫生，以及工业污染源治理投资的废水、固体废弃物领域。政府对环保的投资方式主要分为直接购买和PPP两种模式。PPP模式能够减轻政府财政负担，发挥政府和民间机构的优势，合理分担风险，成为政府投资环保行业的主流模式。环保行业PPP项目的收入方式主要包括使用者付费、政府付费和可行性缺口补助。政府购买模式的重点在于地方政府的财政实力和政策连贯性。

近年来我国出台了如表22-3所示的环境保护相关政策。

表22-3 近年来我国的环境保护相关政策

发布或修订时间	部门	政策	主要内容
2013-09-10	国务院	《大气污染防治行动计划》	到2017年，全国地级及以上城市可吸入颗粒物浓度比2012年下降10%以上，京津冀、长三角、珠三角等区域细颗粒物浓度分别下降25%、20%、15%左右
2015-04-16	国务院	《水污染防治行动计划》	到2020年，七大重点流域水质优良比例总体达到70%以上，地级及以上城市建成区黑臭水体均控制在10%以内；到2030年，七大重点流域水质优良比例总体达到75%以上，城市建成区黑臭水体总体得到消除
2016-05-28	国务院	《土壤污染防治行动计划》	到2020年，受污染耕地安全利用率达到90%左右，污染地块安全利用率达到90%以上。到2030年，受污染耕地安全利用率达到95%以上，污染地块安全利用率达到95%以上
2016-12-06	住建部和环保部	《全国城市生态保护与建设规划（2015—2020年）》	到2020年，城市生活垃圾无害化处理率达到95%，地级及以上城市污泥无害化处理处置率达到90%，黑臭水体占比不高于10%，污染地块安全利用率达到90%以上
2016-12-31	国家发改委和住建部	《“十三五”全国城镇污水处理及再生利用设施建设规划》	“十三五”期间，城镇污水处理及再生利用设施建设共投资约5 644亿元，其中各类设施建设投资5 600亿元，监管能力建设投资44亿元

续表

时间	部门	政策	主要内容
2017-01-17	国家发改委、水利部和住建部	《节水型社会建设“十三五”规划》	到2020年，节水灌溉工程面积达7亿亩，新增高效节水灌溉面积1亿亩，万元工业增加值用水量降低20%
2017-03-01	住建部	《建筑节能与绿色建筑发展“十三五”规划》	到2020年，完成既有居住建筑节能改造面积5亿平方米以上，公共建筑节能改造1亿平方米，城镇可再生能源替代民用建筑常规能源消耗比重超过6%
2017-03-24	环保部办公厅等	《近岸海域污染防治方案》	到2020年，全国近岸海域水质优良比例达到70%左右，大陆自然岸线保有率不低于35%，全国湿地面积（含滨海湿地）不低于8亿亩
2017-04-05	环保部	《国家环境保护标准“十三五”发展规划》	“十三五”期间，发布约800项环保标准，包括质量标准和污染物排放（控制）标准约100项，环境监测类标准约400项，环境基础类标准和管理规范类标准约300项
2017-04-21	国家发改委等	《循环发展引领行动》	到2020年，主要资源产出率比2015年提高15%，主要废弃物循环利用率达到54.6%左右，一般工业固体废物综合利用率达到73%，农作物秸秆综合利用率达到85%，资源循环利用产业产值达到3万亿元
2018-06-27	国务院	《打赢蓝天保卫战三年行动计划》	到2020年，二氧化硫、氮氧化物排放总量分别比2015年下降15%以上；PM2.5未达标地级及以上城市浓度比2015年下降18%以上，地级及以上城市空气质量优良天数比率达到80%，重度及以上污染天数比率比2015年下降25%以上；提前完成“十三五”目标的省份，要保持和巩固改善成果；尚未完成的省份，要确保全面实现“十四五”约束性目标
2019-02-14	国家发改委等	《绿色产业指导目录（2019年版）》	涵盖了节能环保、清洁生产、清洁能源、生态环境、基础设施绿色升级和绿色服务等六大类，并细化出30个二级分类和211个三级分类，其中每一个三级分类均有详细的解释说明和界定条件，是目前我国关于界定绿色产业和项目最全面、最详细的指引
2020-04-29	第十三届全国人大常委会第十七次会议	《中华人民共和国固体废物污染环境防治法》	国家推行生活垃圾分类制度，地方各级人民政府应做好分类投放、分类收集、分类运输、分类处理体系建设，采取符合本地实际的分类方式，配置相应的设施设备，促进可回收物充分利用，实现生活垃圾减量化、资源化和无害化
2020-06-03	生态环境部	《关于在疫情防控常态化前提下积极服务落实“六保”任务坚决打赢打好污染防治攻坚战的意见》	推动智慧环保设备、环保监管执法装备研发制造和基础能力建设，加强关键环保技术产品自主创新，推动首台（套）重大技术装备示范应用

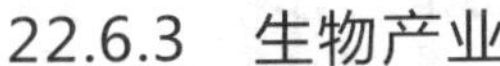

22.6.3 生物产业

1. 生物产业的概念和发展

生物产业是以生物技术和生命科学为基础，以信息学、系统科学、工程控制等为技术手段，通过对生物体及其细胞、亚细胞和分子的组分、结构、功能和作用机理开展研究并制造产品，为社会提供产品和服务的一种产业。生物产业是21世纪世界各国竞相发展的战略性新兴产业，随着现代生命科学快速发展，以及生物技术与信息、材料、能源等技术加速融合，高通量测序、基因组编辑和生物信息分析等现代生物技术实现突破与产业化快速演进，生物经济正加速成为继信息经济后的新经济形态，对人类生产和生活产生深远影响。

生物产业的发展经历了4个阶段（见表22-4）。

表22-4 **生物产业的发展历程**

阶段	时间	标志性事件
第一阶段	20世纪70年代	DNA重组技术的实现标志着生物技术的诞生
第二阶段	1981年	利用基因工程重组人胰岛素的市场化标志着生物产业的崛起
第三阶段	20世纪90年代中期	转基因食品标志着生物技术在农业领域的应用
第四阶段	20世纪90年代后期	生物技术与工业、能源、海洋、材料、信息、环保等领域的广泛应用与融合

2. 生物产业的分类

根据生物技术应用领域的不同，生物产业可以分为以下五大方面：生物医药、生物农业、生物能源、生物制造、生物环保（如图22-5所示）。

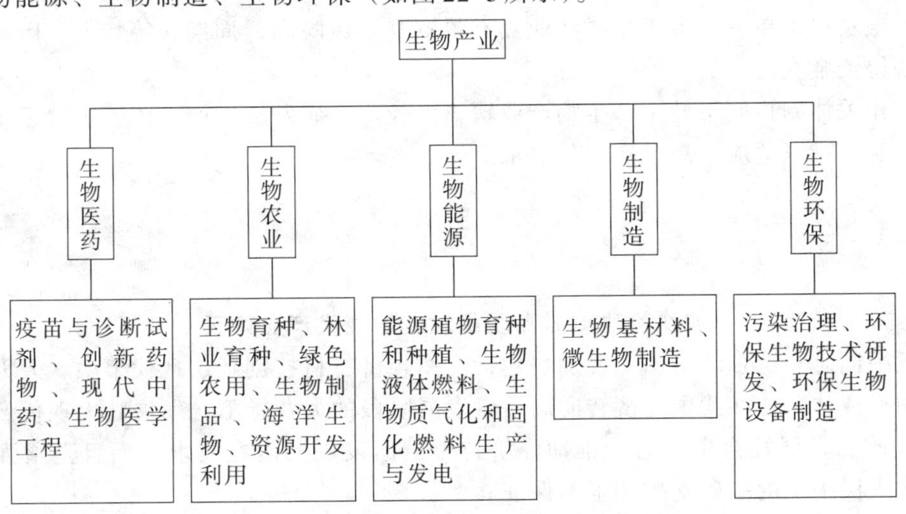

图22-5 生物产业的分类

（1）生物医药，是指运用微生物学、生物学、医学、生物化学等的研究成果，从生物体、生物组织、细胞、体液等中，综合利用微生物学、化学、生物化学、生物技术、药学等科学的原理和方法制造的一类用于预防、治疗和诊断的制品。

（2）生物农业，是指按照自然的生物学过程管理农业，适当投入能量和资源，维持系统最佳的生产力。生物农业强调通过促进自然过程和生物循环保持土地生产力，用生物学方法防治病虫害，实现农业环境的生态平衡。

（3）生物能源，是指利用植物及其残体、畜禽粪便、有机废弃物等可再生或循环的有机物质为原料生产的能源，主要包括生物质气化、生物质固化、生物质热解液化和沼气、燃料酒精、生物柴油催化合成、生物制氢等技术。

（4）生物制造，是指利用可再生的生物质制造新型材料和化学品，以及利用生物的机能进行制造，以替代化学制造。

（5）生物环保，是指利用生物技术对环境污染及生态环境退化等问题进行治理，并开发环保生物新技术及相关设备，包括污水处理、固体垃圾处理、土壤修复等。

3. 中国生物产业的发展

"十二五"以来，中国生物产业发展迅速，复合增长率达到5%以上。2020年产业规模达到约10万亿元，其中，生物发酵产品产量稳居世界第一，生物能源年替代量处于世界前列，主要生物基材料品种产量和技术水平处于世界领先地位，多种传统石油化工产品和精细化学品已经可以实现生物质路线生产替代，在京津冀、长三角、珠三角等地形成了一批高水平、有特色的生物产业集群，生物能源产业积极向新原料和新技术利用转型。

我国生物产业正处于快速发展时期，但依然存在一些结构性问题：

（1）科研投入较低，研发力度不足，自主创新能力弱。据统计，我国生物医药行业R&D投入占销售收入的比重平均为1%~2%，而国外发达国家的平均水平为15%~18%，印度的水平为6%~12%。我国生物医药行业研究开发投入与发达国家及相邻发展中国家印度相比存在一定的差距，影响了产业的持续发展。

（2）生物安全规范体系不健全。如国内外对转基因食品安全性问题的讨论尚未形成一致，新冠肺炎疫苗的安全性问题也一直受关注。

（3）融资渠道单一。由于生物产业具有投资高、风险高、周期长等特点，因此生物企业很难获得资金支持。

（4）相关体制机制不健全，生物产业覆盖面较广，研发、生产、监管等缺乏统一的协调决策机制，难以适应大规模产业化需求。

思政园地

加快构建支撑高质量发展的现代产业体系

习近平同志多次强调指出，要加快建设实体经济、科技创新、现代金融、人力资源协同发展的产业体系。在我国经济转向高质量发展阶段的大背景下，发展壮大现代产业体系不仅是解放和发展社会生产力、推动经济持续健康发展的内在要求，而且是增强综合国力、增进人民福祉的基础支撑和根本保证。

党的十九大报告指出，我国经济已由高速增长阶段转向高质量发展阶段。推动产业高质量发展是当前和今后一个时期经济工作的重中之重。展望未来，我国产业发展有许多有利因素。习近平同志就推动产业发展作出一系列重要论述，提出一系列新理念、新思想、新战略，指明了产业发展方向。我国产业基础实力不断增强，拥有全球规模最大、最为完备的工业体系；人力资源总量丰富，拥有1亿多受过高等教育或拥有各类专业技能的人才；国内市场潜力巨大，中等收入群体规模位居世界前列并持续扩大，为产业发展提供了广阔的市场需求空间。推动产业向中高端发展的共识在不断增强，各类资源在产业间的配置更趋优化合理。

要实现我国产业从“做大”到“做强”的新跨越，构建支撑高质量发展的现代产业体系，关键在于按照党的十九大报告提出的“必须把发展经济的着力点放在实体经济上”的要求，充分发挥市场在资源配置中的决定性作用，更好发挥政府作用，努力推动质量变革、效率变革、动力变革，提高全要素生产率，增强产业核心竞争力。重点要把握好以下几个方面：坚持产业为民，更好满足人民需要；深入推进供给侧结构性改革；强化要素支撑，特别是创新驱动；不断优化产业发展制度环境；加快构建产业开放新格局。

资料来源　何立峰. 加快构建支撑高质量发展的现代产业体系［N］. 人民日报，2018-08-08.

本章小结

现代产业体系是建设现代化经济体系的首要内容。本章从农业、制造业和服务业的角度全面阐述了现代产业体系的内容，同时具体分析了现代产业体系中战略产业的内容以及相应产业在我国的发展情况。通过对现代产业体系的介绍，可以认识到现代产业体系的内容与模式，从而对我国的现代产业体系作出科学的分析判断。通过对我国现代产业体系中战略产业的介绍和研究，可以更加深刻地认识到我国战略产业的优势和短板，从而能够合理地分析和规划我国战略产业的进一步发展路径。

本章思语

1. 简述现代产业体系的内涵。
2. 现代产业体系包括哪些内容？
3. 简述服务业体系在现代产业体系中的作用。
4. 简述现代产业体系中战略产业的概念和内容。

第23章 三次产业的关联与发展趋势

23.1 三次产业的关联

整个国民经济是个有机的整体，与此相对应的经济结构包括众多彼此关联的子结构，其中产业结构是其基本的结构形态。这是因为产业结构的形态决定了一国经济增长的格局。然而，产业结构的发展变化，一方面是由产业结构内部诸因素的发展变化所引起的，另一方面是相关结构的发展变化相互作用的结果。因此，研究产业结构只有揭示各种结构之间的内在联系，才能把握产业结构变化的客观规律性。

23.1.1 三次产业的关联及其趋势

三次产业互为因果、互为市场，彼此存在供求关系，如图23-1所示（这是日本植草益的划分与联系观点）。图23-1中的产业关联结构不是静止不变的，而是随着科技革命的发展变化而变化的。这种发展变化在第二产业和第三产业中表现得更为突出。

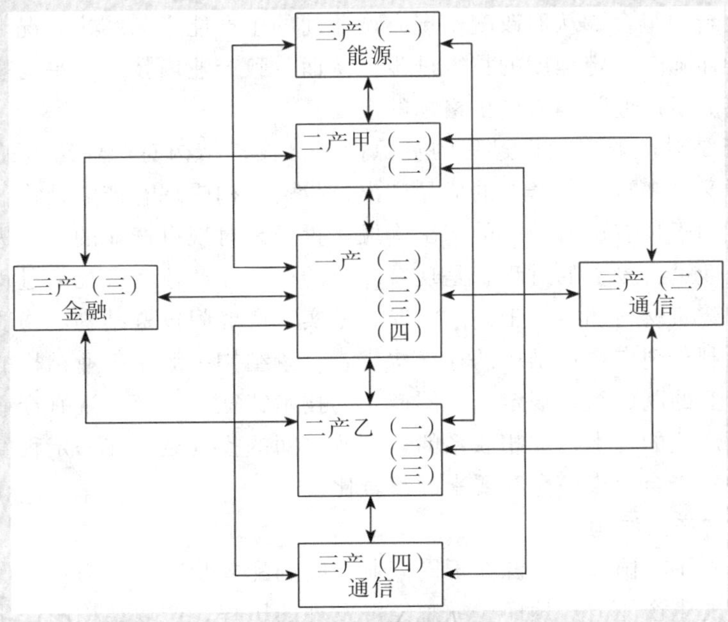

图23-1 产业关联结构

资料来源 现代国际关系研究所. 世界新产业革命［M］. 北京：时事出版社，1984：4.

第二产业的原材料部门的发展趋势是：开始以制铁部门为核心，相继发展到钢铁部门和化学部门，再发展到合成、光导纤维等新兴原材料部门。

第二产业的加工工业部门的发展趋势是：生产资料部分，开始是一般机械和运输机械，相继发展到发电机和电动机，再发展到计算机和机电一体化[①]；消费资料部分，开始以原料为农副产品的消费品为主，相继发展到以原料为工业品的消费品为主，再发展到以耐用消费品为主。

第三产业的能源部门，开始以煤为中心，相继发展到以电和油为中心，再发展到以电为主体，并发展了原子能和太阳能等新兴能源。

① 机电一体化即用电子技术改造机械工业，实现机械与电子的结合。

第三产业的运输部门，开始只有海运、铁路运输，相继发展到空运和汽车运输。

第三产业的通信部门，开始以电话为主，发展到电子通信。

23.1.2 相关结构的关联

1. 投资结构与产业结构

投资结构是投资在国民经济各部门、各行业、各地区之间的分配比例。投资不仅是构成现实需求的重要因素，而且投资将形成新的生产能力。投资在各产业部门的分布是改变已有产业结构的直接原因。因此，投资结构影响着一国产业结构的形成及变动。

对投资结构的衡量可从两个方面进行：

（1）投资结构扩展了现有产业结构的存量结构。投资使各产业或多或少地获得了一定的资金或实物。这样，产业之间会产生互为引致的需求，调动了现有产业生产能力的发挥。同时，资金在现有产业组织内部的结合，在一定程度上增强了现有产业的生产能力。

（2）投资结构改善了现有产业结构的存量结构。投资使各产业的原有的生产要素与新增资金产生了全新的组合，从而改变了现有产业间的生产能力的结构状况。同时，在各产业间的投资总是伴随着一定程度的技术进步，从而导致产业内技术水平的改善和资源转换效率的加强，造成了产业间投入产出格局的改变。

因此，投资是对产业再生产过程的资源投入，投资结构对产业结构的变化起推动作用；同时，投资又是来自现存产业的成品产出，投资结构受现有产业结构的制约。

投资结构受制于现有产业结构的产出构成。投资是对现有产业的产出进行生产条件的分配，因此，产业进行投资的过程就是现有产业的产出在产业间分配的过程。现有产业提供的机器设备、建筑材料和生产工艺的状况，是实现产业间投资结构的物质基础。

投资结构受制于现有产量结构的存量构成。存量结构一般是产业结构的主体部分，生产要素在现有产业的既定组合规定了不同产业的技术特征。因而，现有产业结构的生产能力形成是与不同产业的资本构成相联系的。产业之间的投资结构在一定程度上受制于现有结构存量所要求的资金规模壁垒和要素的组合比例。

2. 就业结构与产业结构

就业结构反映了一国人力资源在不同产业之间的配置状况。人力资源产业分布的本身反映了产业结构的生产能力。然而，纵观经济发展的历程，产业结构的变化往往与就业结构的变化互为制约关系。

（1）就业结构反映了产业结构的收益水平。一般而言，在任何经济发展阶段，产业之间的收入存在相对差别，而且各产业间的工作环境、社会地位同样存在优劣差异。这种不同产业之间的收益水平综合差异，对就业人员具有不同吸引力，就会形成产业结构的就业导向。当就业人员的实际收益与实际成本之差高于其预期收益时，就业结构才会在产业间发生真正的变动。

（2）就业结构反映了产业结构的要素构成。不同的产业具有不同的技术经济特征，因而，不同的产业对就业人员具有不同的素质要求和吸收能力。这反映了产业之间的要素构成的差异。对就业人员吸收多而要求低的产业往往是劳动密集型产业，而对就业人员吸收少而要求高的产业往往是资本密集型和知识密集型产业。这样，就业结构反映了三次产业之间要素密集程度的变化。

(3) 就业结构反映了产业结构的生产效率。不同产业具有不同的生产效率。一般而言，在同样产业规模下，生产效率低的产业对就业人员吸收能力弱，生产效率高的产业对就业人员吸收能力强，因而，不同产业具有不同生产效率的排挤效应。这样，就业结构在一定程度上反映了产业之间生产效率的差异。

就业结构在反映产业结构状况的同时，也影响着产业结构的变动。随着各产业的就业人员素质的提高、产业内部要素组合的优化，产业结构的高度化得到了有力支持。而各产业的就业人员数量的富余，可改变产业结构的有机构成。因此，产业结构与就业结构在一定程度上相互推动，互为印证。

3.技术结构与产业结构

技术结构是指先进程度不同的各种技术之间的质的组合与量的比例关系。从本质上讲，技术结构在同一产业内反映了资源的组合方式，在产业间反映了资源的转换关系。

纵观经济发展的历程，技术结构的合理化与高级化的程度直接关联着产业结构的合理化与高级化；产业结构的状况又制约着技术结构的演变。历次产业结构和产品结构的变革总是以技术结构变革为先导，而历次技术结构变革又都是以相应的产业结构和产品结构变革而告终。

技术结构与产业结构不仅在变化时间、兴衰强度上具有相关性，而且在结构的演化进程上紧密相关。任何技术结构都包含尖端技术（自动化和智能技术）、先进技术（半自动化技术）、中间技术（机械化技术）、初级技术（半机械化技术）和原始技术（手工生产技术）；不同时期各种等级技术所占的地位和所起的作用各不相同。与技术结构相对应的产业结构应该是知识密集型产业、资本与知识密集型产业、资本密集型产业、劳动与资本密集型产业和劳动密集型产业。各自产业所占的份额不同，由此构成了不同类型的产业结构。技术结构的变化如图23-2所示。

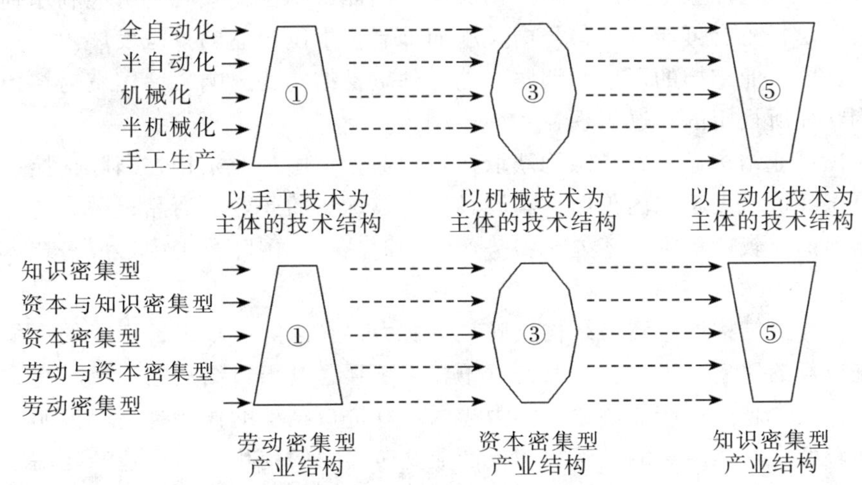

图23-2 技术结构变化示意图

五种类型的技术结构与五种类型的产业结构是一一对应的，而且技术结构的特征决定产业结构的特征。因此，以手工技术为主体的技术结构决定了产业结构是劳动密集型的，以自动化技术为主体的技术结构决定了产业结构是知识密集型的。

技术结构与产业结构的演化是密切相关的，都是不断由低级结构向高级结构方向演化，而且各对应要素在质（要素水平）和量（要素比例）两个方面均具有相关性。在图23-2中，当技术结构演化程度为③的结构状态时，产业结构绝不可能演变到⑤的结构水平，也不可能是①的结构水平。因此，产业结构从劳动密集型向资本密集型，再向知识密集型演进的过程，也是产业技术结构水平提高的过程。

4.贸易结构与产业结构

贸易结构反映了一国商品贸易的类别结构和国别结构。产业结构是贸易结构的基础，决定了一国贸易结构的水平，而贸易结构是产业结构的反映，引导着一国产业结构的变化。这两者的关系反映在模型中为：

$$X_i=\sum_j X_{ij} + D_i +(E_i - M_i)$$

式中：X_i为部门i的总产出；X_{ij}为部门j对商品i的中间使用；D_i为国内最终需求；(E_i-M_i)为商品的净贸易额（出口-进口）。

这里，我们可以得到贸易结构作用于产业结构的机制。

（1）贸易结构直接影响着产业结构中开放部门的增长。贸易结构由于各产业的要素贸易依赖程度不等，而或多或少地改变了各产业的要素供给弹性，使那些受制于国内要素禀赋的产业得到长足发展；同样，由于各产业对商品贸易依赖程度不等，而不同程度地改变了各产业的产品需求弹性，使那些受制于国内市场容量的产业得到了规模经济。因此，贸易结构从要素的供给弹性和产品需求弹性两方面同时影响着产业结构的演变。

（2）贸易结构直接影响着产业结构的投入产出关系。贸易结构与国内流程的结合直接改变了产业间的供求关系。国内需求结构与产业结构之间的差距在一定程度上得到了贸易结构的弥补。贸易结构不仅通过产业中间需求，而且通过产品最终需求影响着产业结构的供求关系。这样，开放程度越高的产业结构，其与别国的产业结构关联程度越高。这在一定程度上改变了国内产业之间的投入产出关系。因此，本国产业既有可能利用别国产业弥补自身发展不足，也有可能因依赖外向关联而抑制了本国产业的自身发展。

因此，一国产业结构的形成和调整必然受到贸易结构的影响，一国贸易结构又是由一国产业结构状况所规定的。这表现在：

（1）一国产业结构通过贸易结构获取比较利益。一国产业结构在国际交换过程中，往往出口的是国际价值大于国内价值、本国具有比较优势的产业的商品；进口的是国际价值小于国内价值的比较劳动生产率处于劣势产业的商品，在国际分工中形成符合本国比较利益的贸易结构。

（2）一国产业结构通过贸易结构反映竞争实力。在国际市场上，产业的竞争实力通过出口额与进口额的比率来表达。产业的竞争实力越强，其出口结构的比例越高，说明本国产业要素转换效率越高；产业的竞争实力越弱，其进口结构的比例越高，说明本国产业要素转换效率较低。发达国家的经验表明，产业竞争实力的变化是与产业结构高度化趋势相一致的。

23.2 三次产业结构的发展趋势

一国经济发展的过程就是产业发展转变的过程。这表现为三次产业在经济发展过程中所处地位的变化。纵观世界经济发展的历程，三次产业发展有由"一、二、三"向"三、二、一"格局转变的趋势。这种趋势分别反映在劳动力比重和占国内生产总值比重等方面。

23.2.1 三次产业劳动力比重的变化趋势

随着一国国民经济的发展、人均国民收入水平的提高，劳动力首先由第一产业向第二产业转移；当人均国民收入水平进一步提高时，劳动力便向第三产业转移。劳动力在产业间的分布状况是：第一产业将减少，第二、三产业将增加。这不仅可以从一国经济发展的时间序列中得到印证，还可从处于不同发展水平的国家在同一时点上的横截面比较中得到类似的结论。三次产业劳动力的比重次序必然会由"一、二、三"向"三、二、一"格局转变（见表23-1）。

表23-1 1960年和1980年不同经济发展水平的国家或地区的三次产业劳动力占全部劳动力的比重（%）

国家或地区	第一产业		第二产业		第三产业	
	1960年	1980年	1960年	1980年	1960年	1980年
低收入国家或地区	77	72	9	13	14	15
中下等收入国家或地区	71	55	11	16	18	29
中等收入国家或地区	62	43	15	23	23	34
中上等收入国家或地区	49	29	20	31	31	40
发达国家或地区	18	7	38	35	44	58

资料来源 1984年和1987年的世界银行《世界发展报告》。

各国家或地区在1960年和1980年世界经济普遍增长的情况下，三次产业的劳动力结构都呈现出向"三、二、一"格局转变的趋势。各国家或地区第一产业的劳动力比重都有所下降，低收入国家或地区下降了5%，中等收入国家或地区下降了19%，发达国家或地区下降了11%。其中，中等收入国家或地区下降得尤为明显。第三产业的劳动力比重都有所上升，低收入国家或地区上升了1%，中等收入国家或地区上升了11%，发达国家或地区上升了14%。其中，发达国家或地区第三产业的劳动力比重上升得尤为明显。第二产业的劳动力比重在低收入和中等收入的国家或地区都有所上升，分别提高了4%和8%。随着经济发展水平的提高和人均收入水平的增加，第二产业的劳动力比重在发达国家或地区有所下降，而第三产业的空前发展，极大地吸引了第一产业和第二产业的劳动力向其转移，从而形成劳动力产业分布的"三、二、一"格局。

在进行同一时点不同发展水平的国家或地区类别横向比较时，三次产业的劳动力比重也存在向"三、二、一"格局演变的趋势。从1960年和1980年两个时点横向比较分别观察到，一国或地区经济处在低收入阶段，第一产业的劳动力比重占绝对地位，而一国或地区经济进入高收入阶段时，第三产业的劳动力比重位居第一。一国或地区经济从低收入到高收入阶段发展的过程中，第一产业的劳动力比重大约下降了60%，第二产业的劳动力比重上升了20%～30%，第三产业的劳动力比重上升更为迅猛，为30%～40%。

23.2.2 三次产业产值占国内生产总值比重的变化趋势

一般在工业化初期，由于经济发展水平较低，以传统农业为主导的第一产业产值在国内生产总值中占有较大份额，而以食品、纺织为代表的第二产业产值和以饮食、商业为代表的第三产业产值在国内生产总值中所占份额较小，因而，三次产业产值占国内生产总值的比重呈现出“一、二、三”的格局。随着经济发展水平的提高，技术进步速度加快，社会消费需求升迁，以机械制造工业为主导的第二产业产值在国内生产总值中的份额迅速上升，三次产业产值占国内生产总值的比重随之变化为“二、一、三”或“二、三、一”的格局。进入工业化后期，以金融、保险、医疗、教育为主导的第三产业迅猛发展，产业结构迅速软化，三次产业产值占国内生产总值的比重随之演化为“三、二、一”的格局（见表23-2）。

表23-2　1960年、1980年和1990年不同经济发展水平的国家或地区的三次产业产值占GDP的比重（%）

国家或地区	第一产业产值			第二产业产值			第三产业产值		
	1960年	1980年	1990年	1960年	1980年	1990年	1960年	1980年	1990年
低收入国家或地区	48	33	31	25	35	36	27	32	33
中等收入国家或地区	24	13	12	30	37	37	46	50	51
发达国家或地区	6	3	—	40	36	—	54	61	—

资料来源　1984年、1987年和1992年的世界银行《世界发展报告》。

1960年、1980年和1990年，不同经济发展水平的国家或地区，其三次产业产值占国内生产总值的比重都呈现出向“三、二、一”格局转变的趋势。这表现在低收入国家或地区的第一产业产值占国内生产总值的比重下降了17%，第二产业产值占国内生产总值的比重上升了11%，第三产业产值占国内生产总值的比重上升了6%，其中第二产业产值占国内生产总值的比重上升比较显著。

因而，低收入国家或地区的三次产业结构由1960年的“一、三、二”格局转变为1980年的“二、一、三”格局，到1990年演化为“二、三、一”格局。低收入国家或地区1980年和1990年三次产业产值占国内生产总值的比重处于向“三、二、一”格局演化的过渡状态。中等收入国家或地区三次产业产值占国内生产总值的比重始终呈现出“三、二、一”格局，但其内部结构有所变化，即第一产业产值占国内生产总值的比重继续下降，第三产业产值占国内生产总值的比重继续上升，而第二产业产值占国内生产总值的比重上升趋缓。发达国家或地区的三次产业产值占国内生产总值的比重也呈现出“三、二、一”的格局，但产业结构变化的趋势非常迅猛。在第三产业产值占国内生产总值的比重迅猛上升的同时，第一产业和第二产业产值占国内生产总值的比重同时趋于下降。因此，第一产业产值占国内生产总值的比重持续下降，第三产业产值占国内生产总值的比重持续上升，而第二产业产值占国内生产总值的比重先升后降。这必然使三次产业产值占国内生产总值的比重次序由“一、二、三”演化为“三、二、一”格局。

在进行同一时点不同发展水平的国家或地区类型横向比较时，一国或地区经济从人均低收入到人均高收入水平发展的过程中，三次产业产值与国内生产总值的比重次序必然由“一、二、三”演化到“三、二、一”格局。经过多年发展，我国三次产业的产值结构发生了很大的变化，已经从1978年的28.1：48.2：23.7转变到1995年的20.5：48.8：30.7，再到2011年的10.1：46.8：43.1。2013年，我国三次产业结构出现了历史性的积极变化。根据初步核算结果，全年第三产业增加值达到26.2万亿元，占国内生产总值的比重上升到46.1%，比第二产业高2.2个百分点，占比首次超过第二产业。2013年，三次产业的比例关系转变为10.0：43.9：46.1。我国三次产业的产值结构已经进入“三、二、一”阶段。[①] 2020年，我国第一产业增加值占比为7.7%，第二产业增加值占比为37.8%，第三产业增加值占比为54.5%。

推进供给侧结构性改革，就是从生产端入手，推动经济结构调整、产业结构升级，以新供给创造新需求和新经济增长点。在供给侧结构性改革的框架下，经济发展主要依赖社会总供给结构优化，而社会总供给结构优化以产业结构调整升级为基础。因此，从供给侧推动产业结构调整和优化升级成为现阶段推动经济发展的根本。

23.3　影响三次产业结构发展趋势的因素

影响三次产业结构发展趋势的客观因素是多方面的，单就经济技术因素来说，主要有以下方面。

23.3.1　科学技术的进步和劳动生产率的提高

科学技术的进步一方面为开拓和发展新兴的第三产业创造了条件，另一方面拉大了第一产业和第二产业之间的技术进步的差距。

在世界新技术革命的激化下，第三产业以自己的步伐成长为一个重要的经济体系，以高质量、高效率服务于人民，并开拓了信息业和咨询业。

信息是重要的战略资源，近些年来我国的信息业蓬勃发展。西方大批信息企业的建立和发展，为人类社会从信息的商品化向将来的信息化社会过渡创造条件。

以教授、工程师、会计师、律师等成员组成的咨询企业，近些年也有很大发展。世界新技术革命是促进第三产业发展的动力之一。

技术进步对第一产业和第二产业发展的推动作用是存在差别的。由于第一产业的生产周期长和受自然环境限制较大，所以技术进步比第二产业要困难得多。从技术进步方面看，第二产业要比第一产业优越得多。技术进步使第二产业的劳动力逐步减少；第二产业的规模的扩大，又不断从第一产业中吸收劳动力。这种减少和吸收相抵后，导致了第二产业劳动力相对比重和产值比重趋向稳定。这也是使第二产业劳动力和产值分别在劳动力总量和国内生产总值中长期处于第一产业和第三产业之间状态的重要原因。

劳动生产率对三次产业发展的影响还表现在以下两个方面：

一方面，第一产业劳动生产率的提高，使其自身的劳动力相对比重和绝对数量减少，可以为第二、三产业的发展提供劳动力，即劳动力必然要从第一产业向第二、三产业

① 钟宏，周平．三次产业结构出现积极变化［J］．中国统计，2014（2）：62.

转移。

另一方面，三次产业的劳动生产率相比较，第二、三产业的劳动生产率要高于第一产业的劳动生产率，这也是加速劳动力由第一产业向第二、三产业转移的动力之一。因为劳动生产率的高低直接决定着劳动者收入的多少，劳动者为了取得更高的收入，就必然由第一产业向第二、三产业转移。

大量事实反复证明，科学技术水平和生产力水平决定第三产业和整个三次产业发展的模式。以美国为例，1980年与1947年相比，钢铁产量增长1倍，而就业员工减少33.3%；农业劳动力占总劳动力的比重，已由20世纪初的38%下降到1982年的2%。这种第一、二产业的发展水平为美国第三产业的发展创造了条件，使第三产业产值在国内生产总值中的比例以及就业比例都达到60%以上。

23.3.2 人们收入水平的提高和消费结构的变化

人们的收入水平和生活水平是相适应的，收入水平提高，生活对第一产业的产品需求比重会相对下降，而对第二、三产业的产品需求会相对上升。因为第一产业的产品主要是人们的生活必需品，解决人们吃饱和穿暖的问题，这种较低层次的需求弹性不大，它在人们整个消费需求总量中趋于下降。随着人们收入和生活水平的提高，人们会对第二、三产业的产品提出更高的需求，如第二产业所生产的耐用消费品与第三产业所提供的学习和娱乐，而这样的需求是属于发展和享受的高层次的需求，其弹性比较大，占人们整个消费的比重将会越来越大。

德国社会统计学家恩格尔曾于1875年对比利时和萨克森王国劳动家庭的生活开支状况作过调查，他发现“越是低收入的家庭，饮食费用在整个家庭开支中的比重越高”。这也就是说，饮食占整个家庭开支的比重将随着人们收入的增长而减少，这就是恩格尔定律，饮食费用与家庭总开支的百分比即恩格尔系数。人们的收入越高，则对主要提供人们食品的第一产业的产品需求相对越少，即恩格尔系数越低。

联合国根据恩格尔系数的大小，对世界各国的生活水平有一个划分标准，即一个国家平均家庭恩格尔系数大于60%为贫穷；50%～60%为温饱；40%～50%为小康；30%～40%属于相对富裕；20%～30%为富足；20%以下为极其富裕。整个国家收入的支出结构正是随着这种消费结构的变化而变化的。这就是国民收入在产业间的相对比重变化的动因，是第一产业的劳动力和产值的份额减少，从而所实现的国民收入的份额也趋于减少的原因所在。

2017年，我国居民的恩格尔系数为29.3%。从这个数据来看，我国的恩格尔系数进入了发达国家的行列。但并不是说恩格尔系数进入20%～30%就是发达国家了，因为衡量一个国家是否为发达国家，除了恩格尔系数以外还有很多指标，如人均国民收入、人均GDP、国民收入分配情况、人均受教育程度、人均预期寿命等指标，特别是人均国民收入。2017年，尽管我国经济总量稳居世界第二，但是人均GDP按平均市场汇率来算还不到9 000美元，在全球还处在比较低的水平。2018年和2019年，我国居民的恩格尔系数分别为28.4%、28.2%；2020年受新冠肺炎疫情影响，我国居民的恩格尔系数为30.2%。

23.3.3 社会分工和市场经济的发展水平

社会分工日益加强是社会化大生产的一大特征，社会分工越发展，生产专业化水平越高，就越要求第三产业与第一、二产业有相应的发展，第三产业是社会分工的产物。例如，农业机械专业分工和农副产品中鲜活商品加工专业化的发展，使运送原料和成品时间的准确性成为首要问题，从而促进了一批能够按分秒计算的交通运输业、批发和零售业及仓储业等第三产业的相应发展。

第三产业的发展与市场经济的发展程度有密切关系。以提供服务为主要特征的第三产业，既是市场经济的组成部分，又是为发展社会主义市场经济服务的。两者之间是互相制约、互相促进、互为条件、互相依存的。从历史上看，第三产业中的商业早已有之，但第三产业作为一个独立的产业，却是在社会分工精细、高度工业化后才形成的。市场经济越发达，越要求第三产业与第一、二产业有相应的发展。因为商品经济是以市场交换为核心的经济，商品交换的情况如何往往对商品生产具有决定意义。第三产业的经济活动不仅为社会生产和人民生活服务，而且相当一部分是直接为商品交换服务的。第三产业中的商业，交通运输、仓储和邮政业，信息传输、软件和信息技术服务业，金融业等，就直接或主动地为商品交换服务，影响了商品交换的发展。

本章小结

鉴于第一、二、三产业是把全部经济活动按照人类生产活动发生和发展的历史顺序依次划分的，所以掌握三次产业发展的规律对于把握整个产业发展的规律是至关重要的。三次产业之间的关联主要表现在产业之间和产业内部的关联，以及产业结构与投资结构、就业结构、技术结构、贸易结构等方面的关联。由“一、二、三”向“三、二、一”格局转变是三次产业发展的基本趋势，这种趋势分别反映在劳动力比重和占国内生产总值的比重方面。科学技术的进步和劳动生产率的提高、人们收入水平的提高和消费结构的变化，以及社会分工和市场经济的发展水平，是影响三次产业发展趋势的最基本的技术经济因素。

本章思语

1. 简述三次产业由“一、二、三”向“三、二、一”格局转变的主要表现。
2. 试论影响三次产业发展趋势的技术经济因素。

第24章 高新技术产业发展与传统产业改造

24.1 高新技术产业与传统产业的区别与联系

高新技术产业是新技术时代的先行产业部门，主导着国家经济的发展方向。传统产业是当代经济的主体产业部门，是国家经济的支柱。正确处理两者的关系，对国家现代化建设是至关重要的。

随着科学技术的不断进步和新的科技成果在生产建设方面的推广和应用，许多高新技术产业部门不断涌现出来。这些新的产业部门随着时间的推移，又将被更新的产业部门所取代，而变成传统产业部门的一部分。可见，高新技术产业与传统产业是两个相对的概念，在一定条件下可以相互转化。但是，就一个国家和地区的产业整体来说，任何时候高新技术产业和传统产业都是并存的，只不过是在不同历史阶段，它们各自所占比重和所具有的地位与作用不同罢了。

24.1.1 高新技术产业与传统产业的区别

高新技术产业是指新的科技成果在生产建设推广和应用的基础上所形成的产业部门。目前世界上的高新技术产业主要包括在信息技术的推广和应用基础上形成的信息工业、在电子技术的推广和应用基础上形成的电子工业、在新材料技术的推广和应用基础上形成的新材料工业、在新能源技术的推广和应用基础上形成的新能源工业、在生物工程技术基础上形成的生物工程工业，以及在宇航和海洋技术基础上形成的宇航工业和海洋工业等。

高新技术产业的主要特征是：

（1）开始建立时产值比重不大，但增长速度快；

（2）多是知识与技术密集型产业，研发费用多，员工的科技水平高；

（3）产品的附加价值高；

（4）对工业和整个国民经济的现代化具有较强的推进和带动作用。

传统产业是指在高新技术产业形成之前就存在的那部分产业部门。目前我国的工业部门很多是传统产业，其中有钢铁工业、一般的机械工业、汽车工业、纺织工业、化学工业、煤炭工业和石油工业等。

传统产业的主要特征是：

（1）经过长期发展，有了相当规模，产值比重较大，但增长速度不如新兴产业快；

（2）绝大多数是劳动密集型和资本密集型产业；

（3）其产品的附加价值不如高新技术产业高，但仍是国民经济的主体和支柱产业。

24.1.2 高新技术产业与传统产业的联系

传统产业是高新技术产业产生和发展的基础，高新技术产业是传统产业的先导。任何高新技术产业的形成和发展都离不开传统产业的基础；高新技术产业所需要的人、财、物等条件，都是由传统产业提供的。因此，传统产业越发展，力量越雄厚，就越能为高新技术产业部门的形成和发展提供更好的条件。高新技术产业对传统产业的先导作用主要表现为以高新技术来改造和提高传统产业。传统产业也只有获得这种改造和提高之后，才能在原有基础上有更大发展。总而言之，高新技术产业离不开传统产业，传统产业也离不开高新技术产业，两者是互补关系。

在两种产业的相互关系中，要反对两种倾向：一是认为高新技术产业可以不依靠传统产业而存在和发展；二是认为传统产业可以不依靠高新技术产业来改造和提高。前一种倾向多发生在发达国家，后一种倾向多发生在发展中国家。

1. 传统产业是高新技术产业发展的基础

高新技术产业虽是在传统产业的基础上发展起来的，但不可能完全替代传统产业。传统产业不仅为高新技术产业的发展提供必要的资源、人才、技术等外部环境条件，而且为其提供完备的工业基础设施、辅助工业系统以及大量的资金。例如，作为世界重要的集成电路生产基地，日本九州“硅岛”拥有众多的外围企业，如硅晶片厂、石英加工厂、化学药剂制造厂、设备制造厂、原料加工厂和维修服务厂。另外，发达国家的高新技术产业试验区的启动资金几乎全来自传统产业。日本对筑波科学城大力投资，自1963年到1993年政府共拨款18 713亿日元，为当时世界上建设费用最高的科学园区。

2. 传统产业的发展有赖于对高新技术的积极吸收

鉴于我国传统产业的状况及技术水平，我国传统产业的发展已经濒于“二次创业”之地。没有对高新技术成果的积极吸收，就不可能有传统产业的再次辉煌。我国大部分工业企业隶属于传统产业。这些企业在采用自动化和计算机控制技术后，都大幅度地提高了劳动生产率。无论传统产业还是高新技术产业，在其发展过程中都必须积极吸纳适合自身发展的最新水平的高技术；否则，只能衰退或萎缩。

24.2 高新技术产业的发展趋势

24.2.1 高新技术产业的发展范围

1. 高技术产业与高新技术企业①

高技术产业是指研发投入大、产品附加值高、国际市场前景良好的技术密集型产业，具备智力性、创新性、战略性和资源消耗少等特点。高新技术企业是经过国家相关部门（科技、财政和税务部门）认定的企业，通常既包括在高新区内的企业，也包括区外的认证企业。国家级高新区企业的主要情况来自科技部，可参考《中国统计年鉴》中科技章节的相关内容。

高技术产业分类是《国民经济行业分类》的派生分类。国家统计局于2002年首次颁布实施《高技术产业统计分类目录》，以《国民经济行业分类》为基础，参照OECD关于高技术产业的划分标准，利用我国制造业行业研发经费投入强度测算结果，将高技术行业进行归集整理，并按产业类别进行重新组合。为适应经济社会发展形势需要，2017年和2018年国家统计局先后制定了《高技术产业（制造业）分类（2017）》《高技术产业（服务业）分类（2018）》。

高技术产业分类是以国民经济行业分类标准为基础制定的，不同的是它是大类、中类、小类不同层次行业的组合。按照《高技术产业（制造业）分类（2017）》，高技术产

① 国家统计局. 什么是高技术产业？什么是高新技术企业？高技术产业中的行业与国民经济行业是怎样对应的？[EB/OL].（2021-02-18）[2021-11-15]. http://www.stats.gov.cn/ztjc/zthd/lhfw/2021/rdwt/202102/t20210225_1814034.html.

业（制造业）是指国民经济行业中R&D投入强度相对高的制造业行业，包括医药制造，航空、航天器及设备制造，电子及通信设备制造，计算机及办公设备制造，医疗仪器设备及仪器仪表制造，信息化学品制造等六大类。总的来说，高技术产业（制造业）是制造业的一部分，制造业是工业的一部分，因此可以说高技术产业（制造业）是包含在工业中的。

按照《高技术产业（服务业）分类（2018）》，高技术服务业是采用高技术手段为社会提供服务活动的集合，包括信息服务、电子商务服务、检验检测服务、专业技术服务业的高技术服务、研发与设计服务、科技成果转化服务、知识产权及相关法律服务、环境监测及治理服务和其他高技术服务等九大类。

2. 十大高新技术产业

纵观当前发达国家之间的竞争焦点和今后的发展方向，与高新技术领域相应，已形成具有代表性的以下十大高新技术产业：

一是光电子信息产业。以集成电路的发展为基础，信息产业在完成向微电子化过渡之后，将形成以光电子器件、激光配置、光纤系统、全息图像、光电集成电路和光电计算机为内涵的全面更新现有信息手段的光电子信息产业。

二是计算机及软件产业。伴随着计算机向智能化发展的同时，世界范围内的信息处理及应用也将随着操作系统、应用软件等的开发及完善，逐步走向全球性的、全民性的运作空间。

三是生物工程产业。以微生物、酶、细胞和基因为基础的现代生物技术将逐步发展成为以微生物工程、酶工程、细胞工程、遗传工程及蛋白质工程为一体的生物工程产业。它对人类世界诸如健康、粮食、能源和环境等问题的有效解决都将产生深远的影响。

四是生物医学产业。在诊断、医疗和人工合成材料新成就的基础上，人类将能有效地掌握生物及人工器官的移植和再造技术，把医疗技术推向能对人体多部位进行有效替换和重建的高新技术水平上。

五是智能机械产业。传统的机械工具及交通运输设备将广泛地与微电子、光电子及人工智能技术相结合，形成以智能计算机、智能机器人、智能生产线、智能运输工具及设备为体系的智能机械产业，以期从体力、脑力方面代替人类的部分劳动，使人类从事更有创造性的智能工作，推进智能机械产业向更高层次发展。

六是导体产业。超导材料的独特性能使其迅速产业化。超导电子器件、超导计算机、超导电机、超导输电系统、超导储能装置和超导磁悬浮列车等高新技术成果商品化的推进，将改造整个以电、光为核心的传统技术格局。

七是太阳能产业。合理利用核聚变能源和太阳能将是人类摆脱能源困境的现实选择。利用太阳能技术，积极发展和研制各种太空及地面的太阳能跟踪、捕获、转换、传输和存储装置，建立起太阳能产业，是人类有效利用自然能源的必然选择。

八是环保产业。环保产业是国民经济结构中以防治环境污染、改善环境质量、保护生态平衡为目的所进行的一系列技术开发、产品生产、商品流通、资源利用、信息服务和工程承包活动的总和，是由生态工业、环保工业和软件服务业三方面组成的。

九是空间产业。提供卫星发射、载荷搭载、太空旅行等空间商业活动；利用微重力、超洁净等太空特殊环境，进行科学试验和高精尖产品生产；在地球域外开拓新疆域和在外星球采掘新资源，是人类空间产业发展的首选目标。

十是海洋产业。海水利用、深海采矿、南极开发和海底城市建设将构成海洋产业发展的基本方向。

24.2.2 我国高新技术产业发展目标与战略

近20年来，中国高新技术企业规模在扩张，行业结构在优化。特别是以电气机械和器材制造业、汽车制造业、计算机通信和其他电子设备制造为代表的中国高新技术企业，形成了巨大的产业规模，对其他产业形成和地区经济发展产生了巨大的带动效应。国家统计局主编的《2020年中国火炬统计年鉴》数据显示，我国高新技术企业入统企业从2013年的54 683家到2019年的218 544家，增长了约3倍，平均每年以26.1%的速度快速增长。2020年，中国高新技术企业达到27.5万家。

由于经济和科学技术发展水平上的差异，各国发展高新技术产业所采取的发展战略不尽相同。发达国家主要是以经济及科技上比较优势地位的有效拓展来发展高新技术产业，以期促进本国经济的高速发展并保持其相应的领先地位；发展中国家则主要是以确定重点发展领域、制定规划、筹建产业园区、发挥产业综合优势、强化技术引进的消化吸收工作、推进配套政策的实施及完善等策略的有效构筑来加速其高新技术及其产业的渗透及发展，以期尽快缩短与发达国家之间的差距。目前，我国的高新技术产业发展战略及策略也与其他发展中国家大体相同，但具有自己的特色。

1. 我国高新技术产业的发展目标

（1）不断增强自主发展能力，掌握一批事关国家竞争力和国家安全的核心技术，进一步增加国内高技术企业发明专利数量、自主发展的高技术制造业增加值，以及高技术产品出口中拥有自主知识产权和自主品牌的比重（出口额），建成一批国家工程中心、国家工程实验室和企业技术中心，关键技术装备研制能力明显增强。

（2）进一步优化高技术产业结构，电子信息产业、生物产业、航空航天产业等重点领域的技术层次和产品档次大幅提升，培育一批年销售收入过百亿元的大型高技术企业，在优势区域、主要中心城市形成若干创新能力较强、产业链较完整的产业集群。

（3）提高国际化水平，增加高技术产品进出口总额以及出口比重，培育一批高技术产品出口骨干企业，进一步提高国际市场占有率，不断提升利用外资的水平，增强大型高技术企业的跨国经营能力。

（4）继续扩大高技术产业规模，提高高技术产业增加值占GDP的比重、高技术制造业和高技术服务业的销售收入。

2. 我国高新技术产业的发展战略

（1）进一步增强高技术产业高质量发展的能力水平。[①]

当前，我国高技术产业呈现出较快发展的势头，生产和投资增速高位运行，部分区域亮点频现，新技术、新业态、新模式加速发展壮大，但高技术产业发展恢复的基础尚不稳固，一些产业自身存在的问题有待解决，加之全球新冠肺炎疫情仍在持续，外部环境的新动向对产业发展形成新影响，这些都值得关注。我们需在进一步巩固发展成果的基础上，深刻研判当前面临的问题，不断增强高技术产业以自身发展确定性应对外部环境不确定性

① 张于喆，郑腾飞．高技术产业的发展难点与发力重点［N］．经济日报，2021-10-07.

的能力和水平。

一是在达成“双碳”目标和更好发展之间寻求平衡。需用正确认识碳排放的“总数”效应和“边际”变化。一方面，要重视推动5G、大数据中心等高耗能行业或领域的绿色发展，研究行业自身的碳排放强度、能源效率等；另一方面，要充分考虑这些高耗能行业或领域的间接经济效益，特别是在创造就业、提升技术能力以及赋能其他产业等方面的重要作用。进一步有针对性地加大对高技术产业中部分高耗能领域的能量系统优化、用能工艺再造，列出技术需求清单，统筹科研力量，推动技术研发布局。

二是在解决迫切需要和实现长远发展之间寻求平衡。牢牢抓住科技创新这个“牛鼻子”，需突出“窗口指导”政策的专业化，加强对产业链上下游资源的组织协调，避免低水平重复建设和无序投资；强化政府在重大创新活动中的组织、引导和整合作用，提升科技攻关和应急攻关的体系化能力；发挥企业在技术创新中的主体作用，培育一批能够承担国家重大科技任务、突破产业关键共性技术、高效快速响应国家重大战略需求的创新型领军企业。

三是在风险管控和务求实效之间寻求平衡。优化创新项目治理，在引导企业参与“揭榜挂帅”、实现“卡脖子”技术创新突破时，在领域认定、对象选择、需求榜单设定、支持的连续性以及监督考核等方面进一步提升创新组织力。在认定需要财政扶持的领域上，除了在夯实产业基础方面持续发力，还需在占据技术主导地位、助推产业转型升级、创造高质量就业机会、壮大产业主体等方面广泛开展工作；在选择财政扶持的对象上，建议建立生态环境监管正面清单制度和完善退出机制，对企业实行差异化帮扶服务；在关键核心技术需求榜单的设定上，需在广泛征求产业界意见的基础上，设定中长期技术发展和应用目标，重点关注目的与效果，不能片面强调具体的实现路径，避免降低技术选择的多样性。

（2）制订和实施各层次的计划。

通常把与我国高新技术及其产业发展相关的计划分解为以下三个层次：

①高新技术及其产业的渗透和扩散层次，即直接为经济建设和社会发展服务，以期迅速提高工农业生产技术水平和推进传统产业的技术进步。在这一层次，主要是组织和实施科技攻关计划，以期解决对国民经济和社会发展有重大影响的科技攻关课题。例如，实施丰收计划，以期有效推广使农业增产的先进实用技术；实施星火计划（含科技扶贫计划），以期推进农业和乡镇企业的科技进步；实施燎原计划，以期有效地培训农村技术人才；实施国家科技成果重点推广计划，以期通过政府干预和计划管理，动员全社会各方面的力量，使科技成果在传统产业和广大农村中发挥积极的作用。

②高新技术的开发及产业化层次。例如，实施“863计划”“火炬计划”，以期跟踪世界高新技术的发展趋势，选准有限目标，集中攻关力量，在力争有所突破的基础上，尽快而有效地将高新技术的研究及开发成果转化为现实生产力。

③高新技术的基础研究层次。例如，组织和实施基础研究计划和攀登计划，以期加强基础研究工作和应用研究工作，为高新技术的长远发展奠定坚实的理论及技术基础。

（3）大力推进高新技术开发区和开发带的建设。

我国的高新技术产业开发区是在学习和借鉴国外科技园区先进经验的基础上，依托智力资源和国家优惠政策，在高等学府和科研机构比较密集且有一定工业技术基础的地区所建立的，旨在开发高新技术及其产品，促进交易、科研和生产同步发展，并结合生产要素的优化组合，推进高新技术与社会经济协调发展的综合基地建设。作为深化经济改革的试验区，高新技术产业开发区也是促进对外经济合作的有利窗口。对企业而言，不仅是高新技术企业发展的重要途径，还是向传统企业渗透和扩散高新技术的辐射源。

此外，为了实施"沿海建带、内地建点、点带结合、全面推进"的发展战略，在沿海地区已建或拟建了若干实行统筹规划、区域分工的高新技术产业带：京津塘高速公路高新技术产业带、沈大高速公路高新技术产业带、山东半岛高新技术产业带、沪宁高速公路高新技术产业带、福泉厦高新技术产业带和珠江三角洲高新技术产业带等，以期形成沿海有带、内地有区的交叉网络格局，充分发挥沿海和内地的各自优势和互补优势，为构筑高新技术产业长远发展的全新格局奠定坚实的基础。

总之，高新技术产业开发区和开发带的巨大作用主要体现在以下方面：

①能有效地缩小和发达国家之间的差距；

②对传统产业的调整产生巨大的辐射作用；

③能有效地缩小内地与沿海地区的经济发展差异；

④能有力地推进现代企业制度的建设；

⑤为民营高新技术企业的发展开拓了广阔的空间。

（4）强化技术引进的消化吸收工作，推进高新技术的产业化进程。

技术转让的"飞去来器效应"是指技术引进方反过来向技术转让方的所在国输出经过更新的技术或商品。这也是日本企业从美国引进技术，强化民族产业，进而同美国竞争的道路。企业不拥有技术，就无法生存和发展下去；同样，企业不发展技术，也无法生存和发展下去。然而，我国企业在这方面做得远远不够，"引进有余，发展不足"是我国企业的通病。其根本原因是，我国因企业负担过重，尚未培育出本来意义上的成为生产主体的企业，导致技术引进的主体介于国家和企业之间的徘徊状态。相比之下，韩国的企业主体地位则更为明显，如三星等企业在韩国的技术进步方面作出了重要的贡献。因此，为推进我国高新技术及其产业的迅速发展，必须确立国有特大或大型企业在技术引进方面的主体地位，以期更好地促进技术引进后的消化及发展工作，从而对广大国有企业起到示范和带动作用。

（5）积极推进各项配套改革政策的实施和完善。

任何一个国家和地区要在当今世界激烈竞争中取得强有力的地位，都必须依靠高新技术，发展其现代经济。世界范围内一场声势浩大、规模空前的高新技术竞争已经如火如荼地展开。面对如此强盛之势，国家及其政府的介入则更成为必然，但其介入要有一定的范围。为推进高新技术产业的发展和完善社会主义市场经济体系，国家及其政府的介入应首先体现在政策的引导环节上，即从政策的配套方面给予企业一个公平而有力的发展环境。尤其是在宏观调控、科研开发、土地利用、投资、金融、保险和税收等政策方面，应给企业以优惠性的倾斜，鼓励企业的开拓创新精神，以期确立企业在高新技术产业化过程中的主体地位，使企业真正领略到技术的支持及发展作用和高附加值的收益效用。同时，国家应加强各项改革政策的协调工作及产业的协调工作，使高新技术产业群内的各产业得以均衡发展，为高新技术产业的长远发展奠定其产业基础。此外，国家要保证各项政策的配套性和到位性，健全高新技术产业发展所需的以技术为核心的服务体系，为国有、民营、合

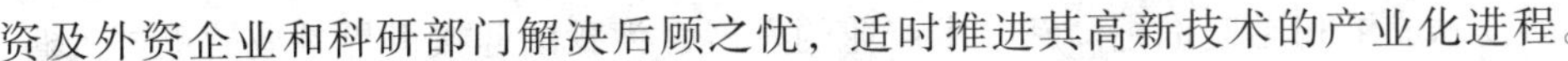

资及外资企业和科研部门解决后顾之忧，适时推进其高新技术的产业化进程。

（6）重视和发挥军民结合的技术转移机制和联合发展机制。

适时地将国防技术转为民用技术，并及时开发民用产品，是各国发展高新技术产业的重要途径。这对我国而言，既可以提高我国的民用技术水平，又可以提高国防科技人员开发民用技术的积极性。此外，应联合发挥军民的结合优势，共同攻关，以期提高我国工业的整体技术水平。

总之，高新技术产业的发展模式主要体现在新产业的发展和对传统产业的改进等两个方面，由此，上述六点所构筑的综合模式依然要把推进对传统产业的技术改进作为另一核心内容，不可轻视高新技术对传统产业发展所起的巨大作用。

24.3 传统产业改造模式

24.3.1 把传统产业的改造优化、转型升级放在重要位置

推进产业转型升级是工业化、信息化的紧迫任务。在今后相当长时间内，支撑中国经济的还是传统产业的优化升级。战略性新兴产业由于各种原因，一时很难成为国内经济的支柱。新能源发展太慢，化石能源的科学开发和合理使用仍然是重要任务。

必须对传统产业进行脱胎换骨的改造提升。传统产业转型升级要切实抓好节能减排、淘汰落后、重组兼并、产业转移、集聚发展等难点、重点。技术改造是推进工业化和信息化（以下简称“两化”）深度融合、促进传统产业优化升级的战略举措，也是调结构、稳增长的重要手段。技术改造以品种质量、节能降耗、环境保护、装备改善、安全生产以及信息化提升等为重点，用高新技术和先进适用技术改造提升企业生产力要素水平，具有技术新、效益好、投资省、工期短、见效快等显著优点，是以内涵为主的发展方式。

24.3.2 高新技术产业对传统产业的巨大冲击

我国传统产业技术水平落后，亟待改造。随着以信息化和智能化为标志的第四次产业革命的兴起，出现了一大批以各种高新技术企业为代表的高新技术产业部门。这对传统产业产生了巨大的冲击，迅速引起高新技术向传统产业的渗透、扩散和融合。

美国通用汽车公司曾在短短几年内投入巨资与六七家生产机器人和其他高技术产品的公司合营，同时拆借重金并购了著名的休斯敦飞机公司和电子数据公司。通用汽车公司不仅建立了自己全新的信息化工厂，而且建立了全公司统一的计算机数据网络系统和信息系统。为降低产品成本，提高其质量和服务水平，切实发挥本公司的竞争优势，美国、日本和欧洲的各大公司都相继在研究、设计、开发、生产经营及服务管理领域，全面引入了高新技术。以汽车工业为例，日本各大汽车公司通过采用微电子技术和机电一体化技术改造原有的制造设备和工艺过程，开发出了新型汽车，不仅大大提高了汽车生产的自动化水平，而且有效地改进了所生产汽车的各项性能，极大地提高了国际市场的竞争能力。例如，由于在机床工业中采用了电子控制技术，德国、英国和意大利所生产的机床在精确性、可靠性和适应性方面均居于世界领先水平。

高新技术对传统产业的巨大冲击锐不可当，并把许多工业抛进了“夕阳”工业之列。有

效利用世界高新技术成果和迅速推进高新技术产业的发展，为我国迎接世界挑战的重要机遇。

24.3.3 改造传统产业是高新技术产业发展的重要任务

为谋求国际竞争优势，各国均把发展高新技术作为发展本国经济的一项重要国策。这不仅因为高新技术产业具有极高的附加值和强大的竞争优势，还因为高新技术及其产业能给传统产业注入新的活力，带动传统产业的技术升级和产业结构的优化，继而加快整个国民经济的发展速度。

同时，高新技术的发展迫切需要传统产业利用高新技术成果对其原有低水平技术的改造。这主要源自以下两个方面：其一，传统产业要为高新技术的研制、开发和产业化提供能够满足一定技术要求的中试及生产装备；其二，传统产业将为高新技术产业提供市场发展空间。没有传统产业对高新技术的积极吸纳，就不可能有效地促进高新技术及其产业的迅速发展。

1.高新技术产业发展的首要目标

自20世纪80年代以来，新加坡、韩国、中国台湾地区大力发展高新技术产业，取得了惊人的成就。其主要成功经验在于：把提高整个传统产业部门的技术水平和劳动生产率、切实降低产品生产成本、增强产品的国际市场竞争能力作为本国或本地区高新技术产业发展的首要目标。

传统产业的形势十分严峻，高新技术对传统产业的改造刻不容缓，而且是其本身发展的首要目标。

2.我国高新技术产业发展的首要市场战略

我国高新技术产业发展的远期目标自然是走向国际市场，实现国际化。改革开放以来，我国高新技术产业经历了从“市场换技术”到“走出去”积极寻求技术的转变，更深度地融入全球产业链和全球价值链。高新技术产品贸易占货物贸易总额比例持续上升。但就目前产业发展实际水平而言，我国高新技术产业进一步融入全球价值链、实现国际化目标，任重道远。

第一，传统产业的低技术水平，不可能迅速推进高新技术产业的有效发展；用高新技术装备传统产业部门，不仅是传统产业发展所必需的，而且是高新技术产业发展的必要条件。没有传统产业技术结构的升级换代，就不可能为高新技术的产业化创造物质和意识性的准备条件。

第二，作为发展中国家，我国的技术和产品价格在国际市场的比较优势有限，最容易做到的还是发挥本国优势占据国内市场，并借以减少国外相关产品在我国国内市场的份额。

第三，高新技术产业的发展必须凭借规模经济来提高经济效益。任何一个国家都不是一下子因为高新技术产品的大规模国际市场投放而占据国际市场的，都是在对本国市场积极而有效的开拓之时，向国际市场渗透并逐步侵占和扩大国际市场的。

学人观点 24-1

总之，我国是拥有14亿多人口的发展中国家，传统产业的技术水平较低，而且处于更新换代的重要时期；国内市场广大，但因国外各大厂商参与竞争，扩大国内企业的市场份额并不容易；除通信设备、计算机及其他电子设备制造业产品之外，成功打入国际市场的高新技术产品还不多见。所以，以改造传统产业为主要方向，以开拓国内市场和积极向国际市场渗透为策略，是我国高新技术及其产业发展的重要选择。

24.3.4　高新技术对我国传统产业的改造模式

高新技术产业发展和传统产业改造是产业结构调整及优化的两个重要组成部分。纵观科技与产业发展的历程，不同科技发展水平决定了产业结构的不同优化程度，其中科技对传统产业的改造又决定了产业技术结构的层次及领先程度。没有传统产业的良好发展，就无法提供高新技术产业发展所需的高额积累资金；没有高新技术的产业化发展和对传统产业的改造，同样无法促进传统产业向现代产业的过渡。目前，我国工业整体上处于产业链的中低端环节，关键技术和核心零部件依靠进口（面临“卡脖子”风险）、基础研发投入偏低等问题依然存在。发展高新技术产业，必须把其与传统产业有机地结合起来，形成二者的互助式发展模式。

总之，从某种意义上说，我国发展高新技术产业的首位因素是要处理好其与传统产业技术改造的关系；高新技术产业的发展要有利于传统产业的改造和产业结构的升级换代；要充分发挥技术引进、技术创新和自行开发投入的相关作用；要合理安排高新技术产业和传统产业的空间布局关系；要摆正政府、科研院所和企业三者的关系，促进宏观及微观经济的协调发展。

1.传统产业改造的重点选择

目前，我国拥有门类齐全的工业体系，这是高新技术产业得以发展的基础和载体，但其整体的产业技术水平却相对落后，而高新技术对传统产业的技术改造又不可能面面俱到，所以必须突出重点，采取点面结合的方式提高传统产业的技术水平。

（1）应从我国国情出发，配合宏观经济改革的步伐选择高新技术产业与传统产业的有效结合部位，发挥技术的关联作用，为产业的长远发展提供良好的技术准备及装备。如利用高新技术对基础产业和“瓶颈产业”的技术改造，可极大地增强国民经济的发展后劲，起到倍增效应。

（2）确定技术引进的领域及扩展渗透范围。通过引进技术、设备和工艺，适时地改造传统产业，再通过对其的研究和发展来加快与国际高新技术产业的接轨速度。

（3）从产品入手，确定进口替代产品、出口创汇产品和节能产品的发展领域，加快产品结构的更新速度，推动创汇产业和节能产业的改造步伐。

2.传统产业改造的运作机制选择

在以上重点领域，推进技术改造可以充分利用传统产业的资产存量，加之技术和资金的引进，实现传统产业内部技术结构的调整，以使传统产业对高新技术的吸收机制和高新技术向传统产业的扩散机制同时运作，从而走工业集约式的经济发展道路。这种“吸收扩散”机制对高新技术产业的发展和传统产业的改造都会产生良好的效果。其具体运作方式如下：

（1）以政策推进高新技术与传统产业的“嫁接”机制。政府对企业引进、采用和推广高新技术给予特别优惠贷款和税收政策，使传统产业的技术结构发生根本性的改观，降低能耗和原材料消耗，提高劳动生产率，增加产业经济效益。

（2）发展高新技术企业集团，吸引周边企业并通过产业关联效应，带动传统产业的技术改造。把高新技术企业作为传统企业群的核心，以高新技术的渗透和扩散来积极引导企业集团向高新技术领域的转移，力争在短期内配置和成长一批具有国际竞争实力的大型高技术企业集团，并进而带动传统企业集团的良性发展。

（3）利用外资和技术引进改造传统产业，强化技术引进的消化及创新机制。利用外资不应为手段所限，应采取更为广泛的形式，并积极加强与国内科研院所的科技交流及合作；技术引进应借鉴日本的“上游引进”战略，强调“软件”，即通过高起点的引进，强化消化及创新机制，为赶超世界先进水平奠定技术基础。

（4）通过建立高新技术产业开发区的方式，逐步调整全国的各个专业性产业群体，提高其产品及连带产品的技术附加值和升级换代水平，如依托科技园区和数家企业集团而建立的以计算机产业和软件产业为核心的高新技术产业园区，不仅能够有力地提高本产业的技术发展水平，而且能够积极发挥其在高新技术产业方面的带动作用。

（5）充分利用国防科技的高新技术优势，实现“军转民”的战略扩散，适时地提高民用工业的整体技术水平。由于各国把大量的先进和尖端技术的发明与创新首先应用于国防工业，致使其整体水平高于民用工业，所以“冷战”结束后，各国又相继把国防工业的技术成果、资金、设备和人才转移至民用工业，大力发展以民品为主的高新技术产业，从而大大地提高了传统产业的技术水平。

（6）建立健全风险的支撑体系，为企业技术创新给予一定的风险补偿。通过政府的介入，协调财政、金融和科技等各方面力量，尤其是健全企业技术进步的各项激励政策和风险补偿政策，使企业摆脱资金及风险的困扰，勇于创新，从而提高企业对高新技术成果转移的自觉性和积极性。

总之，高新技术产业对传统产业的技术改造在选择重点领域的基础上，充分发挥法律、行政和经济手段，依靠市场的积极引导促进传统产业和高新技术产业的积极融合，以期建立一种二者互促互进的新型运行模式。

3.走向集约经营的传统产业现代化模式

经济有效发展的困境实质上源于经济结构的失衡，而结构失衡又在很大程度上源于技术水平的局限。提高我国产业的整体素质，切实改变以往的粗放式经营方式，以期完善社会主义市场经济的根本途径在于通过利用高新技术及其产业对整个传统产业的现代化改进。

（1）我国传统产业的现状。

我国传统产业普遍具有资本有机构成落后、技术设备状况差、设备超役龄运转、折旧率低等通病，继而导致其产品既不能满足日益增长的国内市场需求，亦无能力参与国际市场竞争，甚至我国有些民族工业以前是国内市场的龙头老大，现已风光不再。发达国家大多采取一系列措施更新及改造其传统产业，有的甚至通过立法的形式加以协调过渡。如日本政府曾将造船业、电炉炼钢业、矽钢业、肥料业、合成纤维业、纸板业、棉毛纺织业和石油化工业等行业归入“夕阳”产业，并于1978年通过《衰退工业法》，以期协助有关企业顺利调整和过渡。

就我国而言，虽然经过改革开放已使经济总量趋于平衡，但结构型矛盾却更为突出，主要表现为：①名新产品短缺，普通产品滞销，即在产品结构上短缺与积压并存；②企业技术结构扭曲，缺乏应有的开发及创新能力；③企业规模结构及组织结构扭曲，缺乏应有的集中度；④能耗结构扭曲，粗放经营使企业难以为继现有的经济增长。因此，若不在传统产业中扭转其技术落后的局面，就会在国际竞争中灭亡，这已成为摆在我们面前的严酷现实。

（2）传统产业的现代化实质。

现代化本身并不是一个目标化概念，而是一个动态化概念。以往我们常常把现代化理解为一个目标，甚至是远期理想目标，这对我国传统产业的发展在观念上是一层阻碍。这一观念上的偏差导致我国长期在传统产业的技术改造方面处于落后境地。除体制及政策上的原因之外，其他主要原因如下：①技改资金挪为他用；②大量原来层次上的设备更新；③技术创新意识薄弱；④技术改造的市场导向不明；⑤技术市场的交易障碍过多；⑥技术贸易形式过于单一；⑦技术引进上的无谓重复与低的消化及吸收水平并存。

由此，我国的技术改造长期处于欠账局面。

摒弃以往的狭隘观念，将现代化准确地理解为一个长期的、内涵技术不断更新的动态过程，是实现两个转变的必要的观念转变。同时，传统产业的现代化改造不应仅仅包括技术改造（技术设备和生产工艺的更新改造），还应该包括管理上的“更新改造”，而二者均以信息资源的有效开发利用为前提。所以，传统产业的现代化过程实质上就是传统产业的信息化过程和新技术化过程。

（3）我国传统产业的现代化。

就传统产业和高新技术产业的比重而言，在我国必须将侧重点放在传统产业上，即必须运用一切手段积极推进传统产业的整体技术水平。所以，如何用新技术和新设备武装传统产业是我国现实所面临的重要课题。

①传统产业信息化。

在科技没有物化之前，它是以信息状态存在的，但确是产业得以长远发展的必要前提。在健全社会主义市场经济的过程中，价值、竞争和供求等三大规律的同时运作，使企业的生存和发展更加依赖于信息资源的有效性，继而使企业将其信息资源看成企业的“生命线”。因此，传统产业的现代化改造必须以其信息化为前提，牢固确立信息化的先行原则。

改革开放以来的经济发展使能耗及运输等瓶颈问题荒上加荒，这主要源于粗放式经营。发达国家的经验表明：引进、消化、吸收新工艺和新技术，采用先进的信息处理和工业控制技术可以有效地减少物耗、能耗和货物运输量。因此，我国发展经济过程中，诸如基础设施薄弱、能源紧张、设备陈旧落后、科研水平落后、管理水平低及员工素质低等瓶颈问题的有效解决必须依赖于整个产业信息化水平的提高。

我国传统产业的信息化是一个长期的渐进过程，而面对目前信息设备制造业和社会信息基础设施的落后局面，国家必须在宏观上加以积极引导，制定符合中国国情的产业信息化长远发展纲要和近期发展规划，积极推进整体协调、适当控制和以提高效益为主的发展策略，以期尽快提高我国整个产业的信息化水平。

②传统产业的技术改造。

传统产业技术改造的核心是技术规范的转换。这通常包括两个部分：其一，传统产业的常规技术改造，其特征是技术进步的连续性拓展；其二，传统产业的技术创新，其特征是技术进步的间断性拓展，即开辟了具有本质差别的新的技术途径。而我国目前相当一部分企业的技术改造是用于扩大原有产品的生产能力，其产品的技术含量和设备的技术水平并没有提高多少，改造仍然是在原有的技术层次上循环运作，并没有体现技术进步的连续性原则，加之技改战线过长、资金分散且挪为他用现象普遍存在，致使技术改造的账越欠越多，产业的技术水平徘徊不前，集约经营难以为继。高新技术产业发展的一个重要任务就是通过向传统产业的渗透、扩散和融合，将其注入传统产业，以期加速传统产业的高级化进程，促使传统产品的更新换代。

为此，传统产业必须以市场导向为原则，采取"新老技术融合"的改造策略，加速整个产业的技术进步步伐。具体而言：

第一，完善企业依托市场的技术创新和技术吸收机制。国家应适当放宽企业技术改造的有关政策及决策权限，并把因技术进步而获得的经济效益作为考核企业长远发展的重要经济指标；同时，就重点项目为企业提供适当比例的发展基金用于其技术开发和产品开发。

第二，增强科技体制中的"消化、吸收"功能，通过"嫁接"的方式引进和消化技术，高起点地推进企业的技术改造步伐。宏观上应切实改变技术引进与科技体制不相适应的状况，积极采取经济手段和有关政策措施，推进引进计划与科研计划的结合机制，以期避免资源的重复浪费。这就需要以研究成果为基础确定引进项目，以引进技术的消化、吸收和创新为目的确立科研课题，继而推进引进技术和自研技术的融合生长。

第三，采用高新技术推进传统产业的高级化发展。以市场导向为原则，注重传统产业的信息化武装，用高新技术改造传统产业，适时地推进传统产业结构及技术结构的合理性转变；发挥高新技术的"种子"效应，强化支柱产业，"成龙配套"地进行技术开发和技术改造。

第四，积极推进农业的产业化进程，大力发展乡镇企业，以有效地吸收农村广大的富余劳动力。为此，国家必须积极推进农村技术和职业教育进程，切实提高农村劳动力的整体素质，为工业的宏观发展奠定坚实的人力资源基础。

第五，提高乡镇企业的技术结构及技术发展水平。乡镇企业进一步加深对"科学技术是第一生产力"的理解，通过示范工作，培植一批技术型企业的典型，从而加快乡镇企业的技术升级进程。

24.3.5 推进两化融合是改造传统产业的必经之路①

1. 两化融合、传统产业转型升级是新型工业化道路的显著特征，探索实践取得初步成效

推进工业化和信息化深度融合、促进传统产业转型升级，是加快转变经济发展方式、实现新型工业化、建立现代产业体系的重要举措，也是推动我国由工业大国向工业强国转变的必由之路。

党的十八大报告强调，"坚持走中国特色新型工业化、信息化、城镇化、农业现代化道路"。"推动信息化和工业化深度融合""加快传统产业转型升级"是重要任务之一。党的十九大报告指出："推动新型工业化、信息化、城镇化、农业现代化同步发展。"多年

① 中国工业经济联合会会长李毅中于2013年3月15日在中国工业经济联合会工作会议上的发言。

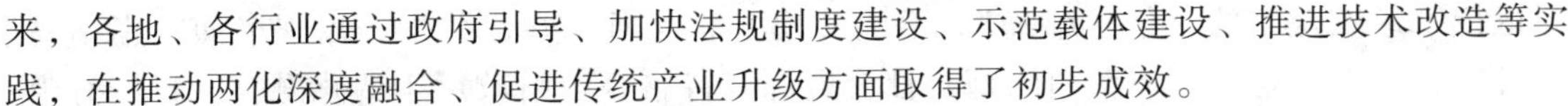

来，各地、各行业通过政府引导、加快法规制度建设、示范载体建设、推进技术改造等实践，在推动两化深度融合、促进传统产业升级方面取得了初步成效。

（1）传统产业信息化水平和核心竞争力明显提升。

一是促进了技术改造和产品研发能力提升，增强了企业信息技术综合集成利用能力，提高了装备智能化水平。

二是信息技术已经运用到业务流程改进、企业资源优化、能源管理、环保监测等企业生产管理的各个环节。特别是重点企业落实较好，提升了生产要素水平和生产经营效率，带动了产业整体竞争力提升。

三是推动了企业优化升级。培育了一批面向企业提供信息化共性服务的平台，尤其使中小微企业获得及时准确的市场信息，得到技术、管理咨询服务，改善生产经营，加强企业管理，增强市场应变能力。

（2）信息技术快速发展，基础支撑能力得到加强。通信网、互联网、集成电路、物联网、云计算等新一代电子信息技术的研发与产业化，信息通信网络、超级计算机、数据中心、信息安全测评等公共信息服务平台为两化深度融合和促进传统产业转型升级提供了有力支撑。尤其是工业应用软件的开发利用发挥了巨大作用，促进了钢铁、汽车、石化、装备、电子以及国防科工等行业企业的转型发展。

（3）形成了一批两化融合产业示范区和示范企业。各地以工业园区和骨干企业为重点，加快培育两化融合载体，充分发挥示范带动作用，已取得明显成效，呈现巨大潜力。

（4）信息技术在金融、商贸、社会管理等方面集成运用。经过多年努力，信息技术在上述各领域已普遍应用，通过示范实践，不断提升信息化水平。如财政、银行、税务、海关、交通等多项“金卡”工程，电子商务、网络采购、智能仓储等现代物流商业模式，不仅使管理水平、运营效率大幅提高，而且便及百姓、惠及民生。电子政务已广泛应用在政府各部门、各层面，提高了行政管理、社会管理水平。

2.推进两化融合、改造提升传统产业面临严峻挑战，存在较大差距

（1）认识不到位，缺乏紧迫感、危机感。不少领导干部和企业经营管理者没有认识到两化深度融合和构建“两型”社会是中国特色新型工业化道路的显著特征，没有上升到中国工业发展的战略高度，没有看到面临的严峻挑战。发达国家提出“再工业化”“制造业回归”等新战略和“低碳经济”“智慧地球”等新理念，就是要凭借其实力和尖端信息技术，迅速占领制高点，抑制发展中国家。我国高耗能、高污染、高投入、低效率的发展模式已不可持续。

（2）两化融合广度、深度不够，环境亟待优化。广度不够体现在没有推进到全部行业、企业，多数地区仍然停留在试点示范阶段。总的看来，大型骨干企业做得较好，中小企业特别是小微企业受制于各方面条件，还比较落后。深度不够表现在没有形成系统和网络。目前大多限于某个产品和项目采用部分信息技术，而企业行业集成应用、系统开发不够，多数企业仍处于各自为战、探索实践的阶段，尚未上升到国家、行业标准规范的高度。当前推进两化深度融合缺乏总体设计、具体部署、实施方案及有效措施，也没有专门支持两化深度融合的财税、金融、产业等政策措施，亟待法律和政策的保障与支持。

（3）信息资源整合利用明显滞后，推进两化融合的投入不足。两化融合的资源仍处于分散隔离的状态，条块分割、资源分散的现象严重。纵向信息网络自成体系，业务系统封闭运行，形成众多的“信息孤岛”，不能实现互联互通、共建共享，出现诸如效率不高、盲目发展、无序竞争等一系列问题，社会资源亟待整合。财政用于两化融合的投资有限，不利于调动企业和社会的投入积极性。

（4）信息产业的支撑能力不足。我国工业创新能力不足，工业电子和软件的核心技术、关键元器件严重依赖引进。网络基础设施及应用服务不能满足发展的需要。

3.进一步提高思想认识，加强统筹规划和顶层设计，在两化深度融合上狠下功夫

（1）站在走中国特色新型工业化道路的高度来深刻理解两化融合的重要意义。“十二五”末我国工业发展阶段总体上进入工业化后期。我们不能重复西方国家先工业化后信息化的老路，必须通过两化深度融合，实现跨越式发展，构建资源节约型、环境友好型社会。走中国特色的新型工业化道路既是长期艰巨的历史任务，也是十分紧迫的现实问题，还存在不少深层次问题和结构性矛盾，存在不少不确定、不稳定的因素，需要切实提高全社会的认识，尤其是要提高党政领导干部和企业经营管理者的认识，增强其紧迫感和危机感；同时，普及两化知识，宣传成功范例和典型经验。

（2）加强顶层设计，优化融合环境。

一是建议加快相关法律法规和配套政策的出台，为推动两化深度融合提供法律和政策依据。不断总结实践经验，通过法律法规明确政府、行业、企业的职责。

二是加强顶层设计，发挥政府的引导、指导、组织和推进作用。制定总体规划和专项规则、年度行动计划，建立部门协调机制，制定支持融合的优惠政策，支持传统产业的改造提升，加快培养符合两化融合要求的复合型人才。

三是建立健全两化融合的标准、规范体系。制定和完善共性技术标准、行业规范和评价标准，加强信息化应用领域的标准化建设，引导行业、地方和各类开发区提升两化融合水平。

四是整合社会资源，构建服务平台。促进大型骨干企业信息服务分离外包，构建更多服务平台，为中小微企业服务。加强信息设施建设，将其纳入公用市政重要基础设施范畴。

（3）用新一代信息技术改造提升和优化传统产业是当务之急。工业信息化领域要完成三件大事，即传统产业转型升级、培育发展战略性新兴产业、大力发展生产性服务业。战略性新兴产业是未来新的增长点，必须积极培育、加快发展，但由于各种因素的影响，一时还难以成为国民经济的支柱。未来相当长一段时间内，我国经济的持续稳定发展仍然要依靠传统产业的优化升级。

我国工业诸行业的总量很大，已具有相当水平，但总的来看，突出问题之一是多数行业经济技术指标与国际先进水平相比仍有较大差距。用包括信息技术在内的先进技术改造提升、优化传统产业是两化深度融合的重中之重。

一是运用技术进步、技术改造努力提升工业增加值。从投入看，能源、原材料单耗高；从产出看，产品品种质量差、附加值低。

二是用新一代信息技术提升现有生产线、基础设施运营的信息化水平。

三是运用信息技术变革制造业的生产方式。

（4）以“广覆盖、全渗透”为抓手，把两化融合引向深入。

一是把信息技术嵌入、渗透、覆盖到企业生产经营的全过程，深化信息技术在研发设

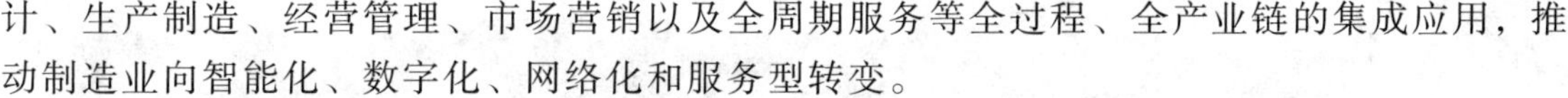

计、生产制造、经营管理、市场营销以及全周期服务等全过程、全产业链的集成应用，推动制造业向智能化、数字化、网络化和服务型转变。

二是把信息技术应用从制造业向能源、电网、交通运输、航空、城市基础设施等领域及物流、商贸等生产性服务业扩展，抓好重点示范，为传统产业的转型升级提供支持。

三是培育发展新兴产业要从源头抓起，发展现代信息技术产业体系。

四是把信息技术扩大到社保、教育、医疗、新农村建设、文化艺术等经济社会管理各层面，丰富和提高人们生活质量，创造和拉动消费。通过通信、视频、网上读书、音乐、游戏、动漫及搜索等业态，让各种智能终端进入家庭。信息消费是今后新的消费热点，有巨大潜力。

思政园地

促进国家高新技术产业开发区高质量发展

国家高新区经过30多年发展，已经成为我国实施创新驱动发展战略的重要载体，在转变发展方式、优化产业结构、增强国际竞争力等方面发挥了重要作用，走出了一条具有中国特色的高新技术产业化道路。经李克强总理签批，2020年7月国务院印发《国务院关于促进国家高新技术产业开发区高质量发展的若干意见》（国发〔2020〕7号）。

该意见指出，要以习近平新时代中国特色社会主义思想为指导，贯彻落实党的十九大和十九届二中、三中、四中全会精神，牢固树立新发展理念，继续坚持“发展高科技、实现产业化”方向，以深化体制机制改革和营造良好创新创业生态为抓手，以培育发展具有国际竞争力的企业和产业为重点，以科技创新为核心，着力提升自主创新能力，围绕产业链部署创新链，围绕创新链布局产业链，培育发展新动能，提升产业发展现代化水平，将国家高新区建设成为创新驱动发展示范区和高质量发展先行区。

该意见提出六个方面的任务举措：

一是大力集聚高端创新资源，吸引培育一流创新人才，加强关键核心技术创新和成果转移转化，着力提升自主创新能力。

二是支持高新技术企业发展壮大，积极培育科技型中小企业，加强对科技创新创业的服务支持，进一步激发企业创新发展活力。

三是大力培育发展新兴产业，做大做强特色主导产业，推进产业迈向中高端。

四是加大开放创新力度，推动区域协同发展，打造区域创新增长极，融入全球创新体系。

五是深化管理体制机制改革，优化营商环境，加强金融服务，优化土地资源配置，建设绿色生态园区，营造高质量发展环境。

六是加强分类指导和组织管理。国务院科技行政部门要会同有关部门做好国家高新区规划引导、布局优化和政策支持等相关工作，省级人民政府要将国家高新区作为实施创新驱动发展战略的重要载体，所在地市级人民政府要切实承担国家高新区建设的主体责任，确保各项措施落到实处。

资料来源　《国务院关于促进国家高新技术产业开发区高质量发展的若干意见》（国发〔2020〕7号）。

本章小结

高新技术产业是国民经济的先行产业，它主导经济发展方向；传统产业是国民经济主体产业，是经济和社会的支柱。正确处理两类产业的关系对经济快速、健康、持续发展至关重要。传统产业是高新技术产业发展的基础，高新技术产业是传统产业优化升级的前提。这两类产业发展的基本格局两者并存、相互补充，高新技术产业所占比重不断提高。

高新技术产业发展战略是：确定高新技术及其产业的重点发展领域；制订和实施各层次的计划；大力推进高新技术开发区和开发带的建设；强化技术引进的消化吸收工作，推进高新技术的产业化进程；积极推进各项配套改革政策的实施和完善；重视和发挥军民结合的技术转移机制和联合发展机制。

高新技术对我国传统产业的改造模式是：传统产业改造的重点选择；传统产业改造的运作机制选择；走向集约经营的传统产业现代化模式。

本章思语

1. 什么是高新技术产业？
2. 什么是传统产业？
3. 简述发展高新技术产业的主要战略。
4. 试论改造传统产业的模式。

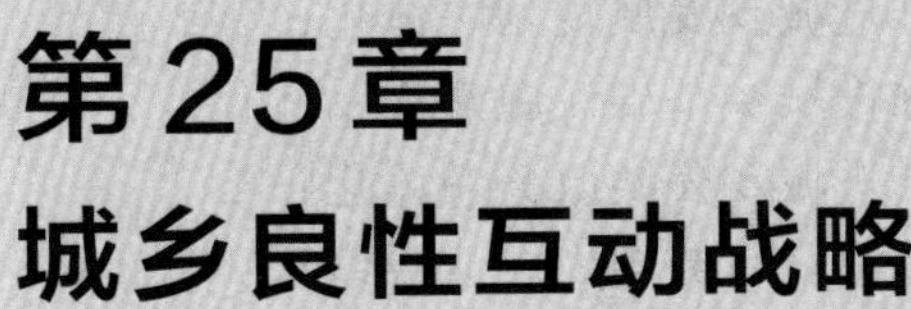

第25章 城乡良性互动战略

党的十七大和十八大报告在阐述和部署社会主义新农村建设任务时明确指出，要建立以工促农、以城带乡的长效机制，形成城乡经济社会发展一体化新格局。党的十九大报告提出，建立健全城乡融合发展体制机制和政策体系，加快推进农业农村现代化。这是党中央对统筹城乡发展提出的新方针和新要求，是打破城乡二元经济结构、加快农业农村发展、促进农民富裕的根本途径，为下一步推进城乡经济社会协调发展指明了方向。为此我们应着力抓好下列五个方面的工作：

（1）着力推进城乡发展规划一体化；

（2）着力推进城乡基础设施建设一体化；

（3）着力推进城乡公共服务一体化；

（4）着力推进城乡劳动力就业一体化；

（5）着力推进城乡社会管理一体化。

党的十七大和十八大报告全面阐述了实现城乡一体化和统筹城乡发展的要求。党的十七大报告明确指出："坚持把发展现代农业、繁荣农村经济作为首要任务，加强农村基础设施建设，健全农村市场和农业服务体系。加大支农惠农政策力度，严格保护耕地，增加农业投入，促进农业科技进步，增强农业综合生产能力，确保国家粮食安全。加强动植物疫病防控，提高农产品质量安全水平。以促进农民增收为核心，发展乡镇企业，壮大县域经济，多渠道转移农民就业。提高扶贫开发水平。深化农村综合改革，推进农村金融体制改革和创新，改革集体林权制度。坚持农村基本经营制度，稳定和完善土地承包关系，按照依法自愿有偿原则，健全土地承包经营权流转市场，有条件的地方可以发展多种形式的适度规模经营。探索集体经济有效实现形式，发展农民专业合作组织，支持农业产业化经营和龙头企业发展。培育有文化、懂技术、会经营的新型农民，发挥亿万农民建设新农村的主体作用。"

党的十八大报告进而提出："推进城乡发展一体化"，"促进城乡共同繁荣"，"坚持走中国特色新型工业化、信息化、城镇化、农业现代化道路，推动信息化和工业化深度融合、工业化和城镇化良性互动、城镇化和农业现代化相互协调，促进工业化、信息化、城镇化、农业现代化同步发展"。党的十九大报告提出："以城市群为主体构建大中小城市和小城镇协调发展的城镇格局，加快农业转移人口市民化。"

25.1 从城乡二元经济结构向城乡一体化迈进

城乡二元经济结构是中华人民共和国成立后长期存在的一种状况，但从我国目前发展的状况来看，已进入从城乡二元经济结构向城乡一体化迈进的历史拐点，从城乡分割走向城乡良性互动。

25.1.1 迈进历史拐点

从历史上看，无论是发达国家还是发展中国家，在发展初期都会遇到城乡关系不平衡的非良性互动问题。例如，在美国和英国等国家，工业化初期几乎都存在剥夺农村剩余来支持城市发展的现象。发展中国家尤其是在实行计划经济体制的国家，首先把城乡之间的资金、人力资本等生产要素及社会产出进行分割，限制它们之间的自由流动，最大限度地

"挤出"农村剩余，然后通过强制性的行政手段和计划手段如调拨等，实现农村剩余向城市的转移，以支持城市发展，农村与城市之间呈现不平衡的发展状态，这就是"二元经济结构"。

作为一个发展中的人口大国，我国长期处在二元经济结构状态下。

1949年以前我国处于典型的城乡二元经济结构，畸形的殖民地工业集中于城市，而且数量很少，广大农村基本上处于自然经济状态，生产方式落后，生产水平很低，农民自给而不能自足。

中华人民共和国成立后，这种城乡二元经济结构不仅没有逐步得到消除，反而不断得以强化。为保证国家实施重工业优先增长的赶超战略、进行工业化必需的资本原始积累，国家从20世纪50年代起陆续颁布了一系列政策和法令，从户口迁移制度、粮油供应制度、劳动用工制度和社会保障制度等诸多方面，设置了强有力的计划、物资、商业等部门，限制生产要素在城乡之间的合理流动，以实现向城市倾斜配置生产要素的目标；通过劳动部门以及强制推行严格户籍制度限制人力资本的自由流动，有计划、有步骤地把通过教育升学选拔出来的农村优秀人才配置到城市，造成农村技术性、知识性人才的缺乏；通过工业品-农产品价格"剪刀差"机制实现农村剩余最大限度地向城市转移。这些制度的实施，把城市和农村人为地分割开来，强化了城乡二元经济结构，逐步形成了严重分割对立、非良性互动的城乡利益关系格局。

改革开放以来，以户籍制度为核心的城乡分割发展制度虽然一时没有受到根本的触动，但其他方面的制度在逐步放松，城乡一体化发展取得长足进步，城乡经济关系有了明显改善。

进入21世纪后，我国处在一个向城乡一体化加速发展阶段迈进的历史拐点上，可以从以下六个方面来认识：

第一，这是中国特色社会主义事业进入新发展阶段的必然要求。进入21世纪，我国实现了现代化建设"三步走"战略的第一步、第二步目标，人民生活总体上达到了小康水平，脱贫攻坚取得决定性胜利，总体上实现了全面小康，进入全面建设社会主义现代化强国的新阶段，也是城乡一体化加速发展的阶段。

第二，这是我国工业化、城市化加速发展的迫切需要。加快增长的加速器表现在两大引擎上，即工业化和城市化。1990年以来，特别是20世纪90年代中后期，我国的经济结构发生了重大调整：基础设施的投入奠定了城市化的基础，工业化在消费和出口的拉动下逐步升级，中国经济增长开始由工业化单引擎发展到工业化与城市化的双引擎。从2002年开始，中国经济进入了一个城市化高速发展的阶段。非农就业是中国发展过程中最重要的目标和进步的标志，因此不管是工业化引擎还是城市化引擎，都必须而且必将加速推动工业化和城市化进程中的非农就业。

第三，这是贯彻落实新发展理念和政策取向综合作用的必然结果。党中央反复强调要完整、准确、全面贯彻新发展理念。协调是新发展理念的重要方面。统筹城乡协调发展，既是"三农"问题，也是城市化问题，必然要求把城市和农村的发展捆绑在一起，一体化推进。这样的发展理念以及与之相适应的政策取向，必然使城市和农村在新发展阶段和新发展格局中良性互动，必然促进农民和市民享受均等化公共服务和发展机会，必然把农村和城市的发展作为现代化建设同样重要的任务来推进。

第四，这是我国信息化发展的重要趋势。当今，信息技术广泛渗透到城乡经济和社会发展的各个领域。大力推进信息化，以信息化带动工业化，是我国完成工业化任务，发挥后发优势，实现生产力跨越式发展的新机遇。信息化的一个重要特点是利用现代传播手段可以在基础设施具备后不分地点、不分城乡地实现互联。总之，信息化的大力推进为城乡一体化加速发展提供了重要的历史机遇。

第五，这是我国深刻变化了的体制环境促进经济社会发展的重要体现。党的十四大确立了社会主义市场经济体制的改革目标，现在这种新的经济体制已经建立，为进一步加快城乡一体化发展提供了较为有利的体制环境。今后的改革目标是完善社会主义市场经济体制，致力于形成和完善一种能够使社会资源有效配置、经济有效运行的市场机制，创造一种能够最大限度地发挥人的积极性和创造性，进而提高社会整体创新能力的社会环境和制度安排。城乡分割的体制性障碍的消融和清除，必然为城乡一体化加速发展创造出更加有利的体制环境。

第六，这是经济全球化的内在要求。经济全球化不论遭遇什么样的逆流，但趋势不可阻挡。我国将在更大范围、更广领域和更高层次上参与国际经济技术合作和竞争，充分利用国际、国内两个市场，优化资源配置，拓展发展空间，以开放促改革、促发展。全球化理念和规则的影响日益扩张，必然使农民、市民都是国家的平等公民，城市、农村应当自主平等交流，扶助社会弱势群体等观念更加牢固地确立起来，进而影响到国家的方针和政策。这些对于加速城乡一体化发展是十分有利的。

25.1.2 从城乡分割到城乡良性互动

中华人民共和国成立初期，广大农村居民仍然享有比较充分的自由迁入城市的权利，人口城市化基本是在没有政府直接干预的情况下进行的。从20世纪50年代初开始，政府开始对农民向城市的迁移施加限制。1958年，《中华人民共和国户口登记条例》的颁布成为影响城乡关系的一个重要转折点。国家明确将城乡居民分为农业户口与非农业户口，并规定，农业户籍的居民要想迁入城市，首先必须获得城市管理当局的许可。这就形成了极为严格的控制农村人口流动的户籍管理制度。国家随后制定实行的生活资料供给制度、就业制度和社会福利制度等，都是与这种分割城乡的户籍管理制度相配套、相适应的，逐步形成了“一个国家、两种政策”的城乡分割治理的二元体制。

国家推行城乡分割发展制度并不是轻率的决策，而是国家在资源禀赋条件并不具备的条件下实施重工业优先发展的赶超战略的必然结果，是一种内生的制度安排。但是，随着国家发展偏好的适时调整和长期实行城乡分割发展制度本身带来的消极后果全面显现，城乡分割发展制度越来越不合时宜。经过40多年的改革开放，我国经济建设和社会发展取得了举世瞩目的伟大成就，社会生产力、人民生活水平和综合国力都上了一个大台阶。然而，城乡二元分割体制是我国经济社会发展面临诸多难题的一个共同根源。要克服重重困难，振兴中国经济，实现社会协调发展，关键就在于促进城乡经济社会实现良性互动。

在认识和对待城乡关系这个重大问题上，我国应实施城乡良性互动战略。所谓城乡良性互动战略，就是在我国经济社会发展的全过程中，牢固确立实现城乡良性互动的战略指导思想，坚决摒弃城乡二元经济结构赖以存在的种种政策和制度安排，通过积极促进城乡人力资源配置、产业结构调整和社会发展等各个方面的良性互动，形成全国范围内以市场

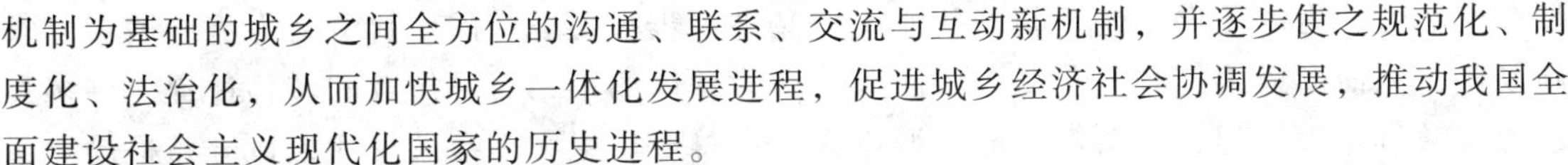

机制为基础的城乡之间全方位的沟通、联系、交流与互动新机制，并逐步使之规范化、制度化、法治化，从而加快城乡一体化发展进程，促进城乡经济社会协调发展，推动我国全面建设社会主义现代化国家的历史进程。

25.2　城乡一体化与中国现代化

我国现代化的进程就是一个城乡二元经济结构向城乡一体化发展演变的历史过程。中华人民共和国成立以来，中国现代化的道路走过了相当长时间城乡分割发展的过程。中国现代化只有实现从城乡分割向城乡良性互动的转变，才能实现较高发展水平上城乡一体化的目标。

发达国家的现代化历程表明，城乡关系的不断改善和城乡经济的协调发展，将使整个国家的面貌随之发生深刻变化。全面建成小康社会、加快推进社会主义现代化的过程，从一定程度上说，就是一个城乡良性互动进而实现城乡一体化的过程。

从我国工业化的发展程度来看，产业结构已逐步由农业、工业二元结构转变成农业、农村工业、城市工业三元结构，社会结构也逐步由农村、城市二元结构转变成为农村、城镇、城市三元结构。在现存的三元经济结构当中，存在双重的工业体系，即农村工业体系和城市工业体系。由于农村工业、城市工业各自在封闭的系统中运行，致使城乡工业表现出高度的同构现象。一方面，城乡工业结构的趋同，使工业生产要素得不到合理配置，造成生产上的简单重复，大量产品积压；另一方面，加剧了低水平的市场竞争，使消费品市场出现了结构性过剩。在我国告别短缺经济之后，城乡双重的工业体系的局限性就更加凸现出来，社会经济发展对城乡工业良性互动和城乡工业一体化的要求日益强烈。

我国有14亿多人口，5亿多在农村。这个基本国情决定了农业、农村和农民问题始终是关系改革开放和现代化建设全局的重大问题。“三农”问题必须实现城乡良性互动和一体化发展，才能得到根本的解决。

25.3　城乡人力资源良性互动

户籍制度是维系城乡分割的一项制度安排，加剧了城乡发展的不平衡。一方面，农村存在需要向城市工业转移的大量劳动力；另一方面，城市存在许多适合农村劳动力岗位的劳动力结构性不足，但城乡劳动力分割制度阻碍了这种流动，导致人力资源的配置失衡和低效率。同样，农村现代化建设迫切需要高素质人才流入农村。因此，城乡一体化良性互动必然要先实现城乡一体化劳动力市场以及城乡劳动力的良性互动。

25.3.1　农村剩余劳动力流动与城市劳动就业

从中国人口增长的惯性及其带来的劳动力的超常供给趋势来判断，劳动剩余经济的特征将在一个很长的时期在我国的城乡并存。因此，推进农村剩余劳动力的转移，是中国工业化、城市化、现代化进程中必须解决的重大战略问题。

世界城市发展史表明，城市人口及劳动力数量扩张的基本来源是农村居民，城市劳动就业量伴随着农村劳动力及其家属进入城市而不断扩大，而城市经济的活跃和发展又不断创造出对劳动力的需求，这些新的就业岗位又进一步吸引更多的农村劳动力流向城市寻求新职业，从而形成第一产业劳动人口向以城市为载体的第二、三产业的转移过程。许多发达国家通过这一过程，最后都形成了城市人口占总人口绝大多数的现代人口分布格局。不论在外国还是中国，原有的城市居民及其所在城市的某些政府官员，往往都对外来的新移民或农民进城务工经商怀着一种戒备心态，认为外来劳动力进城会冲击城市的就业。其实，这种观点和看法来源于劳动力需求总量恒定假说。

然而，现代劳动市场经济学理论中有关均衡劳动力市场的概念，最重要的含义之一就是：经济中没有固定工作数量这样的东西。只要劳动力的需求曲线不是垂直的（这是罕见的情况），只要工资不是完全不可变的，可就业的数量就是由供给数量等于需求数量的均衡状态所决定的。换言之，工作岗位数量本身是个变量，它取决于供给曲线、需求曲线和均衡工资率。经济对劳动力的需求，最终来自对它所生产的最终产品的消费需求，就业作为生产人们期望的商品和服务的一种手段，劳动投入量的多少还与资本、土地、技术等其他生产要素在经济活动中的投入量及配置方式相关。

劳动市场均衡理论分析还表明，劳动力的供给与需求均对工资率表现为具有弹性。其原因在于劳动力市场引导不同工资率的劳动力在部门、行业、地区间流动，从而使某一生产的劳动力供给量发生变化，这一变化又引起劳动力价格下降；劳动力价格下降反过来又刺激了劳动力需求，从而增加就业岗位。从更深层次的分析来看，正是由于劳动力价格下降，可降低产品的成本及销售价格，产品价格的下降又可扩大人们对产品的需求数量。而产品需求增加导致厂家扩大生产规模，保持并创造新的工作岗位，使就业量扩大。农村劳动力进城就业，因其劳动力价格比城市劳动力低廉，因而对扩大生产和增加就业量是有帮助的。

总之，农村劳动力进城就业与城市就业量的扩大具有相容互补的关系，尤其是城市第三产业的发展，使大量家庭劳动转变为社会劳动，从而创造出越来越多的就业岗位和就业机会。

农村劳动力进入城市就业，除一部分直接进入第三产业外，还有相当部分进入的是第二产业，尤其是制造业。这种就业倾向被认为是农村劳动力流动对城市人口充分就业的负面影响。这就需要分析农民工与城市工之间究竟有多大就业替代性的问题。

国内外许多有关劳动力流动的实证研究表明，缺乏技能的工人首先进入的是非技术性工作岗位，而这些岗位往往是当地社区居民不愿从事的职业或工种，因而二者的就业冲突和摩擦并不是经常化的。

当然，我们也不否认在一定条件下农村劳动力进城与城里人就业会出现一些矛盾。从理论上讲，产生这些矛盾的根本原因在于经济结构的变化、就业信息不充分、市场信息失真或时空分布不均等；但通过市场机制的调节和计划手段的协调，这些局部、暂时的矛盾是可以缓解和消除的。因此，统筹解决城乡就业的关键是建立城乡统一的劳动力市场，而不是去强化二元经济结构的劳动力市场。

25.3.2 一体化劳动力市场建设

由于我国城市国有经济领域的劳动就业尚未完全按市场规律办事，也由于农村剩余劳动力向城市流动仍然受到种种限制，所以我国的劳动力市场还不是统一的市场，而是二元化的分割的劳动力市场。这种市场显然不应长期保留，最终要求形成不同地区、不同产业、不同部门和不同所有制经济之间的统一的劳动力市场。只有这样才能实现劳动力资源的有效配置，这是协调城乡就业关系的根本方向。

首先，要从社会主义工业化、现代化的高度，统一认识农村劳动力进城就业产生的城乡就业关系。从平等竞争的市场进入规则出发，原则上不应限制从农村来城市的求职者的行业、工种进入。那种抑制政策不仅排斥了农民劳动就业正当的流动权、选择权和自主权，有悖于市场经济的基本原则，而且是一种挖肉补疮的短视行为，最终要为之付出较高的成本代价。如果强行干预，则有可能导致工农、城乡矛盾的激化，危及社会稳定，损害整个社会包括城市本身的长期福利目标与效率原则的实现。

其次，要积极改革“二元结构”的劳动就业体制，进一步完善城乡劳动力市场体系，激活城乡之间的劳动力流通。有关政府和部门应统筹考虑城乡劳动力的就业问题，尽量不干预城市企业在用工上的自主权，使企业按其生产经营的客观要求与特点，自主选择用人的数量和来源，不得以各种形式歧视农民工。要尽量依托市场机制来配置劳动力资源，减少行政手段和政府的直接干预。各地政府应积极加强劳动力市场软硬件，以减少流动中的盲目性。要鼓励城乡劳动者发挥各自优势，实行双向流动，如支持城市下岗人员利用其技术、管理才能和资金到乡村从事多种开发经营活动，支持农村个体、私营企业主到城市开展生产经营活动，为城市失业职工提供再就业机会。

最后，要大力发展中小城镇，以优惠政策降低农村人口迁居成本，疏导农村劳动力有序流动。为了有利于协调城乡劳动就业，需要在户籍管理制度上实行突破性改革，逐步消除现行制度对农民职业选择、流动迁徙、社会身份改变等种种不合理的限制。借鉴国外的通行办法，外来居民若有稳定的职业和收入来源，则视为已融入当地城市，可取得当地城市的成员身份。对一些小城镇，有关标准应更宽一些。

25.4 城乡产业良性互动

城乡发展不平衡的主要特征之一就是城乡产业结构的失衡，即现代工业与落后农业并存的局面。改革开放以后，随着经济社会的发展，逐步形成了传统农业、劳动密集型的乡村工业，以及技术、资本和知识密集型的现代化工业并存的“三元经济结构”。三元经济结构是城乡一体化的过渡阶段，也是城乡良性互动的初期阶段。随着市场机制的引进与完善、农村城镇化的推进以及政府对农业的重视，三元经济结构必将走向城乡一体化，步入城乡良性互动的高级阶段。

25.4.1 工农业协调发展

在传统体制下，中国工农业两大物质生产部门之间实际上一直未能建立起一种良性循环、互相促进的和谐关系，而是长期处于一种不良循环状态。到20世纪70年代末，工农业之间的矛盾已相当突出，农业落后，工业低效，城乡居民都未能得到较多的实惠。从70年代末开始，中国调整了经济发展战略，并进行了以建立新的经济体制模式为核心内容的经济改革，使得工农业关系的格局发生了深刻变化。

1.传统发展战略的矫正提高了工农业的关联度

以牺牲农业和压低人民生活水平为代价的发展模式日益受到农业发展不足和市场消费需求不足的困扰。因此，经济改革的内容之一就是调整工业内部结构，适当降低重工业的增长速度，加快与人民生活直接相关的轻工业的发展。同时，政府开始注重提高人民生活水平，以国内市场消费需求的增长带动国民经济的扩张。1978年以后，城镇居民收入增长速度较快，生活水平提高幅度较大，不仅有效地支撑了轻工业的发展，也增加了对各种农产品的需求，从而成为农业内部结构调整的推动力量。在调整工业结构的同时，政府还实施了一系列促进农业发展的重大政策，使农产品供给能力大大提高，在增进农业对工业的“产品贡献”能力的同时，农业对工业的“市场贡献”能力得到了较好的发挥。

2.市场机制的引入提高了工农业资源配置效率

随着市场机制在配置资源方面作用的增大，工农业之间的产品、资金和劳动力的流动日益受到市场机制的影响。这一变化对于提高工农业各自的资源配置效率、改善工农关系产生了积极的影响，也使得工农关系出现了更加复杂的局面。因为无论是在工农业内部还是在工农业之间，市场机制的引入都是不均衡的。在农业内部，一方面，与工业生产直接相关和对城市居民生活影响较大的主要农产品，仍不同程度地受国家计划的控制；另一方面，农业生产资料的实际放开经营与少数重要农产品仍实行计划收购之间也存在严重的冲突。虽然国家多次提高农产品收购价格，但农业生产资料价格的上升幅度也很大，在这种价格不合理的非均衡变动中，农业被置于十分不利的地位。随着市场机制作用的扩大，工农两大产业之间的利益冲突日益明晰化。

3.经济利益主体的生成使工农关系的调节愈来愈受利益原则的支配，中央政府的调控能力减弱

传统经济体制的弊端不仅表现为资源配置机制失当和效率低下，还表现为忽视了农户、企业及地方政府的独立利益。随着体制改革的不断深入，这种状况已发生了很大变化，具有独立利益的经济行为主体已逐步形成。在农村，随着家庭联产承包责任制的不断完善，农户获得了生产经营的自主权，成为一个自负盈亏、独立的经济利益主体。在城市，随着城市改革的不断深化，企业自身的经济利益是不断扩张的，也已成为一个相对独立的利益主体。改革开放以来，中国初步建立了分级财政体制，地方政府获得了相当的自主权。随着各种经济利益主体的形成，以及国家对工农业关系逐渐转向主要依靠经济手段进行间接调节，工农业发展也逐步转向分散决策，资源在工农业之间和工农业内部的配置愈来愈受到经济利益原则的支配，中央政府对工农业关系的计划调控能力已显著减弱。

4.农村工业的崛起使原来的工农业关系演变为城乡工业和农业之间的双重关系

改革开放以来，中国的农村工业获得了持续的高速增长，已全面介入工业部门。工农业关系已由原来的城市工业与农业之间的关系演变为城乡工业与农业之间的关系。这种格局形成以后，中国的工农业关系呈现出新的特点。

首先，农业不仅面临着继续为城市工业提供各种贡献的任务，也面临着为农村工业提供各种贡献的任务，工农业的良性互动表现为城市工业与农业的良性互动以及农村工业与农业的良性互动两个方面。

其次，从农村工业与农业相互作用的后果来看，一方面，农村工业的发展使农民分享了工业化的利益，在一定程度上缓和了城市工业与农业之间的紧张关系，促进了农业的发展；另一方面，农村工业的发展受比较利益的驱使，导致农业生产要素弱化和流失，不利于工农业良性互动。

25.4.2　市场机制与工农业互动协调

在大多数时期内，我国工农业之间未能建立起一种互促共进的和谐关系，工农业的不协调成为主流。我国在20世纪50年代就注意到了保持工农业协调发展的重要性，并强调按农、轻、重的顺序安排国民经济计划，但在实践中一直未能解决好这个问题，根本原因就在于资源配置机制没有改变，在当时的条件下还不可能形成良性互动的机制。

在20世纪80年代初期，我国的工农业关系由以前的极不协调转为比较协调，这并不是通过强化传统的计划机制实现的，而是市场机制在配置资源方面的作用日益扩大的结果。要实现工农业的持续协调发展，必须使市场成为配置资源的基础机制，必须形成工农业良性互动的机制，尽快完成由“双轨制”向政府宏观调控下的市场经济体制的转变。

1.要坚持把市场机制作为主要方式，促进工农业生产要素的优化配置

要坚持按经济规律办事，在更高程度、更大范围、更深层次上发挥市场机制的基础性作用，通过市场机制配置资源，打破城乡之间的市场封闭，整合城乡资金、劳动力、人才、技术、信息等资源，促进城乡工农业协调发展。

2.要促进市场的有效竞争

市场竞争是提高工农业生产效率、优化工农业资源配置的根本途径。但竞争必须有效，否则很难取得良好的效果。从规范的市场经济体制来看，有效的市场竞争主要包括三个方面的内容：一是竞争必须公平；二是竞争必须相对充分；三是竞争必须有序。

3.要完善农产品生产和流通机制

当今世界农业竞争是规模化、产业化、集约化、机械化、科学化的大农业竞争，小农经济不能适应国际大农业竞争，应大力改变传统的农产品生产机制。同时，要改变落后的农产品流通机制，使中国农业走上产业化、市场化的健康发展之路。

25.4.3　政府与工农业互动协调

1.政府在农业发展过程中的作用

政府在农业发展过程中具有不可替代的作用。政府、社区组织、农户在农业发展过程中担负着不同的职能。农户作为农业经营的微观主体，主要担负着农业中的流动资本、中小型农业机械、农田改良等方面的投入。农村社区组织则肩负着在本社区范围内农户无力承担的土地改良、农田灌溉、道路维修、农业服务体系建设等方面投入的职能。与此同时，政府在农业投入中则发挥社区和农户无法替代的作用。农业发展所需要的基础结构，包括农业科研、教育和推广，农村交通、运输、通信和信息系统，大型农业水利灌溉系统，农产品市场建设等，都具有很强的外部性，一旦投入运行，就将在一个较大的区域内发挥作用。这些方面的投资不仅规模大，而且周期长，单个农户或社区既缺乏投入的激励，也缺乏投入的能力。

2.农业的产业特性决定了政府必须对其进行扶持和保护

农业的产业特性决定了政府必须在财政上对其进行扶持和保护，这是世界上许多国家通行的做法。

首先，农业是以生物为对象的物质、能量转化与循环过程，是自然再生产与经济再生产相交织的过程，这就决定了农业对气候、土壤、地形等自然生态环境有着很强的依赖性，农业生产有着较高的自然风险，农产品供给的稳定性差。

其次，由于恩格尔定律的作用，农产品需求弹性小，需求约束问题在农业部门表现尤为突出，农产品的市场容量有限，农产品供求关系之间的均衡比较困难。

最后，农业是一个经济效益较低、社会效益较高的部门，投资于农业部门往往很难获得高额利润。农业生产在地域上的分散性又使得农业部门很难形成垄断。在比较利益的驱动下，农业部门的资金还会大量向农业外部转移。一般说来，农业自我积累、自我发展的能力较差。

3.加大政府投入是实现工农业良性互动和协调发展的重要途径

为了保证农产品供给的稳定增长和农民收入的不断提高，促进传统农业向现代农业的转化，政府必须对农业进行必要的扶持。

第一，要实现由农业支持工业向工业反哺农业的转变。关键在于从存量和增量两个方面合理调整国民收入在工农业之间和城乡之间的分配格局，以提高政府运用财政手段支持农业的能力。

第二，要建立健全有利于农业发展的政府投入稳定增长机制。

一是要合理界定中央与地方政府在农业投入上的事权和财权关系，规范各级政府投入行为。

二是要改革农业财政投入的运作方式，提高财政资金的使用效率。例如，财政支农资金的有偿使用制度、资金配套制度、农业发展基金制度都产生了一定的效果。

三是要合理确定财政支农资金的投向：①支持农业基础设施建设。②支持农业科研和推广体系建设。③支持建立粮食等关系国计民生的农产品的支持价格制度和专项储备制度。④支持建立农业风险保障体系。

此外，为了防止由于财政困难或政府及有关机构的随意性，而忽视对农业的资金投入，必须加快农业投资立法，使政府对农业的投入有法律上的保障。

25.4.4 城镇化是三元经济结构发展和转换的轴心

三元经济结构的生成与发展，尤其是非农产业的快速发展掀起了中国城镇化的浪潮。2020年，中国的城镇化率超过60%。与此同时，城镇的经济实力也得到不断增强，功能不断完善。

城镇的兴起是三元经济结构发展的产物，三元经济发展必然以城镇为阵地、依托。但城镇化与乡村工业化的力量又是相互连锁推进的：乡镇工业化—三元经济结构生成—剩余劳动力转移和居民居住方式的变迁—引起城镇化—城镇基础设施和功能强化—市场形成—刺激经济发展—工业能力增强—发展和完善三元经济结构—扩大城镇化—社会结构变革—新的一元经济结构生成。

城镇化作为推动中国三元经济结构发展和转换的支撑点，发挥着重要的轴心作用，具体体现在以下方面：

1.城镇的集聚效应推动着乡村工业的大发展

工业本身集聚了各种生产要素，乡村工业的发展客观上要求以城镇为依托。“离土不离乡，进厂不进城”“村村有工厂，乡乡都冒烟”的分散的农村工业，不仅造成资源浪费、生态恶化，对农业规模经济造成空间上的困难等，而且给乡镇企业的发展造成极大的不经济。以城镇为中心，对乡村工业进行合理的空间布局，将为乡村工业的发展注入强大的生机与活力。

2.城镇的吸纳功能使剩余劳动力实现有效的转移

农村劳动力过剩是发展中国家尤其是大型发展中国家共同存在的问题。中国作为最大的发展中国家，庞大的农村剩余劳动力盲目、自发、无序地流向城市，不仅影响农业生产的发展，而且给城市造成巨大的压力，严重影响城市经济社会的健康发展。造成剩余劳动力转移严重滞后的根本原因是我国城镇化严重滞后于工业化。因此，有效地解决农村剩余劳动力转移问题的根本出路在于大力发展中小城市和小城镇。

3.城镇的“增长极”效应促使农村区域经济的增长

经济社会的发展总是遵循非平衡发展规律，有重点、有差异、有特点地发展。非均衡系统中总是存在支配性的区位。因此，在不同的时期选择支配全局的优势区位发展经济可以事半功倍。非均衡发展观还认为：在初期，经济发展应以极化效应为主；在后期，经济发展则以扩散效应为主。极化效应使生产要素从非增长极向增长极集中；扩散效应则使生产要素（特别是资本和技术）从增长极向其腹地分散。

城镇的发展成为农村区域经济增长的中心。它不仅带动了农村经济增长重点的转移，即从乡村转向城镇，也带动了农村经济社会结构的整体改造，促进了二元经济结构向三元经济结构的转换，并为三元经济结构向一元经济结构转换作了必要的准备。于是这一经济增长的核心成为三元经济结构发展与转换的核心。

4.城镇的调节功能协调着三元经济结构之间的关系

中国农村工业部门是在农村农业部门和城市工业部门的夹缝中生长起来的，因此既相辅相成又相互矛盾。譬如农村工业部门与农业部门之间，一方面，农村工业的扩张吸纳了农村剩余劳动力，扩大了农产品的需求，刺激了农业生产，并通过以工补农、提高农民收入、支持农村基础建设等形式对农业进行“反哺”，促进了农业的增长；另一方面，不断吸引农业的养分，如与农业争资金、吸纳农村优秀劳动力、占用耕地、污染环境，对农业的发展产生负效应。市场体系发育的滞后使三元经济结构之间缺乏正常的市场联系，从而产生一定程度的断裂现象。

如何减少三元经济结构之间的摩擦，使之良性互动？这就需要建立新型的协调机制。一方面，深化改革，建立市场经济体制，为各部门之间的资源合理配置、平等竞争和经济流程中的契合建立深厚的基础；另一方面，建立三元经济结构相互依存、相互促进的载体，这个载体就是城镇。城镇的兴起与发展，以其特有的调节功能促使各部门的经济在资源上得到最佳配置，通过市场开拓促进各部门经济进入一体化良性循环的轨道，从而减少三元经济结构的矛盾，弥合其关系的裂缝。

就乡村工业与农业而言，通过对乡村工业进行合理空间布局，建工贸小区，就可以避免乡村工业对农村的污染，解决乱占耕地的问题；通过吸引外地资金，缓解乡村工业与农业争夺资金的矛盾；通过健全基础设施建设，在城镇建立完善农村的社会化服务体系；通过以工补农的形式，带动农村的发展，促进农业增长。更主要是城镇的发展将促进市场的发育，促进商品经济的发展，可以把农业与农村工业一起纳入市场化的轨道，使二者之间形成有机的市场联系，加速实现异质向同质的转变。

总之，城镇的协调功能，将使农村农业部门、农村工业部门及城市工业部门之间的内部关系日趋协调、完善，最终将消除三元经济结构之间的断裂现象，在市场一体化发展中逐步实现向现代经济结构的转换。

5.城镇的“桥梁”功能将促进三元经济结构向新的一元经济结构转换

从三元经济结构向一元经济结构转换最根本的问题是促进农村居民实现现代化，城市化的实现可以看作三元经济结构转换成为一元经济结构的最终标志。城镇作为联系城市和乡村的桥梁，作为乡村演化为城市的媒介和过渡形态，无疑将在这一转换中起着重要的作用。

首先，城镇的形成与发展，必然带动城镇工业企业及包括交通运输业、批发和零售业、住宿与餐饮业在内的第三产业的发展，从而为农村劳动结构转换开辟现实途径，为农村剩余劳动力的转移创造条件与机会，为人口结构转换提供现实可能性。农村人口向城镇集中，又将导致农村居民居住方式的变迁，城镇文化的熏陶还将给予这些居民的生活方式以新的内涵，为逐步实现现代化创造条件。

其次，城镇化的逐步推进及其所促成的农村工业部门自身产业结构的变化，从根本上说将有利于中国农村工业化从数量型过渡到质量型，推动乡村工业向现代工业的转轨。

城镇化还会促进传统社会结构向现代社会结构的转换。随着城镇化的推进，三元经济结构将被更新型、更先进、更合理的经济结构所取代——“城乡经济一体化”，从城乡分离、城乡对立走向城乡融合。

25.4.5 加快三元经济结构发展与转换步伐的对策

从城镇化的角度出发，应采取以下对策来加快三元经济结构发展与转换的步伐：

1.确立经济发展重心向城镇倾斜的农村经济发展战略

城镇化是农村现代化的一个重要标志。城镇化滞后既阻碍了中国农业现代化和工业现代化，也阻碍了人民生活方式的现代化。城镇的发展既是农村经济发展的必然产物，又是促进农村经济发展的必要条件。我们要加快实现跨世纪的宏伟目标，就必须认清城镇化在农村经济发展中的战略地位，把农村工作重点从农村转向城镇，以城镇为重心，加快对农村经济结构的改造，加速农村现代化进程。

2.以建城镇工贸小区为契机，加快工业结构的转型升级

乡村工业要以城镇化为依托，城镇化要以工业化为支撑。乡村工业要进一步发展，必须按照区域经济比较优势原则和专业化协作的要求，将分散的企业集中到适当的地点聚集共生，走适度规模经营的集约化道路，建立农村工贸小区，优化乡村工业的空间布局和组织结构，形成聚集效应和规模经济效益，这是优化乡村工业布局结构的方向。建立以城镇为依托的工贸小区，是工贸经济发展的内在要求。建好工贸小区，既是推进城镇化发展的重要举措，又是加快工业结构转换的重要契机。无论是城市工业的进一步优化还是乡村工业的进一步发展，都要以工贸小区为载体，进一步实现结构转换。

3.完善城镇的功能与结构，增强城镇的张力

经济发展的一般规律证明，现代经济的增长必须依托城镇，但对国民经济整体发挥作用的不是城镇的规模，而是城镇的结构和功能。在对国民经济进行结构改造的历史进程中，要发挥城镇的核心作用，关键要完善城镇的功能，科学构建城镇的格局，使之发挥最大效益，促进国民经济的增长与结构转换。

首先，完善城镇功能的核心问题是培育和发展城镇的市场体系，以城镇为依托进行市场开拓，包括形成和开拓以土地、劳动力、资本为代表的要素市场，开拓城乡的商品市场，以及全方位开拓国际市场。

其次，构建以工业为骨架、以服务业为导向的城镇经济体系，使城镇真正成为一定区域内经济发展的"增长极"，成为一定区域经济增长、贸易集散、技术进步的中心，增强城镇的辐射功能和领导功能。

再次，要以强有力的措施，加强城镇基础建设，以满足经济发展与农村人口城镇化的要求。为了更好地发挥城镇的功能，实现以城镇为核心促进农村区域经济全面增长的目的，在推进城镇化的具体方式上，应推进"据点型城镇化"与"网络型城镇化"相结合的战略。据点型城镇化是通过据点的兴建或据点的扩张来推进城镇化，核心是按照"一县一城（市），以县城为中心，以特色镇为纽带"的构想推进农村城镇化；网络型城镇化是指在城镇密集地区通过加强交通和通信网络的建设来形成城镇带或城镇圈。

最后，打破城乡壁垒，协调农村剩余劳动力的转移，加快人口城镇化的步伐。传统的二元经济结构及其相应的户籍制度所造成的城乡壁垒，很不利于剩余劳动力的转移，严重制约了经济发展和社会进步，也使城镇化严重滞后于经济的发展。为扭转这一局面，一是要打破城乡壁垒，逐步推进城乡通开的户籍制度，鼓励农民进城开店办厂、经商务工办企业，进城进镇安家落户，取得相应的城镇户口；二是大力发展城镇第二、三产业，增强城镇对剩余劳动力的吸纳能力，使城镇成为调节农村剩余劳动力的巨大"蓄水库"。

25.5　城乡社会发展良性互动

城乡经济上发展不平衡必然会导致农村教育、文化、卫生和养老保险的落后，农村社会福利明显低于城市。提高农村福利，实现城乡一体化良性互动，除了进一步发展农村经济外，政府还应该加大城乡社会发展良性互动。

25.5.1　基本公共服务的统一提供和城乡衔接

1.农村义务教育投入体制改革问题

无论是发达国家还是发展中国家，都是由中央和地方政府共同负担初等教育的全部或主要费用，特别是中央和省级政府往往承担了更大的责任。从农村基础教育管理和投入体制看，我国这些年来走的是一条与其他国家完全不同的道路。1985年，《中共中央关于教育体制改革的决定》确立了义务教育实行"地方负责，分级管理"的体制。之后，在《中华人民共和国义务教育法》《中国教育改革与发展纲要》中又进一步予以明确和完善。现行的农村义务教育办学和管理体制，曾极大地调动了各级政府的办学积极性，在我国农村义务教育的普及过程中确实发挥了积极的作用；但中央和省级政府在发展农村义务教育方面承担的责任太少，导致相当多地区的县乡财政难以支撑，严重影响了农村义务教育的发展。

调整并完善农村义务教育的管理体制和投入机制，应从如下方面入手：

第一，农村中小学教师工资改由中央、地方各级政府共同负担，由县统管。这样将为农村义务教育的健康发展提供强有力的保障。

第二，重新核定农村中小学公用经费的最低支出水平，设立学校基建专款。国务院从2006年起逐步实施农村义务教育经费保障机制改革，其重要内容是提高农村义务教育阶段中小学公用经费保障水平。国家应重新核定全国义务教育阶段小学、初中生平均公用经费的合理标准，制定中小学运转所必需的公用经费的最低支出水平，以保证学校正常运转。

2.城乡养老社会保险制度的衔接问题

农村传统家庭保障和土地保障面临挑战。由于农村人口基数大和城镇化道路吸引大批农村青年人向城镇转移，同时随着城镇户籍制度和劳动用工制度的松动，更促进了农村劳动力向城镇的转移，这就对传统的家庭养老模式提出了严峻挑战。同时，随着城镇化的加速和农村产业结构的调整，一方面，农民对耕地的人均占有量日益减少；另一方面，耕地的可比产值降低，土地对农民的养老保障功能逐渐降低。因此，农村的养老保险面临越来越大的压力，应实现城乡两套养老保险制度的衔接。

城镇养老保险制度的核心是社会统筹和个人账户相结合的部分基金积累制模式，农村养老保险制度的核心是个人账户基金积累的完全基金积累制模式。这是由中国现阶段二元经济结构的国情和农村集体经济水平较低且无固定收入人口较多的实际所决定的。

实现城乡养老保险制度的衔接，主要应解决两个问题：

一是逐步推行农村养老保险个人账户。当前，一些地方已经建立了农村养老保险个人账户。以河北省保定市为例，从2012年开始试点建立农村养老保险个人账户，2016年在全市铺开，目前覆盖面已达91%。通过建立个人账户，进一步优化个人与政府缴存比例，充分调动农民的积极性，保障农民权益。

二是逐步扩大农村养老保险统筹范围。从县、市到省，再到全国范围统筹农民养老保险资金，以此扩大保险资金的来源，增强保险资金的稳定性和区域均衡性，并逐步提高农民养老金的补助标准。

3.推动城乡信息和文化良性互动

我国目前面临着全球信息化的机遇和挑战，信息鸿沟是造成城乡收入差距拉大的一个重要因素。城乡之间存在信息的不对称。由于农民文化素质相对低，信息相对少而慢，而且有许多虚假信息，极大地限制了农民的增产增收。只有建立城乡信息沟通的有效渠道，才能实现优势互补、资源共享，从而推动城乡经济的协调发展，也才能更好地帮助农民增加收入、改善生活。推动城乡信息互动，就要建立城乡互动的信息网络，加强城乡之间项目信息、技术信息、人才信息、市场信息的交流；要下力气逐步建立专门为农民增收成才服务的网站；要经常性地组织各种活动帮助农民及时运用信息实现增收成才。

一个国家和民族的文化发展水平及其影响力，直接关系到这个国家的创新能力及科技发展水平。同时，知识和经济的联系越来越密切，经济中的文化含量越来越大，以至于出现了文化产业，这些都说明文化在人类社会发展中的作用日益突出。城市文化是先进文化的龙头，农村文化中又积淀了中华民族几千年的优良传统。只有使城乡文明水乳交融，才能帮助城市人学习到更多的优秀品德，才能帮助农民了解更多的现代文明，从而为社会主义现代化建设提供文化支撑。

25.5.2 建立健全促进城乡社会发展良性互动的组织体制

1.强化经济和社会管理综合部门职能

行政机构的职能从根本上说是由其承担的任务和奉行的战略决定的。从党政领导职能上看，市以上党政机关重点在城市，县（包括县）以下党政领导机关重点在农村。为了加大城乡经济协调的力度，改革开放以来，多数地区实行了市（地级市）管县的体制，但市委、市政府仍以领导城市工作为主，农村工作实际上仍属农委主管的部门工作，协调城乡经济的问题解决得并不好。城乡经济“两张皮”，制约了农村经济和城市经济的发展。为了从根本上改变这一状况，必须把领导工作的重心转向推动城乡经济协调发展，从根本上改变我国二元经济结构上来。

各级党委和政府必须从全局的高度重视农业和农村工作，承担起对城乡经济统筹兼顾、全面协调的责任，切实保护农民的经济利益和民主权利，努力减少城乡差距和工农差距。

2.设立区域开发机构

城乡差距与地区差距紧紧联系。推动城乡经济协调发展，实现城乡良性互动，一个重要的途径是缩小地区经济发展差距。我国目前只是在国家特大工程建设方面设立了中央一级区域开发机构，如国务院三峡工程建设委员会，但尚未就专门地区开发设立专门的中央级机构。在一些重点地区应设立中央级区域开发机构，与地方政府协作对该地区进行重点开发，加快推进城乡一体化进程。

重点开发地区，目前应主要考虑带动性强或贫困落后的地区，如长江中上游地区、黄河中上游地区，以及新疆、西藏等。这些地区的开发，既可以按现有行政区划进行，也可以打破现有的行政区划限制进行开发。通过对这些重点地区的开发，形成富有活力的地区性经济增长中心，带动周围广大农村地区的迅速发展，缩小地区差距，进而缩小城乡差别。

3.构建产业型服务体制

改革开放以来，虽然政府职能向适应现代农业、大农业、多元化农业的方向改进，但仍未摆脱对农民“管得多、服务少，取得多、给予少”的局面。乡村政府机构庞大，人浮于事，权责不清，使得行政成本过高，在经济、社会、文化生活中加强指导、服务协调的职能未能切实履行。农民负担增加，行政管理部门自成体系，中央部门纵向下伸，地方部门横向拓展，七站八所，各自为政，严重肢解农业经济的完整性，人为地割裂了城乡经济的联系，从而严重制约了资源的优化配置。因此，行政机构及其各级体系都必须向切实服务农民、密切城乡关系的方向调整，把直接干涉微观经济活动的行政和事业单位改为实体公司，统筹产前、产中、产后一切相关事务。

4.可探索建立村公所

可探索在现有行政村一级或者适当加以整合的行政村基础上，建立村公所，作为乡镇政府的派出机构。把乡镇现有干部编制、干部力量适当下沉，选好配强班子，承担村一级规划、建设、管理和群众工作，强化行政职能，加强基层治理力量。在村公所以下，依托自然村、村民小组或联组建立村委会，弱化新的村委会的管理权限，聚焦村民经济和社会事务的职能。

村公所以国家公务人员主导，可适当吸纳有能力的原村干部和能力较强、威望较高的村民参与管理，并且以此作为培养选拔公务员的平台，大学生村干部、选调生等都可以充实到村公所工作。

思政园地

建立健全城乡融合发展体制机制和政策体系

建立健全城乡融合发展体制机制和政策体系，是党的十九大作出的重大决策部署。改革开放特别是党的十八大以来，我国在统筹城乡发展、推进新型城镇化方面取得了显著进展，但城乡要素流动不顺畅、公共资源配置不合理等问题依然突出，影响城乡融合发展的体制机制障碍尚未根本消除。为重塑新型城乡关系，走城乡融合发展之路，促进乡村振兴和农业农村现代化，《中共中央　国务院关于建立健全城乡融合发展体制机制和政策体系的意见》于2019年4月发布。

该意见提出，建立健全城乡融合发展的体制机制和政策体系，需要按照实现“两个一百年”奋斗目标的战略部署，并与乡村振兴战略规划进行紧密衔接，分为“三步走”：

第一步，到2022年，城乡融合发展体制机制初步建立。城乡要素自由流动的制度性通道要基本打通，除个别超大城市外的城市落户限制要放开放宽，城乡统一的建设用地市场要基本建成，农村产权保护交易制度框架要基本形成，经济发达地区、都市圈和城市郊区在体制机制改革上要率先取得突破。

第二步，到2035年，城乡融合发展体制机制更加完善。城乡发展差距和居民生活水平差距要显著缩小，城乡有序流动的人口迁徙制度要基本建立，城乡统一建设用地市场要全面形成，城乡普惠金融服务体系要全面建成，基本公共服务均等化要基本实现，农业农村现代化要基本实现。

第三步，到21世纪中叶，城乡融合发展体制机制成熟定型。城乡全面融合，乡村全面振兴，全体人民共同富裕基本实现。

资料来源　《中共中央　国务院关于建立健全城乡融合发展体制机制和政策体系的意见》。

本章小结

城乡二元经济结构向城乡一体化转化，是我国经济社会发展的客观趋势和迫切要求。我们必须努力在城乡人力资源、产业发展和社会发展等方面实现从分割向良性互动的转变。

本章思语

1. 为什么要实现城乡二元经济结构向城乡一体化转化？
2. 怎么实现城乡人力资源的良性互动？
3. 怎么实现城乡产业发展的良性互动？
4. 怎么实现城乡社会发展的良性互动？

第26章
投入产出

26.1 投入产出原理

26.1.1 投入产出分析的起源与发展

投入产出分析产生于20世纪30年代，是美国经济学家沃西里·里昂惕夫提出来的。他于1931—1932年开始研究投入产出分析，主要是用来分析研究美国的经济结构，从宏观上研究美国经济的均衡问题。他于1936年发表了关于投入产出的第一篇论文《美国经济体系中投入产出的数量关系》，1941年出版了《1919—1929年的美国经济结构》一书，1953年又与他人合作出版了《美国经济结构研究》一书。在这些文章和著作中，里昂惕夫阐述了投入产出分析的基本原理及其应用，并利用美国公布的经济统计资料，编制了1919年、1929年和1939年美国经济的投入产出表。

投入产出分析的产生有其社会历史背景，适应了当时资本主义经济发展的需要。20世纪30年代，资本主义世界出现了严重的经济危机，许多经济现象是原有的经济理论所无法解释的，于是一些经济学家希望通过运用数学方法和统计资料对原有的经济理论加以改造。里昂惕夫在前人的启发和工作基础上，提出了投入产出分析方法，把国民经济各部门的投入与产出用一个棋盘式表格（投入产出表）联系起来，并且计算了各部门的直接消耗系数。这种方法在世界各国得到普遍推广和应用，在经济分析和计划工作中起了重要作用。

投入产出分析自产生以来有了较大的发展，在深度上出现了外生变量内生化，静态模型向动态模型发展，将投入产出与线性规划、非线性规划、动态规划相结合编制最优化模型；在广度上扩展到环境污染治理模型、国际贸易模型、人口模型、教育模型等。

26.1.2 投入产出分析的含义

投入产出分析是通过建立投入产出模型（投入产出表或投入产出数学模型），研究经济系统各要素之间投入与产出的相互依存关系的经济数量分析方法。其基本思路是：为获得一定的产出，必须有一定的投入。投入是指任何一个部门在产品生产过程中所消耗的各种生产要素，如原材料、辅助材料、燃料、动力、固定资产折旧和劳动力等。产出是指各个部门生产的产品总量及其分配使用的方向和数量，又叫流量，分为中间产品和最终产品两大类。中间产品用于生产消费，是指一年中生产出来又回到本年生产过程中去的那些产品，这部分产品用来作为生产过程的原材料、辅助材料、动力等的消耗。最终产品是本期内在生产领域已经最终加工完毕，可供社会消费和使用的产品，它是本期领域内的最终成果，如生活消费、积累和净出口等。在经济系统中，各个部门既是消耗产品（投入）的单位，又是生产产品（产出）的单位，各生产部门的总投入应等于总产出，每个部门同时具有生产者和消费者的双重身份。每个部门既产出产品，按社会需要分配，供其他部门和领域消费，又是消费其他产品的部门。这样，国民经济中的生产和分配相互交织，就形成了所有部门相互消耗和相互提供产品的内在联系。

投入产出分析首先把各个生产部门的投入来源和产出去向纵横交叉地编制成投入产出表；其次，根据投入产出表的平衡关系，建立投入产出数学模型；最后，借助投入产出表和数学模型进行计划平衡、经济预测和经济分析。因此，它既是一种进行部门（产品）间综合平衡的计划方法，又是一种对经济结构、经济效益、经济政策和产品价格等经济问题进行综合分析的方法，可以用于分析研究国民经济结构、地区经济活动甚至企业的生产经营活动，是目前在世界各国进行产业结构分析时运用得最普遍的数学工具。

26.1.3 投入产出分析的特点与局限性

1.投入产出分析的特点

（1）投入产出表是投入产出分析的基本形式。投入产出表采用棋盘式，纵横互相交叉，从而使它能从生产消费和分配使用两个方面来反映产品在部门之间的运动过程，反映社会产品的再生产过程。

（2）投入产出分析能深入分析部门间和产品间的各种复杂的相互依存关系以及主要的比例关系，揭示国民经济各种活动间的连锁反应，分析国民经济复杂的因果关系和相互联系。

（3）投入产出分析在投入产出表的基础上，利用线性代数等数学方法，建立数学模型，并利用计算机运算求解。

（4）投入产出分析的应用具有很大的灵活性。利用投入产出分析，可以根据不同的经济问题，编制不同的投入产出表，以研究和解决具体的经济问题。

2.投入产出分析的局限性

国民经济各部门间在投入与产出上存在极其密切的生产技术联系和经济联系，这种联系可以用投入产出表综合反映出来。投入产出模型的一个重要用途是通过分析产业之间的关联度，为选择某一时期的产业发展重点提供依据。但利用投入产出进行产业结构分析也有它的局限性：

（1）同质性假定，即一个产业只生产一种同质的产品，而且只用一种生产技术方式进行生产，即每个产业只有单一的消耗结构。一种产品不允许由几个产业来生产，也不允许几个产业联合起来进行生产。一种产品的生产形成一个产业，有多少种产品就形成多少个产业。这一假设忽视了现代社会中企业生产的多样化与协作化趋势。实际上，每个产业都是多种产品的集合体，划分产业部门不可能按产品细分。此外，在应用产业关联度来选择重点产业时，不同的部门划分会得到不同的排列顺序。

（2）比例性假定，即各产业部门的投入和产出之间的关系是线性关系。每个产业部门各种投入的数量同该部门的总产出呈正比例变动，即各项消耗系数是不变的。实际上，各产业部门的生产量与生产消耗之间存在两种不同的关系：一部分消耗会随产量的增加而以一定比例增加，如原材料、燃料、动力等消耗，在投入与产出之间存在固定的线性比例关系；另一部分消耗并不随产量的增加而增加，而是基本上保持不变，通常称为固定消耗。因此，在比例性假定下，不存在规模经济问题。

（3）模型是静态的，没有考虑各产业部门生产时间先后的影响。这显然与现实的产业发展相悖，因为假设产品X_2的生产速度较慢，又为产品X_1的生产所需，则产品X_1的生产速度显然会受到产品X_2的影响；如果产品X_1又为生产产品X_2所需，则产品X_2的生产速度又会受到进一步的影响。

此外，没有考虑价格变动、技术进步与劳动生产率提高的因素。然而，在实际经济中，生产技术是不断发展变化的，而价值型投入产出表中包含价格因素，价格不可能不波动。

因此，投入产出模型既是产业结构分析中的一个重要的理论工具，又有它的局限性。一般来说，它适用于短期而不适用于长期，适用于分析而不适用于预测。它毕竟只是一种静态分析的方法，这是运用投入产出模型进行产业结构分析时应特别注意的。

26.2 投入产出表

26.2.1 实物型投入产出表

利用投入产出分析进行经济分析和计划工作之前，首先要根据某一年份的实际统计资料编制一个投入产出表。实物型投入产出表是以实物为计量单位的（见表26-1）。

表26-1　**实物型投入产出表**

投入＼产出		计量单位	中间产品					最终产品				总产品
			1	2	…	n	小计	消费	积累	出口	小计	
物质投入	1		q_{11}	q_{12}	…	q_{1n}					Y_1	Q_1
	2		q_{21}	q_{22}	…	q_{2n}					Y_2	Q_2
	⋮		⋮	⋮	⋮	⋮					⋮	⋮
	n		q_{n1}	q_{n2}	…	q_{nn}					Y_n	Q_n
劳动投入			q_{01}	q_{02}	…	q_{0n}						V

1.实物型投入产出表的结构

实物型投入产出表的主栏是物质投入，包括被列入实物型投入产出表的各类产品名称，它们都用实物单位计量；宾栏由中间产品、最终产品与总产品三部分组成，将实物型投入产出表分割为两大部分：一是中间产品象限，主栏是物质投入，宾栏是中间产品，主、宾栏下均设n种相同物质产品，排列顺序一致，构成n·n维方阵；二是最终产品象限，主栏是物质投入，宾栏是最终产品，该象限表示各种物质产品在本年度内作为最终产品使用的数量。

为便于说明，令实物型投入产出表的行下标为i（i=1，2，…，n），列下标为j（j=1，2，…，n），那么中间产品象限即部门j与部门i之间的产品消耗流量，q_{ij}表示j部门消耗i部门产品的数量；Q_i、Y_i分别表示各部门的总产出量和最终产出量。表26-1中最后一行各数据符号q_{0j}表示j部门消耗劳动力的数量，劳动力可用小时、日来表示，也可用货币表示，其总量用V表示。

2.实物型投入产出表中的平衡关系与平衡方程

从表26-1中的纵列看，它表明了为生产j部门的产品总量需要消耗各部门产品的数量和劳动消耗量。从横行看，它反映了各类产品的分配使用情况，其中一部分作为中间产品供各部门生产使用，另一部分作为最终产品供积累和消费使用，这两部分之和表现为在一定时间内各类产品的生产总量，即产出总量。

实物型投入产出表由于用实物单位计量，同一种产品横行分配流量可以相加，纵列产品计量单位不同，不能相加。因此，实物型投入产出表只能列出实物产出分配方程组，用数学式表示为：

$$\sum_{j=1}^{n} q_{ij} + Y_i = Q_i \tag{26-1}$$

总之，实物型投入产出表实际上是一个把多种物质（包括生产资料和消费资料）有机联系在一起的产品生产与分配平衡表。

3. 实物型投入产出表的用途

实物型投入产出表从实物形态角度系统地反映了社会再生产过程，我们可以用其分析每类产品的简单再生产（中间产品的补偿和固定资产更新改造、大修理）以及扩大再生产（积累）的关系和比例，分析每类产品用作积累基金和消费基金的比例。由于实物表中各类产品是以实物量作为计量单位的，因此可以避免价格变动与价格背离价值等因素的影响，能较确切地反映国民经济中各类产品生产过程中的技术联系。编制实物型投入产出表的主要目的是依靠它建立投入产出数学模型，进而用于计划编制工作。

26.2.2　价值型投入产出表

价值型投入产出表是以货币为计量单位而编制的投入产出表（见表26-2）。

表26-2　**价值型投入产出表（一）**

<table>
<tr><td colspan="3" rowspan="3">产出
投入</td><td colspan="5">中间产品</td><td colspan="5">最终产品</td><td rowspan="3">总产品</td></tr>
<tr><td colspan="5">消耗部门</td><td rowspan="2">固定资产
更新改造</td><td rowspan="2">积累</td><td rowspan="2">消费</td><td rowspan="2">净出口</td><td rowspan="2">小计</td></tr>
<tr><td>1</td><td>2</td><td>…</td><td>n</td><td>小计</td></tr>
<tr><td rowspan="7">生产资料转移价值</td><td rowspan="5">生产部门</td><td>1</td><td>x_{11}</td><td>x_{12}</td><td>…</td><td>x_{1n}</td><td></td><td></td><td></td><td></td><td></td><td>Y_1</td><td>X_1</td></tr>
<tr><td>2</td><td>x_{21}</td><td>x_{22}</td><td>…</td><td>x_{2n}</td><td></td><td></td><td></td><td></td><td></td><td>Y_2</td><td>X_2</td></tr>
<tr><td>⋮</td><td>⋮</td><td>⋮</td><td>⋮</td><td>⋮</td><td></td><td></td><td></td><td></td><td></td><td>⋮</td><td>⋮</td></tr>
<tr><td>n</td><td>x_{n1}</td><td>x_{n2}</td><td>…</td><td>x_{nn}</td><td></td><td></td><td></td><td></td><td></td><td>Y_n</td><td>X_n</td></tr>
<tr><td>小　计</td><td></td><td></td><td></td><td></td><td></td><td></td><td></td><td></td><td></td><td></td><td></td></tr>
<tr><td colspan="2">固定资产折旧</td><td>D_1</td><td>D_2</td><td>…</td><td>D_n</td><td></td><td colspan="6" rowspan="6"></td></tr>
<tr><td colspan="2">物质消耗小计</td><td></td><td></td><td></td><td></td><td></td></tr>
<tr><td rowspan="3">新创造价值</td><td colspan="2">劳动报酬</td><td>V_1</td><td>V_2</td><td>…</td><td>V_n</td><td></td></tr>
<tr><td colspan="2">社会纯收入</td><td>M_1</td><td>M_2</td><td>…</td><td>M_n</td><td></td></tr>
<tr><td colspan="2">小　计</td><td></td><td></td><td></td><td></td><td></td></tr>
<tr><td colspan="3">总投入</td><td>X_1</td><td>X_2</td><td>…</td><td>X_n</td><td></td></tr>
</table>

1. 价值型投入产出表的结构

表26-2的水平方向说明各部门产品按经济用途的分配使用情况。各部门产品按经济

用途可以分为中间产品和最终产品两大部分，中间产品产值与最终产品产值之和等于总产品产值。表26-2的垂直方向说明各部门产品的价值构成。产品价值可以分为两大部分：

一部分是生产资料转移价值，它是由所消耗的生产资料的价值构成的，包括劳动对象的消耗（如原材料、辅助材料和动力等的价值）和固定资产折旧（D）。

另一部分是新创造价值，包括该部门的劳动报酬（V）和社会纯收入（M）。生产资料转移价值与新创造价值的合计等于总产品的价值。我们用互相垂直的双线把整个表格分成左上、右上、左下、右下4个部分，分别称为Ⅰ、Ⅱ、Ⅲ、Ⅳ象限。

第Ⅰ象限是一个横行、纵列部门数目完全相同、排列一致的表格，它反映各部门之间相互提供劳动对象供生产过程消耗的情况。横行表示各部门的产品分配给其他各部门（包括本部门）产品的数量。若以i代表横行第i部门，j代表竖列第j部门，则x_{ij}表示第j部门生产产品时消耗第i部门的产品数量，称x_{ij}为第i部门向第j部门的流量，简称为部门间流量。第Ⅰ象限主要反映国民经济各物质生产部门之间的生产与分配的联系，即各物质生产部门之间的投入与产出的联系，这种联系主要是由各部门的技术经济联系所决定的。

第Ⅱ象限反映各物质生产部门的年总产品中可供社会最终消费或使用的产品。它主要体现积累和消费的比例及构成、国民收入的实物构成，它所反映的联系主要取决于社会经济因素。从横行看，各项数字小计就是各部门的最终产品，用Y_i表示；从竖列看，各项数字说明最终产品是由哪些生产部门提供的。所有部门最终产品之和$\sum_{i=1}^{n} Y_i$，即为社会总产值或国民生产总值。

第Ⅲ象限说明最终产值即国民生产总值的价值形成过程，主要反映各物质生产部门净产出价值，即新创造价值，反映国民收入初次分配以及必要劳动和剩余劳动的比例。按其经济内容来说，第Ⅲ象限包括固定资产折旧和新创造价值两部分。

第Ⅲ象限和第Ⅱ象限从总量上来说应当相等，即$\sum_{i=1}^{n} Y_i = \sum_{j=1}^{n}(D_j + V_j + M_j)$。但对某个部门来说，最终产品的数量与该部门的新创造价值加固定资产折旧之和在数量上并不相等。

第Ⅳ象限从性质上讲反映国民收入的再分配过程，如非生产领域的员工工资、非生产性企事业单位的收入等。由于这个象限的经济内容比前3个象限更加复杂，到目前为止，人们对它的研究和利用还很少，在编制投入产出模型时，常常把第Ⅳ象限略去不论。

2.价值型投入产出表中的平衡关系与平衡方程

投入产出表有如下几个平衡关系：

（1）第Ⅰ象限中物资消耗之和等于中间产品之和，说明生产过程中消耗的生产资料要以同量的中间产品来补偿。

（2）第Ⅲ象限的合计等于第Ⅱ象限的合计，说明社会最终产品产值与国民收入加上本年度的固定资产折旧额在数量上是相等的。

（3）每一列的总计等于每一行的总计，说明国民经济各部门生产的产品和分配使用在总量上是相等的。

从表26-2的水平方向看，“中间产品+最终产品=总产品”，故可得平衡方程如下：

$$\sum_{i=1}^{n} x_{ij} + Y_i = X_i \quad (i=1，2，\cdots，n) \qquad (26\text{-}2)$$

这组方程反映了各物质生产部门的分配使用情况，被称为产品分配平衡方程组。

从表26-2的垂直方向看，“劳动对象消耗+固定资产折旧+活劳动消耗（劳动报酬+社会纯收入）=产品总价值”，有：

$$\sum_{j=1}^{n} x_{ij}+D_j+V_j+M_j=X_j \quad (j=1,\ 2,\ \cdots,\ n) \tag{26-3}$$

这组方程反映了各部门产品的价值构成，被称为价值构成平衡方程组。

26.2.3　实物型投入产出表与价值型投入产出表的区别

若将实物型投入产出表与价值型投入产出表作比较，就会发现两者在基本方面是相同的，但也存在差异：

（1）价值型投入产出表的计量单位是单一的，都是货币单位；实物型投入产出表的计量单位一般各不相同。

（2）价值型投入产出表既可按行相加，又可按列相加；实物型投入产出表只能按行相加得到总产量，不能按列相加，因为不同的计量单位是无法相加的。

（3）价值型投入产出表包括了全部物质生产部门的总产值。实物型投入产出表只包括若干主要产品的总产量。这是因为国民经济中产品种类繁多，但投入产出表的规模不能过分庞大，只能把那些生产量大、原材料消耗量大或与其他许多种产品在生产过程中有密切联系的产品列入。

26.3　消耗系数与数学模型

26.3.1　直接消耗系数

直接消耗系数反映某部门在单位产品生产过程中对各部门产品的直接消耗量，用投入产出表上各种产品的年总产量去除它对某种相应产品的消耗量，便可得出单位产品的消耗量，即直接消耗系数。其计算公式如下：

$$a_{ij}=\frac{x_{ij}}{X_j} \quad (i,\ j=1,\ 2,\ \cdots,\ n) \tag{26-4}$$

式中：a_{ij}表示第j部门一个单位产品对第i部门产品的消耗量。

将n个部门的直接消耗系数用矩阵A表示：

$$A=\begin{bmatrix} a_{11} & a_{12} & \cdots & a_{1n} \\ a_{21} & a_{22} & \cdots & a_{2n} \\ \vdots & \vdots & \vdots & \vdots \\ a_{n1} & a_{n2} & \cdots & a_{nn} \end{bmatrix}$$

各物质生产部门的直接消耗系数是以部门间的生产技术联系为基础的，所以直接消耗系数也被称为技术系数。a_{ij}的数值大，说明第j部门与第i部门联系密切；a_{ij}的数值小，说明第j部门与第i部门联系松散；$a_{ij}=0$，说明第j部门与第i部门没有直接的生产与分配关系。

同理，可得其他直接消耗系数：

直接物质消耗系数 $a_{Cj}=\frac{\sum_{i=1}^{n}x_{ij}}{X_j}=\sum_{j=1}^{n}a_{ij}=\frac{C_i}{X_j}$

该系数表示第j部门单位产品中含中间投入价值的数量，即直接物质消耗系数矩阵A第j列元素之和，用向量表示为$A_C=(a_{C1},\ a_{C2},\ \cdots,\ a_{Cn})$。

直接折旧系数 $a_{Dj}=\frac{D_j}{X_j}$

该系数表示第j部门单位产品中折旧数量，用向量表示为$A_D=(a_{D1},\ a_{D2},\ \cdots,\ a_{Dn})$。

直接劳动报酬系数 $a_{Vj}=\frac{V_j}{X_j}$

该系数表示第j部门单位产品中劳动报酬数量，用向量表示为$A_V=(a_{V1},\ a_{V2},\ \cdots,\ a_{Vn})$。

直接社会纯收入系数 $a_{Mj}=\frac{M_j}{X_j}$

该系数表示第j部门单位产品中社会纯收入数量，用向量表示为$A_M=(a_{M1},\ a_{M2},\ \cdots,\ a_{Mn})$。

26.3.2 完全消耗系数

直接消耗系数刻画了部门之间的直接联系，但在整个国民经济各部门之间，除了直接联系外，还有各种间接联系。完全消耗系数是指第j部门生产一个单位最终产品对第i部门产品的完全消耗量，用b_{ij}表示。例如，坑道采矿需要直接消耗电力、采掘设备、钢材和坑木等。在采掘过程中，采掘设备的运转需要直接消耗电力，即为直接消耗；采掘设备的制造、钢材的生产和坑木的采伐加工也需要消耗电力，这对采矿来说是间接消耗，是第一次间接消耗；制造采掘设备、生产钢材和制造伐木工具，在其生产过程中还要消耗钢铁，炼钢铁也要消耗电力，对采矿而言是第二次间接消耗；依此类推，还有第三次、第四次以至更多次的间接消耗。将直接消耗系数与所有间接消耗系数求和就是完全消耗系数。可见，社会生产各部门之间存在极其复杂的生产联系，计算直接消耗系数比较容易，要想全面测定各个部门之间的直接与间接联系即计算完全消耗系数就比较复杂了。

设直接消耗系数矩阵为A，单位矩阵为I，当各部门都生产一个单位的产品时，需直接消耗各部门的产品总量为$X^{(0)}=AI$，这样第一次间接消耗应为$X^{(1)}=AX^{(0)}=A^2I$；第二次间接消耗应为$X^{(2)}=AX^{(1)}=A^3I$；依此类推，第（k-1）次间接消耗应为$X^{(k-1)}=A^kI$，则完全消耗系数矩阵为：

$$B=A+A^2+A^3+\cdots+A^k+\cdots \tag{26-5}$$

根据矩阵范数的性质，可知当$k\to\infty$时，$A^k\to0$，（26-5）式变为：

$$B+I=I+A+A^2+A^3+\cdots+A^k+\cdots=(I-A)^{-1}$$

故

$$B=(I-A)^{-1}-I \tag{26-6}$$

完全消耗关系在国民经济各部门之间都存在，如果能够精确地将它们计算出来，对于了解各部门、各种产品生产过程的内在联系，对于搞好国民经济综合平衡，都有极其重要的意义。

总之，直接消耗系数是从总产品的角度出发考查产品的消耗关系，它说明生产一个单位产品对其他产品的消耗；完全消耗系数则是从最终产品角度考查产品的消耗关系，它说明为了生产一个单位最终产品对其他产品的消耗量。

其他完全消耗系数如下：

完全物质消耗系数$B_C=A_C(I-A)^{-1}$

完全折旧系数$B_D=A_D(I-A)^{-1}$

完全劳动报酬系数$B_V=A_V(I-A)^{-1}$

完全社会纯收入系数$B_M=A_M(I-A)^{-1}$

26.3.3 投入产出数学模型

1.价值型投入产出行模型

由（26-4）式可得到：

$$x_{ij}=a_{ij}X_j \quad (i,\ j=1,\ 2,\ \cdots,\ n) \tag{26-7}$$

代入（26-2）式变为：

$$\sum_{j=1}^{n} a_{ij}X_j+Y_i=X_i \quad (i,\ j=1,\ 2,\ \cdots,\ n) \tag{26-8}$$

以矩阵表示为：

$$AX+Y=X \tag{26-9}$$

式中：A为直接消耗系数矩阵；X为总产出量列向量；AX为各产品的中间消耗总量，即生产性消耗总量；Y为最终需求列向量。

由此可见，投入产出表实际上是一套借助直接消耗系数把最终需求和总产出联系起来的方程组。对（26-9）式移项，得：

$$Y=X-AX \tag{26-10}$$

此式的含义是从总产量中减去生产性消耗总量，就可得到最终产品量。

引入单位矩阵，可将（26-10）式化为：

$$Y=(I-A)X \tag{26-11}$$

式中：I为单位矩阵；(I-A）为里昂惕夫矩阵，该矩阵的各列中，正号表示产出，负号表示投入（消耗）。(26-11）式的经济含义是当已知产品总产出量时，可求出能提供给市场的最终产品量，这就是“以产定销模型”。当产品市场处于短缺状态时，可按此模型制订产品生产销售计划。

（26-11）式两边都左乘$(I-A)^{-1}$，得到：

$$X=(I-A)^{-1}Y \tag{26-12}$$

式中：$(I-A)^{-1}$为里昂惕夫逆阵。(26-12）式反映最终需求和总产出之间的函数关系，当已知最终产品量时，可求出其产品总产出量，这就是“以销定产模型”。当产品市场处于疲软状态时，可按此模型制订企业生产计划。

2.价值型投入产出列模型

引入直接消耗系数，(26-3）式变为：

$$\sum_{j=1}^{n} a_{ij}x_{ij}+D_j+V_j+M_j=X_j \quad (j=1,\ 2,\ \cdots,\ n) \tag{26-13}$$

记$N_j=D_j+V_j+M_j$，则为：

$$\sum_{j=1}^{n} a_{ij}x_{ij}+N_j=X_j \quad (j=1, 2, \cdots, n) \tag{26-14}$$

直接物质消耗系数的对角线矩阵 $\hat{A}_C$ 如下：

$$\hat{A}_C=\begin{bmatrix} a_{C1} & 0 & 0 \\ 0 & a_{C2} & 0 \\ \vdots & \vdots & \vdots \\ 0 & 0 & a_{Cn} \end{bmatrix}$$

则（26-14）式的矩阵形式变为：

$$\hat{A}_C \cdot X+N^T=X \tag{26-15}$$

即 $$N^T=(I-\hat{A}_C)X \tag{26-16}$$

【例 26-1】请分析表 26-3 中各部分之间的关系，并计算直接消耗系数和完全消耗系数。

表 26-3　　**部门价值型投入产出简表**　　单位：亿元

产出 投入			中间产品					最终产品					总产品(X)
			消耗部门					固定资产更新改造	生产性积累	非生产性积累	消费	小计(Y)	
			工业	农业	交通运输业	商业	小计						
生产资料转移价值	生产部门	工业	900	80	35	190	1 205	70	115	80	810	1 075	2 280
		农业	280	120	0	5	405	0	10	5	140	155	560
		交通运输业	70	5	0	20	95	0	20	0	50	70	165
		商业	100	5	0	10	115	120	130	90	160	500	615
		小计	1 350	210	35	225	1 820	190	275	175	1 160	1 800	3 620
	固定资产折旧		100	40	20	25	185						
	物质消耗小计		1 450	250	55	250	2 005						
新创造价值	劳动报酬		310	210	55	165	740						
	社会纯收入		520	100	55	200	875						
	小　计		830	310	110	365	1 615						
总投入			2 280	560	165	615	3 620						

【分析】

1. 价值型投入产出表的结构

（1）表 26-3 的水平方向说明各部门产品按经济用途的分配使用情况。工业产值为 2 280 亿元，用于工业本身消耗 900 亿元，农业消耗 80 亿元，交通运输业消耗 35 亿元，商业消耗 190 亿元，合计 1 205 亿元，这 1 205 亿元就是工业产品作为中间产品使用的部分。工业产品作为最终产品的使用部门为1 075亿元，其中固定资产更新改造70亿元、生产性积累115亿元、非生产性积累80亿元、消费810亿元。中间产品的产值与最终产品产值之和等于总产品产值，对于工业部门有2 280亿元((900+80+35+190) +（70+115+80+810))。

（2）表26-3的垂直方向说明各部门产品的价值构成。由表26-3的第1列可以看出：在工业生产过程中，消耗900亿元的工业产品，消耗280亿元的农业产品，消耗70亿元的交通运输业产品，消耗100亿元的商业产品，固定资产折旧100亿元，生产资料转移价值为1 450亿元（900+280+70+100+100）。工业生产过程中的劳动报酬为310亿元，社会纯收入为520亿元，新创造价值为830亿元（310+520）。生产资料转移价值与新创造价值的合计等于总产品的价值，对于工业部门有2 280亿元((900+280+70+100+100) +(310+520))。

（3）部门间流量x_{ij}。在表26-3中，$x_{24}=5$表示竖列第4个部门（商业部门）生产产品时消耗横行第2个部门（农业部门）的产品量为5，或者说横行第2个部门分配给竖列第4个部门用于生产消费的产品量为5，这5就是第2个部门向第4个部门的流量。

（4）第Ⅱ象限和第Ⅲ象限从总量上来说相等：

1 075+155+70+500=（830+100）+（310+40）+（110+20）+（365+25）=1 800

在表26-3中，工业部门所提供的最终产品Y_1为1 075亿元，而工业部门的新创造价值与固定资产折旧之和为930亿元（830+100）。

2. 直接消耗系数

在表26-3中，工业部门每年总产品价值为2 280亿元，而工业部门每年消耗农业部门280亿元的产品，那么工业部门每生产1个价值单位的产品，直接消耗农业部门0.1228个价值单位（280÷2 280）的产品，这个比值0.1228就是工业部门对农业部门的直接消耗系数。对表26-3来说，有：

$a_{11}=x_{11}\div X_1=900\div 2\,280=0.3947$

$a_{12}=x_{12}\div X_2=80\div 560=0.1429$

$a_{13}=x_{13}\div X_3=35\div 165=0.2121$

$a_{14}=x_{14}\div X_4=190\div 615=0.3089$

表26-4就是根据表26-3计算得来的直接消耗系数表。

表26-4　**直接消耗系数表（$a_{ij}=x_{ij}/X_j$）**

部门	工业	农业	交通运输业	商业
工业	0.3947	0.1429	0.2121	0.3089
农业	0.1228	0.2143	0	0.0081
交通运输业	0.0307	0.0089	0	0.0325
商业	0.0439	0.0089	0	0.0163

因此，可得如下平衡方程：

$$\begin{cases}0.3947X_1 + 0.1429X_2 + 0.2121X_3 + 0.3089X_4 + Y_1 = X_1\\ 0.1228X_1 + 0.2143X_2 + 0.0081X_4 + Y_2 = X_2\\ 0.0307X_1 + 0.0089X_2 + 0.0325X_4 + Y_3 = X_3\\ 0.0439X_1 + 0.0089X_2 + 0.0163X_4 + Y_4 = X_4\end{cases}$$

同理，可以计算各产业部门的直接折旧系数 a_{Dj}、直接劳动报酬系数 a_{Vj} 和直接社会纯收入系数 a_{Mj}：

工业部门的直接折旧系数 a_{D1}=100÷2 280=0.0439

农业部门的直接折旧系数 a_{D2}=40÷560=0.0714

交通运输业部门的直接折旧系数 a_{D3}=20÷165=0.1212

商业部门的直接折旧系数 a_{D4}=25÷615=0.0407

工业部门的直接劳动报酬系数 a_{V1}=310÷2 280=0.1360

农业部门的直接劳动报酬系数 a_{V2}=210÷560=0.3750

交通运输业部门的直接劳动报酬系数 a_{V3}=55÷165=0.3333

商业部门的直接劳动报酬系数 a_{V4}=165÷615=0.2683

工业部门的直接社会纯收入系数 a_{M1}=520÷2 280=0.2281

农业部门的直接社会纯收入系数 a_{M2}=100÷560=0.1786

交通运输业部门的直接社会纯收入系数 a_{M3}=55÷165=0.3333

商业部门的直接社会纯收入系数 a_{M4}=200÷615=0.3252

3. 完全消耗系数

首先计算 $(I-A)^{-1}$，计算过程与结果如下：

$$(I-A)^{-1}=\left[\begin{pmatrix}1&0&0&0\\0&1&0&0\\0&0&1&0\\0&0&0&1\end{pmatrix}-\begin{pmatrix}0.3947&0.1429&0.2121&0.3089\\0.1228&0.2143&0&0.0081\\0.0307&0.0089&0&0.0325\\0.0439&0.0089&0&0.0163\end{pmatrix}\right]^{-1}$$

$$=\begin{pmatrix}1.7808&0.3347&0.3777&0.5744\\0.2792&1.3253&0.0592&0.1005\\0.0598&0.0229&1.0127&0.0524\\0.0820&0.0269&0.0174&1.0431\end{pmatrix}$$

故

$$B=(I-A)^{-1}-I=\begin{pmatrix}0.7808&0.3347&0.3777&0.5744\\0.2792&0.3253&0.0592&0.1005\\0.0598&0.0229&0.0127&0.0524\\0.0820&0.0269&0.0174&0.0431\end{pmatrix}$$

矩阵B中的第1列，表明工业部门每生产1亿元可供最终使用的最终产品价值，在生产过程中直接与间接消耗了0.7808亿元工业产品、0.2792亿元农业产品、0.0598亿元交通运输业产品、0.0820亿元商业产品。由此得知，为了得到1亿元工业产品作为最终产品之用，工业部门应生产1.7808亿元产品；为了得到1亿元农业产品作为最终产品之用，农业部门应该生产1.3253亿元产品。

利用 $B^D=A^D(I-A)^{-1}$，计算各产业的完全折旧系数 B^D：

$B^D=A^D(I-A)^{-1}$

$$=(0.0439,\ 0.0714,\ 0.1212,\ 0.0407)\begin{pmatrix} 1.7808 & 0.3777 & 0.5744 & 0.3347 \\ 0.0598 & 1.0127 & 0.0524 & 0.0229 \\ 0.0820 & 0.0174 & 1.0431 & 0.0269 \\ 0.2792 & 0.0592 & 0.1005 & 1.3253 \end{pmatrix}$$

$$=(0.1087,\ 0.1132,\ 0.1443,\ 0.0812)$$

利用 $B_V=A_V(I-A)^{-1}$，计算各产业的完全劳动报酬系数：

$B_V=A_V(I-A)^{-1}$

$$=(0.1360,\ 0.3750,\ 0.3333,\ 0.2683)\begin{pmatrix} 1.7808 & 0.3777 & 0.5744 & 0.3347 \\ 0.0598 & 1.0127 & 0.0524 & 0.0229 \\ 0.0820 & 0.0174 & 1.0431 & 0.0269 \\ 0.2792 & 0.0592 & 0.1005 & 1.3253 \end{pmatrix}$$

$$=(0.3888,\ 0.5574,\ 0.4158,\ 0.4131)$$

利用 $B_M=A_M(I-A)^{-1}$，计算各产业的完全社会纯收入系数：

$B_M=A_M(I-A)^{-1}$

$$=(0.2281,\ 0.1786,\ 0.3333,\ 0.3252)\begin{pmatrix} 1.7808 & 0.3777 & 0.5744 & 0.3347 \\ 0.0598 & 1.0127 & 0.0524 & 0.0229 \\ 0.0820 & 0.0174 & 1.0431 & 0.0269 \\ 0.2792 & 0.0592 & 0.1005 & 1.3253 \end{pmatrix}$$

$$=(0.5027,\ 0.3294,\ 0.4399,\ 0.5057)$$

26.4 投入产出分析应用

26.4.1 各产业部门的投入结构与销路结构

各产业部门之间相互联系、相互依存、相互作用地进行社会化大生产，一个产业部门进行生产需要其他部门的产出作为其“投入”消费，这就是该产业部门的“投入结构”问题；同样，一个产业部门生产的产品不仅都是为了自己消费，还以中间产品或最终产品的形式供其他部门消费，这就是该产业部门的“销路结构”问题。

1. 投入结构

在投入产出表中，投入结构就是纵列的消费结构。它以中间产品的投入形式反映各个产业部门之间的生产技术联系，用投入系数——直接消耗系数来度量。通过某产业部门的投入系数，可以找到当该产业部门实现某一增长程度时，其他产业部门的中间产品相应地应该增长到某一程度的“量化”数据；可以用来判断现存的国民经济各产业部门的结构比例是否合理，作为产业结构调整的依据，为一国制订国民经济计划提供重要的经济参数。对某一产业的产品生产投入系数进行纵向对比分析，可以看出各产业间生产技术联系的变动情况，反映产业结构的变动。

2. 销路结构

在投入产出表中，销路结构是各个产业部门产品的分配去向。它通过各产业部门的分配系数来度量，各产业部门产品的分配系数是该产业部门的产品在其他产业部门之间的分配（销往）比例。用分配系数 s_{ij} 表示第 i 部门的产品 X_i 分配使用在第 j 产业部门生产用途上的比例，x_{ij} 表示第 j 产业部门的生产消耗第 i 部门的产品数量，则：

$$s_{ij}=\frac{x_{ij}}{X_i}$$

分配系数s_{ij}反映了各产业部门的产品流向及比例，从而反映出某产业部门的发展受其他产业部门发展的影响和制约程度。

26.4.2 分析产业间的比例关系

社会生产中生产资料生产和消费资料生产两部类的比例关系，是整个国民经济中最基本的比例关系，因此，在安排社会生产时，两大部类的比例关系是首先考查和安排的一个基本的比例关系。第一部类的产品包括用于生产性积累的产品、用于物质生产部门固定资产更新改造和大修理的产品、用作劳动对象的中间产品；第二部类的产品有用于消费的产品、用于非生产性积累的产品。根据投入产出表很容易确定这两大部类的比例关系。

此外，可以根据投入产出表分析社会总产品、中间产品、最终产品和国民收入的部门构成，分析国民经济各部门总产品的价值构成，分析各部门的中间产品率（中间产品占全部产品的比率）和最终产品率（最终产品占全部产品的比率）。

26.4.3 各产业部门的中间需求率与中间投入率

分析各产业部门在社会再生产过程中的地位和作用，可以采用投入产出表中的“中间需求率”“中间投入率”两个指标。

中间需求率是各产业部门的中间需求和该产业部门总需求之比。它反映了某一产业部门的产品中有多少作为其他产业所需求的原料（中间需求）。由于“中间需求率+最终需求率=1”，所以一个产业的中间需求率越高从而最终需求率越低，说明该部门就越具有原料产业的性质；反之，一个产业的中间需求率越低从而最终需求率越高，说明该部门就越具有提供最终产品的性质。

中间投入率是各产业部门的中间投入与总投入之比。它反映了各产业在其生产活动中，为生产单位产值的产品，需从其他产业购进原料在其中所占比重。因为“中间投入率+附加价值率=1”，所以中间投入率越高，该产业的附加价值就越低，因而高中间投入率产业就是低附加价值部门；反之，中间投入率越低，该产业的附加价值就越高，因而低中间投入率产业就是高附加价值部门。

如果把中间需求率作为横轴，把中间投入率作为纵轴，建立平面直角坐标系，并依据投入产出表中的数据分别计算各产业的中间需求率和中间投入率，然后把它们归类于坐标中的4个象限中，就可形成一个产业立体结构（见表26-5）。

26.4.4 中国经济结构变化的投入产出分析

1978年以后，我国经济获得高速发展，1978—1997年GDP年均增长率约为10.1%，1998—2017年GDP年均增长率约为9.1%。随着经济的快速发展，我国的产业结构发生了巨大变化（见表26-6）。

下面以1981—1995年的数据为例，利用投入产出分析方法研究生产技术进步和最终需求变动对中国经济结构变动的影响。

表26-5　　　　**产业立体结构**

项目	中间需求率小	中间需求率大
中间投入率大	Ⅲ.最终需求型制造业 服装和日用品、造船、皮革及皮革制品、食品加工、粮食加工、运输设备、机械、木材及木材制品、非金属矿物制品、其他制造业	Ⅱ.中间投入型制造业 钢铁、纸及纸制品、石油产品、有色金属冶炼、化学、煤炭加工、橡胶制品、纺织、印刷及出版
中间投入率小	Ⅳ.最终需求型基础产业 A.渔业 B.交通运输业、商业、服务业	Ⅰ.中间投入型基础产业 农业、林业、煤炭、金属采矿、石油及天然气、非金属采矿、电力

表26-6　　　　**中国部分年份的三次产业结构的变化（%）**

年　份	第一产业	第二产业	第三产业
1978	28.1	48.2	23.7
1981	31.8	46.4	21.8
1995	20.5	48.8	30.7
1997	18.7	49.2	32.1
2001	14.39	45.15	40.46
2005	12.12	47.37	40.51
2009	10.33	46.24	43.43
2013	8.9	44.2	46.9
2017	7.5	39.9	52.7
2020	7.7	37.8	54.5

国内生产总值的增加值向量为N^T，由（26-16）式有$N^T=(I-\hat{A}_C)X$，又由（26-12）式知$X=(I-A)^{-1}Y$，那么有$N^T=(I-\hat{A}_C)X=(I-\hat{A}_C)(I-A)^{-1}Y$。记$R=(I-\hat{A}_C)(I-A)^{-1}$，矩阵R为增加值的完全需求系数矩阵，则$N^T=RY$。此式反映了最终需求Y和增加值$N^T$之间的完全联系（直接联系和间接联系），其元素$r_{ij}$表示j部门最终需求变动一个单位所引起i部门增加值的变动量。

增加值的变动$\Delta N^T=N^T_{t+1}-N^T_t$，即有$\Delta N^T=N^T_{t+1}-N^T_t=R_{t+1}Y_{t+1}-R_tY_t$；最终需求的变动$\Delta Y=Y_{t+1}-Y_t$，增加值的完全需求变动$\Delta R=R_{t+1}-R_t$，故有：

$$\Delta N^T=(R_{t+1}-R_t)Y_t+R_t(Y_{t+1}-Y_t)+(R_{t+1}-R_t)(Y_{t+1}-Y_t)$$

即 $$\Delta N^T=\Delta RY_t+R_t\Delta Y+\Delta R\Delta Y \qquad (26-17)$$

（26-17）式右边第一项表示生产技术变化对增加值的主要影响，第二项表示最终需求变化对增加值的主要影响，而最后一项表示最终需求变化和生产技术变化交互影响。

（26-17）式是两个因素结构分解模型，主要影响指的是，当其他因素不变并被确定在基本的时期内时某一因素变化的影响。将（26-17）式中的 $\Delta R\Delta Y$ 合并到 ΔRY_t 中，得：

$$\Delta N^T=(\Delta RY_t+\Delta R\Delta Y)+R_t\Delta Y=\Delta RY_{t+1}+R_t\Delta Y \quad (26-18)$$

式中：ΔRY_{t+1} 为生产技术变动影响；$R_t\Delta Y$ 为最终需求变动对经济结构变动的影响。

基于我国 1981—1995 年的国民经济投入产出表，利用上述模型计算得到表 26-7 的数据。

表 26-7　**生产技术变动影响和最终需求变动影响（%）**

项　目	1981—1995 年产业结构变动（按 1990 年不变价格计算）（ΔN^T）	其　中	
		生产技术变动影响（ΔRY_{t+1}）	最终需求变动影响（$R_t\Delta Y$）
第一产业	-17.25	-13.60	-3.65
第二产业	13.50	8.76	5.55
其中：工业	12.84	7.95	4.08
第三产业	3.75	5.65	-1.90

从计算结果可知，我国 1981—1995 年影响产业结构变动的主要因素是各产业部门的生产技术变动。技术进步不仅使我国经济总量迅速增大，也是我国产业结构变动的主要因素。

本章小结

本章对投入产出分析进行了全面阐述，静态地考查了国民经济各产业部门间技术经济联系及其方式。对投入产出表的阐述和分析，从生产消耗和分配两个方面来反映产品在产业部门间的运动过程，同时反映产品的价值形成过程和使用价值的运动过程；对各种消耗系数的阐述，反映了在一定技术水平和生产组织条件下国民经济各产业部门间的直接和间接技术经济联系，以及测定社会总产品与中间产品和最终产品的数量联系；对投入产出的分析应用，可以明确国民经济各部门总产品的价值构成，以确定影响产业结构变动的主要因素，从而能够有的放矢地推进产业各部门有计划、按比例地顺向演进。

本章思语

1. 什么是投入产出原理？
2. 简述实物型投入产出表和价值型投入产出表的区别与联系。
3. 根据价值型投入产出表（见表 26-8），试计算其直接消耗系数和完全消耗系数。

表26-8 **价值型投入产出表（二）** 单位：亿元

投入 \ 产出		中间产品					最终产品	总产品
		农业	轻工业	重工业	其他	小计		
物质消耗	农业	192	448	358	320	1 318	1 882	3 200
	轻工业	32	1 344	154	320	1 850	2 630	4 480
	重工业	640	672	2 048	640	4 000	1 120	5 120
	其他	96	672	512	320	1 600	1 600	3 200
	小　计	960	3 136	3 072	1 600	8 768	7 232	16 000
新创造价值	劳动报酬	1 904	538	922	800	4 164		
	社会纯收入	336	860	1 126	800	3 068		
	小　计	2 240	1 344	2 048	1 600	7 232		
总投入		3 200	4 480	5 120	3 200	1 600		

第27章
产业关联

27.1　产业间关联关系

产业关联是指产业间以各种投入和产出为联系纽带的技术经济联系。其投入既可以是有形投入，也可以是无形投入。三次产业间及各产业部门间相互联系、相互制约，互为因果、互为市场，构成了整个国民经济的有机整体。产业关联理论主要是说明生产技术和工艺具有相似性、连续性的产业间的投入产出关系。其主要方法是运用投入产出表，通过对投入产出表的分析，定量地分析一国或地区在一定时期内的社会再生产过程中产业间的技术经济关系，认识社会再生产中的各类比例关系，从而反映各产业之间的中间投入和中间需求，更深刻、具体地说明社会再生产中的结构变化。在投入产出分析中，产业结构分析可以静态地评价现有状况和合理性，也可以动态地分析产业结构的影响因素和变化趋势。

27.1.1　产业间关联关系的内容

产业间关联关系是产业间的投入产出关系，产业的运转需要其他产业的产品和服务投入，其自身也要为其他产业提供其产品和服务。因此，社会化的生产是产业间的发展相互制约、相互促进的关系，不同性质的产业，其发展受其他产业发展的影响、制约的程度是不同的，某一些产业的发展依赖另一些产业的发展，或某些产业的发展可以导致另一些产业的产生和发展，这种关系就是产业间的关联关系。产业间的投入产出关系是产业间关联关系的主要内容和方式，投入产出关系的发展变化会影响与之相关联部门的发展变化，因此，产业间关联的主要内容就是指对产业间关联产生影响的投入品和产出品，这些要素构成了产业间关联的实质性内容。

1.产业间产品和服务关联

在社会再生产过程中，某些部门为另一些部门提供产品和服务，或部门间相互提供产品或服务，如农业部门为工业部门提供各种原材料，而工业部门又为农业部门提供农用机械、化肥、农药等；就工业部门内部而言，电力部门向钢铁部门提供电力，钢铁部门又向机械部门提供钢材，而机械部门又向电力部门提供发电机械设备等，各部门在提供产品的同时还要提供相应的服务。某一部门的产品结构、产品的技术含量、产品的生产方式、产业规模和服务内容等方面发生变化，会引起相关联部门的产品结构、产品技术特征、部门生产方式、产业规模及服务内容等方面相应的变化。产品和服务的关联是产业间最基本的关联关系。

第一，产业间其他方面的关联关系，如技术关联、价格关联、就业关联、投资关联等，都是在产品和服务关联的基础上派生出来的关联关系，产品和服务的关联关系的变化和发展会引起这些关联关系产生相应的变化和发展。

第二，各产业部门间协调发展，本质上要求产业间相互提供的产品和服务在数量比例上相对均衡，在质量和技术上相对符合关联产业的要求。

第三，产业结构的升级过程中，客观上要求相关联的产业间相互提供的产品和服务在技术含量上也相应提升。

第四，社会劳动生产率和经济效益的提高，要求相关联的产业间相互提供产品和服务的质量不断提高和成本不断降低。

2.产业间就业关联

不同的产业具有不同的技术经济特征，因而，不同的产业对就业人员具有不同的素质要求和吸收能力，产业间和产业部门间人力资源配置状况的变化和发展，会引起相关联产业人力资源配置状况产生相应的变化。

第一，人力资源在各产业间的配置状况反映了不同产业的经营能力、技术能力、管理能力和产业发展能力，最终反映产业竞争力。产业间的协调发展，要求各产业间及各产业部门间所配置的人力资源在数量和素质上相对均衡。

第二，产业间人力资源配置状况反映了不同产业之间的要素构成差异，对人员素质要求低而吸收多的产业往往是劳动密集型的产业，对人员素质要求高而吸收少的产业往往是资本、技术或知识密集型的产业。

第三，某些产业发展会促进与它具有较高关联度的产业发展，或者会产生新的产业，使这些产业的就业人员增加、就业结构发生变化，为这些产业带来新的就业机会。这些产业的发展又可以带动其他产业的发展，也就必然使这些相关产业增加就业机会。如果产生的新产业或所带动的产业是劳动密集型的产业，则增加的就业机会要远远大于资本、技术或知识密集型的产业。

第四，产业间人力资源素质的提高，表现为该产业经营质量的提高、产品质量和服务功能的完善，表现为产业市场的扩大和产业竞争力的加强，这种变化必然要求与之相关联的产业在人力资源素质上相应地提高，以满足与该产业有前向、后向关联的产业在人力资源变化和发展方面的均衡。

3.产业间技术关联

产业间技术关联是某些产业不同层次的技术状态及其变化对其他产业技术发展的影响。不同产业部门对技术的要求不同，技术关联强的产业部门要求各产业的技术层次处于大致相同的水平，这些要求是通过依照本产业部门的生产技术特点、产品结构特性、生产服务内容等，对所需相关产业的产品和服务提出工艺技术、产品生产技术标准、产品和服务质量标准等要求，以保证本产业部门的产品质量和技术性能。这些要求使得各产业间的生产工艺、生产技术状况及变动有着必然的产业关联。例如，劳动密集型产业一般不使用技术含量高的自动化的技术装备；反之亦然。一般情况下，产业间的技术关联和各产业间产品、服务关联密切相关，技术作为产业间重要的关联关系，其现行状况及变化方式会直接影响产业间产品和服务的供求比例关系，并且会使某些产业在生产过程中与某些与之具有产品和服务关联的产业发生变换，或者依存度发生变化。例如，在工业化初期，纺织工业对棉花种植业的依存度很大，后者直接制约着前者；后来，随着技术进步、化纤产业产生和发展，与纺织业有关联的产业中又加入了化纤业，这使纺织业的发展对棉花的依存度降低了。因此，技术进步是推动产业关联因素变化的最活跃、最积极的因素。

4.产业间价格关联

产业间价格关联是产业间技术经济联系的价值表现形态，实质上是产业间产品和服务关联价值量的货币表现。在现代经济社会中，产业间的产品和服务的投入产出关联关系，是以货币为媒介的等价交换关系，即体现为价格关联。某些产业部门由于经营方式、技术条件、管理手段等方面的改善，其产品和服务价格更具市场竞争力，这就直接导致与其具有后向关联的部门的原材料价格降低，使这些产业具有降低成本的潜力。这种关联效应连

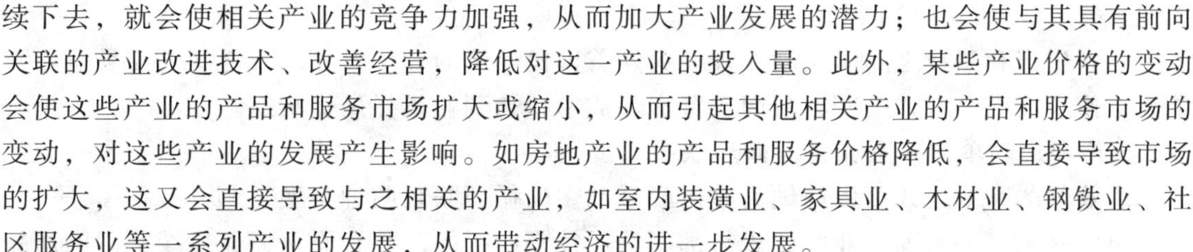

续下去，就会使相关产业的竞争力加强，从而加大产业发展的潜力；也会使与其具有前向关联的产业改进技术、改善经营，降低对这一产业的投入量。此外，某些产业价格的变动会使这些产业的产品和服务市场扩大或缩小，从而引起其他相关产业的产品和服务市场的变动，对这些产业的发展产生影响。如房地产业的产品和服务价格降低，会直接导致市场的扩大，这又会直接导致与之相关的产业，如室内装潢业、家具业、木材业、钢铁业、社区服务业等一系列产业的发展，从而带动经济的进一步发展。

5.产业间投资关联

投资不仅构成需求的重要因素，而且会改进和形成新的生产能力。某些产业的发展需要增加投资，提高其产品和服务的技术含量，扩充其现有生产能力。这些产业的生产方式和生产能力的改变，由于存在产业关联，会使与之相关联的产业投资改善经营方式，提高产品和服务的市场占有率，扩张产业规模，相应地扩大其生产能力，这样产业间的经营效果才能相均衡，数量比例关系才能相协调。如公路、港口、铁路等方面的投资加强，会导致一系列和运输、仓储有关的产业发展。某些产业技术改造方面的投资，会改善其产业技术水平和资源的转换效率，增加其产出的质量、效率和技术含量，则与之相关联的产业部门也需要改进技术，提高其产出品的质量。如随着汽车工业的发展，产品性能和质量提高，服务功能改善，要求钢铁产品、橡胶产品等的质量相应提高；同时，为汽车组装提供的各种零配件的产品质量和服务业也要相应提高。

27.1.2　产业间关联方式的类型

用投入产出表分析国民经济各产业部门间产业关联的具体特点，研究产业关联水平的动态变化，可以根据产业间彼此分配和消耗的产品和服务量及其在总量中的比例，判断不同产业间的关联程度。如果i产业消耗了j产业的大部分产品和服务量，且j产业在i产业总值形成中的贡献比例较大，则可以认为，在国民经济体系中，i、j产业联系较紧密，产业关联度强。这表明国民经济发展从集聚性强的i、j产业中都获得了交易成本降低的好处，使整个国民经济的资源配置水平和效率提高，说明国民经济发展水平已达到相当程度。反之，若i、j产业间的投入产出关联度弱，则表明国民经济体系中i、j产业的关联水平低；产业关联度较弱，说明国民经济体系各产业的联系水平低，各产业运转交易成本加大，使资源配置出现错位，将对国民经济发展产生不利影响。

在国民经济发展过程中，产业联系越紧密，说明国民经济的集聚效果越明显，国民经济增长能从规模经济中获得增长贡献；否则，如果产业联系较为分散，将会对国民经济稳定增长的良性发展构成损坏。产业集聚程度和产业的联系程度（产业关联度）是衡量国民经济产业结构合理性、产业结构高度化水平的一个重要指标，我们可以用投入产出分析工具对其进行分析研究。

1.产业间的基本联系方式

产业间的基本联系方式可分为三种情况：

（1）产业内部的纵向关联，是指对某些资源的加工深度不断提高，从而使资源的利用率和再利用率不断提高，降低生产过程的投入产出比。

（2）产业间的横向关联，是指不同产业间通过市场力量，把生产与销售、成本与利润紧密地联系在一起，任何相关联产业的生产、销售的变化都对其他相关联的产业产生影响。

（3）生产和消费之间的关联，表现为随着国民经济的发展，各产业之间的交易量不断扩大，使现存交易方式改变，从而改善交易成本，达到帕累托最优状态。

2.产业间的单向联系和多向循环联系

产业间的联系方式可以归纳为单向联系和多向循环联系两种类型。

单向联系是一系列产业间的先行部门为后续部门提供产品和服务，而后续部门的产品和服务不再返回先行部门的产业联系方式。其特点是产品在各相关产业间不断进行深加工，最后脱离生产领域进入消费领域，因而投入产出的联系方向是单一的。例如，“棉花种植业→纺织工业→服装工业”就属这种联系方式，棉花种植业为纺织工业提供产品和服务，而纺织工业的产品和服务不再返回棉花种植业；纺织工业和服装工业也属于这种情况。

多向循环联系是先行部门为后续部门提供产品和服务，后续部门的产品和服务又返回到先行部门。其特点是各有关产业间的投入产出是互相依赖、互相服务的，从而形成一种循环的联系方式。例如，“电力工业←→钢铁工业←→机械工业”就属于这种联系方式，电力工业为钢铁工业提供电力，钢铁工业又为电力工业提供钢材；钢铁工业和机械工业也是互相提供产品和服务的。

我们按各产业对其他产业的投入依赖及其中间产品对其他产业分配比例的大小原则，重新排列和整理投入产出表的产业排列顺序。调整排列顺序的方法是，在横轴上从左起，中间投入率由大至小向右排列，在纵轴上从上起中间需求率由小至大向下排列，将投入产出表转化为一个三角形矩阵（如图27-1所示）。

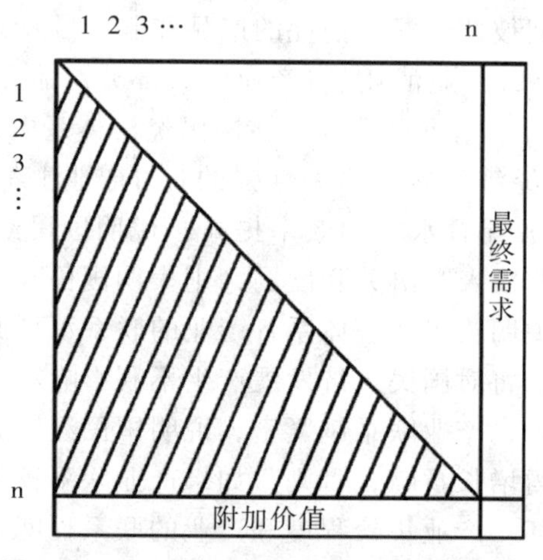

图27-1 经过排列顺序调整的投入产出图

如果产业之间的联系方式是单向联系型，那么在这个经过排列顺序调整的投入产出表中，其数字就只出现在画了斜线的三角形内，对角线以上的三角形内就不出现数字。因为这种联系是单向的，其交易量只出现在画了斜线的三角形内。如果在对角线上方出现交易量，那么是由多向循环联系造成的交易量。

从图27-1中可以看出，产业1没有任何中间需求，全部产品都是最终产品，但同时要从2，3，…，n的所有产业购进原料，所以说产业1的投入过程明显依赖其他产业，但对其他产业的生产无影响；产业n则正好相反，其产品全部是中间产品，生产过程可以不依赖任何其他部门的投入，无须从其他产业购进原料，但其产品绝大部分用于其他所有部门的中间投入。所以说，产业1是投入部门依赖最强的产业，产业n是产出方面依赖最强的产业，其他产业介于二者之间，整个三角形投入产出图显示出一种比较弱的产业依存关系。

在产业部门之间可以划分某些关系密切的产业群。这些产业群同其他产业有联系，但又具有相对独立性。例如非金属系最终产品、金属系最终产品、金属系中间产品、非金属系中间产品、服务、能源，这些产业群不仅反映了产业之间的联系，而且反映了产业间联系的紧密程度。无疑，这对研究产业结构是十分有益的。

3.产业间的顺向联系与逆向联系

产业间的顺向联系是指某些产业的生产工序存在先后的顺序，某些产业的产品和服务是另一些产业的生产要素，而另一些产业的产品和服务又是其后一些产业的生产要素……如此一直延续下去，直到最后一个产业的产品，即最终产品为止。产业间的这种联系方式在现实经济生活中有很多，如勘探行业→采矿行业→冶金行业→机械行业→工业制成品，从勘探行业直到最终产品——工业制成品进入市场，形成了完整的产业间顺向联系。

产业间的逆向联系是指某些产业的生产工序存在逆向顺序，某些后续的产业部门为先行产业部门提供产品和服务，作为先行部门的生产要素。如“冶金行业↔机械行业”之间就存在逆向联系，机械行业为钢铁行业提供冶炼设备。产业间这种逆向联系有很多，而且在现实经济环境中，产业间的联系相对复杂，很多联系方式是顺向和逆向交织在一起的，即在一些顺向联系的产业中，同时存在逆向联系关系，而且由许多产业以不同的联系方式联系起来，形成了蛛网式的联系。

4.产业间的直接联系和间接联系

产业间的直接联系是指两个产业间存在直接提供和被提供产品、服务等方面的联系。例如，冶金行业直接为机械行业提供产品和服务，棉花种植业直接为棉纺织业提供产品，它们之间的联系就是直接联系。上述所说的单向、多向循环，顺向、逆向联系中的相邻两个产业间的联系都是直接联系。产业间的间接联系是指两个产业间通过其他产业为中介而产生的技术经济方面的联系。例如，上述的采矿业和机械行业通过冶金行业产生技术经济联系，棉花种植业通过棉纺织业和服装工业产生技术经济联系等。

27.2 产业关联效应

产业关联有两种基本形式：一是通过供给联系与其他产业部门发生的关联，作为投入产出表的直接分配系数的横向合计，说明一个产业在产业方向上对其他产业的依赖程度；二是通过需求联系与其他产业部门发生的关联，作为投入产出表的直接消耗系数的纵向合计，表明一个产业投入方面对其他产业的依赖程度。由于产业间存在通过供给联系或通过需求联系与其他产业部门发生关联的情况，因此，当某一产业的生产活动发生变动时，就会通过“前向关联”“后向关联”影响其他产业部门，这就是产业间的关联效应。测算关联效应有各种计算方法，比较简便的方法是根据投入产出表计算产业间的前向关联效应、后向关联效应和产业波及效果。

27.2.1 直接前向关联效应与直接后向关联效应

直接前向关联效应的测算公式为：

$$L_{F(j)}=\frac{\sum_{i=1}^{n}x_{ij}}{X_j}\qquad (i=1,\ 2,\ \cdots,\ n)\qquad (27-1)$$

式中：$L_{F(j)}$是产业前向关联指数；X_j是产业j的总产值；x_{ij}是产业i对产业j提供的中间投入。

直接后向关联效应的测算公式为：

$$L_{B(j)}=\frac{\sum_{i=1}^{n}x_{ij}}{X_j}\qquad (j=1,\ 2,\ \cdots,\ n)\qquad (27-2)$$

式中：$L_{B(j)}$是产业后向关联指数；X_j是产业j的总产值；x_{ij}是产业i对产业j提供的中间投入。

但这种办法只能测算直接关联效应，不能测算某一部门供给和需求对其他产业部门的间接影响。用上述测算公式计算出的关联效应组合成一个系数矩阵，就是产业直接关联系数矩阵。

1958年，钱纳里和渡部经彦运用上述公式，对美国、日本、挪威、意大利1958年29×29个部门的投入产出表进行计算，得出了表27-1中的数字。

产业前向关联效应与后向关联效应的指数更明确地揭示了产业关联的程度，揭示了不同产业部门与其他部门联系水平的等级，所以其在产业政策的决策中是一种重要的参考工具。但这种产业关联程度的指数测算也有其局限性，主要表现为：

（1）这种指数的数值大小依存于投入产出表细分的程度，因而其科学性和精确性受到影响，尤其是在进行不同国家的指数比较时，更应注意。

（2）由于关联效应指数是用国内生产的投入和产出去测算的，所以这一指数只能说明已经达到的前向或后向关联程度，而不能预测未来可能实现的潜在的关联程度。

（3）这些指数仅仅是一国生产的投入产出系数的机械相加，其他国家对其借鉴有较大的局限性。

27.2.2 产业的感应度系数与影响力系数

计算某一产业的最终需求的变化最终使各产业的产出发生的变化，可以用“逆阵系数表”来确定。衡量产业的关联效应有如下指标：

1.感应度系数

感应度系数是指某产业的生产发生变化时引起其他所有产业的生产发生相应变化的程度。它是反映国民经济各部门均增加一个单位最终产品时，某一部门由此而受到的需求感应程度，也就是需要该部门为其他部门的生产提供的产出量。它是衡量某产业前向联系广度和深度的指标，也被称为前向关联系数。

表27-1　　**钱纳里和渡部经彦对产业部门的分类**

项目	最终需求			中间投入		
		前向	后向		前向	后向
制造业	Ⅲ.最终需求型制造业			Ⅱ.中间投入型制造业		
	3.服装和日用品	0.12	0.69	13.钢铁	0.78	0.66
	4.造船	0.14	0.58	22.纸及纸制品	0.78	0.57
	8.皮革及皮革制品	0.37	0.66	28.石油产品	0.68	0.65
	1.食品加工	0.15	0.61	19.有色金属冶炼	0.81	0.61
	2.粮食加工	0.42	0.89	16.化学	0.69	0.60
	5.运输设备	0.20	0.60	23.煤炭加工	0.67	0.63
	7.机械	0.28	0.51	11.橡胶制品	0.48	0.51
	15.木材及木材制品	0.38	0.61	12.纺织	0.57	0.69
	14.非金属矿物制品	0.30	0.47	9.印刷及出版	0.46	0.49
	10.其他制造业	0.20	0.43			
基础产业	Ⅳ.最终需求型基础产业			Ⅰ.中间投入型基础产业		
	A.产品			17.农业、林业	0.72	0.31
	6.渔业	0.36	0.24	27.煤炭	0.82	0.23
	B.服务			20.金属采矿	0.93	0.21
	25.交通运输业	0.26	0.31	29.石油及天然气	0.97	0.15
	21.商业	0.17	0.16	18.非金属采矿	0.57	0.17
	26.服务业	0.34	0.19	24.电力	0.59	0.27

$$某产业的感应度系数=\frac{某产业逆阵横行系数均值}{全部产业逆阵横行系数均值的平均} \tag{27-3}$$

2.影响力系数

影响力系数是指其他产业的生产发生变化时引起该产业的生产发生相应变化的程度。它反映国民经济某一部门增加一个单位最终产品时，对国民经济各部门所产生的生产需求波及程度。它是衡量产业后向联系广度和深度的指标，也被称为后向关联系数。

$$某产业的影响力系数=\frac{某产业逆阵纵列系数均值}{全部产业逆阵纵列系数均值的平均} \tag{27-4}$$

应用上述公式对我国不同产业的感应度系数和影响力系数进行测算，结果见表27-2。

综合分析各产业部门的感应度系数和影响力系数，可以看出各部门在国民经济中的地位和作用。将上述系数进行排序，得到如图27-2、图27-3和图27-4所示的排序结果。

表 27-2　　中国各产业的感应度系数和影响力系数

产业类别	感应度系数	影响力系数	感应度系数与影响力系数之和
农、林、牧、渔业	0.1171	0.0666	0.1837
采矿业	0.2125	0.0978	0.3103
食品、饮料制造及烟草制品业	0.0728	0.1113	0.1841
纺织、服装及皮革产品制造业	0.0809	0.1505	0.2315
炼焦、燃气及石油加工业	0.0963	0.1538	0.2502
化学工业	0.2336	0.1320	0.3656
非金属矿物制品业	0.0489	0.1553	0.2041
金属产品制造业	0.2149	0.1704	0.3854
机械设备制造业	0.2681	0.1471	0.4153
其他制造业	0.1040	0.1266	0.2305
电力、热力及水的生产和供应业	0.1623	0.1336	0.2959
建筑业	0.0046	0.0900	0.0946
交通运输、仓储和邮政业及信息传输、计算机服务和软件业	0.1021	0.0744	0.1765
批发和零售贸易业及住宿和餐饮业	0.0758	0.0696	0.1454
房地产业及租赁和商务服务业	0.0451	0.0696	0.1147
金融业	0.0573	0.0443	0.1016
其他服务业	0.0479	0.0914	0.1392

注：存在四舍五入的偏差。

资料来源　根据《中国统计年鉴（2012）》2-29 中的投入产出完全消耗系数表中的数据计算而得。

从对 17 个大类产业的感应度系数排序中可以看出，感应度系数最大的是机械设备制造业。该产业的感应度系数高，说明该产业通过产出对其他产业规模产生影响。也就是说，该产业的市场需求较大，由此通过产业关联对其他产业的供给增加提供较大的市场空间。

从 17 个大类产业的影响力系数排序中可以看出，影响力系数最大的是金属产品制造业。该产业影响力系数大，说明该产业在投入环节对其他产业产生关联作用，也说明其他产业的规模增加更多地需要金属产品制造业的产出增加。从排序中可以看出，中国产业发展所需要的基建投入较大，以至于在其他产业发展过程中，均需要通过加大金属和非金属制品业的投入才能得到发展，也说明中国当时的产业发展仍未脱离以规模扩张为主的粗放型发展道路。

产业的感应度系数与影响力系数之和是产业关联的充分反映。从图 27-4 中可以看出，机械设备制造业、金属产品制造业、化学工业、采矿业等，是产业关联程度高的几类产业，这些产业均为重化工业或资源型产业。这说明我国目前所有的产业发展，尤其是在规

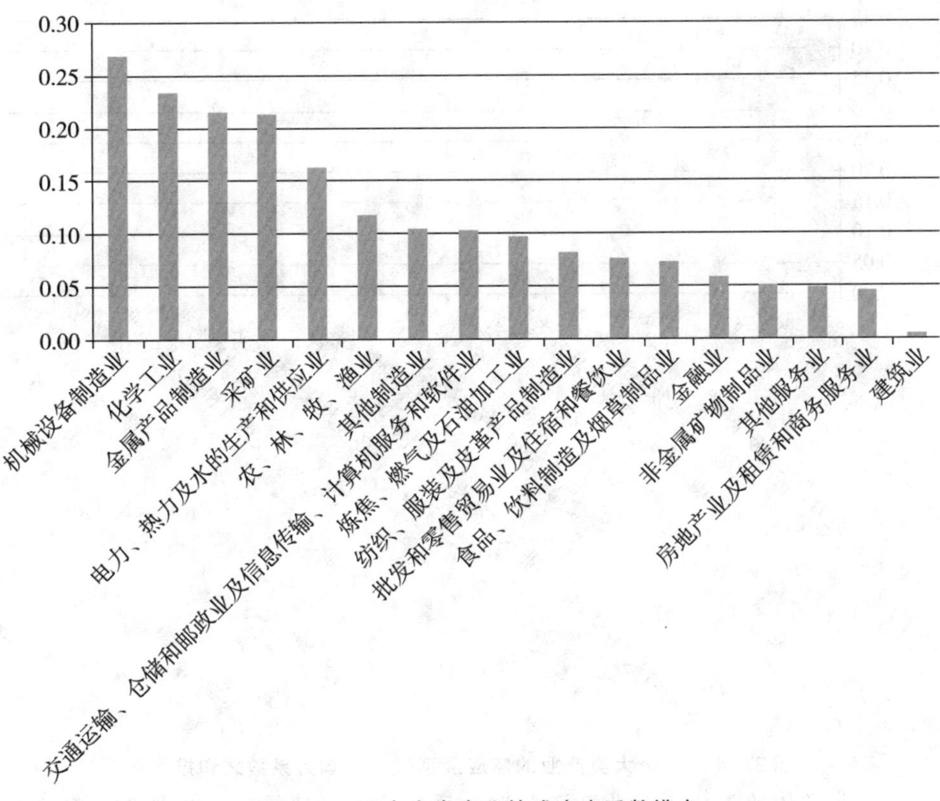

图 27-2　17 个大类产业的感应度系数排序

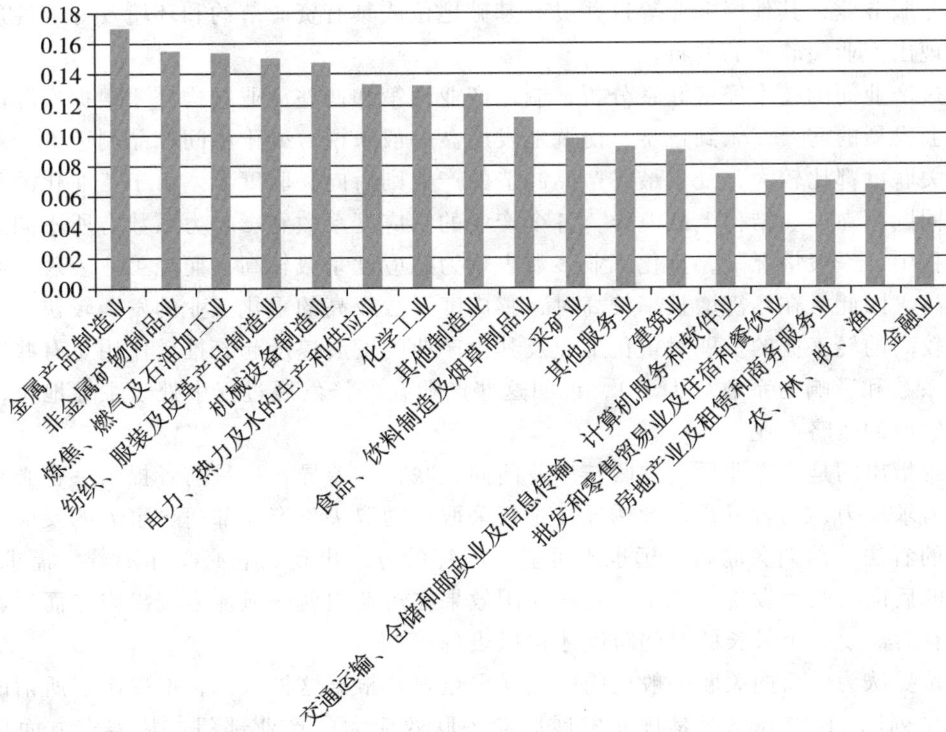

图 27-3　17 个大类产业的影响力系数排序

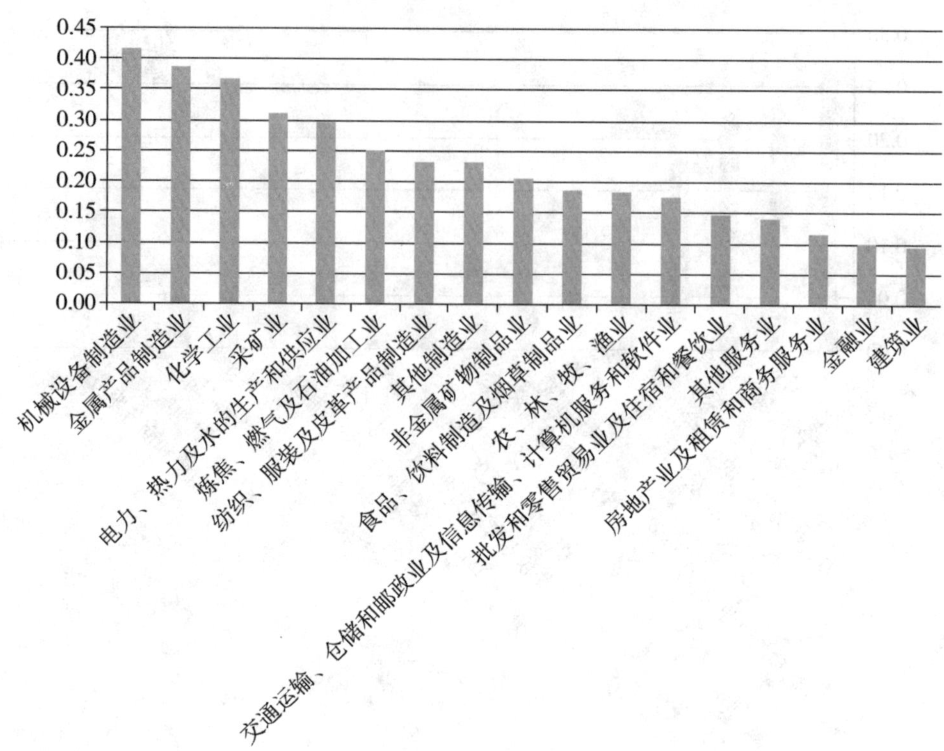

图27-4　17个大类产业的感应度系数与影响力系数之和排序

模扩张方面，非常依赖重化工产业和资源型的采矿业。而建筑业、金融业、房地产业及租赁和商务服务业、其他服务业等这些具有基础地位或具有资源节约和环境友好等性质的产业，表现出产业关联较弱的特征。

通过产业间的技术经济联系分析，制定产业政策和调整产业结构，要根据实际国民经济和社会发展的需要，做到稳步、协调地发展。一般来说，处于中间产品制造的产业前向和后向关联度都比较大，处于最终产品制造的产业则后向关联度大。由于工业化的不同阶段及不同国家在产业结构上的差异，各个产业的感应度系数和影响力系数有所不同。在工业化过程中，一般情况下，重化工业多数表现为感应度系数较高，而轻工业表现为影响力系数较高。因此，在经济增长率较高时，感应度系数较高的重化工业的发展较快，而影响力系数较高的轻工业的发展对重化工业及其他产业的发展速度起着推动作用。有些产业的感应度系数和影响力系数均大于1，说明这些产业在经济发展过程中处于主导地位，是影响经济发展的战略产业。

值得指出的是，产业后向关联与产业前向关联存在差异：一是前者提供一种必须采取行动的需求压力，后者只是一种诱导，是否采取行动取决于产业部门当事人的反应。根据赫希曼的看法，前向关联将永远也不可能以纯粹的方式出现，它必将伴随着“需求压力”所造成的后向关联而发生。二是前者的作用效果在短期内就明显地表现出来，而后者的作用效果有时需要一个较长的时间跨度才得以表现。

赫希曼认为，后向关联一般比前向关联更重要。根据这种认识，他提出了所谓的“有效投资系列”，其中心思想是优先发展后向关联效应大的产业部门，从需求方面形成压力，从而带动整个经济发展。显然，赫希曼有低估前向关联作用的倾向，忽视了供给对有效需求的刺激作用，其分析集中在相对小的时空尺度上。从历史上看，道路的铺设、运输成本的降低、大宗廉价化学原料和清洁能源的出现，都曾对经济发展起过革命性的推动作用。通过铁路或公路来开发一个新区域，更是基础设施通过前向关联来刺激经济发展的普遍实例。

27.3　产业波及效果

27.3.1　生产诱发系数与最终依赖度

1.生产诱发系数

生产诱发系数是用来测算各产业部门的最终需求项目（如消费、投资、出口等）对生产的诱导程度。由生产诱发系数组成的生产诱发系数矩阵，可以揭示一国最终需求项目诱导各个产业部门的程度。

某产业部门的生产诱发系数等于该产业的各种最终需求项目的生产诱发额除以相应的最终需求项目和：

$$W_{iL}=\frac{Z_{iL}}{Y_{iL}}\quad (i,\ L=1,\ 2,\ \cdots,\ n) \tag{27-5}$$

式中：W_{iL}为第i产业部门的最终需求L项目的生产诱发系数；$Z_{iL}=(I-A)^{-1}X_{iL}$，Z_{iL}为第i产业部门对最终需求L项目的生产诱发额，X_{iL}为第i产业部门L项目的最终需求；Y_{iL}为各产业对最终需求L项目的合计数额。

如农业的消费需求项目从投入产出表中查出是642，用逆阵系数表计算出生产诱发额为1 862，然后用投入产出表查出最终需求的消费项各产业合计是21 374，则农业的消费需求的生产诱发系数为：W_{iL}=1 862÷21 374=0.0871。其经济含义是：当总需求增加一个单位时，农业将诱发出0.0871个单位的生产。用同样的方法可以计算农业投资的生产诱发系数、出口的生产诱发系数和农业各最终需求项目合计的生产诱发系数。通过求出每一产业某最终需求项目的生产诱发系数，就可以得到有关该最终需求项目的生产诱发系数表，该表能揭示最终需求项目对各产业的生产诱发的程度。

2.最终依赖度

最终依赖度是指某产业的生产对各最终需求项目的依赖程度。这种依赖程度包括该产业生产对某个最终需求项目的直接依赖，也包括间接依赖。如盐有一半用于直接食用，另一半用于工业苏打制造业，而工业苏打又用于生产调味品、化纤品、肥皂等，这些产品又直接再次进入家庭消费。从这个意义上说，盐间接地对家庭消费依赖程度较高。这样，盐的生产直接、间接地依赖最终需求项目中的消费这一项的程度就更高了。因此，这种不仅考虑直接的还考虑间接的最终需求项目对各产业生产的影响的系数，就是生产的最终需求项目依赖度。某产业部门的最终依赖度等于该产业的各种最终需求项目的生产诱发额除以该产业的各种最终需求项目的生产诱发额合计：

$$Q_{iL}=\frac{Z_{iL}}{\sum_{L=1}^{n} Z_{iL}}\quad (i,\ L=1,\ 2,\ \cdots,\ n) \tag{27-6}$$

式中：Q_{iL}为第i产业部门生产对最终需求L项目的依赖度；Z_{iL}为第i产业部门对最终需求L项目的生产诱发额。

通过计算每个产业的生产对各最终需求项目的依赖度，便可得到各产业的生产依赖各最终需求项目的系数表，即最终依赖度系数表。对该表进行分析、归类可以发现：有些从直接关系上同消费似乎毫无关系的产业部门，最终通过间接关系，也有相当部分生产量是依赖消费的。如钢铁的生产量中有约10%是间接地依赖消费的。此外，从表中也可以看出，各产业的生产最终是依赖消费还是投资或者出口的，据此，可以将产业分成依赖消费型产业、依赖投资型产业和依赖出口型产业等。

27.3.2　综合就业系数与综合资本系数

1.综合就业系数

综合就业系数是指在既定的生产技术组织条件下，某一产业部门的生产顺利进行需要在本产业部门和其他产业部门直接和间接就业人数的总和是多少。其公式为：

某产业部门的综合就业系数=某产业部门就业系数×逆阵系数　　(27-7)

式中：某产业部门就业系数=该产业就业人数/该产业的生产总值。

2.综合资本系数

综合资本系数是指在既定的生产技术组织条件下，某一产业部门的生产顺利进行需要在本产业部门和其他产业部门直接和间接投入的资本总和是多少。

某产业部门的综合资本系数=某产业部门资本系数×逆阵系数　　(27-8)

式中：某产业部门资本系数=该产业资本量/该产业的生产总值。

27.3.3　产业波及效果分析

1.特定需求的波及效果分析

特定需求是指对国民经济有重要影响的某一需求和产业扩张所需要的特大型的投资，这些投资对国民经济各产业部门有强烈的波及效果，对其他产业部门的生产和发展以及整个国民经济的发展产生重大影响。如高速公路、铁路、大型钢铁基地等产业部门的建设以及大规模的房地产开发等，这些大型投资对国民经济的影响较大，而且投资的实施会产生大量的需求，这些需求会直接或间接地影响其他产业部门。如果相关联的产业部门没有得到相应的发展，无疑将导致该投资所需要的各种投入供给不足、价格上涨，严重时还诱发通货膨胀，从而影响投资的预期效果。因此，为了保证某一产业顺利发展，有必要估计它的发展对国民经济各产业部门发展会有哪些相应的需求和对国民经济各产业部门的影响（包括直接的和间接的影响）。

对某一特定需求的波及效果分析，要先将某一特定需求的最终产品按产业分类进行分解；然后将这些需求作为相应各产业的最终需求X_{iL}，计算生产诱发额$Z_{iL}=(I-A)^{-1}X_{iL}$。这些生产诱发额就是该特定需求的投资项目对各产业的波及效果预测值。

2.特定产业的波及效果分析

国民经济各产业部门在产业发展过程中，当某一产业的兴起、扩张或产业升级时，要事先了解这个产业本身的转换对与之相关联的国民经济其他各部门产生什么样的波及效果，对整个国民经济的发展产生多大的影响；或某一地区某个产业的发展，会对这个地区其他产业有多大的波及效果。某个产业对其他产业的波及效果越强烈，说明它对那些产业的拉动效果越大，对经济的促进作用也就越大。对特定产业的波及效果进行分析，就是要分析某一产业的兴起、扩张和升级会对其他产业产生什么样的波及效果，对整个国民经济产生多大的影响，因此，实际上是解决应选择哪些产业为主导产业，应扶植、发展什么样的产业为战略产业，该削减哪些产业规模等方面的问题。这种对特定产业波及效果的分析，不仅包括投资本身的波及效果，而且包括投产以后的波及效果，并且产业兴起和产业扩张的波及效果分析有所不同。

产业兴起的波及效果分析是根据这一新兴产业可能达到的生产水平。依据有关信息分解为投入各产业的产品，然后将其作为最终需求放入 $Z_{iL}=(I-A)^{-1}X_{iL}$ 中进行计算，就可以计算出该产业的建立对其他产业所产生的波及效果。

产业扩张的波及效果分析是在原有投入产出表的逆阵系数表的基础上，求出一个次逆阵系数，即用该产业的纵列各系数除以该产业横行和纵列交叉点的系数，其各商数值就是该产业生产一个单位产品时对各产业产生的波及效果。用这种方法可以测算任何产业的扩张对其他产业的波及效果。

特定需求和特定产业的波及效果分析所采用的方法均是 $Z_{iL}=(I-A)^{-1}X_{iL}$。这种方法是用已知的最终需求计算生产的波及效果，在使用上有其局限性。首先，通过这个模型虽然可以计算出最终需求对各产业的波及效果，但这种波及是否能为各产业所吸收取决于这些产业本身的状况。也就是说，如果最终需求增大要求相关联的产业产出增大，而这些产业的生产能力由于资金、劳动及其他资源条件限制而不能满足相应的要求，那么产业波及效果会中断；如果这种需求可以通过其他途径解决，如进口产品或引进相应的资源，则这种波及效果会继续进行下去。其次，如果某产业的产品有大量的库存，则增产的要求有可能由于放出库存后而不增产或少增产，这时可能中断或减弱由这个产业增产所造成的以后的波及效果。

3.价格波及效果分析

（1）价格波及效果分析的含义。

价格波及效果是指某一产业或某些产业产品价格的变动对其他产业产品价格所造成的直接和间接影响。由于国民经济各产业间、产业部门间存在相互联系、相互影响和相互制约的关系，因此，某产业部门中的产品价格发生变动，必然会引起与之有直接关联效应的产业部门产品价格的变动；这些产业部门产品价格的变动，又会继续引起与之有直接关联效应的产业部门产品价格的变动。如此一直关联下去，最终会引起全部产业部门产品价格的变动。这种意义下的价格波及效果分析，就是分析某一个产业部门产品价格的变动会对其他产业部门产品价格产生直接和间接影响的程度。

此外，价格波及效果分析还可以是指某个或某些产业的工资、利润、折旧、税费等因素的变动对与之直接关联的产业部门产品价格所产生的直接影响。这些产品价格的变动又会由于价格波及效果，最终引起全部产业部门产品价格的变动。这种意义下的价格波及效果分析，就是分析某个或某些产业的工资、利润、折旧、税费等因素的变动对其他产业部门产品价格所产生的全部影响。

（2）某产业部门产品价格变动对其他产业部门产品价格影响的分析。

假设第n个产业部门的产品价格变动为 ΔP_n，计算其对另外（n-1）个产业部门的产品价格的全面影响。计算公式如下：

$$\begin{pmatrix}\Delta P_1\\ \Delta P_2\\ \vdots\\ \Delta P_n\end{pmatrix}=\begin{pmatrix}1-a_{11} & -a_{12} & \cdots & -a_{1n}\\ -a_{21} & 1-a_{22} & \cdots & -a_{2n}\\ \vdots & \vdots & \vdots & \vdots\\ -a_{n1} & -a_{n2} & \cdots & 1-a_{nn}\end{pmatrix}^{-1}\begin{pmatrix}a_{n1}\\ a_{n2}\\ \vdots\\ a_{nn}\end{pmatrix}\Delta P_n$$

$$\begin{pmatrix}\Delta P_1\\ \Delta P_2\\ \vdots\\ \Delta P_n\end{pmatrix}=\begin{pmatrix}\frac{b_{n1}}{b_{nn}}\\ \frac{b_{n2}}{b_{nn}}\\ \vdots\\ \frac{b_{n(n-1)}}{b_{nn}}\end{pmatrix}\Delta P_n \tag{27-9}$$

式中：$(a_{n1}, a_{n2}, \cdots, a_{nn})^T\Delta P_n$表示第n个产业部门产品价格变动$\Delta P_n$后，对另外（n-1）个产业部门产品价格的直接影响；再乘以$(I-A)^{-1}$表示该产业部门产品价格变动对另外（n-1）个产业部门产品价格的全部直接和间接影响。

【例27-1】基于例26-1中的部门价值型投入产出简表（见表26-3），试计算：当农业部门产品价格提高25%时，其他相关联的产业部门产品价格所受影响的程度。

【解】首先，计算$(I-A)^{-1}$，由例26-1可知结果如下：

	工业	农业	交通运输业	商业	
$(I-A)^{-1}=$	1.7808	0.3347	0.3777	0.5744	工业
	0.2792	1.3253	0.0592	0.1005	农业
	0.0598	0.0229	1.0127	0.0524	交通运输业
	0.0820	0.0269	0.0174	1.0431	商业

其次，由于考虑农业部门产品价格对其他相关联产业部门产品价格的影响，为便于计算，所以将农业部门的系数再转至最后一行和最后一列，重新排列得如下结果：

	工业	交通运输业	商业	农业	
$(I-A)^{-1}=$	1.7808	0.3777	0.5744	0.3347	工业
	0.0598	1.0127	0.0524	0.0229	交通运输业
	0.0820	0.0174	1.0431	0.0269	商业
	0.2792	0.0592	0.1005	1.3253	农业

$$\begin{pmatrix}\frac{b_{41}}{b_{44}}\\ \frac{b_{42}}{b_{44}}\\ \frac{b_{43}}{b_{44}}\end{pmatrix}\Delta P_4=\begin{pmatrix}\frac{0.2792}{1.3253}\\ \frac{0.0592}{1.3253}\\ \frac{0.1005}{1.3253}\end{pmatrix}\times 0.25=\begin{pmatrix}0.0527\\ 0.0112\\ 0.0190\end{pmatrix}$$

计算结果表明：当农业产品价格提高25%时，工业产品价格将上升5.27%，交通运输业产品价格将上升1.12%，商业产品价格将上升1.90%。

（3）某产业部门的工资、利润、折旧、税费的变动对各产业部门产品价格影响的分析。

从投入产出表的纵列上看，某产业部门的单位产品价格是由生产单位产品过程中直接消耗的中间产品价值和单位产品中的毛附加价值两部分构成，后者包括单位产品中的固定资产折旧、劳动报酬和社会纯收入（税金和利润），由此可以看出工资、利润、折旧、税费等是产品价格的重要组成部分。根据投入产出表的纵列关系，可得各产业部门产品价格的方程式：

$$P=\begin{pmatrix}P_1\\P_2\\\vdots\\P_n\end{pmatrix}\quad D=\begin{pmatrix}D_1\\D_2\\\vdots\\D_n\end{pmatrix}\quad V=\begin{pmatrix}V_1\\V_2\\\vdots\\V_n\end{pmatrix}\quad M=\begin{pmatrix}M_1\\M_2\\\vdots\\M_n\end{pmatrix} \tag{27-10}$$

$$P_j=\sum_{i=1}^{n}a_{ij}P_j+D_j+V_j+M_j \qquad (j=1,\ 2,\ \cdots,\ n)$$

式中：P_j是某一产业部门的单位产品价格；a_{ij}是投入产出表中j产业部门单位产品消耗i产业部门的直接消耗系数；D_j是j产业部门单位产品的折旧；V_j是j产业部门单位产品的劳动报酬；M_j是j产业部门单位产品的社会纯收入。

从单位产品价格来看，各因素的价格所占比重之和恒等于1。如果a_{ij}为实物型投入产出表的直接消耗系数，a_{Dj}为直接折旧系数，a_{Vj}为直接劳动报酬系数，a_{Mj}为直接社会纯收入系数，则有：

$$\sum_{i=1}^{n}a_{ij}+a_{Dj}+a_{Vj}+a_{Mj}=1 \qquad (j=1,\ 2,\ \cdots,\ n) \tag{27-11}$$

可见，某一产业部门单位产品生产的直接物质消耗水平、折旧、劳动报酬、社会纯收入的任何一种因素的变动，都会引起产品价格的变动。从系数关系上看，某些因素的上升，如增加工资、直接劳动报酬系数增大等，其他因素的系数必然会减少；反之亦然。因此，某些产业部门价格影响因素的变化，会造成该产业部门单位产品价格的变化。由于价格波及效果的影响，所以与之相关联的产业部门的产品价格产生变化。

【例27-2】仍基于表26-3，假定其他条件不变，如果工业部门与交通运输业部门的工资各提高5%，试计算出对各部门产品价格带来的影响。

【解】首先，计算各产业部门的直接劳动报酬系数a_{Vj}。由例26-1可知工业、农业、交通运输业及商业的直接劳动报酬系数分别为0.1360、0.3750、0.3333、0.2683，即A_V=（0.1360，0.3750，0.3333，0.2683）。

其次，利用$B_V=A_V(I-A)^{-1}$计算各产业的完全劳动报酬系数B_V，由例26-1可知：

$B_V=A_V(I-A)^{-1}$=（0.3888，0.5574，0.4158，0.4131）

当工业、交通运输业部门的工资分别提高5%时，它们的直接劳动报酬系数变为0.1428和0.3450。由$B_V=A_V(I-A)^{-1}$计算各产业变动后的完全劳动报酬系数B'_V为：

$$B'_V=A'_V(I-A)^{-1}$$

$$=(0.1428,\ 0.3750,\ 0.3450,\ 0.2683)\begin{pmatrix}1.7808 & 0.3777 & 0.5744 & 0.3347\\0.0598 & 1.0127 & 0.0524 & 0.0229\\0.0820 & 0.0174 & 1.0431 & 0.0269\\0.2792 & 0.0592 & 0.1005 & 1.3253\end{pmatrix}$$

$$=(0.4016,\ 0.5599,\ 0.4302,\ 0.4177)$$

当工业、交通运输业部门的工资分别提高5%时，工业、农业、交通运输业和商业的完全劳动报酬系数分别为0.4016、0.5599、0.4302、0.4177。

工业部门产品价格提高幅度为：（0.4016−0.3888）×100%=1.28%

农业部门产品价格提高幅度为：（0.5599−0.5574）×100%=0.25%

交通运输业部门产品价格提高幅度为：（0.4302−0.4158）×100%=1.44%

商业部门产品价格提高幅度为：（0.4177−0.4131）×100%=0.46%

此外，某些产业部门的利润、折旧或税费增减，同样可以计算出其对各产业部门产品价格的影响。

本章小结

本章通过对产业关联的阐述，明确地解释了产业间和产业部门间的联系方式及联系程度，揭示了在产业兴起、扩张和调整过程中，产业部门生产和市场的变动对其他产业部门的影响方式和影响程度；对产业间关联关系的阐述，说明了产业间关联关系的内容和关联方式的类型，解释了产业间不同的关联内容和方式对其他产业发展的影响程度和影响效果；对产业关联效应的阐述，说明了产业间不同的联系方式对产业部门具有不同的效应；对产业波及效果的阐述，说明了不同产业部门中生产要素的变动对其他产业的影响程度，从而为确定某些产业的市场需求、市场价格、劳动就业和生产规模等提供科学的依据，以使各产业部门平衡、协调地发展。

本章思语

1. 什么是感应度系数和影响力系数？

2. 简述产业间关联关系的主要内容。

3. 试述产业间关联方式的不同是如何影响产业关联效应的。

4. 基于如表 26−8 所示的价值型投入产出表，试计算：（1）农业部门产品价格提高 25% 对其他产业部门产品价格的影响；（2）假定其他条件不变，轻工业部门和重工业部门的工资各提高 5% 对各部门产品价格的影响。

第3篇　产业组织

产业组织是产业经济学研究的重要对象之一。合理的产业组织是产业经济资源合理配置及有效利用的前提条件。本篇由产业组织理论、规模经济与范围经济、企业国际化与跨国公司3章构成。

第28章
产业组织理论

产业组织是指产业市场主体的构成和相互关系，以及由此影响的市场运行效率。产业组织理论主要研究产业内经济资源的组织方式及由此影响的市场绩效，并在此基础上提出有效组织产业资源的政策建议。

28.1　关于产业组织的早期思想

28.1.1　竞争与分工的理论

古典经济学家亚当·斯密是较早关注市场竞争效率与生产组织内部经济的学者。亚当·斯密时代是工场手工业从初创走向鼎盛的时期。这一时期，英国的国内外市场迅速扩大，对商品的需求量急剧增加，从16世纪开始出现的以手工业为主的工场遇到了前所未有的发展机会。但是，资本主义的初期发展受到封建势力和重商主义的限制，新兴的资产阶级主张平等的贸易权利，要求解除束缚，实行自由贸易和自由竞争。斯密在其名著《国富论》中全面阐述了自由贸易和自由竞争的基本原则，论述了市场机制的作用。

他指出：一切特惠或限制的制度，一经完全废除，最明白、最单纯的合乎自然的自由的制度就会树立起来。每一个人，在他不违反法律时，都听其完全自由，让他采用自己的方法，追求自己的利益，以其劳动及资本与任何其他人或其他阶级相竞争。斯密把利己心态看作自由竞争的动力。他认为，每个进入市场的人在追求个人利益的同时，受作用于“看不见的手”。因为如果生产者为了自身的利益大量生产，供给一旦超过需求，价格必然下降到自然水平以下。地租、利润和工资之中的某一部分或三者同时就会撤出，使价格恢复到自然价格的水平上；反之亦然。供需相符的自然价格调节着土地、资本和劳动的投入量，所以，自由竞争增加了社会的整体福利，公平地分配着社会的经济资源。斯密还认为国家不应过多地干预经济。国家有三项义务：一是保护社会；二是保护社会上的人；三是建设并维护一些公共事业及公共设施。斯密的想法是，国家不要直接介入竞争过程，但是应当保护和协调自由竞争及自由贸易。

在呼吁建立自由竞争的社会秩序的同时，斯密目睹了工业化初期生产分工和专业化生产所产生的效率。他在《国富论》中分析道：劳动生产率上最大的增进，以及运用劳动时所表现的更多的熟练程度、技巧和判断力，似乎都是分工的结果。斯密还分析道：劳动分工要以较大的市场为前提，因为分工是在劳动人数密集的条件下出现的，如此多的人共同劳动，将会提供相当大的产量，只有较大的需求才能使分工效率得以实现。他指出：因此，分工的程度总要受交换的范围所限制，换言之，要受市场广狭的限制。市场要是过小，就不能鼓励人们终生专务一业。斯密不仅一般论述了采取分工生产的方式可以提高劳动生产率，而且深入分析了产生分工效率的原因。他指出：分工对劳动生产率的促进在于，分工使个别劳动趋向专业化，一个劳动者较长时间地从事一项专业劳动，可以使其技能迅速提高，同时避免了从一种劳动转向另一种劳动的时间损失。

斯密明确指出：不能孤立地考虑分工等劳动生产组织方式的经济性。因为分工所产生的效率受到市场需求的制约，没有可以吸纳更大产量的市场，就没有分工的效率。所以，生产组织方式的变革，要以市场的发展为条件。

28.1.2 马克思关于竞争与生产组织方式的论述

马克思关于竞争的论述，散见于对资本主义生产过程的分析和对价值实现过程的分析中。马克思认为，在商品社会中，追求剩余价值极大化使资本的所有者之间形成了竞争关系。竞争首先发生在同一个生产部门内，单个资本主义企业为获得超额剩余价值展开了提高劳动生产率的竞争。部门内竞争的优势在于单个资本主义企业尽量使自己生产产品的个别价值低于社会的平均价值，为此，资本家通过无偿延长工人的劳动时间和不断地改进生产技术，来保持较低的个别价值。但是，首先获得较低的个别价值的企业一般不能长久地维持其优势，因为竞争的强制规律会使其他资本家也进行技术改进和生产组织改进，以降低自己产品的个别价值。这一率先降低和相继赶超的竞争过程，使不同资本家的个别商品价值互相接近，并"使同一个生产部门内的生产者以相同的价格出售他们的商品"。马克思认为，在竞争中形成的价格可以调节各部门生产的比例关系，促进企业选择有效的生产方式。整个资本主义生产过程都是由产品的价格来调节的，而起调节作用的生产价格又是由利润的平均化和与之相应的资本在不同社会生产部门之间的分配来调节的。在这里，利润不是表现为产品分配的主要因素，而是表现为产品生产本身的主要因素。马克思还深刻地分析了市场机制的作用原理：资本追逐利润的内在要求促成了企业之间的竞争关系，竞争使价格及时反映了市场的供需关系，从而调节着资本在部门之间的转移。

马克思在分析为获得超额剩余价值而展开的部门内竞争时，把竞争和技术进步、生产组织方式、生产集中联系起来。马克思认为，资本增值的内在冲动驱赶着资本家改进原有的技术，提高劳动生产率，降低由个别劳动时间决定的商品的个别价值，同样的冲动和竞争压力会使其他资本家沿着技术改进的路走下去，最终提高了资本的有机构成。

为获得超额剩余价值而展开的竞争还使资本家千方百计采取新的生产组织方式。马克思认为，竞争使个别价值平均为社会价值，而社会价值的平均化总是朝向更低的方向，并且带动市场价格下降。在市场的铁尺之下，资本家不能随意选择生产组织方式，因为生产组织方式的选择必须满足降低个别价值的目的；否则，资本增值的目标将难以实现。所以，当事实证明新的生产组织方式——分工与协作具有更高的生产率时，采取这种生产组织方式就成为资本家的普遍行为，以便利用分工的优势降低成本。马克思指出：在工场内部的分工中预先地、有计划地起作用的规制，在社会内部的分工中只是在事后作为一种内在的、无声的自然必然性起着作用，这种自然必然性可以在市场价格的晴雨表的变动中觉察出来，并克服商品生产者的无规制的任意行动。[①]对于生产协作，马克思分析道：这里的问题不仅是通过协作提高了个人生产力，而且是创造了一种生产力，这种生产力本身必然是集体力。

马克思认为，建立在协作基础上的企业生产，可以产生比分散生产更大的效益。产生合力效应的原因是：协作性的集体生产在相同产量的条件下比分散生产节约了占用的空间；有利于在交货期临近或其他紧急情况出现时，集中生产能力完成较大的生产量；在集体生产的环境中，个人能力可以通过劳动效率间的差异表现出来，努力争先的竞赛提高了生产率；把不同的生产环节容纳在一个企业中，有利于管理和控制，可以保持生产的连续

① 马克思. 资本论（第1卷）[M]. 中共中央马克思恩格斯列宁斯大林著作编译局，译. 北京：人民出版社，1975：394.

性和比例性；具有协作性的集体生产提高了生产资料的利用率。

马克思认为，资本家之间为获得超额剩余价值而展开的竞争推动了生产集中的发展。资本家总是竭力扩大资本规模，因为更多的资本可以带来更多的剩余价值。剩余价值规律和竞争规律的共同作用促使资本家把更多的剩余价值积累起来，转化为扩大再生产的资本、更大的企业规模。因为只有在这个前提下，才能组织劳动的分工和结合，才能使生产资料由于大规模集聚而得到节约，才能产生那些按其物质属性来说只适于共同使用的劳动资料，如机器体系等，才能使巨大的自然力为生产服务，才能使生产过程变为科学在工艺上的应用。

马克思分析了导致规模经济的两个最根本的因素：第一，由于生产要素（马克思所指的生产资料）具有不可分割的特性，只有大规模生产才能使机器体系得到充分利用。第二，规模为分工与协作提供了空间，从而有利于节约劳动。从时间上看，这是最早的有关规模经济的观点。马克思对规模经济的论述被后来的经济学家自觉或不自觉地扩展着，发展为系统化的产业组织理论的一部分。

工业化过程中企业规模的扩大，推动了生产的集中化。同时，随着生产集中进程的加快，市场的竞争格局发生了变化。针对这种现象，马克思指出：在那里竞争的激烈程度同互相竞争的资本的多少成正比，同互相竞争的大小成反比。显然，马克思认为，生产集中是竞争规律作用的结果，竞争导致了生产集中；反过来，生产集中又使竞争的激烈程度下降。但是，马克思没有进一步分析生产集中对技术变革及组织变革的影响。因为马克思没有来得及目睹建立在生产集中基础上的市场垄断，是如何操纵价格攫取超额利润的。在马克思之后，恩格斯和列宁都对垄断的影响作了深入的分析。

28.1.3　“马歇尔冲突”与完全竞争理论

阿弗里德·马歇尔于1890年出版了他的代表作《经济学原理》，在该书中提出了供求理论。这一理论中的许多观点和内容至今仍然是经济学教科书的一部分。同时，马歇尔还在《经济学原理》中明确地把“组织”列入生产要素，并且第一次提出了资源配置效率面临的核心问题是企业内部经济与外部竞争活力的矛盾。马歇尔在分析亚当·斯密和大卫·李嘉图等人视为生产要素的土地、资本和劳动参与生产过程的作用机制时注意到，任何生产要素进入生产过程总是采用了某种组织的形态，相同质量和数量的生产要素采取不同的组织方式，会有不同的产出量。由此，他指出：有时把组织分开来算作一个独立的生产要素，似乎最为妥当。[①]马歇尔认为，在公认的“资本”的概念中，不仅仅是货币资本在发挥作用。资本之所以能够增值，是因为在货币资本的运营中，同时存在知识和组织的投入。显然，离开了知识和有效的组织，货币资本不能自动地成长出新的价值来。为了强调“组织”在形成利润中的重要性，马歇尔主张分离被货币资本所掩盖的“组织”，把“组织”看作独立存在的生产要素。马歇尔的这一观点显然为管理和组织作为资本的一部分参与利润形成提供了理论依据。

马歇尔在《经济学原理》中还率先提出了组织是一个系统、一个有机体的观点。他指出：有机体，不论是社会的有机体还是自然的有机体的发展，一方面使它的各部分之间的

① 马歇尔．经济学原理（上卷）[M]．朱志泰，译．北京：商务印书馆，1964：158.

机能的再分部分增加，另一方面使各部分之间的关系更为密切。[①]也就是说，不论是产业组织还是企业组织，如果能够通过协调和系统化使各个子系统的效率提高，使各个部分形成密不可分的整体，具有互相推动及支撑的作用，那么这个组织就是有效的组织。在马歇尔看来，要使工业组织具有有机体的性质，必须在组织中进行分工和协作。通过分工发展专门技能、专业知识，为大机器体系的使用提供条件；在分工基础上的协作，使各个专业生产部分之间的联系更加密切和稳定，从而保证分工效率的实现。

马歇尔对导致规模经济的原因作了细致的探讨。他认为：大规模生产的主要利益，是技术的经济、机械的经济和原料的经济。因为大工厂可以采用高效率的机械，从而极大地提高生产效率，从机械的经济所获得的各种利益是小工厂难以企及的。大企业的大批量采购可以获得相对低的价格，而且大批量运输保证了对运输工具的充分利用，因此有着较低的运输成本。为了谋求大规模的经济性，是“现在同一工业或行业中许多企业合并成为大的联合组织的倾向的主要原因之一”[②]。

学者之所以把马歇尔视为产业组织理论的先驱，不仅因为他对“组织”的地位的肯定以及对规模经济的分析，而且因为他明确提出，企业追求规模经济会导致集中，而集中抑制或消除了竞争，形成市场垄断，进而削弱了市场配置资源的效率。马歇尔认为：如果某种产品的生产经营具有报酬递增规律，从而给予大生产者以很大的优势，那么追逐大规模生产的利益，会使这种生产很容易为少数几家大厂所操纵。而少数几家大厂的这种产品生产，其实在很大程度上具有垄断的性质。产品的价格多半取决于那些追求扩大势力范围的竞争对手之间的斗争，很难有一种真正的正常水平。

马歇尔的观点提出了一个经济学家和经济政策制定者必须关注的问题，即在规模经济显著的产业，企业从自身经济利益的角度出发必然要不断地扩大规模，产业内的集中度很容易发展到可操纵市场的水平。垄断一旦形成，价格就不再随供给与需求的改变而波动，也不再具有调节经济资源流向最需要的方面的作用，不能鼓励最有效率的生产。因为垄断者所关注的是获得最大限度的收入，当垄断者的实力增长到能够决定市场的供给量时，价格就成为满足垄断利益最大化的工具。经济系统中的这个矛盾，使当时的经济学家的观点和经济政策制定者的行为带有某种倾向性，要么是市场竞争活力，要么是充分利用规模经济。也就是说，如果经济政策倾向于制造有利于企业追求规模经济的环境，垄断就成为政策的结果；如果经济政策倾向于维护市场竞争活力，就不能放任企业充分利用规模经济。马歇尔提出的规模经济与市场竞争的矛盾，被后来的经济学家称为“马歇尔冲突”。

与马歇尔同一时代的帕累托、奈特等经济学家提出并且完善了完全竞争理论。完全竞争理论采取静态分析的方法，从预期状态入手，构建了可以达到预期状态的模型。这一模型包括对市场结构、市场行为和市场绩效的限定。只有满足了限定的条件，该市场才是完全的或者纯粹竞争的。完全竞争模型对市场的高度提纯，展示了竞争的效率，因此在理论上是有意义的。但是，完全竞争毕竟是以一系列假设为前提条件的，是个虚拟的市场。在现实经济中完全竞争的市场不仅不存在，甚至连非常接近完全竞争的市场都很少。经济学的作用显然不只是在理论上认识假设的市场，还要对现实的市场作出分析。因此，帕累托、奈特等人的完全竞争理论只是论述了竞争的效率和理想的市场模型而已。

① 马歇尔. 经济学原理（上卷）[M]. 朱志泰，译. 北京：商务印书馆，1964：257.
② 马歇尔. 经济学原理（上卷）[M]. 朱志泰，译. 北京：商务印书馆，1964：295.

28.1.4　不完全竞争理论

20世纪30年代，资本主义已经发展进入成熟阶段，垄断资本对资源配置的影响和对社会分配的影响已经十分强大，经济学必须对垄断与竞争进行深入的剖析。30年代初期，琼·罗宾逊夫人的《不完全竞争经济学》和爱德华·张伯伦的《垄断竞争理论》相继问世，这两本著作的共同特点是对完全垄断与完全竞争之间的市场进行了分析。

罗宾逊夫人和张伯伦对现实市场的分析都是基于产品差别的价格表现作出的。他们认为，即使市场上的企业数量多且规模小，个别企业的产品价格之间也是不相同的，不会出现完全竞争理论根据假设的市场结构所推导的现象——每个企业都按相同的价格销售它们任何数量的产品。因为完全竞争市场的约束条件还包括了产品差别的规定，要求产品是同质的，消费者没有必要对产品进行选择，所以，市场上存在很多提供相互间完全可替代产品的企业。但是现实中，在大多数市场上，企业的产品之间存在不同程度的差异，凭借差异程度和被偏好的程度，企业就具有了制定不同价格的依据。

在罗宾逊夫人和张伯伦之前，马歇尔曾经在《经济学原理》中提出了产品差别的概念。马歇尔认为，同类产品实际上并不满足相同的需要。不同企业的产品由于技术和形象方面的差异，适应了不同的需要和趣味。例如，产品中的专有技术、企业的广告影响以及消费习惯等都可以构成产品差异。张伯伦认为：一般来说产品都是有其差别的。这种标准可能是具体的，也可能是想象的，只要它对购买者有其必要性，使购买者喜好这种产品而不喜好另一种产品，就可以构成差别的标准。张伯伦给出的概念比较明确，即产品差别是对消费者而言的，只要消费者认为某个产品比其他产品更重要，就存在差异。

张伯伦认为导致产品差别的因素有很多。差别化的依据可能是产品本身的某种特点，如独有的专利权、商标、商店名称、包装等特点，或是品质、设计、颜色式样的特点。差别化的依据也可能是环绕在售卖者周围的各种不同条件，如在零售交易中的售卖者的地址的便利性，该商店的一般风格和特点、做生意的方法、公平交易的信誉、待人接物和工作效率，以及店主及员工对顾客的招待情况等。

张伯伦给出的产品差别概念和对形成产品差别因素的分析，对后来的差别理论有很大的影响。张伯伦从现实经济的角度出发，把产品差别作为不完全竞争中的一个重要现象，从而解释了为什么同类产品可以按不同的价格销售，并且提出了竞争与垄断共存的思想。

张伯伦认为，在大多数市场上，供给者的数量众多，为了争夺更大的市场，提供同类产品的企业之间存在互相竞争的关系。但是，在差别化的条件下，个别企业可以凭借产品的差别，形成在细分市场上的垄断，垄断的程度取决于产品差别的程度。因此，企业的市场行为既有竞争的一面，又有垄断的一面，大部分市场是垄断与竞争同时存在的市场。

张伯伦从三个角度分析了垄断竞争市场条件下能够实现最大利润的产量选择和价格选择。

第一，产品差别水平不变的价格选择。张伯伦认为，垄断竞争市场的需求曲线是向右下方倾斜的，在这条需求曲线上，较大的需求量对应着较低的价格，较少的需求量对应着较高的价格，所以，与完全竞争市场平行于X轴的需求曲线相比较，垄断竞争的最大利润点向左移，比完全竞争市场的价格高、产出规模小。

第二，价格水平不变的产品选择。在价格已知的条件下，消费者对产品的选择是对产品“质”的选择，是对差别水平的选择。张伯伦认为，任何产品的需求量都是有限的，在一定价格水平上，产品的需求量取决于本身的差别特点。产品被偏好的程度越高，需求量就越大，差别带来的偏好会使产品的需求曲线向右移动。对企业来说，右移的需求曲线意味着更大的销售量和更高的利润。因此，在垄断竞争市场上，企业的产品选择不一定以成本最低为原则，因为增强偏好的努力会使成本上升；也不一定选择需求量最大的方案，因为把产量限制在较小的数量上，价格更高。

第三，价格与产品同时变化。张伯伦认为，在垄断竞争市场上，当竞争十分激烈时，低价产品出现会使其他企业降低自己的产品价格以维持市场；更新产品的出现又会要求企业必须改进产品以维持消费者的偏好。在收入不变的条件下，为改进产品而增高的成本可能使需求减少。如果价格竞争导致的价格下降和产品竞争推动的成本上升相继交替出现，则垄断竞争的企业无法获得超额利润。

在《垄断竞争理论》一书中，张伯伦还提出了竞争均衡的概念。张伯伦认为，生产那些彼此有密切替代关系产品的企业属于一个集团。张伯伦所定义的“集团”，与现代产业组织理论中“产业”的概念非常接近，因此张伯伦探讨的“集团”内的关系相当于我们今天所说的产业内企业之间的关系。张伯伦认为，在具有密切替代关系的“生产集团”中，如果企业没有改变产品的差别水平，而是提高了价格，则超额利润会吸引新的企业进入，使市场价格下降，企业的超额利润消失。如果“集团”内的某个企业率先改进产品，则其他企业也会效仿改进产品。“集团”产品成本水平整体提高了，较高的成本与增幅较小的销售相比，企业的超额利润减少了。通过分析，张伯伦认为，“集团”内的每个竞争者将根据竞争对手的价格和产品差别选择自己的价格策略和产品策略。如果某企业的策略组合可以使其获得最大的利润，其他企业也会仿效，使“集团”内的价格和需求重新调整，直到没有企业可以因为改变价格或改进产品而获得更多的利益。

张伯伦在分析垄断竞争的价格行为和产品行为时提出了“进入”的概念，认为“生产集团”内的平均利润率如果高于竞争状态的平均利润率，将会吸引经济资源进入“集团”，使超额利润下降；如果平均利润率低于竞争状态的平均利润率，经济资源会退出产业，使平均利润率恢复到竞争的平均利润率，因此“集团”内的企业只能获得平均利润。

在《不完全竞争经济学》中，罗宾逊夫人从需求的角度分析了不完全竞争的客观现实基础。她认为：完全竞争的传统假设首先是存在数量众多的生产者，以至于其中任何一个生产者改变其产量都不会对商品的总产量产生可以觉察的影响；其次依靠完全市场的存在。如果单个生产者的需求曲线有完全的弹性，只要稍稍降价，就能吸引到数量无穷的顾客；只要稍稍提价，生产者又会丧失全部买卖。但是，现实世界不听命于完全竞争的假设，消费者的偏好程度决定了商品之间的可替代程度。具有密切替代关系的产品在一条替代链条上，构成一个市场，而替代关系相对疏远的产品不在一个替代链条上，分别处于不同的市场。如果同类产品之间有质量差异或存在其他影响消费者偏好的因素，那么产品之间不具有完全的替代性，每个企业都面对一条向右下方倾斜的需求曲线，都可以在一定范围内支配自己生产产品的价格。产品存在差别的现实，使完全竞争的条件难以实现，所以企业之间的竞争是不完全的。

罗宾逊夫人和张伯伦的不完全竞争理论，向分析现实的市场竞争大大地迈进了一步。他们所提出的不完全竞争市场或垄断竞争市场，在市场经济中现实存在。因此，与完全竞争理论相比，罗宾逊夫人和张伯伦的观点为实证经济学的发展提供了基础。在《不完全竞争经济学》《垄断竞争理论》中，两位学者还对大量模糊不清的概念进行了解释。例如，他们在规模垄断的基础上提出了差别垄断的概念，分析了市场进入对价格的影响以及偏好对市场需求曲线的改变等。明确这些概念，后继的相关研究得以深入进行。20世纪50年代形成的产业组织理论体系，大量应用了不完全竞争的理论。可以说，不完全竞争理论为现代产业组织理论的发展作出了巨大贡献。

28.2 产业组织理论体系的形成

28.2.1 哈佛学派

1.确立产业组织理论的研究方向

20世纪前30年，发达国家的工业处于批量生产阶段，集中化的大规模生产是制造业普遍采取的生产组织方式。低成本的大批量生产满足了经济复苏过程中的需求增加，也迎合了社会购买力水平还不太高的现实。但是，大批量生产造就出的大企业改变了企业间的竞争关系，少数大企业迅速扩张，聚集了足以控制市场的经济资源，康采恩、卡特尔等垄断组织控制了国家的经济命脉。企业组织的内部经济与市场竞争活力之间的矛盾日益尖锐起来。生产集中的迅速发展，促使更多的经济学家关心这样一些问题：大批量生产的内部经济以及企业组织对市场组织的替代，会在多大程度上改变资源的配置效率？对市场竞争有哪些影响？对社会福利有哪些影响？针对这些问题，美国的一些经济学者以哈佛大学为中心逐步展开了对产业组织的系统研究。1938年，哈佛大学建立了以梅森教授为主的产业组织研究小组，他们研究分析了大批量生产条件下的成本与价格，分析了大企业对市场价格的影响以及可竞争市场的条件等。梅森在研究中提出了“结构-行为-绩效”的分析模式，强调依据市场结构判断市场的竞争性和市场配置资源的绩效。

1940年，约翰·克拉克发表了《关于有效竞争的概念》一文，对产业组织理论的基本问题进行了分析。克拉克认为，不完全竞争存在的事实表明，市场竞争与实现规模经济之间存在矛盾，完全竞争不可能存在，也从来没有存在过，因此有必要探讨可行的有效竞争市场条件。克拉克的有效竞争市场条件实际上是要寻找竞争与规模经济之间的均衡状态，即能够兼得规模经济与市场竞争活力的资源组织方式。这是第一次明确提出经济学应当把解决规模经济与市场竞争活力的矛盾作为研究的基本问题之一。

克拉克之后，斯蒂芬·索斯尼克从结构、行为、绩效三个方面规定了可行性竞争市场：

（1）结构标准包括：不存在进入和流动的人为限制；存在对上市产品质量差异的价格敏感性；交易者的数量符合规模经济的要求。

（2）行为标准包括：厂商间不互相勾结；厂商不使用排外的、掠夺性的或高压手段；在推销时不搞欺诈；不存在有害的价格歧视；对抗者对其他人是否会追随他们的价格变动没有完备的信息。

（3）绩效标准包括：利润水平刚好足够回报创新、效率和投资；质量和产量随消费者的需求而变化；厂商尽其努力引进技术上更优秀的新产品和新的生产流程；没有“过度”

的销售开支；每个厂商的生产过程是有效率的；最好地满足消费者需求的卖者得到最多的报酬；价格变化不会加剧经济周期的不稳定。[①]

克拉克与索斯尼克对于可行性竞争市场标准的规定并没有得到大多数经济学家的赞同。因为这两位学者提出的可行性竞争市场充满了非量化的、不可判断标准的条件，因而不具有“可行性”。但是，他们所提出的研究方向和竞争“可行性”概念，为后来的经济学者们提供了启示。

1959年，梅森研究小组中的贝恩（J. S. Bain）在导师的指导下，出版了《产业组织》，这是经济学领域第一部系统论述产业组织理论的图书。贝恩在书中把构成市场结构的主要因素归纳为产业市场集中、产品差别化、进入障碍、规模经济性、纵向生产一体化等。其中，在分析市场集中的发展时，贝恩把企业追求规模经济列为导致集中度上升的第一原因。贝恩着重指出，较高的集中度必然导致垄断。因此，贝恩在书中用了很大的篇幅分析规模经济与市场竞争活力这对基本矛盾。贝恩的《产业组织》以其研究内容的系统性和研究方法的创造性，标志了产业组织理论体系的形成。

《产业组织》一书出版后，哈佛大学的其他学者也围绕产业组织的基本命题展开了深入研究。1959年，经济学家凯森和法学家特纳合作出版了著名的《反托拉斯政策》一书，从经济学和法学两个角度分析了大企业的市场影响和对社会福利的影响。谢勒在1970年出版了《产业市场结构和经济绩效》，着重探讨了市场行为与市场绩效之间的关系。贝恩、谢勒等哈佛大学学者的理论分析框架基本相同，所主张的反托拉斯政策也大体相同。因此，后来的产业组织理论学者将那个时期以梅森、贝恩、谢勒为代表的产业组织理论学者称为“哈佛学派”。

2. 哈佛学派的主要理论

哈佛大学的产业组织理论学者们基本遵从了梅森提出的“结构-行为-绩效”的分析框架。贝恩在《产业组织》一书中进一步明确了市场结构的概念和影响市场结构的因素。他认为市场结构是市场中卖者和买者的数量、规模及相互间的关系。能够反映和影响这种数量比例关系的主要有市场的集中度、产品的差别化程度、进入障碍的高度、规模经济性、政府管制等因素。这些因素引导和制约着企业的市场行为，包括价格行为、产品行为、销售行为、投资行为等。例如，当市场的集中度较高时，企业之间的价格行为具有较强的依赖性，市场价格呈刚性，企业倾向于采取价格联合行为；当市场集中度较低时，企业之间的价格竞争较为激烈。企业的广告策略也与市场结构有关，一定的规模可以承担广告费用支出，所以，较高集中度市场的广告费用开支比低集中度市场的广告费用开支高。贝恩认为市场结构决定市场行为，有什么样的市场结构就有什么样的市场行为。

贝恩还认为，市场绩效取决于企业的市场行为。如果产业长期存在超额利润，则表明企业采取了垄断性的价格行为；如果技术效率较高，则表明企业进行了较多的研究活动。

贝恩通过大量的实证分析断言，企业追求规模经济促进了集中度的上升，集中度高的市场存在少数企业间的共谋、协调行为以及利用高进入障碍限制竞争的行为。这些行为改变了市场的竞争性，其结果往往是产生超额利润，降低资源配置效率，最终使市场在生产成本、技术进步、产品满足需要的程度等方面陷入低效率的运行状态。

① 克拉克森，米勒. 产业组织——理论证据和公共政策［M］. 华东化工学院经济发展研究所，译. 上海：上海三联书店，1989：170.

贝恩的《产业组织》出版后，哈佛学派基本确立。哈佛学派主张：为了获得预期的市场绩效，就要采取积极的反托拉斯政策，调整和改善不合理的市场结构，使产业的市场结构符合有效竞争的条件，以规范和制约企业的市场行为。正是由于哈佛学派十分重视市场结构标准，赋予市场结构决定性的作用，所以哈佛学派又被称为结构学派。

哈佛学派的理论对美国和其他主要工业化国家的经济政策产生了重要影响。建立在哈佛学派理论基础上的产业组织政策有十分明确的目的，即维护企业间的竞争活力，发挥市场机制的作用，最大限度地满足市场需求和推动技术进步。为了实现这一目的，必须制定严格的反垄断政策，完善维护公平竞争的法律法规。这些法律法规应当包括禁止卡特尔、禁止垄断行为、限制横向企业间的合并与兼并、取消歧视性价格等内容。

28.2.2　芝加哥学派

1.芝加哥学派的崛起

产业组织理论的芝加哥学派是指以芝加哥大学的经济学学者为主。这一学派的学者们运用价格理论和实证分析方法，分析了企业组织内部经济与市场竞争活力之间的关系，提出了新的判断市场效率的标准。

芝加哥学派对产业组织理论与政策实践最主要的贡献表现在三个方面：

一是为取消政府在某些领域的管制提供了理论基石。芝加哥大学的学者们深入研究了政府介入市场的效果、政府管制产业经济的过程、政府与产业的关系、政府管制机构的行为等问题，指出了政府介入和管制经济的种种负效应，最终推动了政府放松管制。

二是提出了大企业的内部经济与市场竞争活力并不矛盾的观点。芝加哥学派利用价格工具证明，高利润率不是来自高集中度，而是来自大企业所具有的高效率。在芝加哥学派的呼吁下，美国修改了兼并指南，从而引发了新的合并和兼并高潮。

三是推动了经济学与法学的结合。芝加哥大学经济学学者们在进行产业组织理论的研究和教学过程中，与法学院研究反托拉斯法的学者们进行了密切的联系。许多芝加哥学派的学者既是产业组织理论的研究者，也是反托拉斯法研究团体的成员，经济学与法学的结合拓展了芝加哥学派在两个领域的研究深度和广度。

芝加哥学派的代表人物有德姆塞茨、斯蒂格勒、布罗曾等人。早在20世纪50年代贝恩的《产业组织》问世之前，斯蒂格勒就发表了一系列以产业组织为研究对象的论文。那一时期，斯蒂格勒主要以企业行为目标和内部规模经济为研究对象。1950年，斯蒂格勒发表了《通向垄断和寡占之路——兼并》一文，重点分析了企业水平兼并的目的以及通过兼并达到垄断的可能性。斯蒂格勒认为，在一个竞争性的市场上，旨在垄断的兼并可能是有利可图的。如果新厂商进入不是太快，则兼并者可以在相当长一段时间内获得垄断利润；虽然新厂商进入以后兼并者将永远处于亏损状态，但亏损现值不一定大于以前获得的垄断利润。[①]因此，在美国那些大的产业中，允许通过兼并（或其他手段）达到寡占，决非社会之愿望。但是斯蒂格勒认为，现代公司体制和证券市场的发展难以限制厂商的规模，规模不经济能发挥这一作用，尽管是微弱的作用。企业对经济性的追求会自动地限制其无限制地扩大规模。既然市场可以自己解决企业扩大规模对竞争的削弱，那么不太积极

① 斯蒂格勒．产业组织和政府管制［M］．潘振民，译．上海：上海三联书店，1989：5.

地执行反托拉斯法，是可能改变产业结构趋向的。[①]

1951年，斯蒂格勒在《市场容量限制劳动分工》一文中阐述了对产业组织基本矛盾的看法。他认为按照斯密的劳动分工理论：只要劳动的进一步分工（劳动力和机械的进一步专业化）能以更低的成本获得更高的产量，那么联合或扩张以及驱逐竞争对手，对企业家来说就是有利的。两难的困境在于：如果的确是市场容量限制了分工，那么典型的产业结构必定是垄断。[②]但是实际上，现在仍然有许多重要的产业是竞争的。同时，在工业起步较早的英国，可以发现在高度区域化产业中以中等规模工厂为主的现象。所以，斯蒂格勒不认为企业追求分工的利益，追求规模经济必然会导致垄断。类似的观点在斯蒂格勒的其他文章中也可以见到。

在《规模经济》（1958）和《进入壁垒、规模经济和厂商规模》（1968）两篇论文中，斯蒂格勒突破传统地从成本函数模型推导出最佳规模的分析方法，对48个产业的数据进行了类比。他指出：只有当厂商拥有完全相同的资源时，一个产业才会只有一个最佳规模。既然各厂商使用种类不同的资源，最佳厂商规模必有多个，呈现某种频率分布。[③]因此，长期成本曲线不一定是开口向上的抛物线，有些产业的长期成本曲线可能是平底型的曲线。斯蒂格勒认为规模经济不构成进入障碍，或者说，不是消除潜在竞争的因素。因为在斯蒂格勒看来，进入障碍是一种生产成本（在某些或每个产出水平上），这种成本是打算进入一产业的新厂商必须承担，而已在该产业内的厂商无须负担的。[④]斯蒂格勒认为，产业内的原有企业也要面对规模经济的问题，如果规模不经济也要被市场淘汰。所以规模经济不是新厂商必须承担的高于老厂商的成本。按同样的道理，斯蒂格勒认为资本需要量等因素也不构成进入障碍。

虽然斯蒂格勒在他的论文中比较早地对高度集中——垄断的定式提出疑问，但是他的观点在当时并没有引起广泛的关注。1974年，德姆塞茨和布罗曾在美国宾夕法尼亚州召开的产业组织理论研讨会上发表论文，通过大量例证说明，哈佛学派的高度集中一定导致垄断的理论缺乏充分的证据，市场绩效不一定完全取决于市场结构。在他们看来，当市场集中度很高时，企业之间比较容易采取价格默契；但是，大企业之间不可能长期通过垄断高价获得超额利润，因为只要市场是可进入的，超额利润就会引起大量进入，使超额利润消失。如果高集中度的产业市场上没有政府对进入的管制，又存在长期的超额利润，那么它只能是由企业的效率带来的。在杰出的企业家的经营下，企业的平均成本会低于所有潜在竞争者的平均成本，使进入不可能发生。德姆塞茨和布罗曾的论文引起与会者的注意，从而在产业组织理论领域树起了芝加哥学派的旗帜。

芝加哥学派认为必须建立自由企业制度，他们信奉市场经济中竞争机制的作用，相信市场的自我调适能力。他们认为，在竞争性的市场上，非效率的企业、低利润和亏损的企业最终会被淘汰出市场，能够在市场上长期生存的企业都是有效率的。在自由企业制度下，追求低成本是企业生存的必然反应，通过企业的现实竞争和潜在竞争过程，市场会自动纠正暂时的非均衡状态，实现长期均衡。

相对于哈佛学派的“结构”决定论，芝加哥学派认为，在对市场的分析中效率是最重

① 斯蒂格勒. 产业组织和政府管制［M］. 潘振民，译. 上海：上海三联书店，1989：18.
② 斯蒂格勒. 产业组织和政府管制［M］. 潘振民，译. 上海：上海三联书店，1989：23.
③ 斯蒂格勒. 产业组织和政府管制［M］. 潘振民，译. 上海：上海三联书店，1989：42.
④ 斯蒂格勒. 产业组织和政府管制［M］. 潘振民，译. 上海：上海三联书店，1989：69.

要的因素，实现经济活动的效率最终符合社会福利最大化的原则。芝加哥学派把“效率”分为资源配置效率和生产效率。他们认为，企业如果只实现了生产效率，则等于解决了生产技术和规模经济的问题，可以在高效率的条件下低成本地进行生产；但是，低成本的产品不一定能够满足消费者的需求。为了实现更大的收益，企业需要生产满足消费者需求的产品，调整生产要素在市场间的进出，这样就实现了资源配置效率。在芝加哥学派看来，大企业在生产和配置方面所具有的高效率是超额利润的根源，而不是像哈佛学派所认为的那样：超额利润来自高度集中市场结构条件下的垄断。因此，判断市场性质的标准是效率，而不是市场结构。

芝加哥学派认为，哈佛学派提出的有效竞争市场模糊不清，在现实经济中难以对各个市场给出具体的判断。他们提出，可以用产出量指标作为判断效率的指标。因为如果垄断大企业联合起来通过减少产量实现超额利润，市场价格就会偏离边际成本，产业的边际收益高于竞争性产业的边际收益。这时，资源会在垄断性产业和竞争性产业之间重新进行分配，增加向垄断性产业配置的资源，直到各产业的边际收益相等，产出量达到最大。

芝加哥学派在研究中广泛应用了价格理论作为分析的工具，他们认为用价格理论分析产业组织状态是有效的。同时，芝加哥学派也运用了实证分析方法来解释产业组织的政策原理，他们对集中度与平均利润率、集中度与价格竞争程度、规模经济与进入障碍等问题的实证分析，受到了产业组织理论学者们的广泛拥护。在实证分析中，芝加哥学派以企业的市场行为为中心建立模型，而不是像哈佛学派那样以市场结构为中心建立模型。芝加哥学派的“行为”中心论和以“效率”为市场判断标准的理论，使其又被称为产业组织理论的“行为学派”“效率学派”。

2.芝加哥学派的主要理论

芝加哥学派认为，反垄断的目的是实现经济效率，即社会福利的最大化。反垄断的全部课题，是在不损害生产效率、不减少消费者利益的条件下，努力改善资源的分配效率，排除非效率的市场支配力，维护公平交易。因此，政府政策的目标应该是保护竞争，而不是单纯保护竞争者，维持竞争者的数量。在市场竞争中，优势企业的规模不断扩大，低效率的企业被淘汰是正常的，判断企业是否有不正当的市场行为，不能以是否损害了其他竞争者的利益或排斥竞争对手为标准，而在于它是否损害了经济效率。

芝加哥学派相信市场机制的力量。他们认为，市场机制普遍存在，在市场机制存在的地方，竞争就会发挥作用。市场价格随着供给与需求的关系变化，可以将资源自动调节到最佳状态，所以政府不能过多地介入市场。斯蒂格勒曾经分析了政府管制经济与市场自发调节的成本与作用。他指出：政府管制经济的目标不等于管制经济的实际效果，在某些产业，政府管制经济的副作用比预期管制应当起的作用还要大，政府失灵比市场失效的影响大得多。同时，政府一旦管制经济，就构成经济的内在变量。在政府的管制下，如果价格对消费者有利，消费者就要向管制的供给者支付费用，所以管制也是有价格的。

芝加哥学派主张消极的反托拉斯政策。他们认为，如果企业在竞争中选择了大规模，说明在这一领域规模经济是企业生存的必要条件，企业只有在大规模的条件下，才能获得应有的效率。如果利用分割的措施限制市场集中度，就会影响企业的效率和竞争力。芝加哥学派认为，政府对企业间的合并和兼并应当分类对待。合并是企业采取的外部成长的方式，也是资源在市场竞争中向最有效率的企业集中的过程。只要产业是可进入的，水平合并后的大企业就不能长期支配市场价格，也就是说，市场仍是竞争性的。芝加哥学派认为，削弱竞争的主要因素是卡特尔组织限制产量和分割市场的横向协议、导致极高度集中的水平合并、旨在阻止新企业进入的掠夺性价格行为等。芝加哥学派消极的反托拉斯的主张，明显不同于哈佛学派所主张的限制大企业的政策。

28.2.3 新奥地利学派

1.新奥地利学派的主要观点

米塞斯和哈耶克是新奥地利学派的两位代表人物，他们采取了新的方法和研究视角分析产业组织的基本问题。新奥地利学派对应用价格理论分析市场竞争效率和企业组织的效率持否定的态度。他们认为必须对市场的动态过程进行分析，在“过程”中认识竞争和企业家的作用。

新奥地利学派认为，市场是一个连续的过程，这个过程的性质无法通过市场结构表现出来。“竞争是在不确定的环境中，以不完全的信息为前提的。”“推动竞争过程的是企业家。”

新奥地利学派从来没有将垄断与企业的规模联系起来。他们认为，所谓垄断是在不存在政策性进入障碍的市场上，生产者通过对必要资本投入的排他性支配，阻止对其生产形成竞争的进入，即垄断是原有企业对新进入企业所带来的潜在竞争者压力进行封锁的行为。新奥地利学派的学者一一分析了可能形成垄断的因素。按一般的观点，对天然资源的排他性支配、具有杰出经营能力的企业、市场规模狭小、不正当手段等都是形成垄断的因素。新奥地利学派的学者认为，企业家的能力只能在一段时期内形成垄断；不正当手段能够形成垄断，但是在法律法规的制裁下难以维持；市场狭小的因素只是在市场初期或末期存在，所以除了对天然资源的垄断外，其他因素都不能形成长期垄断。在新奥地利学派看来，垄断的形成与政府是否授予企业进行排他性的生产经营特许权有关。哈耶克曾指出：真正有害的不是垄断自身，而是妨碍竞争；不是垄断者的权力，而是垄断者对掌握权力的政府的影响力；不是对资源的垄断，而是所具有的垄断的力量。也就是说，垄断者在初期所具有的优势和高效率消失后，依然可以保持和维护垄断的权力。

按照新奥地利学派的观点，在规模经济显著的产业，企业追求规模经济所导致的集中度上升，不是形成垄断的直接原因，政府以利用规模经济的名义对产业进入的限制才是垄断形成的原因所在；企业规模大小并不重要，重要的是企业所拥有的对市场的支配权。因为由规模经济导致的天然垄断可以被跨越，而由特许权导致的人为垄断难以被跨越。

传统的竞争理论认为，在完全竞争的市场上，低效率的企业由于在竞争中处于劣势会被淘汰，企业为了生存必须采用最先进的技术，而且采用先进技术也不能支配价格。因为只要存在超额利润，采用更先进技术的新企业就会进入高利润产业，使超额利润消失，产业内所有留下的企业都是效率最佳的企业，从而实现了经济的整体均衡和资源的有效分配。新奥地利学派的哈耶克认为，竞争的效率不取决于竞争是否完全，因为完全竞争不存在。企业之间存在成本差异是必然的，每个企业的成本水平取决于企业家的经验和特殊知识，即使企业的规模相同，只要有的企业比其他的企业节约资源投入，其平均成本就会较低，这是垄断先进技术或管理的利益。竞争对生产技术进步的作用是由于每个企业都要追求一定时期的技术垄断利润。哈耶克还认为，最佳规模的不断变化与科学技术和经济条件

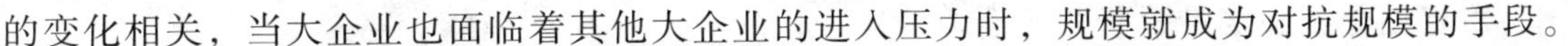

的变化相关，当大企业也面临着其他大企业的进入压力时，规模就成为对抗规模的手段。

哈佛学派认为，广告费用的规模经济以及广告对扩大产品差别所起的作用，使其成为促进集中和垄断市场的重要因素。除了围绕产品使用方法进行的广告宣传以外，重复的说服性广告是社会经济资源的浪费。新奥地利学派认为，如果从资源投入与产品增值比的角度分析，则广告信息成本的支出是必要的，没有证据表明广告费用的支出是一种浪费。区分广告到底是宣传使用方法的广告还是说服性的广告没有意义，通过广告改变消费者的偏好对资源配置效率没有损害。

2.新奥地利学派的政策主张

新奥地利学派是市场万能主义者，他们信赖市场的自组织能力，主张市场可以解决所有的经济问题，对各种反托拉斯的法律法规和制裁措施持否定的态度。新奥地利学派认为，政府作为管理社会公共资源的机构，不必去关心企业是否垄断了稀缺资源，而要重视的是企业是否拥有支配潜在的竞争者的权力，尤其要重视借助法律和制度形成的权力，不要让被政府管制的垄断成为被政府保护的垄断。

新奥地利学派认为，政府必须管理的是社会公共资源，国家应当拥有那些非营利的服务部门，分离生产与供给，政府对生产进行管理，把供给交给市场机制。政府在直接管理的市场上不能拥有特权，一定要接受潜在竞争者的挑战，应当允许其他企业在政府不能提供服务的领域进行生产和销售。

在规模经济与市场竞争活力的选择上，新奥地利学派认为，破坏市场秩序的不是大企业，而是市场上的同业团体和协会。大企业之所以获得了超额利润，是因为它们发现了其他企业没有发现的机会，发现机会的能力取决于企业家的信息量、分析能力、预测能力和冒险精神等。企业家创造利润的过程，改变了原有的资源配置比例，形成了系统的不平衡，又通过发现获得利润的机会，使不平衡趋向平衡，所以企业家是动态变动过程的制造者。新奥地利学派认为，为了确保企业家能力的发挥，不应该制定过多的限制企业规模和集中度的政策，而应该确保自由进入市场的条件。

28.3　产业组织的研究方法

作为应用经济学的一部分，产业组织研究综合了多种研究方法。

1.实证分析和规范分析相结合

实证分析方法是通过对事例的经验性归纳和分类整理，得出事物是什么、具有哪些特点、会发生什么样的变化及变化的结果等有关规律的结论。规范分析方法是依据一定的价值判断标准，通过分析与推理，研究事物“应该是什么样”“不该是什么样”。实证分析是产业组织研究最重要的分析方法。哈佛学派和芝加哥学派在研究产业组织时，正是通过对一些产业市场结构或市场行为的实证分析，判断了市场结构、市场行为与市场绩效的相互关系，提出了相关的理论。同时，产业组织研究也包含了研究合理的产业组织状态和相关的产业组织政策。产业组织理论的各个流派都曾以实证分析为依据，得出了具有价值判断性质的规范性结论。将规范研究和实证分析结合起来才能全面探讨产业组织状态和发展的内在规律。

2.定性分析和定量分析相结合

定性分析的重点是拨开浅层的表面现象，深入分析事物的本质，推导演进的机理。定量分析是通过数学模型、函数及曲线使复杂的事物抽象化和简化，以便展现各个因素间的内在联系。产业内的资源配置既是量的构成比例关系，也是质的组合和规定。因此，在研究产业组织时，应将定性分析方法和定量分析方法结合起来，运用定量分析方法揭示产业市场集中度、进入障碍等结构因素与市场运行效率的关系，用模型表现不同市场结构条件下的企业行为选择。在此基础上，分析和揭示产业内资源配置机制的本质，发现带有普遍性的特征，使产业组织理论更具有应用价值。

3.比较分析法

比较分析法是将属于同一范畴的两个以上的事物进行对比研究，分析它们的共性和区别，研究事物存在、变化的共同条件以及不同特点。产业组织研究是针对特定产业的，受不同产业技术经济条件的影响，各个产业有着不同的规模结构和市场构成，产业组织状态不完全一样。因此，需要运用比较分析方法，对不同产业的组织状态进行系统的对比研究，揭示产业内资源配置的一般规律。

4.辩证分析的方法

辩证分析的方法是按照客观事物的内在联系和自身运动规律进行分析和研究的方法。辩证分析的方法注重事物对立统一的特性，强调矛盾的互相依存性和相互转化。产业组织理论是围绕规模经济与市场竞争活力的矛盾发展起来的，研究的核心问题是垄断与竞争的关系。在现实的市场经济中，没有完全竞争的市场，完全垄断又不是市场。竞争和垄断同时存在于每个产业市场上。竞争会导致垄断，垄断是为了对抗竞争。所以，必须用辩证分析的方法看待竞争和垄断的关系，寻求竞争和垄断的均衡，既充分实现规模经济，又保持充分的市场竞争活力，实现产业组织资源配置的合理化。

本章小结

产业组织理论是基于规模经济与市场竞争活力的矛盾形成的。马歇尔率先提出：在规模经济显著的产业，企业从自身经济利益的角度出发必然要不断地扩大规模，产业内的集中度很容易发展到可操纵市场的水平。垄断一旦形成，价格就不再随供给与需求的改变波动，也不再具有调节经济资源流向最需要的方面的作用，不能鼓励最有效率的生产。因为垄断者所关注的是获得最大限度的收入，当垄断者的实力增长到能够决定市场的供给量时，价格就成为满足垄断利益最大化的工具。哈佛大学的贝恩把构成市场结构的主要因素归纳为产业市场集中、产品差别化、进入障碍、规模经济性、纵向生产一体化等。在分析市场集中的发展时，贝恩把企业追求规模经济列为导致集中度上升的第一原因。他还指出，较高的集中度必然导致垄断。芝加哥学派反对积极的反托拉斯政策，反对政府更多地介入经济，主张放任自由竞争的市场机制发挥作用，认为市场配置资源是最有效率的。新奥地利学派认为市场是一个连续的过程，这个过程的性质无法通过市场结构表现出来。产业组织理论的研究方法主要是实证分析和规范分析相结合、定性分析和定量分析相结合、比较分析法、辩证分析的方法。

本章思语

1.产业组织理论主要研究什么问题?

2.“马歇尔冲突”的内涵是什么?

3.哈佛学派的主要观点有哪些?

4.芝加哥学派的主要观点有哪些?

第29章 规模经济与范围经济

29.1　规模经济

29.1.1　规模经济的含义

企业规模是指生产要素在企业的集中程度，根据其集中程度可以把企业分为大中小型企业。企业规模表明了企业的生产经营能力。

划分企业规模可以按照一定的标准进行，如销售额为多少时被称为大型企业、中型企业或小型企业等。企业规模是一个相对的概念，大企业是相对中小企业而言的。划分企业规模的数量标准也是相对的，它随着经济发展和科学技术水平的提高而提高，随着市场范围的扩展以及生产组织形式的演变而不断调整。从总的趋势看，划分企业规模的数量标准在逐渐提高。

工厂是基本生产单位。工厂规模是指工厂的生产能力。工厂规模与企业规模密切相关。对于内部可分成几个工厂的多厂企业而言，企业规模是各工厂规模之和；对于单厂企业而言，工厂规模就是企业规模。

规模经济是指企业因扩大某种产品的生产规模或经营规模而使收益增加的现象。有些人认为，只要企业规模扩大，就会产生规模经济。实际上，企业因为增加经营内容或产品品种等而规模扩大时，不会产生规模经济。规模经济产生于单一产品生产规模或经营规模的扩大。钱德勒认为：规模经济是生产或经销单一产品的单一经营单位所增加的规模，减少了生产或经销的单位成本所导致的经济。规模经济表现为，随着企业某一产品生产经营规模的扩大，长期平均成本不断下降，直至最低水平。

依据规模经济产生的范围，可以把规模经济分为生产规模经济和经营规模经济。

29.1.2　生产规模经济

1.生产规模经济的含义

生产规模经济是指工厂通过生产能力的改变，逐步地扩大规模时收益增加的现象。工厂改变产品产量有两种方式：

第一，在工厂设计生产能力不变的条件下，即在厂房、设备等固定成本要素不变的条件下，通过增减材料、工资、能源等可变成本要素来改变产量。例如，设计生产能力为年产10万件时，工厂可以选择年产3万件，也可以选择年产7万件。由于厂房、设备等要素决定的生产能力在短期内不会发生很大变化，因此，生产能力不变时，一定产量的单位产品成本被称为短期平均成本（SAC）。按产量与短期平均成本的关系，可以绘出短期平均成本曲线（如图29-1所示）。从曲线的变化趋势可以看出，随着产量的增加，单位产品成本呈下降趋势，超过X时，单位产品成本转而上升，故X为一定生产能力下的最佳产量。

工厂的生产能力不同，最佳产量也不同。在图29-2中，SAC_1的最佳产量是X_1，SAC_2的最佳产量是X_2，SAC_3的最佳产量是X_3，SAC_4的最佳产量是X_4。

第二，通过改变工厂的生产能力来改变产量。如果工厂根据资源供应和市场规模准备将产量定为X_2，则可以选择SAC_2的生产能力；如果将产量定为X_3，则可以选择SAC_3的生产能力。

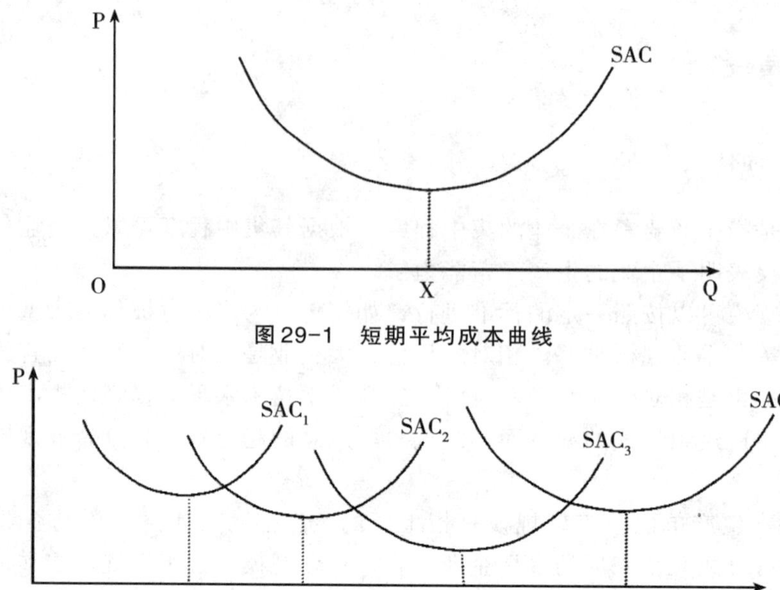

图 29-1 短期平均成本曲线

图 29-2 不同生产能力下的最佳产量

可供生产某种产品的工厂规模选择非常多，连接所有规模的短期平均成本曲线的切点，可以得到一条短期平均成本曲线的包络线（如图 29-3 所示）。由于改变工厂的生产能力要在较长时间内才能完成，因此，短期平均成本曲线的包络线被称为长期平均成本（LAC）曲线。

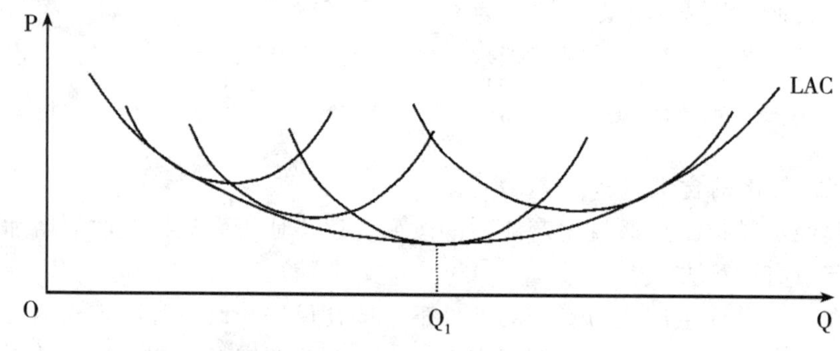

图 29-3 长期平均成本曲线

长期平均成本曲线是与可选规模相对应的成本曲线，一般呈 U 形。如果随着生产要素投入增加，工厂的生产规模扩大，产品的长期单位生产成本逐渐递减，工厂收益增加的幅度大于规模扩大的幅度，就称规模收益递增，这是工厂规模经济的结果。如果工厂的生产能力超过某个规模后，长期平均成本不再递减，生产规模扩大的幅度等于收益增加的幅度，就称规模收益不变。如果工厂进一步扩大生产规模，长期平均成本开始上升，收益增加的幅度小于规模扩大的幅度，就称规模收益递减。

长期平均成本由下降到不变而后上升的转折点 Q_1 是平均成本最低的最佳规模。

在许多产业的产品生产中，存在明显的生产规模经济现象，如汽车、通信、电力、乙烯等产业。

2.生产规模经济的成因

（1）满足最小技术效率的要求。

现代工业企业的典型特征是，采用现代技术装备、设施和信息媒介，通过建立机械化、自动化的大机器生产体系，实现对生产效率的追求。使用大型、高效率装备必须满足最小技术效率的要求。例如，设备购置的最小单位是“台”或“套”，受生产要素的不可分割特性决定，小于最小单位的技术装备投入，等于放弃这种技术装备的功能。如果企业装备了大型、高效率装备，则为了体现其技术效率，必须在单位时间内承载足够的生产量，才能降低平均生产成本。

企业在生产过程中所使用的技术装备、原材料、技术人员等被称为生产要素。所有的生产要素在短期内可以被划分为固定生产要素和可变生产要素，相应地，企业的成本可以被划分为固定成本和可变成本。为了从事某种产品生产，企业要一次性投入技术装备、厂房等固定生产要素，还要向生产过程投入原材料、能源等可变生产要素。在一定的产量范围内，随着产量增加，所需的可变生产要素增加，而固定生产要素基本不变。因此，企业的平均固定成本随着产量的增加快速下降。平均可变成本随着产量的增加开始较小幅度地下降。当可变生产要素与固定生产要素达到一定的组合比例后，继续增加产量，由于边际报酬递减规律的作用，平均可变成本快速上升。一旦平均可变成本随着产量增加上升的速度超过了平均固定成本下降的速度，平均总成本就开始上升。平均总成本从下降转为上升所对应的产量，是企业在这一固定生产要素规模下的最佳技术产量。它表明，在该产量上，企业的固定生产要素和可变生产要素实现了最优组合。显然，设备效率越高，最佳技术产量就越大。这就要求企业必须达到一定的生产规模，保持一定水平的设备利用率，才能使单位产品分摊的固定成本降到最低。尤其那些需要多工序、多工艺加工才能完成产品生产的企业，必须按各工序和各工艺生产能力的最小公倍数确定产量，以便保持工序之间及工艺之间产出能力的均衡，实现对不可分割生产要素的充分利用。当产品的结构和加工工艺较为复杂时，各工序设备能力的最小公倍数是一个非常大的量。钱德勒认为：规模化生产带来的潜在的成本利益，如果不能保持原材料通过车间和工厂的不断流动，来确保有效生产能力的利用，就不能充分实现。如果所需要的流量下降了，并且低于生产力，那么实际单位成本就迅速上升。这是因为与劳动比较密集的工业相比，固定成本仍然高得多，沉没成本（原始资本投资）也高得多。

（2）分工的利益。

分工是现代工业区别于传统工业的标志，是生产组织的重要形式。分工的目的是进行专业化生产。企业内部的岗位专业化使劳动内容趋向单一，有利于劳动者在较短的时间内熟练掌握操作技能，减少学习成本；专业化生产为采用专用设备和工具以及专门工艺创造了条件，可以提高加工精度和产品质量，提高生产效率；专业化生产保证了生产过程的连续性，操作者不会因更换生产内容而占用劳动时间，节约了劳动消耗。不过，获得专业化的经济必须满足一定的条件，即必须满足分工细化后增加的每一个岗位和每一台设备有足够的生产量；否则，岗位闲置和设备闲置会抵消专业化生产带来的利益。因此，生产规模是获得专业化效率的前提条件，大规模生产可以促进生产分工细化和生产职能分解。

（3）辅助生产节约。

在一般企业中，相对于直接生产，辅助生产的规模较小，无法消化高效率设备的投入。因此，有许多企业的直接生产过程实现机械化和自动化之后，辅助生产长期没有明显的变革，依然以传统的辅助生产方式为主，生产效率低下，从而制约了企业平均成本水平的连续降低。如果企业通过自我投资，或者通过合并和兼并的方式水平扩大生产规模，辅助生产规模也就相应扩大了。在大规模生产的条件下，企业可以建设一组机械化或自动化的辅助生产设施，来处理相关的生产服务要求。许多工业企业扩大规模后迅速变革了辅助生产的组织方式，它们以规模为基础，实现了仓储自动化、能源供应自动化和零部件传输自动化，极大地提高了辅助生产的效率，带动产品的平均成本进一步下降。

29.1.3 经营规模经济

1.经营规模经济的含义

经营规模经济是指随着企业经营规模扩大企业经济收益不断增加的现象。企业利用规模经济，既可以通过单个工厂的生产规模扩大来降低单位产品生产成本，获得生产规模的经济性，也可以通过经营数个最佳规模的工厂来获得规模效益，即形成相当于最佳规模数倍的总经营能力。这种大规模生产经营的经济性又被称为多厂企业经济性。

2.经营规模经济产生的原因

（1）采购成本节约。

企业采购设备、原材料和中间产品的价格是产品成本的一部分。生产企业向物资流通企业购买所需的设备或材料时，除了要支付购买物品的实际价格外，还要向物资企业支付佣金。生产企业之所以要以物资企业为中介购买设备或原材料，是因为物资企业的整体采购规模满足了充分利用仓储设施和运输设施等环节最少投入的要求，因而有较低的成本。如果生产企业直接向设备制造企业或原材料生产企业采购，则虽然可以节约支付给物资企业的佣金，但是在小批量购买的条件下，往往要支付较高的价格，同时要承受小批量仓储和小批量运输的不经济。而单一产品规模很大的企业一般具有与物资流通企业相当的采购规模，它们投资建立起自己的物资采购体系和运输体系，通过大批量购买享受批发商才能获得的优惠价格。同时，生产企业比流通企业更了解所需物资的质量及技术特性，因此，与物资生产企业直接对接采购设备、原材料和中间产品，能更好地满足企业的生产需要。大企业采购的另一个重要优势是，可以充分利用集装箱、货机、货轮等大型运输工具，提高物资运输的效率，降低运输成本。

（2）销售成本节约。

在竞争性的市场上，销售环节不仅要完成把产品转移给消费者的任务，而且要承担继续增加产品价值的任务。因为产品的完全价值不仅包括其物理性能的价值，也包括心理差异和服务差异的价值，后两种价值的一部分是在销售过程中完成的。其中，心理差异来自销售过程中的广告宣传和商标信誉等。利用最有效的广告媒体可以扩大产品的差别优势。但是，电视、网络等有效的广告媒体需要大量的资金投入，这就要求广告所到达的任一地区都有企业的产品销售，以便使接受广告影响准备购买该产品的受众能够买到广告推荐的产品。所以，大规模企业才能有效利用电视、网络等最有效的广告媒体，才能使产品的广告成本降到最低。同时，大企业直接建立了自己的销售网络，一方面可以节约分销商的成本，另一方面可以提供完善的安装、维修以及其他专业性服务，及时向企业反馈市场信息以及消费者的要求，提高产品的竞争能力。

（3）技术开发规模效应。

现代企业之间的竞争集中在技术竞争方面，只有不断推出新产品和新技术的企业，才能获得迅速扩张的市场，并且保持稳定的市场占有率。但是，由于技术日益复杂，研发的成本也越来越高，获得新技术或新产品的投入越来越大。因此，小规模的企业难以持续地向技术创新大量投资。大企业拥有专业的研发中心，聚集了大量高素质的科研人员，有较强的研发能力。同时，大企业获得的研发成果投入大规模生产后，使单位产品分摊的技术成本降到最低。

（4）规模管理。

管理分工和提高管理专业化水平也需要规模。在各种类型的企业中，管理人员与生产人员的比例保持在一定的范围内，才能使产品的平均管理成本不致过高。规模较小的企业，因管理人员绝对数量少，每个人承担多项管理工作，难免顾此失彼、责权不清，也不利于发挥管理人员的特长。同时，规模较小的企业不能满足管理信息系统、办公室自动化设施以及新出现的数字化办公的资金投入要求，相当多的小企业只能沿用传统的管理方式，收集、分析和处理信息的速度不能满足市场变化和科学管理的要求，影响管理效率。大企业则可以按照规范的层级结构建立管理系统，设立专业化的职能管理部门，管理人员通过合理分工，承担专一管理任务，从而有利于经验累积，提高管理工作的整体水平。另外，只有大规模经营才能经济地使用计算机和智能办公系统，提高信息传递速度，降低平均管理成本。

（5）融资成本节约。

大企业因其经济实力雄厚能够提供信用担保，有条件利用各种金融渠道，如进入股票市场筹集资本、发行企业债券、抵押贷款等。由于大企业具有较高的市场占有率，有稳定发展的基础，因此，大企业的资信度一般较高，能以比小企业低的成本筹集到生产经营需要的资本。

29.1.4 最佳规模选择

1.规模选择依据

确定合理的规模是企业确保经济效益的基础。影响企业规模合理性的客观条件是：

（1）产业生产工艺和技术装备的特点。

不同产业的生产技术水平和生产工艺特点，直接制约着企业合理规模的大小。在生产工艺简单、前后生产过程之间依赖程度低、生产要素易于分割的产业中，企业合理规模的范围较大，可以在合理规模的上限和下限区间内确定新建（扩建）企业的规模；在生产工艺复杂、前后生产过程间依赖程度高、生产要素不易分割的产业中，企业合理规模的区间较小。在一定的生产技术条件下，企业合理规模的最低限度是采用各生产设备加工能力的最小公倍数。

（2）市场规模及需求成长率。

市场需求量大，或者虽然目前市场的需求量尚小，但是由于产品的市场需求成长率很高，预期几年内市场将有很大的扩展，企业的规模设计宜相对大，以便能通过扩大生产批量满足市场需求成长的要求。市场规模小且需求成长率低的产品，企业的规模设计则宜相对小。

（3）生产要素的供给条件。

原材料、能源、资金、劳动力的供给规模是决定企业生产经营规模的重要条件。在原材料、资金等供应紧张、市场上竞争对手林立的条件下，应慎重建立大企业；在企业资金来源有保障，原材料、能源、劳动力供给充裕的条件下，可以考虑建立较大规模的企业。

（4）生产的专业化协作水平。

生产社会化程度和专业化协作的水平较高，意味着企业可以通过社会生产协作获得必需的中间产品，因此，可以放弃大而全的生产组织形式，相应缩小企业规模；当生产专业化协作的水平较低，并且市场不完善时，企业获得中间产品的交易成本较高，因此要将外部生产分工协作内部化，形成较大的企业规模。

2.确定最佳规模的定量分析方法

确定一个产业的最佳规模较为复杂，因为生产力水平、产业生产技术特点、市场环境和生产专业化水平不同，最佳规模的差距很大。用定量分析方法分析个别产业生产的最佳规模时，一般主要是通过对不同的成本效益比较来进行的。

（1）平均成本比较法。

根据规模经济原理，不同规模的企业都有自己的最佳批量，比较产业内不同规模企业在达到最佳批量时的平均成本，可以选出资源利用效率最佳的规模。

其计算公式如下：

AC=TFC+TVC/Q

式中：AC为最佳批量的平均成本；TFC为总固定成本；TVC为总可变成本；Q为最佳批量。

把不同规模企业最佳批量的平均成本相互比较，平均成本最低的规模为最佳规模。

（2）比较不同规模的盈利水平。

不同企业的产品按相同价格销售时，单位产品利润水平最高的规模，可视为最佳规模。

（3）增量成本分析法。

增量成本分析法也称成本弹性系数法，是指企业规模扩大所导致总成本增加的量。增量成本分析法是寻找成本增加比率低于生产规模增长比率的规模区间，在这个区间内企业规模扩大会带来收益的增加。

成本弹性系数=成本增加百分比/生产规模增长百分比

一般地讲，成本弹性系数小于1是适宜规模区间，其中，成本弹性系数小于0.75为最佳规模收益递增区间。

规模增量与成本增量之间的关系如图29-4所示。

（4）生存技术法。

在一个产业中，如果全部企业拥有完全相同的资源，处于完全相同的经济环境中，那么具有最佳规模的企业在市场竞争中的生存能力最强、发展最快。生存技术法是通过比较不同规模企业的生存能力，挑选出最佳规模。

该方法的分析过程是：

①把产业内的企业按规模、档次进行分类；

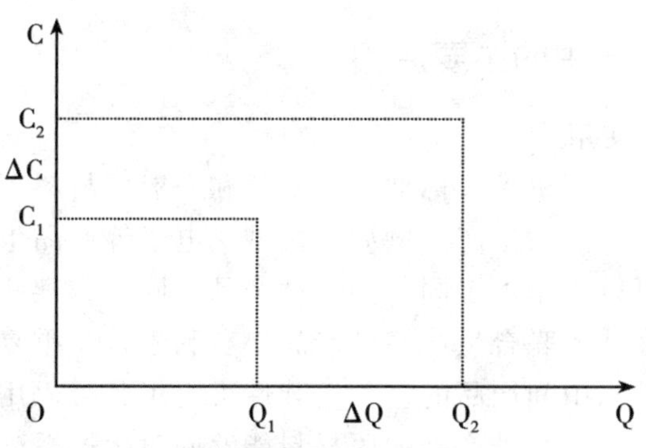

图29-4　规模增量与成本增量之间的关系

②列出基期各类不同规模、档次的企业在产业总产出中所占的比重；

③分析一段时期内各类不同规模档次的企业在产业总产出中所占比重的变化趋势；

④挑选出在产业总产出中所占比重不断上升的规模与档次。

利用生存技术法的条件是：

第一，产业内所有企业拥有相同的资源。如果企业拥有不同的资源，则产业的最佳规模应有多个。

第二，产业内的企业必须在同一市场销售产品。因为如果市场环境不同，便不能比较企业的竞争性及生存能力。

第三，产业内企业的数量较多，每一规模、档次有若干企业；否则，难以排除其他因素对生存能力的影响，使分析结果具有不确定性。

29.2　范围经济

29.2.1　范围经济的含义

范围经济是指企业在生产两种以上产品或提供两种以上服务时平均成本下降的现象。日本经济学者植草益认为：范围经济效益意味着追加新的产品或服务进行联合生产要比单独生产的成本低，这又可以用“成本的劣加性”来说明。

如果用数学公式表示，范围经济可以表示为：

$$C(Q_A,Q_B)<C(Q_A)+C(Q_B)$$

式中：左边是联合生产两种产品或提供两种服务的总成本；右边是生产A产品或提供A服务的企业的成本与生产B产品或提供B服务的企业的成本之和。左边联合生产的成本水平低于右边分别生产的成本之和，说明存在范围经济。

范围经济的形成与生产要素的多用性有关。在企业生产经营的过程中，有一些要素是不可缺少的，但是，受技术特性的限制，生产单一产品的企业即使在最佳生产规模的条件下，也不一定能够充分利用全部要素。企业同时生产多种具有相关性的产品，可以提高资源的利用效率，降低成本，增加收益。

29.2.2 范围经济产生的主要原因

1.生产要素具有多重使用价值

在工业生产过程中，通用机械、标准化零部件和一般原材料等要素，大部分具有多种使用功能，可以适应多种产品的生产。例如，机械、电子等产品生产企业中的自动化生产线、加工配套设施等，可以用于加工同类的各种产品。同时，某些工艺也具有广泛的适应性，利用企业的现有技术装备联合生产多种产品，有利于减少重复投资，降低产品的平均固定成本。还有，零部件和中间产品的多种组装性决定了其可以用于多个产品生产。在制造业中还经常可以见到，生产某种产品的原材料能够同时生产系列副产品，当在一个企业中生产多种产品时，可以充分利用原材料的使用价值。

2.充分利用品牌优势和营销网络

企业增加经营品种，可以使价值链中的关联部分得到利用。例如，企业在长期经营过程中培育的品牌信誉，具有扩散效应，同时经营多个产品，可以共享广告效应和品牌效应。另外，在建立了完善的营销网络的企业，利用专销网络销售多种产品，可以降低平均销售成本。如果单一产品的市场需求不足以满足采购和销售经济规模要求，经营多种产品，可以分摊企业仓储设施的成本和运输成本，分摊收集信息的成本。

3.效率管理的覆盖面扩大

如果企业的管理者具有丰富的管理经验和很强的管理能力，则扩展企业的经营范围，增加其他产品和业务，可以使经营管理者的潜力得到更大限度的发挥，而不必增加新的生产要素。

29.2.3 纵向一体化

1.纵向一体化的含义

纵向一体化是指沿着某种产品生产链扩展企业的生产经营范围，在企业内部连续完成原材料生产、零部件生产和最终产成品生产等各个阶段的生产。企业通过前向兼并或后向兼并可以实现纵向生产一体化，也可以通过向上游生产阶段或向下游生产阶段扩展逐渐形成纵向生产一体化体系。纵向一体化也是范围经济的一种形式。

2.企业选择纵向生产一体化的经济性表现

（1）获得连续生产效率。有些产品的生产阶段之间具有较强的联系，只有保持生产的连续性才能节约生产要素和保证质量，这就要求生产设施的空间分布相对接近，以便于产品传输和产量协调。例如，钢铁生产中的连铸连轧是炼钢生产与轧钢生产连续进行的生产方式，在纵向生产一体化的企业中完成炼钢与轧制，比分别生产节约能源，而且可以获得性能更优秀的钢材。

（2）节约交易费用。交易费用是指企业寻找交易对象、谈判、签订合同、监督合同执行以及为解决合同纠纷支付的法律费用等。交易费用理论的奠基者之一科斯曾作如下定义："为了完成一项市场交易，必须弄清楚谁是某人与之交易者，必须通告人们，某人愿意出售某物，以及谁愿意在何种条件下进行导致协议的谈判、签订合同并实施为保证合同条款得到遵守所必要的检查，如此等等。"在市场上，企业购买原材料和中间产品以及出售自己生产的产品，都要寻找出售者或购买者，要通过谈判确定价格及质量、交货期，并监督合同的执行等，这些交易活动都要支付一定的费用。纵向一体化的企业连续生产原材料、零部件和产成品，通过内部计划控制协调各生产阶段的比例关系，因而不必进入市场采购生产要素或销售产品，从而节约了交易费用。

（3）节约信息费用。位于某一生产阶段的企业为了确保自己的经济利益，必须关注上游生产阶段的企业成本、质量和品种，也必须关注下游生产阶段企业需要什么、需要多少。当上游生产阶段的企业数量和下游生产阶段的企业数量非常多时，企业为获得相关信息而支付的成本水平也较高。在纵向生产一体化的企业中，由于相关的生产环节同属于一个利益主体，因此，为内部信息交换提供了方便条件，外部信息进入企业后，也立即转换为内部信息，沿着生产链依次向相关生产阶段传递，形成信息流程优势，节约收集信息和交换信息的成本。

（4）强化控制能力。在纵向一体化的企业中，上下游生产阶段被控制在同一管理机构下，实施统一计划。这样，更易于对各个生产阶段所生产的产品质量进行直接监督和检查，相关生产阶段所提供的服务也更为平衡和确定，从而可以确保重要生产要素的稳定供给，保证生产的连续性。

如果把纵向一体化视为范围经济的一种特殊形式，那么企业组织的内部经济主要来自规模经济和范围经济。范围经济独立于规模经济，又受到规模经济的制约。以规模经济为基础的范围经济是扩大了的范围经济，因为获得规模经济，表明企业采取了生产要素的最优组合方式，以最优组合方式同时生产经营多种相关产品，所产生的范围经济才具有倍加的效果。反之，如果企业是在规模不经济的条件下同时生产多种相关产品，那么可能会产生两种效果：一是企业平均成本曲线有所下降，获得一定的范围经济；二是多种产品生产加剧了规模不经济，使企业的平均成本曲线上升，出现范围不经济。在规模经济显著的产业，当企业既追求规模经济又追求范围经济时，企业的规模就会非常大。

本章小结

规模经济是指企业因扩大某种产品的生产规模或经营规模而使收益增加的现象。依据规模经济产生的范围，可以把规模经济分为生产规模经济和经营规模经济。生产规模经济的产生原因主要是：满足最小技术效率的要求、分工的利益、辅助生产节约。范围经济是指企业在生产两种以上产品或提供两种以上服务时平均成本下降的现象。范围经济产生的主要原因是：生产要素具有多重使用价值、充分利用品牌优势和营销网络、效率管理的覆盖面扩大。纵向一体化的利益来自获得连续生产效率、节约交易费用、节约信息费用、强化控制能力。

本章思语

1. 什么是规模经济？
2. 导致生产规模经济的原因是什么？
3. 导致经营规模经济的原因是什么？
4. 纵向一体化的优点是什么？

第30章 企业国际化与跨国公司

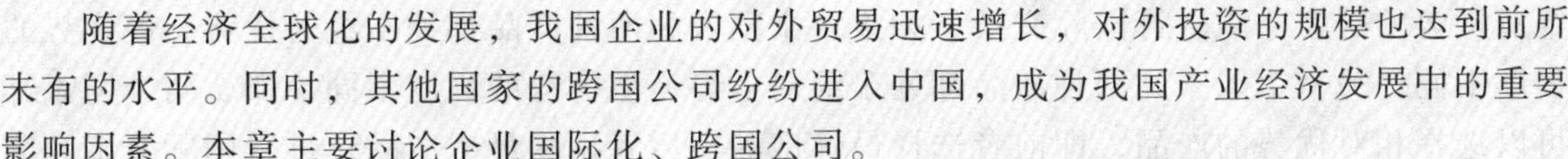

随着经济全球化的发展，我国企业的对外贸易迅速增长，对外投资的规模也达到前所未有的水平。同时，其他国家的跨国公司纷纷进入中国，成为我国产业经济发展中的重要影响因素。本章主要讨论企业国际化、跨国公司。

30.1　企业国际化

30.1.1　企业国际化的含义

企业国际化是指企业生产经营活动国际化，表现为原来以国内为生产经营范围的企业，转向以国际市场为导向，在世界范围内组织经济资源，寻求最佳发展机会，企业在国际市场上的销售额比重上升，海外的生产规模不断扩展。

"企业国际化"一词也经常被用于表明国民经济中企业向国际经济领域转移的过程，或表明企业参与国际经济活动的水平。参与国际经济活动程度较高的企业，常被称为国际企业。

30.1.2　企业国际化的途径

1.企业产品市场或技术市场国际化

大多数企业是从产品出口或向海外市场提供技术开始国际化进程的。在这一过程中，企业以国际市场需求为导向，以提高在国际市场的占有率为目标，设计产品和组织生产。企业的价格策略、产品策略和服务策略的目标是开拓并占有国际市场，提高企业产品在国际市场上的销售额和销售收益。

2.企业投资国际化

随着企业国际市场的扩展，产品出口收益构成了企业经济收益的重要部分。为了掌握国际市场变化的信息，克服各种贸易壁垒，一些企业通过直接投资在海外设立子公司或分支机构，或者通过合资合作在海外设立生产企业，从事跨国生产和跨国经营，建立企业的国际生产分工体系和国际流通网络，充分利用别国的优势资源，谋求企业收益的最大化。

企业投资国际化也可以采取间接投资的方式，即通过购买外国企业的股票或债券，发展在海外的业务。这种间接投资以不具有控制和支配股票发行企业的决策权为限。间接投资的目的往往是推动产品出口，或者为直接投资作准备，获得股息、债券利息也是间接投资的目的之一。

30.1.3　企业国际化的经济动因

1.比较利益

英国古典经济学家亚当·斯密创立的国际贸易理论认为，国际贸易和国际分工是建立在一个国家所拥有的自然优势或获得性优势的基础上的。自然优势是超过人力范围之外的矿产、土壤、气候和其他方面的优势；获得性优势是生产技术、技巧或经验。一个国家的自然优势有时非常大，其产品成本绝对低于其他国家产品的成本，以至于其他国家无法在这方面与其竞争。这是一个国家在国际贸易中的绝对优势。

英国古典经济学家大卫·李嘉图提出了比较优势理论。李嘉图认为，不一定只是具有绝对优势的国家才能进行国际交换。如果一个国家的两种产品都处于绝对优势，但优势的程度不同，另一个国家的两种产品都处于绝对劣势，但劣势的程度不同，那么两个国家都可以选择相对优势的产品，即前者选择最优产品，后者剔除最劣产品，进行国际分工和交换，两个国家都可以节约社会劳动。

2. 要素禀赋交换

瑞典经济学家赫克歇尔和俄林提出，各个国家有自己特定的要素禀赋，有的拥有较多的资本，有的拥有较多的劳动力或者丰富的原材料、能源。如果生产要素不能跨国移动，那么在国内市场上本国拥有数量最多的生产要素一般价格较低。因此，用本国最富有的生产要素生产产品并出口，进口用本国稀缺生产要素生产的产品，可以获得比较利益。例如，资本富裕的国家出口资本密集型产品，劳动力资源丰富的国家出口劳动密集型产品等。

3. 技术优势效应与延长产品生命周期

波纳斯认为，一个国家的某项技术发明，可以使取得发明成功的企业在市场上具有一定程度的垄断力量；向其他国家出售利用这一技术成果生产的产品，或直接转让技术，可以使企业获得超额利润，这是由发明成果的稀缺性导致的。但是随着产品与技术的扩展，当其他国家的企业掌握了这一新技术时，由技术优势引起的出口额将逐渐减少。

弗农认为，一个新产品，当它刚进入市场时，由于所具有的新特性是其他企业产品所不具备的，因此，可以定位在较高的价格水平上。这时，生产成本水平对企业来说不是至关重要的因素。当产品进入成熟阶段时，产品生产标准化，有更多的企业学会了怎样制造这种产品，市场价格也随之下降。在这种条件下，生产成本水平决定着创新企业的利润。为了保证经济收益，创新企业可以把产品销到国外，在新市场上继续获得超额利润；也可以把产品生产转移到能以低成本制造产品的国家，通过国际贸易或海外生产获利。

4. 投资国际化的利益

英国经济学家约翰·邓宁认为，如果一个企业在规模、技术、市场、管理等方面具有优势，那么在市场不完全的条件下，企业就会通过投资，在具有某种资源优势的国家设厂生产，来绕过贸易壁垒和市场障碍。企业在国际范围内的生产分工和纵向一体化，以内部交易取代了外部市场交易，节约了交易费用，获得内部化优势的利益及区位优势利益。

科登认为，如果三种生产要素（资本、知识和劳动力）中，资本与知识可以进行国际移动，而劳动力不能在国际移动，各国就会根据所拥有生产要素的丰裕程度在生产上进行分工。如果有的国家提供了有利的政治、经济条件及物质基础，就会吸引较多的可移动资本或知识，以更高的效率生产产品。另外，他还指出，相距较远的国家之间的贸易活动，要承担较高的运输成本；存在贸易限制政策的国家对进口设置了进入壁垒，企业为了使产品进入这类国家，会选择在当地生产，代替产品出口。

金德尔伯格和海默认为，在市场经济条件下，存在产品或生产要素市场的不完全性，政府行为也造成了一定的市场分割，并限制了企业之间展开充分竞争。在这种市场结构下，跨国企业能够在国内获得技术、资本、规模或组织方面的某种垄断优势，然后利用所拥有的优势，在国外直接投资，建立子公司或生产厂家，把自己所拥有的优势与别国的某种优势资源结合起来，就可以获得经济利益。

30.1.4　我国企业国际化的经济分析

1.企业国际化与国际分工利益

我国虽然地域辽阔，但是按人均计算，自然资源并不充裕，有些重要资源的稀缺制约着相关产业的发展。另外，我国虽然在尖端技术领域占有一席之地，在中低技术领域拥有相对优势，但是在高技术领域和高附加价值产品生产领域与发达国家的差距较大。企业出口我国具有比较优势的产品，可以换回我国短缺的经济资源，包括重要材料、新技术和技术设备等。企业国际化，既可以在更大的范围内组织和配置经济资源，实现最优生产要素组合，又可以通过国际市场调剂余缺，充分实现我国富有资源的价值，弥补我国的资源缺口，为国民经济发展和提高我国的工业化水平创造条件。

2.企业国际化与完善企业经营机制

为了保证我国产业尤其是不发达产业的成长，国家要通过一定措施，保护相关产业，为它们提供技术成熟化所需的时间和空间。但是，这在一定程度上也保护了低效的落后企业。企业参与国际市场竞争，就要按市场要求提升竞争能力，也要按国际市场要求采用新技术，提高产品质量，降低生产成本。所以，企业国际化的过程是向国际化企业组织方式和管理方式靠拢的过程，这一过程强化了企业的市场开拓能力，推动了企业经营管理的现代化。

3.企业国际化与产业结构转换

产业结构变动受到技术水平、需求结构、资源禀赋等因素的影响。在一个封闭的经济体系中，这些经济因素的变化缓慢，因而制约了产业结构的转换。推动企业国际化以后，技术、需求和资源的结构与水平都发生了较大的变化，引进先进技术和生产设备，为改造传统产业提供了技术支持；产品出口市场扩大，拉动了相关产业的发展；紧缺的生产要素可以在国际市场的补充下，缓解供给压力。这些都会影响产业之间的比例关系。企业国际化为我国产业结构的调整和升级提供了必要的市场拉动力和技术推动力。

4.企业国际化与规模经济

企业的生产规模在一定程度上取决于市场规模。市场规模扩大了，就为高效率的专业化生产提供了前提条件，生产成本降低，竞争能力提高，企业可以获得规模经济收益。然而，在一定阶段，受收入水平和消费偏好的影响，有些产品的市场规模难以容纳若干最佳规模企业。我国彩电、冰箱、手机、玻璃等许多工业产品的总生产能力大于市场需求规模，而其中大部分企业离最佳规模相距甚远。如果我国企业在提高质量、增加品种的同时，积极拓展海外市场，随着出口量的扩大，企业的规模收益会增加。同时，向海外市场分流，避免了企业在国内市场的价格之战，有利于企业的稳定发展，也有利于维护国内市场竞争秩序。

30.2　跨国公司

30.2.1　跨国公司的含义与主要特征

1.跨国公司的含义

跨国公司是指除了在母国的生产经营外，还通过对外直接投资在多个国家设立子公司和分支机构，从事跨国生产经营活动的企业。

一般来说，跨国公司的资本来源国或母公司所在国被称为母国，投资去向国或海外子公司所在国被称为东道国。

跨国公司可以是一国资金在多国设立子公司形成的，也可以是几个国家资金联合由多国投资形成的。由于跨国公司在国外设立的子公司要在当地有关部门注册，取得东道国的法人资格，因此，跨国公司又被称为国际企业或全球企业。

2. 跨国公司的主要特征

（1）跨国公司是大规模的国际垄断企业。虽然有许多中小企业从事跨国贸易活动或者小规模的跨国生产，但是，形成企业独立的国际分工体系和国际流通网络，首先要求以雄厚的资本实力和大规模的组织作为基础。跨国公司的发展过程表明，企业在海外直接投资，是为了获得垄断优势利益，追求大规模生产的经济性。在海外设立子公司和分支机构后，企业组织规模得到进一步扩张。

在现代国际市场上，许多大型跨国公司在一种或几种产品的生产技术领域，居主导性的垄断地位，它们领导着这些产品的技术方向和发展潮流，操纵着国际市场价格。特别是发达国家的大型公司，控制了世界大部分稀缺资源的开采和消费，控制着尖端技术并左右着巨额资金流向。凭借技术优势、产品优势和组织优势，跨国公司可以在多个领域获得超额利润，加快在世界范围的资本积累，这反过来又促进了跨国公司的规模扩展，加强了其在国际经济中的垄断地位。

（2）跨国公司推行全球经营战略。跨国公司一般都经历了国内发展、跨国（区域）发展、全球发展三个阶段。在全球范围内寻求优势资源和实现最佳生产要素组合，是跨国公司发展的高级阶段。在全球发展战略目标下，各国、各区域的市场和经济资源，都纳入公司的统一规划中。分布在各国的子公司虽然独立核算，可以独立发展，但是子公司的经营行为必须保障跨国公司整体在全球范围内的利润最大化。为此，根据各国的生产要素价格、成本、税率等，母公司要在一定程度上牺牲某些子公司的利润，从全球发展的角度安排生产经营，协调生产要素的国际移动。

（3）跨国公司实行高度集权的管理体制。跨国公司虽然投资于多个国家，经营多个产业，组织规模庞大，但是大部分跨国公司都实行一体化的集中管理。母公司根据全球发展战略和各国的经济、市场条件，对投资方向、产品价格、市场分配、技术开发和利润分配等重大问题进行决策，子公司根据规划和决策，分散经营和组织生产，并及时向母公司反馈东道国的政治、经济信息，反馈计划执行的程度和问题，为集中管理提供依据。在母公司的协调下，子公司之间分工协作，互相提供市场信息。高度集中的一体化管理保证了生产企业的合理分布，避免了重复生产和销售中的自相竞争，保障了跨国公司的整体利益。

30.2.2 跨国公司的类型

1. 按照跨国公司的业务扩展方向分

（1）水平扩展型跨国公司，是指其在海外设立的子公司或分支机构生产同种产品或经营同类业务。例如，服装公司在国外的投资扩展都集中在服装制造业；饮料公司的海外子公司都生产销售同一商标、同一配方的饮料。

（2）垂直扩展型跨国公司，是指在海外设立的子公司之间，具有处于同一产品不同生

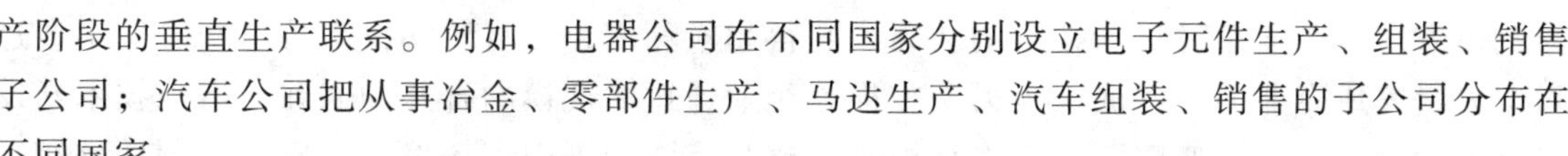

产阶段的垂直生产联系。例如，电器公司在不同国家分别设立电子元件生产、组装、销售子公司；汽车公司把从事冶金、零部件生产、马达生产、汽车组装、销售的子公司分布在不同国家。

（3）混合扩展型跨国公司，是指在海外设立的子公司分布在不同产业和不同产品的生产领域。例如，日本三菱公司、美国ITT公司分布在全球子公司的业务范围涉及贸易、机械产品、电子产品、金融、房地产、旅游等多个领域。

2.按照跨国公司事业的空间分布分

（1）区域型跨国公司，是指其海外子公司集中分布在某一区域范围内。例如，许多中国香港跨国公司的子公司集中分布在东南亚地区，欧洲有些跨国公司的子公司集中分布在西欧和北美地区。

（2）全球型跨国公司，是指其所属子公司分布在全球各大洲。例如，日本的索尼公司、松下公司，美国的百事可乐公司、通用电气公司等在全球各区域都有生产企业或销售企业。

3.按照跨国公司的资本国别结构分

（1）单国别资本型跨国公司，是指由一国资本在海外设立子公司形成的跨国公司。

（2）多国别资本型跨国公司，是指若干国家的资本联合起来设立母公司，并在海外建立子公司，形成跨国生产经营体系。

30.2.3　跨国公司的发展条件

跨国公司已经有100多年的发展历史。19世纪后半期，英、法等国在工业技术和资本规模等方面拥有明显的优势，为了获得所需经济资源和拓展工业品市场，英、法等国的垄断资本开始流向原材料和劳动力价格低廉的国家，跨国公司出现了。第二次世界大战以前，跨国公司基本上是老牌资本主义国家掠夺别国经济资源、操纵别国经济命脉的工具，在经济落后国家受到了民族资本和大众的抵制。第二次世界大战以后，尤其是20世纪70年代以后，跨国公司经历了大发展的时期。跨国公司的数量、规模、分布范围和对世界经济的影响都达到了前所未有的程度。现代跨国公司迅速发展的主要条件是：

1.科技发展和成果转移及世界范围内生产社会化程度提高，推动了资本国际流动

几十年来，技术更新的速度加快，技术优势成为企业扩大经济收益的决定因素。许多工业化国家的企业纷纷加入新技术开发的竞争行列。现代技术开发需要投入巨额资金并承担风险，使得新产品的技术成本越来越高。为了收回投资并增加收益，企业必须扩展充分吸收和利用技术的领域。向其他国家投资设立应用技术成果的企业，或以技术作为资本，合资合作兴办企业，成为技术创新企业获得最大技术收益的必然选择。在第二次世界大战后的科学技术变革中，技术发展的不平衡性普遍存在，国际技术发展水平的差距为技术成果在国家和地区之间的梯度转移提供了空间。

大量科技成果广泛应用于生产，促进了社会产生力的发展。社会分工深化要求有更大的市场。现代交通运输业、邮电通信业、信息产业的发展，缩短了国家间的距离，为跨国公司的经营管理提供了物质条件。

2.资本大规模集中，为建立跨国生产经营网络奠定了基础

许多发达国家的企业凭借技术创新优势，以倍加的速度扩大资本规模。其具体表现为：一方面，企业通过对新技术的垄断，获得超额利润，再将利润投入技术开发和生产过程中去，完成企业的内部成长；另一方面，企业通过大规模的合并和兼并，增强技术开发和市场竞争能力。迅速膨胀的资本规模必然要与有限的国内市场发生矛盾，各国的反垄断法也制约了企业在国内市场的无限扩展。第二次世界大战后，美国、日本、西欧等工业化国家和地区都曾出现多次企业合并和兼并的高潮。当这些国家的经济由高速发展阶段进入平缓发展阶段后，过剩资本开始大规模向发展速度较快的其他国家溢出。资本实力雄厚的跨国公司具有开拓海外市场、与东道国民族资本抗衡的经济基础，因此，有能力克服进入壁垒，扩展在其他国家的生产经营。

3.国际贸易和国际金融条件的改变，促进了跨国公司的发展

20世纪50年代至60年代，各主要工业化国家通过政府扶植和政策引导，基本完善了国内的经济结构，并且通过产业组织调整，增强了企业的国际竞争能力。为了以市场换市场，日本、西欧等相继开始实行贸易自由化和货币自由化政策，按国际货币基金组织和关税及贸易总协定的要求，建立起超越国家的国际贸易市场和资本市场，为发达国家之间的贸易往来和直接投资创造了条件。进入20世纪70年代，美国政府在本国企业的压力之下，为了抵御日本、欧洲国家产品的大规模进入，修改了贸易政策和货币政策，取消"金本位"，使日元大幅度升值，并利用反倾销等手段设置贸易壁垒。随后，一些西欧国家也采取了类似政策。在变化了的国际贸易条件下，日本等国逐渐以直接投资、现地生产和现地销售替代产品出口，许多生产贸易型企业发展为跨国公司。

4.新兴工业化国家利用外资的成功经验，促使发展中国家为吸引跨国投资而完善经济环境

发展中国家的经济资源一直没有得到充分利用，劳动力价格低廉，与发达国家之间有较大的技术水平差距，是优势资本转移的主要方向。但是，由于大部分发展中国家都曾有受列强掠夺、民族压迫的历史，因此，在第二次世界大战后获得民族独立之后，发展中国家的民族意识和维护国家经济独立的意识甚为浓厚，对发达国家的跨国公司采取排斥的态度，曾一度掀起外国企业国有化的浪潮。1974年，联合国对世界范围的跨国公司进行了调查分析，通过了国际社会处理跨国公司的基本准则的决议，呼吁发达国家在发展中国家的投资，应本着和发展中国家的经济发展目标、发展重点相一致的精神。同时，外国投资者必须确认发展中国家的主权，加快技术转让，尽量减少与东道国的摩擦。许多发达国家的跨国公司也在经济交流中认识到，要谋求长远发展，就要尊重东道国的主权，推行子公司当地化，使其融入周围的经济环境。跨国公司的策略转变受到了发展中国家的普遍欢迎。20世纪70年代末，新兴工业化国家成功利用外资发展本国经济的经验，使大多数发展中国家开始修改对外直接投资的政策，积极改善投资环境，借助别国资本弥补发展中的资金短缺问题，形成跨国公司在发展中国家发展加快的势头。

30.2.4 跨国公司对世界经济发展的影响

1.跨国公司对东道国经济及市场结构的影响

（1）跨国公司不论是以自有资金进行投资，还是通过国际金融市场或东道国金融市场筹集资金进行投资，都增加了东道国经济建设的投资总量，有利于改善东道国经济发展过程中的资金短缺状况。同时，直接投资方式不改变资本的所有权，可分散东道国的投资风险，有利于发展基础工业和高技术产业等长期建设项目。

但是，国外资本进入东道国，将直接与当地资本就有利的投资机会和发展空间展开竞争，实力雄厚的跨国公司会挤占当地企业的市场，并和东道国的经济发展目标与规划发生冲突，因为跨国公司不是按东道国的计划而是按自己的全球战略确定投资领域及规模的。有鉴于此，许多国家通过法律法规形式和各种经济手段，引导跨国公司投资于对本国有利的产业，而限制其在某些领域的发展。

（2）跨国公司为进入东道国往往投入一整套关键性生产要素，包括资金、技术、管理技能、国际贸易渠道等。这些生产要素的投入有助于改善东道国的技术结构，对当地企业的技术开发和加强管理具有示范作用。但是，技术优势是在国际市场上形成垄断的主要原因之一，许多跨国公司投入巨额资金致力于技术开发，主要是为了从对新产品和新生产方式的垄断中得到超额利润，因此跨国公司往往利用专利权和商标权制度保护专有技术，防止高新技术向当地企业扩散，或者在与东道国的合资公司中，只限于使用过时技术，造成东道国对跨国公司的技术依赖。

（3）跨国公司的当地生产、当地销售，有利于推动东道国的进口替代，节约产品进口的外汇支出，增加东道国的税收。同时，跨国公司创造的就业机会有利于直接解决东道国的就业问题。另外，与当地企业的协作、零部件国产化以及增加对服务的需求等也间接增加了就业机会。但是，跨国公司为了吸引有经验的管理者和熟练劳动力，往往采取高薪聘用员工，工资水平比当地企业高出许多，从而引起与当地企业争人才的现象，并且影响跨国子公司分布密集地区的物价稳定。此外，东道国为争取投资而向跨国公司提供的优惠政策和特定的基础设施，扩大了跨国公司经营条件与当地企业经营条件的差距，使当地企业在竞争中处于不利地位。

2.跨国公司对母国经济及市场结构的影响

（1）跨国公司的对外直接投资方式可以绕过东道国的贸易保护壁垒，打开和扩大市场，有利于推动母国经济的国际化和对国际市场的渗透能力。因此，许多国家把拥有和发展跨国公司看作与其他国家跨国公司在国际经济中对抗的力量。但是，跨国公司的产品当地生产、当地销售，减少了母国制造产品的出口量，降低了贸易外汇收入，使母国的进出口贸易出现逆差情况。

（2）跨国公司向海外寻求发展机会，可以缓和母国投资者之间的激烈竞争，给国内中小企业提供相对多的发展空间。但是，国家为增强企业国际竞争能力而给跨国公司提供的政策支持和优惠，如在产业组织政策方面支持跨国公司对其他企业的大规模合并与兼并、放松对反垄断法的执行等，会使国内经济秩序混乱，导致国内垄断势力的增长。

（3）在跨国公司向其他国家发展的过程中，伴随着直接投资，母国技术向外梯度转移。一方面，这带动了过时生产资料的向外出口，从而延长了本国技术的应用周期和产品生命周期，有利于最大限度地获得技术开发和产品开发收益；另一方面，夕阳产业技术和设备向海外转移，可以减少本国产业转换的代价，有利于促进本国产业结构的升级。但是，当跨国公司向外大规模转移生产资本时，也会造成母国产业的空心化，导致国内经济发展逐渐衰落。

（4）跨国公司在海外设立子公司，利用当地的廉价劳动力，有利于降低产品成本，提高竞争能力。但是，跨国公司资本外流使原本提供给国内的就业机会转移到国外。

3.跨国公司对国际经济的影响

（1）加快了经济全球化的进程。跨国公司在发展过程中，以整个国际经济领域为其发展的舞台，寻找国际范围的资源优化组合。随着跨国公司的规模扩张和子公司的分布遍及世界各地，其介入世界各国经济生活的程度加深，子公司之间的分工协作和公司内部的交换网络使公司分支机构所在国家的生产和资源配置更具有国际性，推动了相关国家的生产国际化和交换国际化。同时，跨国公司可以借助内部划拨价格、利润分配和投资，使资金从一个国家流向另一个国家，推动了各国金融市场的国际化。这种生产、交换、金融的国际化发展，进一步使各国的经济交织在一起，共同卷入互相依存的国际经济体系中。一旦国际经济链条中的一个环节发生问题，就会引起整个国际经济体系的震荡和变化，甚至引起世界性的经济危机。

（2）改善和补充了传统的国际分工体系。传统的国际分工是在经济发展不平衡和殖民地统治的基础上形成的，仅仅具有资源优势的发展中国家只能以原材料和初级产品进入国际市场，而发达国家可以凭拥有技术优势的高附加价值产品换取价格低廉的资源产品和初级产品。这种传统的国际分工加剧了国际经济发展的不平衡，也导致国际经济摩擦和矛盾的深化。跨国公司按其全球发展战略建立自己的内部国际分工体系，其分工的基础是各分公司不同的技术优势和生产优势，从而进行公司内部的专业化生产和协作。跨国公司通过集中管理、协调分工和内部产品交换，在利益相同的条件下加速了产品和信息的国际流动，形成了由传统垂直分工向水平分工转化的潮流，提高了资源的配置效率，进一步深化了国际分工和生产社会化。

（3）促进了国际技术进步和技术交流。在技术更新速度加快的现代经济中，任何一个企业要保持技术的相对优势，必须不断加强科学研究和技术开发。高科技的开发与应用具有风险大、耗资多、周期长的特点，因为在技术开发过程中，每个阶段都会有新方案被淘汰，企业通常要为研制失败付出较大的代价，所以技术的顺利发展要求企业具有雄厚的资金实力和技术实力。现代跨国公司在国际竞争的压力下基本都建立了自己的研发中心和实验室，不断吸收产生于世界各国的科研成果，经过应用研究和商品化生产，把新技术产品推向市场。跨国公司的跨国、跨产业经营，降低了采取新产品和新工艺的风险，其金融实力又保障可以花费巨额资金用于独立的技术开发和购买科研成果，以及推广新产品和新工艺。跨国公司的一体化管理体制使母公司的技术成果迅速被子公司所采用，从而推动了新技术在世界范围内的应用。可以说，在当今各种组织形式中，跨国公司是科学技术创新的最优组织形式，是加速技术在国际交流的组织载体。

（4）导致形成少数垄断的世界市场结构。跨国公司是国际化了的企业，其前身是发达国家的大中型企业。当技术进步使专业化的程度加深、最佳规模扩大时，企业规模的迅速发展使只有一定容量的本国市场无法为其获得利润最大化提供空间。当大企业的资本向海外溢出时，也将其垄断、攫取的对象扩大到国际经济领域。经过几十年的发展，世界上一些最大的跨国公司已经完全变成了工业-贸易-金融一体化的综合体，其资金实力、技术实力和贸易实力已使其对世界市场和国际经济具有很强的干预能力。科学技术所产生的任何一个新部门、新生产类型和新工艺都立刻被大跨国公司所拥有，重要的资源和有潜力的市场也基本被少数大跨国公司所控制。大跨国公司的跨国合并、兼并与跨国联合使经济资源的国际集中程度还在不断提高。争夺市场、争夺稀缺资源的竞争与价格协议、市场分割是少数大跨国公司的重要国际经济行为，在经济国际化过程中发展起来的少数大跨国公司，对相关产品的国际市场变化具有直接影响力。

30.2.5　工业化进程和产业结构对跨国公司的作用

1.工业化进程决定了企业国际化的水平和跨国公司的规模

企业国际化或跨国公司发展是产业经济发展到一定阶段的产物。当一个国家的工业化程度较低时，其产品的附加价值较低，在国际市场上的竞争能力较弱，只能从国际市场交换中获得少量比较利益。同时，与工业化国家的企业比较，低工业化程度国家的企业缺乏技术优势、资本优势和组织优势，从而限制了企业开拓国际市场和国际投资领域的能力，限制了跨国公司的发展规模。

随着工业化水平的不断提高，产品加工成本的国际比较优势扩大，出口获取的比较利益也增加了。工业生产技术水平的提高，相应地使产品在国际市场上的竞争能力增强，企业参与国际市场交换活动的规模也逐步扩大。

工业化推动了资本集中度上升。有分析表明，企业平均规模与海外生产倾向有直接联系。因为企业投资海外生产要比产品出口投入更多的资本，承担更大的市场风险。只有较大规模的企业才具有直接投资、现地生产的能力。所以，工业化国家的企业国际化程度和跨国公司发展都具有较高的水平。

2.产业结构决定了出口结构和跨国生产结构

不论是产品出口还是跨国生产，都是一国经济在国际经济领域的延伸。一般来说，当一个国家处于工业化初、中期时，劳动密集型产品或初级产品在出口结构中占较大的比重。随着产业结构的演化，制造业所占的比重上升，劳动力的价格也在上升，出口劳动密集型产品的比较优势逐渐减少，贸易结构发生了变化。在出口总额中，资本密集型产品的比重提高，劳动密集型产品的比重下降。在工业化后期，产业结构中高技术产业的比重上升，带动精密机械、自动化设备等知识与技术密集型产品的出口量增加。同期，在跨国生产结构中，寻求实现技术优势的投资项目增加，跨国生产结构由资源利用型向技术应用型转变。

3.在工业化过程中，水平相近的国家之间互相借用市场空间，在对方设立跨国生产基地，有利于加快经济发展

在工业化过程中，不断涌现的新技术和新产品需要较大的市场空间消化其开发投入，但是，受国内收入分配非均匀的制约，对于价格较高的新产品，有能力购买的消费者群体规模较小。企业向经济发展水平相近的国家出口新产品，或直接在发展水平相近的国家投资生产，可以借用市场空间，为扩大生产规模、降低成本、完善技术创造条件。两个发展水平相近的国家，其消费模式和消费结构也比较接近。所以，借用市场可以使小市场变为大市场，这是发展水平相近国家之间开展贸易和互相投资的重要原因。

30.2.6　我国企业国际化与发展跨国公司的准则

1.发挥优势，利用优势

企业国际化和发展跨国公司是为了获得更多的经济效益。为了实现这一目标，就要在国际经济交往中努力实现自我优势的价值，充分利用他国的优势。目前，我国在机械、电子、仪器、仪表、化工、建材、医药、轻纺、农业等领域都有一批成熟的技术和生产能力。同时，发达国家的芯片、操作软件、精密机械等领域的技术水平还高于我国。要获得较大的比较利益，就应依据我国现有的经济、技术优势，针对国际市场的不同国家或地区，确定我国的市场和投资领域，使优势真正转化为国际竞争能力和经济收益。

2. 协调利益，稳步推进

在国际经济中，我国所有的企业和经济机构都是一个统一的利益整体，在开展对外贸易和对外投资中，应该尽量避免盲目发展、互相争夺利益的现象。有关部门应根据我国经济发展现阶段的企业能力和对国际经济发展的预测，推出企业国际化战略和跨国公司发展的指导性文件，前瞻引导，稳定推进。

30.2.7 发展我国跨国公司的对策

国际市场结构的变化要求发展我国的跨国公司。国际竞争格局是经济全球化。一方面，在这些经济集团和经济区域内部，各个国家互相开放市场，加强协调及弱化竞争，而对外部经济力量实行排他性的对抗竞争政策，形成了区域市场分割和垄断；另一方面，一些发达国家通过设置关税壁垒和非关税壁垒阻止中国产品涌向本国市场。这种国际市场环境加大了我国以直接投资的方式进入国际市场的紧迫性，要求我国培育有竞争能力的跨国企业，以强制强，打破贸易壁垒。

我国目前的外汇储备已达到一个很高的水平；同时，大量归国人员进入国内企业的高级管理层，增强了企业国际投资的能力。这些条件使我国企业有条件更深入地参与国际经济，利用更多的发展机会。

（1）推动贸易型企业向跨国经营和跨国生产转变。一部分以国际市场为导向、生产出口产品的我国企业，在对外贸易中积累了大量资金和经验，其中的一些大企业有自己驻海外的销售机构和服务机构。通过政策扶持和组织调整，强化这些贸易型企业，推动它们由产品贸易国际化向跨国生产转变，是发展我国跨国公司的一个重要步骤。

（2）培育有竞争力的企业集团转向跨国公司。我国的大企业集团通过联合积聚了大量资金、生产能力和自然资源，具有相对的竞争优势，是能够与国外企业竞争的唯一组织形式。企业集团向跨国公司转轨，涉及组织形式的调整。集团公司内部在原有分工基础上，应根据全球经营战略重新调整，扩大生产经营规模，发挥跨国经营的竞争优势，培养跨国经营人才，在国际市场的竞争中不断发展壮大。

（3）制定相关法律法规和有利于跨国公司发展的政策。这样会使我国企业的对外直接投资有法可依、有章可循，避免摩擦和矛盾。

（4）发展我国跨国公司的步骤要积极、稳妥。在实践中逐渐积累经验，避免投资损失。要抓住加强产品出口竞争力这一中心环节，同时发展技术和服务出口，建立海外维修、信息网点，进而采取多种投资形式，建立海外生产企业。

思政园地

中国开放的大门只会越开越大

首届跨国公司领导人青岛峰会2019年10月19日在山东青岛召开，中国国家主席习近

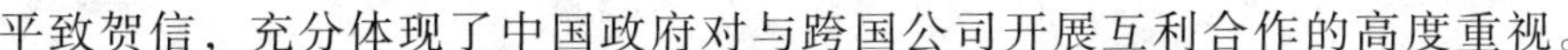

平致贺信，充分体现了中国政府对与跨国公司开展互利合作的高度重视。

在中国改革开放40多年的历史进程中，跨国公司作为重要参与者、见证者、受益者，发挥了积极作用。中国开放的大门只会越开越大，营商环境只会越来越好，为全球跨国公司创造的机遇只会越来越多。我们欢迎全球企业家来华投资兴业，努力实现互利共赢、共创美好未来。

在中国改革开放的历史进程中，跨国公司是重要参与者、见证者、受益者。跨国公司为中国带来先进的技术设备、丰富的管理经验、优质的产品服务、领先的创新资源，加快了中国工业化进程，为推动中国经济持续健康发展发挥了积极作用。跨国公司作为连接中国与世界的重要桥梁，也加快了中国经济融入世界经济的进程，引领中国企业深度嵌入全球供应链、产业链、价值链，为世界经济发展提供了强劲动力。

中国进一步放宽外商投资准入，全面深入实施准入前国民待遇加负面清单管理制度，加强知识产权保护，将为跨国公司投资创造越来越好的营商环境。我们欢迎跨国公司分享中国大市场机遇，中国将进一步降低关税，消除各种非关税壁垒，加快提升通关便利化水平，深化与各国货物贸易和服务贸易合作。中国愿与跨国公司一道，推动在创新智造、绿色发展、全球治理等领域的交流合作。欢迎跨国公司深度参与共建“一带一路”，深化国际产能合作，共同开展第三方市场合作。我们欢迎跨国公司共同维护多边贸易体制，愿与跨国公司一道，共同推动贸易投资自由化、便利化，推动经济全球化朝着更加开放、包容、普惠、平衡、共赢的方向发展。

资料来源 [1] 新华社. 习近平向首届跨国公司领导人青岛峰会致贺信 [EB/OL].（2019-10-19）[2021-09-02]. http://www.xinhuanet.com/politics/2019-10/19/c_1125125253.htm. [2] 新华社. 韩正出席跨国公司领导人青岛峰会开幕式宣读习近平主席贺信并致辞 [EB/OL].（2019-10-19）[2021-09-02]. http://www.gov.cn/guowuyuan/2019-10/19/content_5442323.htm.

本章小结

企业国际化是指企业生产经营活动国际化，即企业以国际市场为导向，在世界范围内组织经济资源，销售产品和服务或到国外投资。跨国公司是指除了在母国的生产经营外，还通过对外直接投资在多个国家设立子公司和分支机构，从事跨国生产经营活动的企业。我国企业国际化和发展跨国公司的准则主要有：发挥优势，利用优势；协调利益，稳步推进。发展我国跨国公司的对策是：推动贸易型企业向跨国经营和跨国生产转变；培育有竞争力的企业集团转向跨国公司；制定相关法律法规和有利于跨国公司发展的组织政策；发展我国跨国公司的步骤要积极、稳妥。

本章思语

1. 何谓企业国际化？
2. 什么是跨国公司？
3. 如何发展跨国公司？

主要参考文献

[1] 国家行政学院经济学教研部．中国供给侧结构性改革［M］．北京：人民出版社，2016.

[2] 苏东水．产业经济学［M］．4版．北京：高等教育出版社，2015.

[3] 杨公朴，夏大慰，龚仰军．产业经济学教程［M］．3版．上海：上海财经大学出版社，2008.

[4] 崔功豪，魏清泉，刘科伟．区域分析与区域规划［M］．2版．北京：高等教育出版社，2006.

[5] 史忠良．产业经济学［M］．2版．北京：经济管理出版社，2005.

[6] 赵勇．城乡良性互动战略［M］．北京：商务印书馆，2004.

[7] 刘鹤．结构转换研究［M］．北京：中国财政经济出版社，2002.

[8] 陈耀．国家中西部发展政策研究［M］．北京：经济管理出版社，2000.

[9] 厉以宁．区域发展新思路——中国社会发展不平衡对现代化进程的影响与对策［M］．北京：经济日报出版社，2000.

[10] 叶裕民．中国区域开发论［M］．北京：中国轻工业出版社，2000.

[11] 金碚．产业组织经济学［M］．北京：经济管理出版社，1999.

[12] 刘鹤，杨伟民．中国的产业政策［M］．北京：中国经济出版社，1999.

[13] 毛健．产业结构变动与产业政策选择［M］．北京：中国财政经济出版社，1999.

[14] 钱德勒．企业规模经济与范围经济——工业资本主义的原动力［M］．张逸人，等译．北京：中国社会科学出版社，1999.

[15] 张耀辉，等．区域经济理论与地区经济发展［M］．北京：中国计划出版社，1999.

[16] 高峰．发达资本主义经济中的垄断与竞争——垄断资本理论研究［M］．天津：南开大学出版社，1997.

[17] 泰勒尔．产业组织理论［M］．张维迎，总译校．北京：中国人民大学出版社，1997.

[18] 毛林根．结构·行为·效果——中国工业产业组织研究［M］．上海：上海人民出版社，1996.

[19] 毛林根．产业经济学［M］．上海：上海人民出版社，1996.

[20] 王晓晔．企业合并中的反垄断问题［M］．北京：法律出版社，1996.

[21] 于立，王询．当代西方产业组织学［M］．大连：东北财经大学出版社，1996.

[22] 周振华．中国经济分析1995——地区发展［M］．上海：上海人民出版社，1996.

[23] 樊刚. 市场机制与经济效率 [M]. 上海：上海三联书店，1995.

[24] 李强，刘起运. 当代中国投入产出应用与探新 [M]. 北京：中国统计出版社，1995.

[25] 刘伟. 工业化进程中的产业结构研究 [M]. 北京：中国人民大学出版社，1995.

[26] 刘再兴. 中国生产力总体布局研究 [M]. 北京：中国物价出版社，1995.

[27] 陆大道. 区域发展及其空间结构 [M]. 北京：科学出版社，1995.

[28] 弗朗茨. X效率——理论、论据和应用 [M]. 费方域，等译. 上海：上海译文出版社，1993.

[29] 钟契夫. 投入产出分析 [M]. 修订本. 北京：中国财政经济出版社，1993.

[30] 植草益. 微观规制经济学 [M]. 朱绍文，等译. 北京：中国发展出版社，1992.

[31] 克拉克. 工业经济学 [M]. 原毅军，译. 北京：经济管理出版社，1990.

[32] 克拉克森，米勒. 产业组织、理论证据和公共政策 [M]. 华东化工学院经济发展研究所，译. 上海：上海三联书店，1989.

[33] 杨沐. 产业政策研究 [M]. 上海：上海三联书店，1989.

[34] 李悦. 中国工业部门结构 [M]. 2版. 北京：中国人民大学出版社，1988.

[35] 周叔莲，杨沐. 国外产业政策研究 [M]. 北京：经济管理出版社，1988.

[36] 佐贯利雄. 日本经济的结构分析 [M]. 周显云，杨太，译. 沈阳：辽宁人民出版社，1988.

[37] 罗杰斯，拉森. 硅谷热 [M]. 范国鹰，等译. 北京：经济科学出版社，1985.

[38] 杨治. 产业经济学导论 [M]. 北京：中国人民大学出版社，1985.

[39] 里昂惕夫. 投入产出经济学 [M]. 崔书香，译. 北京：商务印书馆，1980.

[40] 篠原三代平，马场正雄. 现代产业论——产业构造 [M]. 东京：日本经济新闻社，1974.

[41] 篠原三代平，马场正雄. 现代产业论——产业组织 [M]. 东京：日本经济新闻社，1974.

［42］篠原三代平，马场正雄．现代产业论——产业政策［M］．东京：日本经济新闻社，1973.

［43］汪斌．经济全球化背景下中国产业结构的战略性调整［J］．财贸经济，2001（12）：16-20.

［44］白和金．21世纪初期中国经济发展的战略选择［J］．宏观经济研究，2000（1）：3-10.

［45］史耀远．中国经济结构变化的投入产出分析［J］．系统工程理论与实践，1999（10）：74-76.

［46］张中华．产业结构、投资结构决定的理论考察［J］．中南财经大学学报，1999（5）：15-23，118.

［47］李京文．中国产业结构的变化与发展趋势［J］．当代财经，1998（5）：12-21.

［48］姜彦福，林盛，张卫．我国产业结构及其变动因素分析［J］．清华大学学报（哲学社会科学版），1998（3）：47-51.

［49］李克强．论我国经济的三元结构［J］．中国社会科学，1991（3）：65-82.

［50］胡跃龙．从战略高度把握经济结构调整［N］．中国经济导报，2001-03-08.